全国高等院校金融学专业主干课“十二五”规划教材

金融市场学

李德荃　李　宁　郤海娜　编著

对外经济贸易大学出版社
中国·北京

图书在版编目（CIP）数据

金融市场学 / 李德荃，李宁，郐海娜编著．—北京
：对外经济贸易大学出版社，2011
全国高等院校金融学专业主干课“十二五”规划教材
ISBN 978-7-5663-0072-0

Ⅰ．①金…　Ⅱ．①李…　②李…　③郐…　Ⅲ．①金融市场－经济理论－高等学校－教材　Ⅳ．①F830.9

中国版本图书馆 CIP 数据核字（2011）第 142322 号

金融市场学

李德荃　李　宁　郐海娜　编著

责任编辑：史伟明

对外经济贸易大学出版社
北京市朝阳区惠新东街 10 号　　邮政编码：100029
邮购电话：010－64492338　　发行部电话：010－64492342
网址：http://www.uibep.com　　E-mail：uibep@126.com

北京市山华苑印刷有限责任公司印装　　新华书店北京发行所发行
成品尺寸：185mm×230mm　　22.25 印张　　446 千字
2011 年 8 月北京第 1 版　　2011 年 8 月第 1 次印刷

ISBN 978-7-5663-0072-0
印数：0 001－5 000 册　　定价：38.00 元

前　言

《金融市场学》主要研究市场经济条件下金融市场的组织结构、定价机制及其各市场参与主体市场的行为规律。编撰本教材的主要目标是：配合课堂教学，使学生掌握关于金融市场的基本理论、基本知识和基本技能；掌握金融市场的基本运行机制（包括利率机制、汇率机制、风险机制和证券价格机制等）、金融资产（包括货币资金、外汇、股票、债券、远期、期货、期权等）的定价方法、主要金融变量的相互关系、各主体的行为（包括筹资、投资、套期保值、套利、政策行为和监管行为）规律等；并能够运用所学理论、知识和方法分析解决有关金融市场的实际问题；达到相关专业培养目标的要求，为日后进一步地学习、理论研究或实际工作奠定扎实的基础。

本书的内容大致可划分成三部分：第一章为金融市场概论，这一部分内容总括地阐述了金融市场的特征、类型及其在整个国民经济体系当中的作用；第二章至第十章为本教材的主体，这一部分内容分别介绍了国内外各金融市场子市场的特征、现状及其演化过程；第十一章为金融市场的监管，这一部分内容阐述了金融市场监管的型式及其相关理论，并给出了中美两国金融监管体制的基本特征。

本教材适合作为财经类金融市场学课程的本（专）科教材，也可作为经济学、管理学类学生的学习参考书，还可作为各行业从业人员的工具书。

参加本教材编写的有李德荃、李宁、郤海娜。李德荃负责设计教材的总体结构并总纂。

本教材的编写参阅了大量的著作和文献，并得到了同仁的大力支持，谨此说明，并致以诚挚的谢意！

在本教材编写过程中，我们虽然做了不少努力，但由于作者水平有限，书中难免有错误或疏漏之处，恳请专家、读者批评指正。

目　录

第一章

导　论

本章摘要

本章首先给出了金融市场的含义与分类，金融市场产生和发展的简要历程，然后阐述了现代金融市场的特点，并深入剖析了金融市场在整个国民经济当中的地位与作用。

关键词

金融　金融资产　金融市场

第一节　金融市场的特征

一、金融与金融市场的含义

传统地理解，金融这个概念有广义与狭义之分。其中，狭义地理解，“金”即“资金”，“融”即“融通”，金融，意即资金的融通，或资金的互通有无，也就是交易的一方将多余的资金贷借、融通给短缺资金的另一方的交易活动。

广义地理解，金融乃货币流通、信用活动，或者与之相联系的其他经济活动的总称。换句话说，广义的金融泛指一切与信用货币的发行、保管、兑换、结算、融通有关的经济活动，甚至包括金银的买卖。

资金的融通活动通常划分为直接融资和间接融资两种类型。直接融资即资金的供求双方通过券商直接进行融资交易活动。在直接融资的过程中，资金的供求双方直接形成债权或股权的法律关系，券商在其中只起着代理人的作用。而间接融资则是通过银行等金融中介机构来进行的融资活动。在间接融资的过程中，银行等金融中介机构分别与资金的供求双方形成债权债务法律关系，资金的真正供求双方之间并不产生直接的法律关系。直接融资与间接融资之间的区别如图 1.1 所示。

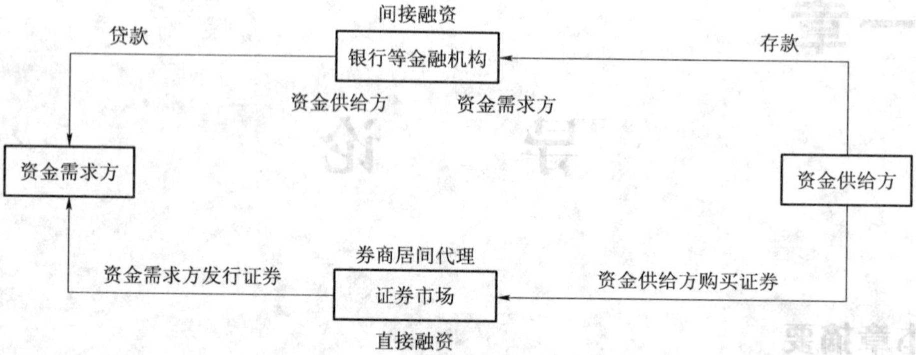

图 1.1　直接融资与间接融资之间的区别

在传统的市场经济条件下，以商业银行为主体的金融机构基本上承担了全社会资金融通的职能。所以，传统金融学的核心是货币银行学。不过自 20 世纪 70 年代以来，在当今发达的市场经济体中，以商业银行为核心的间接融资方式在整个社会资金融通中的地位相对下降，以券商为核心的直接融资方式日益重要。与此同时，为规避诸如汇率风险、利率风险之类的系统性风险，名目繁多的衍生金融工具陆续产生，相关交易日益繁荣。

金融市场种类的增多及其交易的繁荣，为人们的资产保值增值提供了越来越多的选择余地。人们已经可以在不同的市场间自由转换资产的存在形态。这就使得人们对投融资的理解发生了重大的转变。在许多投资者看来，资金的融通（无论是资金的融入抑或资金的融出）仅仅是投资者进行资源的跨时期安排的需要，或者是资产实物形态转换的结果。换句话说，如何在不确定的环境下，对资源进行跨时期的最优配置已经成为现代微观经济行为主体的基本决策目标，资金的融通只是实现这一目标的手段而已。

正是在这一背景下，金融问题就由单纯的资金融通问题拓展成资源的跨时期配置问题。由此，现代关于金融的定义是：在不确定性环境下，经由金融市场对资源进行跨期最优配置的行为。

当然，这里所谓的“资源”意即资产。严格说起来，它应该既包括实物资产，也包括金融资产。但在谈论金融这个词汇的时候，我们的着眼点通常仅限于金融资产的范畴。就此，也可以将金融定义为：在不确定性环境下，对金融资产进行跨期最优配置的行为。在这个过程中，决策者主要是对收益与风险这两个关键性的变量做出权衡和抉择。

金融定义的这种演变体现了金融学科由宏观向微观方向发展的趋势。

与金融的广义与狭义相顺应，金融市场也存在广义与狭义两种理解。狭义地说，金融市场，即所谓传统的金融市场，就是从事资金融通活动的行为、场所或机制的总称。

随着货币信用制度的日益完善、金融管制的逐步放宽、金融机构的陆续增加以及金融工具的不断创立，金融活动的领域越来越广，参与者越来越多，交易越来越频繁，方式越来越多样，金融市场的具体含义也就越来越丰富。许多新型的金融市场已不具有融通资金的功能。这就需要为金融市场确定一个更为宽泛的、能够较为全面地概括现实的定义。因此，广义的金融市场可以表述为：从事金融资产买卖交易的行为、场所或机制的总称。

二、金融市场的构成要素

金融市场有三个构成要素：金融市场的参与者、金融市场的交易对象以及金融市场的组织方式或交易机制。

金融市场的参与者是金融市场的主体，它包括个人、公司企业、金融机构、政府机构以及（中央银行等）监管机构。这些参与者分别以投资者、筹资者或监管者的身份进入金融市场。金融机构既可能是金融市场的投资者、又可能是金融市场的筹资者，还经常作为中介机构为金融交易的双方提供某些中介服务。而中央银行则以双重身份出现在金融市场：它既是金融市场的监管机构又是普通的参与者。它在进行金融交易的时候与其他参与者处于同等地位。但它参与金融市场活动只是为了执行国家的货币政策，调控货币供应量，稳定本国货币币值，而不是为了赢利。

金融市场的交易对象即金融市场的参与者进行交易的标的物，是市场客体。货币资金是传统金融市场的交易对象。参与者在传统金融市场上分别以资金供求方的身份进行货币资金交易，相互融通、相互调剂，以满足各自的需要。但是这一说法不适合于许多新近才出现的衍生金融工具市场。

传统金融市场的金融工具即资金融通的载体。传统金融工具一方面作为信用工具，代表货币资金进行交易，使资金融通更为方便；另一方面作为合法凭证，使债权或产权权利义务的执行或了结有了法律的保障，使资金融通交易能够顺利地进行。金融工具多种多样，以适应不同金融市场的交易需要。它包括股票、债券、商业票据、可转让定期存单等。传统金融市场的参与者运用这些金融工具进行筹资、投资等活动。所以，也可以将金融工具称作传统金融市场的交易对象。

但是，许多新型金融市场里的交易对象（例如期货、期权等）也不能称其为典型的金融工具。衍生金融工具这一称呼仅可理解为习惯用语。因此，我们更愿意笼统地将上述传统的金融工具以及期货、期权等新型的金融创新成果统称为金融资产。它是站在金融市场里的投资者的角度对金融市场交易对象的一种称谓，即一切代表未来收益或资产合法要求权的凭证，主要包括债权性金融资产和产权性金融资产两大类。

把参与者与金融资产联系起来组成买方和卖方来进行交易的方式，即金融市场的组织方式或交易机制。它包括交易所交易方式和柜台交易方式等。交易所交易方式是指在特定的交易所内进行的金融资产买卖交易，又叫场内交易。柜台交易方式是指在金融机构如银行、证券公司等的柜台上进行的金融资产买卖交易。在柜台交易方式中，金融机构根据金融资产的市场行情和供求关系定出交易价格，买方或卖方按此价格同金融机构在柜台上进行交易。

金融资产的交易通常通过中介人（经纪人）进行。中介人促成买卖双方成交，从中赚取佣金，本身不是交易双方中的一方。

金融市场的参与者、金融市场的交易对象以及金融市场的组织方式或交易机制等构成要素的有机结合，形成金融市场。因此，广义地说，金融市场即是以金融资产为交易对象所形成的供求关系及其实现机制的总和。它包括以下三个层次的含义：一是它反映了金融资产的供给者和需求者之间的供求关系；二是它包含了金融资产交易的运行机制，其中最主要的是价格的形成机制；三是它是进行金融资产交易的一个有形的和无形的场所。

三、金融市场的分类

（一）按交易对象划分

（1）资金市场，是指融通资金的市场。如借贷期限在一年以内，就是货币市场，例如国库券市场、同业拆借市场、大面额可转让定期存单市场、商业票据（本票）市场、承兑汇票市场和短期借贷市场等；如借贷（或其他融资方式）的期限超过一年，就是资本市场，例如股票市场、（长期）债券市场、证券基金市场和长期借贷市场等。不过，习惯上将商业银行的长期借贷和短期借贷一起归类于货币市场。

资本市场和货币市场的区别可以归纳为如下几个方面：

① 所交易资产的期限有很大的不同。资本市场上所交易资产的期限不低于一年，例如股票甚至无期限。而货币市场上所交易资产的期限大多在一年以内，像同业拆借市场所交易资产的期限大多不到一日。

② 货币市场上所交易的资产均为债权性资产。而资本市场中的股票市场所交易的是产权凭证。

③ 所融通资金的性质不同。货币市场所融通的资金属于短期资金，大多用于企业短期周转的需要。而在资本市场上所融通的资金属于长期资金，大多用于企业的创立、设备的更新或扩充等资本性的支出。政府的中长期公债资金则是用于大型基础性的投资以及其他的经济建设项目，这与主要用于弥补一个财政年度内财政支收在时间上的不对称的国库券资金明显地不同。

④ 风险程度不同。货币市场上的金融资产，由于期限较短，因此流动性较高，价格不会发生较大的波动，风险便较小。资本市场上的金融资产，由于期限较长，流动性较低，价格波动幅度较大，风险便较高。

(2) 外汇市场。外汇市场有广义和狭义之分。狭义的外汇市场指的是银行间的外汇交易，包括各商业银行之间、中央银行之间以及中央银行与商业银行之间的外汇交易活动，通常被称为批发外汇市场。广义的外汇市场是指由各国中央银行、外汇银行、外汇经纪人以及外汇交易客户组成的外汇买卖、经营活动的总称，包括上述的批发市场以及以及商业银行、外汇经纪人同企业、个人之间进行外汇交易的零售市场。

(3) 衍生金融工具市场，它是进行期货、期权等新型金融资产交易的行为或场所。

(4) 保险市场，它是进行风险的积聚、转移和分散的市场。

(5) 黄金市场，它是进行黄金交易的行为或场所。专门集中的黄金市场早在19世纪初就已经形成，也是最古老的金融市场。伦敦、纽约、苏黎世、芝加哥和中国香港是当今的五大国际黄金市场。目前，黄金仍是重要的国际储备资产，在国际结算中占有重要的地位。不过，黄金的非货币化趋势也越来越明显。

(二) 按地域范围划分

(1) 国内金融市场，是指金融资产交易活动的范围以一国为限，不涉及其他国家，也就是说，只限于本国居民参加的金融市场。其融通的货币也为本国货币。

(2) 国际金融市场，是指金融资产的交易活动涉及多个国家，也就是说，其他国家的居民也能参与交易的金融市场。国际金融市场又可划分为传统型国际金融市场和新型国际金融市场两种类型。传统的国际金融市场是指历史悠久，在国内金融市场的基础上发展而成的国际金融市场。它既是国际金融市场又是本国的国内金融市场，所交易的货币以市场所在国货币为主，其交易活动受本国金融当局监管的力度较大，如伦敦、纽约、苏黎世等金融市场。新型的国际金融市场是指20世纪50年代末以来形成的、专门从事境外融资活动的欧洲金融市场，也称境外金融市场或离岸金融市场。其参与者为非居民，交易币种为欧洲货币。在这个市场进行交易活动有很大的自由，一般不受所在国金融当局监管。它主要位于欧洲各国，也分布在亚洲、中东、拉丁美洲等地区，是一种无形市场。

(三) 按发行和流通特征划分

(1) 一级市场（发行市场、初级市场），是指新金融资产的首次发行市场。在传统的金融市场中，融资是一级市场的主要功能。

(2) 二级市场（流通市场），是指各种已发行的证券在投资者之间进行买卖流通所形成的市场。二级市场的主要功能是为已发行的金融资产提供流动性。

二级市场又可分为四种形式：

① 场内市场（证券交易所交易市场），是依照国家有关法律规定，经政府主管机关批准设立的专门进行金融资产的集中竞价交易的有形场所。

② 场外市场（柜台交易或店头交易市场），是指在证券交易所之外进行金融资产买卖的市场。

③ 第三市场，是指在交易所上市的证券在场外进行交易所形成的市场。

④ 第四市场，是指绕过中介机构，由证券的供求双方直接交易形成的市场。

（四）按交割方式划分

（1）现货市场，是指即期交易的市场。相对于远期交易来说，现货交易的买卖双方成交后须在若干个交易日内办理交割。也就是说，在现货交易中，成交与交割中间的时间差较短。

现货交易包括现金交易、固定方式交易及保证金交易等几种类型。现金交易是指成交日和结算日发生在同一天的证券买卖。固定方式交易是指成交日和结算日之间相隔很短的几个交易日，一般在七天之内。保证金交易也称垫头交易，是投资者在资金不足，又想获得较多投资收益时，采取交付一定比例的现金，其余资金由经纪人贷款垫付，买进证券的一种交易方式。目前，现货市场上的大部分交易均为固定交易方式。

现货市场是最古老的金融市场，因此又称为传统的金融市场。

（2）非现货市场，是指买卖双方成交后须在较多个交易日后办理交割的金融交易市场。也就是说，在非现货交易中，成交与交割中间的时间差拖得较长。

各种衍生金融工具市场（例如期货、期权等）一般均属非现货交易。因此，非现货市场又叫做衍生金融市场。

（五）按金融中介的性质来划分

（1）直接金融市场。指的是资金需求者直接从资金供给者那里融通资金的市场。例如股票市场和债券市场等。直接金融市场中的金融中介机构在资金的融通过程中不会形成债券债务的任何一个当事方。

（2）间接金融市场。指的是通过商业银行等信用中介机构来进行的资金融通市场。间接金融将一次资金的融通过程分解成两个阶段，实际上形成了两次融资行为。金融中介机构在其中同时担当债务人和债权人两个角色。

（六）按价格形成机制的不同来分类

（1）公开市场。指的是在与买卖有关的信息高度透明的环境下、由众多的交易者公开竞价成交的金融市场。一般由有组织的证券交易所组成。

（2）议价市场。在议价市场上，金融资产的定价与成交是通过私下协商或面对面的讨价还价方式进行的。在发达的市场经济国家，绝大多数债券和中小企业未上市股票都通过这种方式交易。

(3) 做市商市场。指的是由市场的创造者即做市商同时挂出每一种金融资产的买卖价格，其他交易者根据所挂出的牌价买卖的交易方式。在做市商市场中，做市商是每一笔交易的一方当事人。做市商有促成交易的义务。许多场外交易市场，例如美国的NASDAQ市场采用的就是这种价格形成机制。

(七) 按有无固定有形的交易场所来划分

(1) 有形的金融市场。即有固定交易场所的金融市场。证券交易所是一个典型的有形金融市场。

(2) 无形市场。即在交易所外进行金融资产交易的总称。它的交易一般通过现代化的电讯系统在各金融机构以及其他投资者之间进行。目前，世界大部分金融资产的交易都是在无形市场中进行的。

四、金融资产的分类

总括地说，作为凭以获取收入的手段，资产可以划分为实物资产（Real Assets）和金融资产（Financial Assets）两大类。

一个社会的物质财富数量取决于该社会提供商品或服务的能力。这种生产能力是该社会所拥有的实物资产的函数。实物资产主要包括：土地等自然资源、建筑物、用于生产的机械设备、知识和劳动力等。实物资产决定了一个社会的生产和消费。

金融资产不具有为社会创造物质财富的能力，对社会财富的生产能力不会产生直接的贡献。它只是代表了未来收入的要求权，代表对未来社会财富的分配权利，代表了持有人对金融资产发行人的支付要求权或资产拥有权，是一种“虚拟资本”。

金融资产的价值源于与其相关的实物资产的价值。而实物资产的价值则源于其创造财富的能力。

在一个社会内部，某个行为主体的金融资产，必为另一个行为主体的金融负债。因此，从整个社会来说，在编制整个社会的资产负债表的时候，只存在实物资产和对外金融资产或负债，不存在内生性的金融资产或负债。也就是说，实物资产只能出现在资产负债表的一方，即资产方。而金融资产会同时出现在持有者资产负债表的资产方和发行人资产负债表的负债方。如果我们要编制整个社会的资产负债表，则金融资产会相互抵消，最终只剩下实物资产。

最后，金融资产一般只能通过实现收入要求权的方式消失；而实物资产的消除只能通过偶然事故或逐渐消磨的方式来实现。

金融资产又可以划分为货币、债务性证券、产权性证券和衍生证券四大类。

(1) 货币，即可在商品交易中发挥交易媒介和流通手段职能的金融资产。支票账户或现金属于典型的货币形式金融资产。

（2）债权性证券，包括债券、储蓄存款等。在法律上，债权类金融资产的持有人拥有比产权所有人优先的求偿要求权。这些要求权通常有固定的数目和期限，并且在协议中一般规定有抵押条款。

可以将债权性证券分为两类：① 可转让的债权，能在证券市场上在不同的持有人之间自由转移，例如债券等。② 不可转让的债权，例如银行存折、储蓄账户就属于这类债权工具。

（3）产权性证券，它代表对企业净资产的所有权。产权性证券的所有者对证券发行人的求偿要求权排在债权性证券所有人的后面。我们还可以将产权性证券进一步区分为普通股和优先股两大类。优先股东较普通股东享有一些更为优先的权利。

（4）衍生证券，它包括期权合约、期货合约、远期合约、互换协议等。它们是在传统金融工具基础上派生出来的新型金融资产。

习惯上，在货币市场交易的金融资产叫做票据；而在资本市场交易的金融资产叫做证券。我国专门制定了《票据法》和《证券法》来分别规范这两种金融资产或负债的相关行为。

货币、债权性证券和产权性证券又称传统的金融资产，以与衍生证券之类的新型金融资产相区别。

传统的金融资产与新型的金融资产主要存在如下几个方面的区别：

（1）传统的金融资产产生的目的主要是融资；而新型的金融资产产生的目的主要是为了规避传统金融资产所面临的市场风险。

（2）新型金融资产的价格变动以传统金融资产的价格变动为基本的依托。

（3）传统金融资产的交易属于现货交易，而新型金融资产的交易大多属于非现货交易。

（4）传统金融资产的交易大多有一二百年的历史，而新型金融资产的交易大多出现于二十世纪六七十年代。

五、金融市场的参与者

从参与动机来划分，金融市场的参与者即金融市场的主体主要有投资者（投机者）、筹资者、套期保值者、套利者和调控监管者五大类。这五类主体主要包括：

（1）政府机构。在各国的金融市场上，政府机构通常都是资金的净需求者。它们主要通过发行公债的方式来筹集资金以解决财政预算的赤字。

（2）工商企业。一般地说，工商企业也是资金的净需求者。它们主要通过发行股票或债券的方式筹集长期经营资金，通过向商业银行贷款的方式筹集短期的周转资金。此外，工商企业还是套期保值的主体。

（3）居民个人。一般地说，居民个人是资金的净供给者，而且是金融市场上的主要资金供应者。个人的投资可以是直接购买债券或股票，也可以是通过金融中介机构进行间接的投资，如存入银行、购买保险以及购买基金券等。

（4）存款性金融机构。存款性金融机构指的是通过吸收各种存款获得可利用资金，并将其贷放给其他资金需求方或者投资于证券以获取收益的金融机构。它们也是套期保值和套利的重要主体。一般包括以下几类：

① 商业银行。商业银行是最典型的存款性金融机构，也是金融市场中最重要的中介机构。商业银行既是主要的资金需求方，又是主要的资金供给方。存贷款业务是商业银行主要的基金供求方式。此外，商业银行还能通过创造派生存款的方式为整个社会提供或紧缩货币量。

② 储蓄机构。在西方国家有一种专门以吸收储蓄存款作为资金来源的金融机构，这就是储蓄机构。它的大部分资金主要用于发放不动产抵押贷款、投资于国债等。与商业银行相比，它的资产业务期限比较长，抵押贷款的比例比较高，且多为房地产贷款。储蓄机构在各国的名称不太一样，例如美国的储蓄贷款协会、互助储蓄银行，英国的信托储蓄银行、房屋互助协会，法国、意大利和德国的储蓄银行等。

③ 信用合作社。它是由某些具有共同利益的人们组织起来的互助性质的会员组织。其资金主要来源于会员。其资金也是主要运用于会员的项目。会员之间的权利义划分根据合同或章程的约定而不是以出资比例为依据，这是合作性质企业与像公司这样的合资性质企业之间的最大区别。

（5）非存款性金融机构。与资金主要来自于存款的存款性金融机构不同，非存款性金融机构的资金主要来自于发行股票债券或其他的融资合同。非存款性金融机构主要包括以下几种类型：

① 保险公司。包括人寿保险公司及财产和灾害保险公司。保险公司的资金主要来自于保险费收入。人寿保险保险金支出的可预期性较财产和灾害保险要高得多，因此，人寿保险公司的资金运用可以追求较高的收益为目标，主要投资于高收益高风险的证券如股票等领域，也有一部分用于信贷。这样，人寿保险公司成为了金融市场上的主要资金供给者之一。而财产和灾害保险公司则相对更注重资产的流动性，主要投资于货币市场的金融工具、国债以及较为安全的大公司债券等项目。

② 养老基金。它是一种类似于人寿保险公司的专门金融机构。其资金来源于公众为退休后的生计所准备的储蓄金。通常由劳资双方共同缴纳。养老基金的缴纳通常有法律的保障，因此，养老基金的资金来源相当可靠稳定。而且养老基金也能够较为准确地预测未来每期的养老金支出量。因此，其资金运用具有长期性，主要用于资信较高的长期公司债券、质地较好的股票以及发放长期贷款等领域。由于养老基金的特殊性，其资

产的质量相对要求较高。养老基金也是金融市场的主要资金供应者。

③ 投资银行。它是资本市场上专门从事证券的发行（承销）、自营买卖、经纪业务、理财、并购、咨询服务、风险资本管理等相关业务的金融机构。是资本市场中主要的中介机构。在美国叫投资银行或公司，在英国叫商人银行，在日本和我国叫证券公司。

④ 证券投资基金。它是以向公众出售基金股份或受益凭证的方式筹集资金，并将所筹集的资金分散投资于各类证券的金融中介机构。基金的当事人有四个：委托人是基金的发起人；受托人是基金公司，具体经营基金所筹款项；受益人是投资者，即持有基金份额的人；而基金资产的保管人一般由投资银行、信托公司或商业银行担任。

（6）中央银行。中央银行既是金融市场的买卖参与者，又是金融市场的监管者。从买卖参与者的角度来看，首先，作为银行的银行，它充当最后贷款人的角色，从而成为金融市场的资金供给者。其次，中央银行经常进行公开市场业务，以买卖证券的方式调节货币供给量。此外，一些国家的中央银行还接受政府的委托，代理政府债券的还本付息。有时，还可能接受外国中央银行的要求干预金融市场的运作。

第二节 现代金融市场的特点与功能

一、现代金融市场的特点

西方国家金融市场的形成和发展是一个长期的过程，约有三百年的历史。特别是经历了两次世界大战后，随着经济的发展，西方国家的金融市场变得越来越成熟，越来越发达。

与过去相比，现代金融市场具有下列一些新的特点：

（一）金融市场全球化

随着生产、资本、市场、信息的国际化，国际分工向纵深发展，世界各国经济的相互依存、相互联系、相互合作和相互促进进一步加强，从而形成全球一体化的趋势。在这种经济形势下，世界各国主要金融市场之间的相互联系，相互合作，相互交流，相互作用更加密切，从而有形成统一的全球性金融市场的趋势。这主要体现在以下方面：（1）金融交易活动突破地域范围，并不限于在本国或本地区，而经常是跨国、跨地区。（2）全球昼夜24小时联通交易。一方面由于各国存在时差，各地金融市场营业时间不尽相同，可以相互衔接。另一方面由于各国金融市场都配备现代化电子通讯设备，形成了联通各国的通讯网络，因此可以连续24小时同各地金融市场进行交易。（3）金融管制放宽，金融法令协调。除境外金融市场不受管制外，其他金融市场仍受本国金融当局监管，这在一定程度上限制了金融市场的交易活动。近年来，各国出于发展经济、发展金融市场考虑，开始逐步放松金融管制。同时各国金融法令的制定也相互协调，趋于一致，这使得投资者可以比较自由地在各国金融市场进行交易，资金流动也趋于方便。

（二）融资活动证券化

在20世纪80年代以前，金融机构提供的信贷在金融市场上占主要地位。自20世纪80年代初发生国际债务危机以来，银行信贷日渐缩减，融资活动趋向证券化，即资金供求双方直接通过发行证券来进行融资。证券融资（即直接融资）有其独特的优点，如流动性强，转让方便；程序规范化；风险可以防避（如采取对冲保值交易）等。

（三）金融创新多样化

为了方便筹融资活动，防避汇率、利率频繁波动的风险，降低筹融资成本，稳定投资收益，进行资产保值，金融市场适时推出各种各样金融创新工具和技术。金融市场日益成为金融工具多样化，融资技术新型化，融资、筹资活动更灵活方便的市场。

（四）金融业务多元化

在新的形势下，金融机构面临新的挑战：一方面筹资者和融资者对金融机构的要求越来越多，越来越高；另一方面金融机构必须在相互激烈竞争中获取优势，才能不被淘汰。为此，金融机构不得不在管制许可的情况下对其经营范围、方式、业务和操作管理、金融服务、中介职能等方面有所突破、有所创新。一方面配备最先进的现代化电子通讯设备，提高工作效率，准确、快速处理业务，为客户提供良好服务。另一方面冲破原有的经营服务范围和方式，开拓新型业务，提供创新服务，扩大经营范围，以满足各个层次、各个行业客户的不同要求。因此，目前的金融机构已成为多元化经营的综合性金融机构。各金融机构原先那种业务有分工、服务有专门对象、经营范围狭小的特点已不复存在。

（五）金融机构资产的证券化

所谓资产的证券化是指金融机构将一些长期固定利率的放款或其他一些流动性较差的资产集中起来进行重新的组合，然后以这些资产作抵押发行新证券，从而提高了相关资产的流动性。

20世纪70年代以来，银行金融机构的经营环境发生了巨大变化。金融市场的管制放松，市场利率剧烈波动，各类金融机构之间的竞争日益激烈，再加上现代通信、交易和结算技术的发展，所有这些不仅为金融创新提供了空前的条件，同时金融创新的必要性也日益明显。创新成为金融机构的唯一出路。

国际债务危机的出现导致了巨额的呆、坏帐，一些国际性的大银行深受债务拖欠之苦，希望通过加强资产的流动性来解决资金周转的困难，而资产的证券化便是走出困境的途径之一。

最初一般将住宅贷款证券化。20世纪80年代以后像汽车贷款、信用卡应收款等小额债权也开始被作为抵押品发行债券。

（六）金融自由化

金融自由化始于20世纪70年代，西方国家逐步放松对金融活动的管制措施。其产生的背景大致有以下几点：

首先是经济自由主义思潮的兴起。20世纪70年代的经济“滞胀”使得盛极一时的凯恩斯主义受到质疑，经济自由主义重新受到欢迎。从而为金融的自由化提供了理论的基础。

其次，面对日益剧烈的竞争，金融机构的金融创新层出不穷。规避监管是金融创新的重要目的，所以，金融创新的结果使得原有的规章制度不再适用新的环境，从而促进了管制的放松。

最后，金融的证券化和全球化一方面使得监管越来越困难，另一方面使得监管的社会成本越来越高。金融市场的激烈竞争，投资机会的转瞬即逝要求各国放松监管，以加强本国金融机构的市场竞争力。因此，金融的自由化已经是一个不可逆转的趋势。

（七）金融工程化

金融工程化是指将工程思维或技术引入金融领域，综合采用各种工程技术方法（主要有数学建模、数值计算、网络图解和仿真模拟等）设计、开发新型的金融产品，创造性地解决金融问题。这里的新型和创造性指的是金融领域中思想的跃进、对传统观念的重新理解与运用，或者对已有金融产品进行分解和重组等。

20世纪70年代以来，金融市场风险的急剧增大，为金融创新提供了动力。而现代电子通信技术的推广为金融创新提供了可能。金融工程实践和理论的发展标志了高科技在金融领域的运用，从而大大提高了金融市场的效率。

二、现代金融市场的功能

（一）聚集和分配资金的功能

金融市场是一种多渠道、多形式、多层次筹资与融资的场所。金融市场通过各种金融工具的买卖交易，为资金供求者提供了多种多样的选择机会，以适应他们不同的投资和融资要求。

一方面，产业革命导致大机器生产的出现，建立一个企业所需要的资本规模越来越大。另一方面，市场的规模日益拓展。这两个方面的因素结合起来，使得一个企业的最优投资规模变得十分庞大，靠单个资本已经很难完成，必须对外融资，生产的社会化于是成为历史的趋势。生产的社会化既是金融市场赖以产生、发展和完善的原因，也是社会化大生产得以顺利进行的基本保障。

金融市场起着整个社会资金“蓄水池”的作用。它引导聚集众多分散的、暂时闲置的资金转化成可以投入生产过程的资本。

(二) 稳定供求的功能

为消费而创造财富是人类社会从事经济行为的基本目的。目前，国内生产总值(GDP)是衡量一个社会在一段时间内所创造财富数量的基本指标。经济学中的总供求即是GDP的总供给和GDP的总需求。

如果不考虑政府和对外经济的往来，则整个社会的总供给等于用于消费的收入(C)加不准备用于消费的收入即储蓄(S)的和；整个社会的总需求等于消费需求(C)和投资需求(I)的和。用于消费的收入与消费需求由同一个行为主体决定，必然相等。因此，储蓄等于投资便成为整个社会总供求能否相等的关键。而储蓄到底能否等于投资全要看金融市场的效率。

如果引入政府和对外经济往来这两个因素，则整个社会的总供给应在用于消费的收入(C)加储蓄(S)的基础上，再加上政府的税收收入(T)。整个社会的总需求应在消费需求(C)加投资需求(I)的基础上，再加上政府的购买支出(G)和净出口(X-M)。因此，(T-G)=(I-S)+(X-M)便成为整个社会总供求能否相等的关键。这个时候，财政政策和金融政策的变动成为政府稳定经济的两个基本的手段。不过，这两个政策工具必须配合使用才能发挥较好的效果，因此，财政政策的实施并不能降低货币政策以及相关金融市场的地位和作用。金融市场的状况仍然是决定整个社会供求是否平衡的关键。

(三) 促进经济增长的功能

整个社会GDP的生产数量(用Y表示)取决于资本(K)和劳动(N)的投入数量以及相应的技术水平(A)。因此有生产函数Y=Af(K,N)。进而有：

$$dY=\frac{\partial f}{\partial N}dN+\frac{\partial f}{\partial K}dK+\frac{\partial f}{\partial A}dA$$

$$\frac{dY}{Y}=\frac{\partial f/\partial N}{Y}dN+\frac{\partial f/\partial K}{Y}dK+\frac{\partial f/\partial A}{Y}dA$$

$$\frac{dY}{Y}=\frac{\partial f/\partial N}{Y}\frac{N}{N}dN+\frac{\partial f/\partial K}{Y}\frac{K}{K}dK+\frac{dA}{A}$$

也就是说，经济增长率=劳动投入增长率×工资占GDP的比例+资本投入增长率×利润占GDP的比例+科学技术的进步率。

由于人均GDP(用Y表示)等于GDP总量与人口数量的比，人均资本占有量(用K表示)等于资本总量与人口数量的比例，因此，人均GDP的变动率等于经济增长率减人口增长率的差，人均资本占有量的变动率等于资本增长率减人口增长率的差。将这两个结果代入上面所得出的公式，则有：

人均 GDP 的变动率 = 人均资本占有量的变动率 × 利润占 GDP 的比例 + 科学技术的进步率。

我们可以证明，若要促进人均 GDP 的增长，要么促进科学技术进步，要么提高储蓄率，要么降低资本设备的损耗率，别无他途。而在这三领域，金融市场均可发挥重要的作用。

（四）金融市场的存在提高了整个社会的福利水平

在金融市场上，投资者可以根据自己的需要，用现金购买金融资产，使流通手段转化为长、短期投资，把消费基金转化为生产基金；也可以把金融资产卖掉，变成现实购买力，以解决即期支付的需要；还可以通过市场交易变换投资、筹资方式，如把长期证券转化为短期证券，或把短期证券调换成长期证券。可见，金融市场为消费者提供了更多的可能，最终使得消费者实现收入和消费的跨时期优化配置，提高了整个社会的福利。

（五）优化资源配置功能

金融市场通过金融资产价格机制或利率机制这个“神经中枢”来调节资金的流量、流向和流速，使资金在各个部门重新组合，优化配置。例如，当国民经济某个部门经济效益良好时，它就会通过价格机制和利率机制，显示出较高的收益率，以此吸收资金投资于该部门，加速其发展，从而使资金得到优化配置、高效利用。

金融市场使多余、闲置资金得到有效利用。金融市场的建立，冲破了地区和部门的界限，成为资金横向融通和纵向分配的枢纽，起到了各地区、各部门相互关系，相互合作，相互协调，挖掘资金潜力，保障资金流动畅通无阻，加速资金周转，提高资金效益的积极作用。

（六）分散和转移风险的功能

由于金融市场有各种各样的金融工具可资选择，使投资者较易采用各种证券组合的方式分散风险，提高投资的安全性和盈利性。

同时，金融市场为长期资金提供了流动性，分散了实业投资的风险，为实业投资者进行对冲保值交易提供了便利，使他们得以转移和防避风险。

此外，金融市场作为一种有组织的市场，有完善的法规和制度，交易行为是规范的和有秩序的，在一定程度上防止了作弊欺诈行为，从面增强了交易的安全性。

（七）支撑着现代企业制度的正常运转

所有权与经营权的分离是现代企业制度的基本特征，这种企业制度实现了经营管理的专业化，提高了财富创造的效率。而股票的发行和流通是金融市场的基本职能，因此，没有金融市场便不可能建立这种企业制度。

而且，股票和债券自爱金融市场上的流通转让使得股份制企业获得了业主经营企业制度下所不存在的稳定性。因此，金融市场也是维持现代企业制度正常运转的基础。

(八) 宏观调控的功能

政府调控机构（主要是中央银行）可以通过金融市场调控利率等指标，影响投资等因素，最终影响总需求或总供给，进而确保国民经济的协调稳定发展。

(九) 信号系统功能

金融市场被认为是国民经济的“晴雨表”和“气象台”，是人们公认的国民经济信号系统。这主要表现在以下几个方面：

(1) 证券的价格高低及其变动反映了人们对其未来价值的预期。人们可以通过上市证券发行企业公布的财务报表，了解到企业的经营状况、业绩和效益。某一企业的经营好坏及社会公众对某产业前景的判断，可以很快从证券价格的涨跌中反映出来。因此，金融市场的行情变化总是比国民经济或企业的实际变化先行一步。

(2) 金融市场交易直接和间接地反映国家货币供应量的变动。货币紧缩和放松均是通过金融市场进行的。货币政策实施时，金融市场立即会有反应，出现波动，表现出银根紧缩和放松的程度，然后才会对国民经济产生影响。

(3) 金融市场有大量专门人员长期从事商情研究和分析，并且他们每日与各类工商业直接接触，能较为准确判断企业发展的动向，并迅速调整相应证券的供求，引起金融市场的波动。

(4) 金融市场拥有广泛及时收集和传播信息的现代化通讯网络，整个世界金融市场已连为一体，信息传递四通八达，迅速及时。

三、经济危机与金融危机比较

经济危机是一个用来描述实体经济的运行状况严重恶化的概念。

具体地说，所谓经济危机，指的是实体经济需求低迷、库存积压、开工不足、失业骤增、整个国民经济呈非常态地螺旋型下滑的状态。在经济危机时期，人们对经济前景极度悲观，消费者不敢消费，投资者不愿投资，企业的订单持续减少，生产停顿，失业率逐步提高。这几个方面的因素互为因果地交互作用，使得经济增长率大幅下降，经济总量趋于萎缩，社会矛盾激化，整个社会处于动荡乃至颠覆的边缘。

一般地认为，长期地看，国民经济总会呈现出正增长的趋势，不同经济体的区别仅在于增长率的相对高低罢了。但在市场经济制度下，国民经济通常也不会呈线性地增长，而是以增长、繁荣、衰退、萧条、复苏几个阶段周而复始的循环方式来体现其长期增长的总趋势。其中，由这五个阶段构成的国民经济的一个中期扩张和收缩的完整过程，就叫做一个经济周期。

在一个经济周期的增长阶段，国民经济的增长率大致与其长期增长率相当；而繁荣阶段的增长率则要明显地高于常态，相当于对经济增长常态的正向偏离。其中繁荣阶段增长率的最高点称为顶峰。自此国民经济将由盛转衰，进入经济增长率逐步下滑的阶段，此即衰退阶段。衰退阶段可理解为经济增长率对常态的回归。而严重的经济衰退就叫做萧条。经济萧条相当于对经济增长常态的负向偏离。在萧条阶段，经济增长率的水平低于既往经济衰退的一般水平。其中经济增长率的最低点称为谷底，这也是经济由衰转盛的转折点，此后经济便进入了下一个循环的上升阶段。而在转折点的前后，经济下滑的速度明显减缓，并逐步转正，此即所谓的复苏阶段。

在衰退阶段，假若经济下沉过甚，进入萧条阶段，且谷底的到来遥遥无期，则其所带来的负面影响会令社会经济、政治难以承受，便称之为经济危机。可见，实体经济萧条到一定程度才会引发经济危机。经济危机实际上指的是一个或多个国民经济在一段相对较长的时间内不断地收缩（呈负经济增长），社会政治、经济由此动荡不安，令整个社会难以承受的状态。

一般地说，社会总供求的相对变化是造成经济波动的直接原因。若总需求超过总供给，则会拉动经济扩张；反之，若总需求不足以消化现有的总供给，则会引发经济增长率的下滑乃至出现经济紧缩。由于总供求之间不可能总是维持单向的相对变化，交相消长乃其自然规律，所以整个国民经济也就呈现出周而复始的周期性波动状态。如此说来，在市场经济中，极度的经济繁荣往往就预示着大幅度的经济衰退。说“经济危机不可避免”倒也未尝不可，只是危机的程度不同而已。

金融危机则是一个用来描述虚拟经济（或者说金融市场）的运行状况严重恶化的概念。

具体地说，所谓金融危机，指的是虚拟经济领域的关键性指标出现了急剧、超常态的恶化。例如金融资产价格（股价、债券价格、本币汇率等）暴跌、金融机构的资信等级普遍降低乃至出现破产潮、信贷严重萎缩、流动性枯竭、资金链断裂等现象。根据危机肇始点的不同，金融危机又可分为货币危机、债务危机、银行危机、房地产或股市泡沫破裂而引发的危机等类型。

当然，虚拟经济领域的金融危机很快就会波及实业领域，引发工商企业大量倒闭，失业率提高，收入水平降低，消费需求和投资需求萎靡，国民经济陷入萧条，社会陷入动荡、政治更迭不休，从而呈现出经济危机的特征。

实际上，由于商业银行作为整个国民经济资金周转中枢的特点以及金融资产价格波动对实业经济前景的预期性，在经济危机的初始阶段通常都会首先呈现出金融危机的特点。也就是说，在经济危机爆发的初期，通常也是首先体现为资本市场的剧烈动荡、金融机构的大规模倒闭。例如 1929 年的世界经济大萧条就是首先由华尔街的金融危机拉开了序幕。

不过，在20世纪70年代以前，世界各国尚未完全进入纸币时代，货币发行较为稳健，各国政府对金融领域的控制较为严格，所以尽管经济危机的爆发通常都以金融危机的面目开场，但引致危机的深层次原因仍需在实业领域里寻找。一般不会出现主要由于金融领域的问题而引致经济危机的现象。也就是说，这时的金融危机通常都有续发性，而经济危机则具有原发性。例如，1970年，由发展中国家和发达国家两大利益集团的矛盾引发石油危机，进而引发了波及几乎所有资本主义国家的经济危机。

但自20世纪70年代以来，世界各国完全进入纸币时代，各国政府也相继放松了对金融领域的管制，再加上现代科学技术（特别是电子计算机及网络技术）的发展，金融业由此获得了极大的膨胀，虚拟经济在整个国民经济当中的比重急剧上升。且虚拟经济自我循环的特征越来越明显；虚拟经济波动与实业经济波动之间的关联度愈来愈低。在这种背景下，就有可能由于虚拟经济领域的投机过度或监管失误等非实业经济的原因而引发股票价格、债券价格或本币汇率的暴跌，导致金融机构的资信等级普遍降低乃至出现破产潮，触发金融危机。并进而波及实体经济，造成经济危机。

因此，主要自20世纪70年代以来，原发性金融危机产生的可能性大增，经济危机反倒可能是续发性的。例如，1996年，由于东南亚国家放松金融管制，仓促实施资本项目的自由化，再加上银行体系不完善、金融监管缺失等原因引发亚洲金融危机，并进而造成相关国家的经济危机；2007年，越南也是由于外资政策失误、金融体系不健全、监管不到位等原因造成金融危机并累及实业经济；2008年，美国出现次贷危机，引发美国乃至全球的金融危机，最终使得西方主要发达国家先后陷入战后最严重的一次经济危机。

实际上，自20世纪70年代以来，由于金融资产在社会各阶层的持有面越来越广，高风险金融资产的持有率越来越高，这就使得金融市场的动荡很快就会以较前更为强劲的冲击力波及实业经济，重创工商企业的运营，扯断工商企业间的资金链，引发工商企业的倒闭潮，最终促成更为严重的经济危机局面。

第三节 国内外金融市场的形成与发展

一、国际金融市场的形成与演化

金融市场是商品经济发展到一定阶段的必然产物。欧洲在中世纪时，城市手工业不断发展，商业日益繁荣，为了满足开展国际贸易的需求，货币兑换业应运而生。随着经营业务的不断扩大，经营单一的货币兑换业逐步演变成为经营多种金融业务的银行。1694 年成立的英格兰银行是现代银行的始祖。它的成立既标志着银行信用制度的确立，也意味着以银行作为中介的借贷资金市场的形成。18 世纪时，随着英国经济实力的增长，金融业快速发展，其经济政治中心伦敦成为当时世界最大的金融市场。

股份公司是一种用发行股票和债券的方法向社会公众筹集资本的新型企业组织形式。商品经济发展到一定程度后，资本家自身的资本积累已经跟不上社会化大生产的发展需要，客观上要求吸收许多个人资本入股，于是，股份公司应运而生。1602 年荷兰成立了东印度股份公司，随后英、法等国也先后建立了类似的股份公司。股份公司的大量出现，促使了证券市场的形成。17 世纪时荷兰的阿姆斯特丹最早成立了证券交易所，开始进行有价证券的买卖。1698 年，伦敦出现了挂牌的证券交易，随后，美、法等国也先后建立了证券交易所，证券市场得到了迅速的发展。

随着经济的发展，信用形式也由单一的商业信用逐步发展到银行信用、国家信用、国际信用和消费信用等多种信用形式并存的状况。信用形式的多样化，带来了信用工具的多样化。在金融市场上，各种各样票据、债券、股票等金融市场工具不断涌现，使金融市场功能更加齐全，运转更加灵活。

第一次世界大战以前，伦敦金融市场依托英国巨大的经济实力和完备的金融体系，成为世界上最大的金融市场，左右着世界经济的脉搏。第二次世界大战以后，世界政治经济格局发生了重大变化，国际金融市场也经历了重大的演变过程。这个过程大致分为以下几个阶段。

第一阶段，纽约、苏黎世与伦敦并列成为三大国际金融市场。第二次世界大战以后，资本主义国家的力量对比发生了深刻的变化，英国经济受到了战争的严重破坏，经济、金融实力大大减弱，伦敦国际金融市场的地位因而也受到削弱。同时，由于以美元为中心的布雷顿森林体系的建立，美元成为主要的国际储备货币和结算货币，美国经济地位大为增强，纽约金融市场迅速崛起，成为西方世界最主要的国际金融市场。二战期间西欧各国饱受战争创伤，经济金融体系受到严重破坏，而瑞士却得天独厚，始终保持其货币的可自由兑换，自由外汇与黄金交易活跃，苏黎世金融市场得以快速发展，从而形成纽约、苏黎世、伦敦三个国际金融市场并驾齐驱的局面。

第二阶段，欧洲货币市场的产生和发展。欧洲货币市场是 1957 年开始在伦敦出现的。1956 年英国为苏伊士运河而入侵埃及，英国国际收支急剧恶化，1957 年英镑发生危机，英格兰银行为了保卫英镑，宣布提高利率，同时加强外汇管制，禁止伦敦商业银行把英镑贷给英镑区外的国家作为外贸融资，以防止英镑资金外流。于是，伦敦商业银行为了摆脱业务趋于紧缩的困境，开始系统地吸收美元存款，然后贷给客户以牟取利润。于是，一个在美国境外的美元资金借贷市场就出现了。从 20 世纪 50 年代起，美国的国际收支长期逆差，大量美元流到境外，黄金储备不断流失，美元信用动摇，针对这种局面，美国政府采取了一系列管制措施，以防止美元外流。有些西欧国家为了防止美元流入过多引起外汇市场的动荡，也采取了一些限制性措施。西欧国家的银行为了逃避这些限制，寻求业务发展，纷纷把资金转移到国外，欧洲美元、亚洲美元乃至其他欧洲货币的市场相继建立并迅速发展起来，这标志着资金借贷交易走向了国际化。从此，国际金融市场由少数的传统中心如纽约、伦敦、苏黎世迅速地扩散到巴黎、法兰克福、布鲁塞尔、阿姆斯特丹、卢森堡、米兰、东京和中国香港等市场。

第三阶段，发展中国家金融市场的崛起，并向国际金融市场发展。进入20世纪70年代以后，随着发展中国家经济的崛起，发展中国家金融业对国际金融市场产生了越来越大的影响。亚洲的新加坡、马来西亚、菲律宾、泰国等国家的金融市场均有较大的发展。拉丁美洲、中东、非洲等发展中国家的金融市场也正在兴起。一些发展中国家的金融市场正在向国际性的金融市场发展。

二、旧中国金融市场的产生和发展

所谓的钱业市场是我国金融市场的雏形。钱庄与业主间兑换货币和调剂资金的余缺，它在明代中叶以后出现在浙江杭州、宁波等地。钱业市场早期业务不多，交易场所也不固定，随着业务的扩大才形成了有形的交易市场，集中在固定的场所进行交易。清代中叶，浙江和江苏各地的钱业市场普遍发展起来，上海、宁波等地还形成了中心市场，成为各地钱业市场的枢纽。

上海自1843年对外开放，1845年开辟租界以后，很快发展成为全国的经济、贸易、金融中心。全国对外贸易的一半以上在上海进行，全国近半数的资金在上海集散，许多全国性银行的总行都设在上海。总行不在上海的其他银行，绝大部分也在上海设有分支机构。上海有当时中国最大的证券交易所，其黄金交易量在远东首屈一指，外汇交易量也很大。各地利率和其他金融行情都随上海的变动而变动。上海成为中国金融市场的中心。

抗日战争时期，上海、北平（现北京）、天津、广州、武汉等金融市场比较发达的大城市先后被日军占领，国民政府迁往重庆，从而使重庆成为当时国民党统治区的政治经济中心。重庆成了新的金融中心，约有160多家金融机构。但由于处于战争时期，金融交易量不能与战前相比。

抗战胜利后，随着上海等沦陷区的收复，许多金融机构也陆续迁回上海，上海重新设立了证券交易所，开放外汇市场，逐步恢复了全国金融市场中心的地位。但好景不长，由于国民党发动内战，致使国统区经济日益衰落，通货恶性膨胀，资本外逃严重，导致金融市场衰败。到新中国成立前夕，上海的资金被抽调一空，上海金融市场濒临崩溃。

旧中国的金融市场主要有以下几个特点：

(1) 外国金融机构居统治地位。旧中国民族经济不发达，经济、贸易、金融都受外国控制。外国金融机构大量涌入。当时世界上的主要资本主义国家均在中国设立银行等金融机构，外国货币在中国市场大量流通，金融市场被外国金融机构所垄断。在我国境内的第一家现代银行和证券交易所都是外国人建立的。在第二次世界大战之前上海的三个证券交易所有两个掌握在外国人手里。上海外汇市场更是操纵在外国人手里。外汇牌价由英国汇丰银行上海分行制定。

(2) 金融市场业务畸形发展。旧中国的金融市场并不是在中国经济土壤中自行发展起来的，它在发展的过程中，既受国内传统经济的影响，又受西方经济的影响，其业务发展受当时历史条件和经济发展水平制约，处于畸形状态。在金融市场上，黄金外汇交易量较大，货币兑换业较发达，证券业务规模狭小，而且交易对象主要为公债，资金借贷不多，票据贴现不发达。

(3) 金融市场分布不均衡。由于中国幅员广阔，政治、经济、文化发展不均衡，导致金融市场发展也不均衡。东南沿海城市的商品经济较发达，金融市场产生早，发展快。其中上海、广州、天津等沿海大城市的金融市场一度发展到较高水平。而内地一些城市的金融市场发展得非常缓慢。

三、新中国金融市场的建立和发展

建国初期，国民经济萧条，金融市场极度混乱，通货恶性膨胀，物价飞涨，外汇、金银黑市猖獗，逃汇套汇极其严重，投机者兴风作浪。人民政府为了稳定金融，稳定经济，进而稳定刚刚建立的新政权，采取了许多有力的措施来整顿金融市场。这些措施主要有：将官僚资本金融机构收归国有，对私营金融机构进行社会主义改造；统一货币发行，用人民币彻底肃清国民党法币、金元券和银元券；金银由国家管理购销，禁止金银计价流通和私相买卖；取消在华外商银行的特权，肃清在我国流通的外国货币，外汇由国家统一管理集中经营；建立新中国的金融机构，统一全国的财政金融工作；遏制通货膨胀等。经过一段时间的整顿，金融市场秩序明显好转，恢复正常。

经过建国初期的整顿，我国计划经济体制已逐步建立。为了与高度集中统一的计划经济相配合，我国也建立了与之相适应的高度集中的金融体制，其特点是：否定传统的中央银行、商业银行等多种金融机构，由人民银行一统天下，禁止其他信用形式的存在和发展，信用集中于国家银行，取消多种信用工具；信贷资金采用纵向计划分配，实行计划指标管理，专款专用不得移作他用，不许横向融通调剂；人民银行在财务上统收统支，业务上统存统贷，一切存款向上交，一切贷款向上要；利率由人民银行制定，并不反映资金供求关系。

在投资体制上国家成为投资主体。国家基本实行投资垄断，把有限的人力、财力、物力掌握在政府手里，统一分配，在资金分配中采用吃大锅饭的无偿分配方式。一切投资和金融活动由财政和人民银行分口管理，财政拨付固定资产投资资金和定额流动资金，人民银行负责提供超定额流动资金。在这种体制下，金融市场不起作用，于是逐步消亡。

改革开放以来，我国的经济体制发生了显著变革，传统的计划经济体制正在逐步向新的社会主义市场经济体制转化，金融市场逐步恢复发展起来。经过三十多年的发展，目前我国的金融市场已初具规模，并在我国的市场经济发展中扮演着越来越重要的角色。

1. 货币市场

目前，我国的货币市场主要包括同业拆借市场、银行间债券市场和票据市场等。

同业拆借市场是我国银行等金融机构同业之间相互融通短期资金的场所。也是我国货币市场的最主要部分。从1984年起，我国开始允许金融机构互相拆借资金调剂余缺，1986年全面铺开广泛拆借。1996年1月建立全国统一的同业拆借市场，从而第一次形成全国统一的同业拆借市场利率。自1996年6月起，中国人民银行取消了同业拆借利率的上限，全面放开同业拆借利率。这一举措促进了我国利率市场化的进程。目前，同业拆借市场已经成为金融机构管理头寸的主要场所。同业拆借遵循自主成交，相互协商，随行就市的原则，对搞活资金融通，提高资金利用效益起到了积极作用。

1997年6月，我国建立银行间债券市场，允许金融机构间进行国债或政策性金融债券的回购及现券买卖。目前，银行间债券市场已成为中央银行公开市场操作的主要平台。

在我国，票据贴现市场的参与者是企业、商业银行和中央银行。票据贴现市场并无固定的场所，它集中由商业银行和中央银行办理，贴现的票据是商业承兑票据和银行承兑票据。目前，票据市场正逐步成为企业短期融资和商业银行提高流动性、规避风险的重要途径，同时，也为中央银行实施货币政策提供了一个新的途径。

2. 资本市场

我国的资本市场主要包括股票市场和债券市场。

按融资方式来区分，资本市场可分为股票市场、中长期债券市场和中长期信贷市场三种类型。

改革开放后的1981年，我国恢复发行国债。1990年10月和1991年4月，上海和深圳分别建立了证券交易所。

目前我国沪深两市的交易品种已经从单一的股票交易逐渐发展为以股票交易为主，

包括债券、投资基金、可转换债券以及权证等多种金融工具的交易。但我国资本市场的发展仍相对落后，特别是企业通过股市等直接融资方式所筹措到的资金比例仍然较低，银行中长期信贷等间接融资的比例偏高。

2005 年 4 月开始的股权分置改革，使非流通股股东与流通股股东长期以来利益分割的局面得以纠正，理顺了市场定价机制，从制度上消除了市场股份转让的制度性差异，对恢复资本市场功能并由此推动资本市场全方位改革具有历史性意义。

3. 保险市场

中国的保险市场发展迅速。商业保险已经成为我国社会保障体系的一个重要的组成部分。

改革开放之初，全国保费收入只有 4.6 亿元，2010 年达到 1.45 万亿元。到 2010 年底，保险公司总资产达到 5.04 万亿元，是 2002 年的 8 倍多；资本金超过 4 000 亿元，是 2002 年的 12 倍。保费收入的国际排名上升到世界第 6 位，比 2000 年上升 10 位。

改革开放初期，我国保险市场由中国人保公司独家经营。十六大以来，我国相继成立和引进了一批保险公司。保险公司数量从 2002 年的 42 家增加到 2010 年底的 146 家，已开展营业 131 家。其中：保险集团和控股公司 8 家，非寿险公司 53 家，寿险公司 61 家，再保险公司 9 家。另有保险资产管理公司 9 家。从保险公司的资本国别属性看，中资保险公司 77 家，外资保险公司 54 家。此外，还相继成立了经营健康险、农业险、汽车险和责任险等专业保险机构。

截至 2010 年底，全国共有保险专业中介机构 2 550 家，兼业代理机构 18.99 万家，营销员 330 余万人。其中，保险代理公司 1 853 家，保险经纪公司 392 家，保险公估公司 305 家，全国保险专业中介机构注册资本达到 90.80 亿元，同比增长 24.33%；总资产达到 135.91 亿元。全国保险公司通过保险中介渠道实现保费收入 10 441.84 亿元，同比增长 13.98%，占全国总保费收入的 72.01%。全国中介共实现业务收入 928.23 亿元，同比增长 5.25%。

目前，我国保险市场已经形成了多种组织形式、多种所有制并存，公平竞争、共同发展的市场格局。

4. 外汇市场

在 1992 ~ 1993 年期货市场盲目发展的过程中，多家香港外汇交易市场经纪商未经批准即到大陆开展外汇期货交易业务，并吸引了大量国内企业、个人的参与。由于国内绝大多数参与者并不了解外汇市场和外汇交易，盲目的参与导致了大面积和大量的亏损，其中包括大量国有企业。1994 年 8 月，中国证监会等四部委联合发文，全面取缔外汇期货交易（保证金）。此后，管理部门对境内外汇保证金交易一直持否定和严厉打击态度。

1993 年底，中国人民银行开始允许国内银行开展面向个人的实盘外汇买卖业务。

从1994年1月1日起，取消各类外汇留成、上缴和额度管理制度，对境内机构经常项目下的外汇收支实行银行结汇和售汇制度。除实行进口配额管理、特定产品进口管理的货物和实行自动登记制的货物，须凭许可证、进口证明或进口登记表，相应的进口合同和与支付方式相应的有效商业票据（发票、运单、托收凭证等）到外汇指定银行购买外汇外，其他符合国家进口管理规定的货物用汇、贸易从属费用、非贸易经营性对外支付用汇，凭合同、协议、发票、境外机构支付通知书到外汇指定银行办理兑付。为集中外汇以保证外汇的供给，境内机构经常项目外汇收入，除国家规定准许保留的外汇可以在外汇指定银行开立外汇账户外，都须及时调回境内，按照市场汇率卖给外汇指定银行。

1994年1月1日，人民币官方汇率与市场汇率并轨，实行以市场供求为基础的、单一的、有管理的浮动汇率制。

1994年4月，我国在上海建立了全国统一的银行间外汇市场。从此以后，银行间外汇市场的效率不断提高，交易规模越来越大。

目前，银行间外汇市场开办了美元、日元、港币和欧元等对人民币的交易。

1996年7月1日起，外商投资企业外汇买卖纳入银行结售汇体系，同时外商投资企业的外汇账户区分为用于经常项目的外汇结算账户和用于资本项目的外汇专用账户。外汇局核定外汇结算账户的最高金额，外商投资企业在核定的限额内保留经常项下的外汇收入，超过部分必须结汇。外商投资企业经常项目下的对外支付，凭规定的有效凭证可直接到外汇指定银行办理，同时，继续保留外汇调剂中心为外商投资企业外汇买卖服务。1998年12月1日外汇调剂中心关闭以后，外商投资企业外汇买卖全部在银行结售汇体系进行。

1994年中国顺利地实现了人民币经常项目有条件可兑换。1996年取消经常项目下尚存的其他汇兑限制，12月1日宣布实现人民币经常项目可兑换。

根据中国外汇管理体制改革的总体部署和长远目标，中国资本项目外汇收支管理的基本原则是，在取消经常项目汇兑限制的同时，完善资本项目中国外汇管理，逐步创造条件，有序地推进人民币在资本项目下可兑换。

1997年1月18日，中国人民银行发布《中国人民银行远期结售汇业务暂行管理办法》；2003年11月，银监会制订了《金融机构衍生产品交易业务管理暂行办法》，并于2004年2月4日实施；2004年10月13日国家外汇管理局发布《国家外汇管理局关于扩大远期结售汇业务试点的通知》，进一步扩大了远期结售汇试点银行的范围；2005年8月2日，中国人民银行发布了《中国人民银行关于扩大外汇指定银行对客户远期结售汇业务和开办人民币与外币掉期业务有关问题的通知》［银发（2005）201号］；2005年8月8日，中国人民银行发布了《中国人民银行关于加快发展外汇市场有关问题通知》［银发（2005）202号］，正式提出要扩大外汇市场交易主体、增加外汇市场询价交易方式和开办银行间远期交易。

目前，我国外汇衍生品种主要包括人民币与外汇间的衍生品即远期结售汇交易、外汇间衍生品交易、离岸人民币无本金交割远期汇率交易（NDF）、银行间远期交易和掉期交易。

远期结售汇交易主要表现为银行与企业之间的交易，是最先开展的一项外汇衍生产品业务，于1997年4月由中国银行首先进行，之后其他三家国有银行加入进来，2004年又吸收了交通银行、招商银行和中信银行，发展到现在已具有一定的规模。

外汇间衍生品交易主要表现为银行对个人和企业的零售、代理交易，银行提供外汇衍生品交易的服务主要是通过在国际金融市场上的运作来完成的。

NDF从1996年开始出现于新加坡。目前新加坡和我国香港是人民币NDF交易的主要市场。主要的交易者是那些在中国有大量人民币收入的跨国公司，他们通过NDF来规避人民币收入的汇率风险，国内一般的企业和机构不可能进行NDF交易。

银行间远期交易和掉期交易于2005年8月开始，目前交易较为清淡。

5. 黄金市场

新中国成立后，中央政府长期对黄金实行严格管制。只允许中国人民银行统一收购和配售。

1982年开放了黄金饰品的零售市场。

1993年，国务院63号函确立了黄金市场化改革方向。

2001年4月，中国人民银行宣布取消黄金“统购统配”的计划管理体制，黄金市场逐步放开。

2002年10月30日，上海黄金交易所开业，标志着我国黄金业走向市场化。

2008年1月9日，黄金期货在上海期货交易所上市交易，成为我国资本市场发展史上重要的里程碑事件。黄金期货在上期所的上市及运行进一步促进了投资者入市交易，黄金投资群体迅速扩大。我国具有代表性的黄金生产企业如中国黄金集团、紫金矿业集团、山东黄金、招金集团成为上期所首批黄金期货自营会员，并参与了黄金期货套期保值交易。我国的黄金市场已为黄金投资者提供了一定的投资空间和具备选择性的投资品种。

目前，黄金期货和黄金递延衍生产品是我国黄金交易场内市场的主要交易品种。黄金现货场内集中交易、商业银行和黄金生产、流通企业分别推出的纸黄金、黄金现货期权和金条、金币、金制品等投资理财产品也具有一定的市场份额。

在经济全球化、资产证券化、商品金融化和交易网络化高度发展的背景下，随着综合国力的不断增强，中国的黄金市场逐渐成为世界区域性的重要黄金市场。据统计，上期所2008年黄金期货交易量7 780.9吨，交易额1.50万亿元，以交易吨数计年交易规模在全球黄金期货市场排名第五。

6. 期货市场

1988 年《政府工作报告》提出“加快商业体制改革，积极发展各类批发贸易市场，探索期货交易”，这被认为是我国期货市场酝酿建立的开始。

1990 年10 月 12 日，郑州粮食批发市场正式开业，该批发市场以现货交易起步，逐渐引入期货交易机制，真正迈出中国期货市场发展第一步。

1992 年 10 月，深圳有色金属期货交易所率先推出特级铝标准合约，期货交易真正开始。

我国自 20 世纪 90 年代初建立期货市场以来，大体经历了初期发展阶段、清理整顿阶段和规范发展阶段等 3 个阶段。

初期发展阶段：20 世纪 90 年代初至 1994 年，在借鉴西方国家经验的基础上，我国开始建立期货市场。建立之初，各地一哄而上，当时全国先后成立了 50 余家期货交易所，推出几十个交易品种。各类机构只要在交易所申请了席位，均可从事期货交易，对国有企业、金融机构从事期货交易也没有限制。因此，在此阶段，我国的期货市场发展较快，交易规模不断扩大，从事期货交易的机构达上千家。由于法规不健全，市场上出现了许多不规范的做法，操纵市场的行为频频发生，很多国有企业损失惨重。

清理整顿阶段：1995 年至 1999 年，为了扭转混乱局面，国家出台了很多清理措施，包括《国务院办公厅转发国务院证券委员会关于坚决制止期货市场盲目发展若干意见请示的通知》，将交易所从 50 余家削减到上海、郑州和大连 3 家，交易品种也从几十个削减到十余个。这些品种是：上海交易所的铜、铝、胶合板、天然橡胶、籼米 5 个；郑州商品交易所的绿豆、小麦、红小豆、花生仁 4 个品种；大连商品交易所的大豆、豆粕、啤酒大麦 3 个品种，并且各个品种在各个交易所不再重复设置。交易品种只有铜、铝、天然橡胶、大豆、小麦、豆粕等 6 个。

期货经纪公司削减到 220 余家，停止了兼营机构从事期货交易的资格，对国有企业从事期货交易进行严格控制，禁止银行资金从事期货交易。经过清理整顿，期货市场盲目发展的势头得到了遏止，不规范的行为得以纠正，交易规模大幅下降。

1999 年 5 月，国务院通过了《期货交易管理暂行条例》，并于 1999 年 9 月 1 日实行，中国证监会又组织制定了《期货交易所管理办法》、《期货经纪公司管理办法》、《期货从业人员资格管理办法》和《期货经纪公司高级管理人员任职资格管理办法》。这套法规对期货市场各主体的权利、义务等都做了规定，为市场参与者提供了行为规范，也为期货市场的监督管理提供了法律依据。证监会还统一了三个交易所的交易规则，提高了对会员的结算准备金和财务实力的要求，修改了交易规则中的薄弱环节，完善了风险控制制度。

规范发展阶段：2000年至今，期货市场在清理整顿的基础上，走上了健康发展的轨道。

2003年10月党的十六届三中全会，将“稳步发展期货市场”写入《中共中央关于完善社会主义市场经济体制若干问题的决定》，这是首次在党的会议决议中写入期货市场的发展方针。

2004年，《国务院关于资本市场改革开放和稳定发展的若干意见》的发布，为期货市场的规范发展奠定了制度基础。此后，一系列引领期货市场规范发展的法规制度得以修改完善，多项关系期货市场长远发展的基础制度逐步建立健全，一批关系国计民生的商品期货品种相继上市交易。

2006年9月，中国金融期货交易所正式成立，随后推出了股指期货交易。

2007年4月，国务院修订发布了《期货交易管理条例》，证监会八个配套的规章和规范性文件也已发布实施，为强化市场监管和发展金融期货奠定了法规基础。

围绕保护投资者合法利益、提高期货公司资产质量和抗风险能力，期货市场建立健全了三项基本制度：一是2006年建立了期货交易保证金安全存管制度，从制度上解决了困扰多年的期货公司挪用客户保证金的问题。二是全面实施了期货公司以净资本为核心的风险监管指标体系，使期货公司的经营规模与其资本实力挂钩。三是2007年建立了期货投资者保障基金，实施投资者利益补偿机制。通过法规调整和一系列的基础制度建设，期货市场发展基础进一步巩固，为推出股指期货等金融期货交易创造了条件。

2007年，我国期货市场主要农产品交易量占到整个世界农产品成交量的49%，全球成交量最大的10个主要农产品期货合约中有6个来自我国期货市场。2008年底，在按照期货和期权交易量排名的全球52家交易所中，我国三大商品期货交易所即大连商品交易所、郑州商品交易所和上海期货交易所分别位居全球衍生品交易所的第十、十三和十六位。就具体品种而言，锌、铜和铝期货成交量位于全球金属期货品种的第四、五、八位；农产品期货表现更为抢眼，成交量最大的前十个品种中有七个来自国内，其中白糖、黄大豆1号、豆粕期货品种占据农产品期货前三名，玉米、橡胶、豆油和强筋小麦期货也入围前十。截至2009年底，我国期货市场共有21个品种上市交易，商品期货成交量占全球总成交量的43%，跃居全球第一。

目前，我国期货市场已经形成了比较完备的品种体系（上市品种超过23个）。除了原油以外，国际市场主要的大宗商品期货交易品种我们全部具备，其中一些品种的期货价格已开始成为贸易谈判的定价基准。期货市场服务实体经济能力增强，相关行业的龙头企业普遍参与期货市场。期货市场对外开放的格局初步形成。内地持证企业可以在境外设立子公司，进行境外期货交易。期货业的政府、交易所和期货行业协会三级管理体系已初步建立。国家确定中国证券监督管理委员会及其下属派出机构对中国期货市场进行统一监管。国家工商行政管理局负责对期货经纪公司的工商注册登记工作。

根据中国证监会的规划，今后将重点推进期货公司的三项创新业务：一是期货公司投资咨询业务，二是期货公司境外期货经纪业务，三是期货公司资产管理业务。同时，支持和鼓励期货公司适时适度开展制度创新和组织创新，提高期货公司综合实力和服务国民经济发展的能力。并进一步完善期货公司分类监管制度，大力发展期货市场的机构投资者。

四、中国金融市场的展望

利率是资金的价格，利率市场化就是要使利率水准真实地反映资金市场的供求，形成有效的价格发现机制。目前，我国的金融市场已实现利率市场化的方面有：国债市场、金融债券市场、企业债券市场、银行同业拆借市场、银行间债券市场、贴现、转贴现和再贴现市场等。外币利率基本上随国际市场的变化而变化，政府控制下的部分信用社贷款利率和存款利率可上浮一定的百分比。但是占金融市场主导地位的城市商业银行的存贷款利率却完全在政府的管制下。因此，在目前的情况下，如何推进银行的贷款定价自主化，如何实现银行存款利率自由浮动是中国利率市场化的最重要的内容。利率市场化改革的目标是：

建立一个以货币市场利率为基准，市场供求发挥基础性作用，中央银行通过各种市场化政策工具调控货币市场利率，借以对利率水准和结构进行有效影响的体系是我国利率市场化改革的目标。

而要完成这样一种利率市场化改革，国有企业必须对市场利率理性对待，国有商业银行必须建立起完善的公司治理结构，各级政府必须不介入资金的配置过程，货币当局必须能够有效地调控市场利率。

当前，我国的金融市场存在三个方面的结构性问题：

首先，直接融资滞后于间接融资，且趋势进一步加大。股票市场具有较强的歧视性、排他性特征，完全是大企业的市场，没有向中小企业敞开。我国中小企业数量众多，占全部企业的99%以上，是吸纳就业的主要力量。尽快组建创业板市场，特别是科技型的创业板市场，建立一个有差别的准入制度，形成一个分层次的市场体系，有利于实现股票市场均衡发展，活跃市场经济，保持社会稳定。

其次，债券市场发展滞后于股票市场。整个债券市场相互割裂、不统一，交易所市场与银行间市场分立并存。债券的期限结构不合理、品种单一。

最后，货币市场、资本市场、保险市场三个市场的资金不畅通、价格不统一。货币市场的问题主要是票据市场发展滞后，货币市场交易品种结构单一，缺乏储蓄替代性产品。票据市场是货币市场的重要组成部分，是货币当局调控再贴现率的基础。目前，我国票据市场的交易对象绝大多数是银行承兑汇票，没有融资性票据。二级市场不发达。缺乏专业的造市商制度。如何加强票据市场制度建设，逐步推出融资性票据，成立专门的票据金融公司，是我国货币市场发展中的重要工作。

我国居民的储蓄意愿很强，储蓄存款仍然是居民金融资产首选。投资渠道狭窄是造成这种状况的重要原因。因此，发展储蓄替代型金融产品是改变这种状况的关键。储蓄替代型证券的基本特征是流动性充足、风险规避、收益锁定，能够起到替代储蓄的功能。

目前，我们已经有了国债、金融债、债券基金、货币市场基金等几个品种。尽快推出（或完善）地方政府债券、政府保证债券、其他政府部门债券、抵押债券、境外债券、教育储蓄基金和退休储蓄基金等交易品种是提高货币市场流动性与投资性的重要措施。

五、2008 年美国金融危机产生的原因及其借鉴意义

（一）2008 年美国金融危机产生的原因

自 2007 年下半年起，美国爆发次债危机。2008 年 3 月，美国第五大投资银行贝尔斯登因濒临破产而被摩根大通收购。2008 年 9 月初，美国政府宣布接管房地美和房利美两大住房抵押贷款机构。2008 年 9 月中旬，美国第三大投资银行美林证券被美国银行收购，美国第四大投资银行雷曼兄弟公司申请破产保护，美国的保险巨头美国国际集团向美联储寻求短期融资支持。由此，美国陷入二战以来最严重的一次金融危机。并向实业经济领域蔓延，从而演变成为二战以后美国最为严重的经济危机。更为严重的是，由美国次债市场的结构性断裂所引起的金融大海啸席卷华尔街，巨人般的金融机构接连崩塌，其冲击波震撼了全球金融市场，各主要国家政府也不得不相继出手稳定本国的金融市场。

导致 2008 年美国金融危机爆发的原因主要有如下几个方面：

首先，美国经济基本面的问题是导致这场金融危机的深层次原因。这可以从两个方面来理解。一方面，汽车、钢铁等制造业本来是美国的优势产业，但自 20 世纪 80 年代起，这些传统产业遭遇日本和德国崛起的强大冲击，于是美国转而发展高科技产业，也就是后来所谓的新经济。新经济繁荣了十余年，但在 20 世纪末新经济泡沫破裂，美国又着手发展金融业，1999 年美国国会通过金融服务现代化法案，金融衍生产品发展明显加快。在这个过程中，伴随制造业外移，在借贷资本和银行信用制度基础上产生的，以股票、债券、不动产抵押证券等虚拟资本交易为核心的虚拟经济规模日益庞大。美国经济已经虚拟化，这就使得金融市场的波动拥有了空前的震撼力。

另一方面，美国社会的消费与投资双过度形成了巨大的赤字。美国的私人储蓄长期低于 10%，近些年份甚至经常为负。美国政府的财政赤字也连年增加。美国社会的总储蓄缺口必然引致对外贸易的巨额逆差，最终使得美国成为世界上最大的贸易逆差国和最大的债务国。这种处境若在其他国家早就发生了金融危机，但美国却得益于美元的世

界货币地位，其进出口的绝大部分都用美元结算，对外债务的绝大部分也都是用美元计价的美国证券，这就避免了由国际支付困难而引致的金融危机。但是，美元的世界货币地位既能满足国际支付的需要，获得大量的实体资源，坐享铸币税的好处，也能助长国内金融市场的泡沫，为内源型金融危机的爆发积累能量。

其次，美国政府的失误是导致这场金融危机的间接原因。这也可以从两个方面来理解。一方面，2000 年底，美国科技股泡沫破裂，美国经济出现下滑的征兆。为刺激经济增长，预防经济萎缩，美联储实施宽松的货币政策，联邦基金利率从 2000 年中的 6.5% 一路降低到 2003 年中的 1%，造成流动性过剩，大量资金涌入房地产市场，抵押贷款投放过度，催生房地产市场泡沫，从而被许多人看作是 2007 年次债危机的源头。

另一方面，美国政府的住房政策助长了房地产泡沫的形成。自 20 世纪 30 年代初的大萧条以来，提高中低收入阶层的住房拥有率一直就是美国历届政府的基本国策。1949 年，杜鲁门政府修订国家住房法，提出让每一个美国人拥有合适的住宅和居住环境的目标。1990 年，布什政府又提出人人拥有居住机会的计划。正是在这一背景下，近十年来，美联储大幅降低按揭贷款的信用标准，使得次债产品的风险大增。

美国社会历来崇尚自由竞争，相信个体的利己动机能够很好地约束市场和企业的运转，从而对国家干预经济生活的做法普遍持消极的态度。正所谓海阔凭鱼跃，天高任鸟飞。这种放任自由竞争的市场经济理念既造就了无限的市场活力和创造性，也造成政府监管的缺失。就金融市场来说，自由竞争使得金融衍生产品层出不穷，令人眼花缭乱。且许多产品都是场外交易，无人监管。实际上，美国金融市场结构复杂、产品泛滥到了政府已经欲管不能的地步。正像前美联储主席格林斯潘所说，政府监管机构识别、计量、管理金融市场风险的能力已经不可能高于金融机构了。

最后，华尔街金融机构过度投机、过度倚重杠杆比率、疏于风险管理是造成美国金融危机的直接原因。例如，近几年来，高盛公司和摩根斯坦利的股票等高风险投资的收入远远超过总收益的半数，其平均净资产回报率也高出一般商业银行近一倍的水平。雷曼兄弟公司申请破产保护的时候，其负债权益比为 6 130:260。美林公司被收购之前的负债权益比也超过了 20 倍。高杠杆比率使得这些投资银行对流动性的要求很高，一旦财务状况恶化，信用等级降低，其融资成本势必上升，进而丧失流动性，挤兑也就不可避免。高风险投资和高杠杆比率使得华尔街金融机构经不起任何风吹草动。贝尔斯登和雷曼兄弟公司的倒台就是这个原因。

华尔街金融机构从业人员的薪酬激励机制仅与短期收益挂钩，忽视机构的风险管理及其长期收益能力的评价，造成严重的道德风险。近几年来，美国金融机构对于房地产市场的前景过于乐观，按揭贷款的条件逐步降低。这些高风险的抵押贷款又被金融机构组合、包装并证券化。在这个过程中又伴生出信用违约掉期之类的衍生工具。耀眼的包装、复杂的衍生金融工具、再加上越来越长的转让销售链条，使得投资者完全忽略了最基础资产也即次级按揭贷款的质量问题。然而，折腾来折腾去，华尔街金融机构创造的衍生产品再多，也只是转嫁了次级按揭贷款的信用风险，它们不可能消除风险。而且，在衍生产品的创新过程中，由于杠杆原理的作用以及信用违约掉期之类衍生工具自身的特性，次级按揭贷款的信用风险实际上在整个金融系统中被放大、被集中了。一旦美联储进入加息期，房地产泡沫消失，次级按揭贷款的风险就会以高倍的能量总爆发。

另以信用卡业务为例，美国的信用卡发行公司罔顾客户信用，任意扩张业务。其如意算盘就是以客户透支消费的高额贷款利息收入抵补信用坏账损失。但这需要以足够比率的客户有支付能力为前提。一旦美国人透支未来的消费能力减弱，信用卡公司势必面临严重的信用危机。

（二）2008 年美国金融危机对我国的借鉴意义

凭借严格的外汇管制以及内外金融市场的有效区隔制度，继 1998 年的亚洲金融危机之后，我国又一次幸运地躲过了 2008 年的金融浩劫。但是我们仍有必要未雨绸缪，认真地分析美国这场金融危机的原因，研究美国政府应对危机的机制及其举措的利弊与得失，以利我国金融市场持续稳定发展。

首先，应该稳妥可靠地发展我国的金融市场，不能盲目冒进，特别是衍生金融工具的引进或创新一定要三思而后行。在今后一个较长的时期里，我国都应将金融市场定位于为实业经济融资和提供证券流动性的功能上。为此，监管机构既要审慎对待跨市场创新产品的准入，防范跨市场风险的传递蔓延，又要鼓励金融机构以客户为中心，不断优化产品创新流程，使产品更加贴近市场，更好地满足多样化的金融服务。在这个过程中，要确保虚拟经济始终依附于实体经济的态势，并在二者之间保持相当程度的区隔，不可喧宾夺主，混成一团。然后在监管有保障的前提下，逐步引入或创新衍生金融工具，并将衍生金融工具的交易严格定位于为传统融资性金融工具规避系统性风险的目的，坚决抑制纯粹投机性的衍生金融工具交易。

其次，要强化监管，使得严格、科学的监管能够成为中国金融市场的基本特色。这个意思不能僵化地理解。其实，自由竞争和严格监管只是两种相对极端的市场形态。若想保持金融市场的稳定健康发展，自由竞争与加强监管不能偏废，必须兼顾。而所谓的兼顾实际上就是一个在两个极端之间不断逆向校正的过程，并不是预先设定的模式。由于拥有 200 多年的发展历史，以及头 100 多年的金融市场很单纯、规模也不大，美国金融市场形成了自由竞争的基本特征，与强化监管有关的组织机构及其法律规章只是 1929 年之后美国政府应对历次危机的结果。而在我国的金融市场中，政府自始至终都处于绝对的主导地位，因为与美国自发形成金融市场不同，我国的金融市场是政府一手催生的，并且适逢金融全球一体化以及衍生金融产品、新型金融交易手段大发展的时代。因此，对于尚处于初创阶段的中国金融市场来说，政府的强力监管不可或缺，也应该是我国金融市场的基本特色。

增强监管的科学性。拙劣的监管比放任自流更可怕。就目前政府监管的状况来看，增强监管的科学性，适度强化自由竞争应该是我国金融市场今后改革发展的基本思路。所谓科学的监管就是要求政府以维护国家经济安全为目的，完善维护国家经济安全的法律法规，建立迅捷有效的预警机制来防范和阻隔国内外金融风暴对实体经济的侵袭，增强国家经济安全的监测和预警、提高危机反应和应对的能力。因此应该从完善监管制度、法律规章以及监管组织机构的角度强化监管，即所谓的制度性监管，而不是动辄干预具体金融产品均衡价格的形成过程，更不能动辄救市。实际上，市场泡沫和经济波动由人类行为和市场机制的本性所决定。国民经济从来就是波动式增长，不能指望一帆风顺。除非连同整个市场一起丢掉，否则泡沫和周期不可避免。因此，应该为市场机制的自我调节留下足够的时间和空间，泡沫的自行消失过程也就是金融风险的自我释放过程。政府监管的职责不在于消除或减少泡沫，而在于稳定货币购买力，保持流动性，预防跨市场动荡给实业经济造成不能承受的打击。

第三，政府的社会政策不能脱离经济实际，不能急功近利，否则会陷入欲速则不达的境地。在 20 世纪 80 年代之前，美国的住房自有率始终低于 65%。自 20 世纪 90 年代开始，伴随着美国经济的高速发展，美国政府开始实施提高住房自有率的政策。在这一背景下，美国的金融机构罔顾风险，任意降低信用标准，借以拓展住房按揭贷款业务。而“两房”则通过次债发行业务筹集资金，无选择地收购按揭贷款，为其他金融机构提供流动性。在这个过程中，美国政府始终把“两房”业务的扩张视作顺利实现其人人有住房政策的保证，从未设法有效地制约“两房”业务膨胀的趋势，最终使得“两房”的经营风险积聚到无以复加的程度，终于一发不可收拾。

第四，政府的市场监管机构必须具有充分的独立性和专业性，不能受制于人，不能形成行业自律为主、政府监控为辅的局面。实际上，美国政府并非毫无察觉次债市场存在的问题，也并非打算放弃监管。早在 1992 年，美国国会就设立了一个叫做“联邦住宅企业监督办公室”的机构。但该机构不能自行确定预算，其预算必须经过国会的批准才能生效，这就为财大气粗的“两房”游说国会限制该管理机构的经费预算提供了机会。结果造成该管理机构形同虚设，独立性和专业性很差，根本不能有效发挥监管市场的作用。

第五，政府必须具有兼听则明的意识，必须防止拥有雄厚财力的企业操控政府的政策。在美国政府大力提高自有住房率的政策背景下，美国的“两房”实际上获得了兼具政府机构与私人公司优势的地位。由于市场公认“两房”拥有政府担保，所以这两家企业可以较低的利率融资，然后用于购买按市场利率支付的抵押贷款，从中赚得巨额的利润。这就使得“两房”最为担心的是政府住房政策的调整，而不是市场利率的波动以及客户违约的风险。为此，“两房”花大力气游说政府和国会，积极培育政治代言人和自己的舆论喉舌，竭力将本企业的发展论证成百姓拥有自有住房的前提和保证，最终将政府的社会政策蜕变为个别企业谋取私利的工具。

最后，我国的金融机构必须意识到，居民的住房按揭贷款也具有风险。在我国，居民的住房按揭贷款一直被认为是“优质资产”，这种观点的成立必须以房地产价格的持续上涨和居民收入的稳定提高为基础。但天下不存在只涨不跌的市场，价格波动是任何市场赖以存在的常态，经济增长也不可能一帆风顺。所以对金融机构来说，个人住房抵押贷款也是一种高风险的资产业务。这就需要我国的金融机构进一步地强化按揭贷款业务的管理，执行严格的风险控制程序，加强对用款人的风险揭示，防止按揭贷款客户过度使用杠杆比率。

近几年来，随着中国经济的蓬勃发展，中资金融机构相继走出国门，投资海外，从而不同程度地涉入美国次债市场。其中，中国银行拥有的海外资产和相关业务最多。截至2008年8月底，中国银行持有的“两房”相关债券合计超过100亿美元。而据报道，截至2008年6月底，我国14家金融机构总共持有的“两房”债券超过300亿美元。不过，尽管中国金融机构在美国的这场次债危机当中损失惨重，但尚未超出我国金融机构的总体承受能力。这是由于我国金融机构总体涉足美国次债市场的程度有限；而且国内金融机构的负债业务结构与外国银行也有很大的差异，例如国内金融机构贷款占存款的比例一般都低于100%，这样中国金融机构就能够承受较高的流动性风险。

实际上，我国受美国金融危机影响程度最深的领域很可能不是金融业，而是出口业和房地产业。其中，出口业很可能将是遭受美国金融危机冲击最严重的领域。因为美国、欧洲和日本是我国的主要出口目的地。由于这些国家金融、经济的高度一体化，美国金融危机继续恶化的后果会在其他发达的市场经济国家或地区迅速地蔓延，最终导致这些国家或地区的消费萎缩，投资不振，从而严重地冲击我国的出口市场。

复习思考题

1. 简述金融市场的含义、分类与市场主体。
2. 金融资产可划分为哪几种类型？
3. 简述金融市场的功能。
4. 简述现代金融市场的特点。
5. 简述中国金融市场发展的现况及其前景。
6. 经济危机与金融危机比较。
7. 简述2008年美国金融危机产生的原因。

第二章

外汇市场

本章摘要

本章给出了外汇和汇率的含义，简要介绍了国内外外汇市场的基本结构，并阐述了影响汇率变动的主要因素。

关键词

外汇　汇率

第一节　外汇市场概述

外汇买卖又称国外汇兑，就是人们通过特定的金融机构（外汇银行）将一国货币兑换成另一国货币的交易活动。借助于各种涉外金融工具进行国际间债权债务关系的清算（其中主要为非现金的结算）是外汇交易的主要目的。绝大多数外汇市场无固定交易场所，通过电话、电报、电传与电子计算机组成的电子通讯网络进行外汇交易。外汇市场本身并不融通资金。外汇市场同其他金融市场如货币市场、资本市场、黄金市场等，特别是同交易对象涉及外国货币的金融市场如境外货币市场、国际债券市场、金融创新市场等联系非常密切。因为这些市场的金融交易经常会涉及外汇买卖。有外汇买卖，就必须通过外汇市场进行。外汇市场的存在不仅便利了其他金融市场进行交易，同时也使外汇市场本身获得发展。

一、外汇及外汇市场的含义

（一）外汇的含义

广义的外汇泛指一切以外国货币表示的资产，如外国货币、外币支付凭证、外币有价证券以及一国政府在国际金融机构的其他资产等。狭义的外汇仅指以外币表示的、可用于国际结算的支付手段。因此，狭义地理解，以外币表示的有价证券以及暂时存放在持有国境内的外币现钞由于不能直接用于国际支付，故不属于外汇。只有存放在国外银行的外币资金以及对国外银行存款有索取权的外币票据才构成外汇。狭义的外汇主要包括以外币表示的银行汇票、支票、银行存款。其中，银行存款是外汇的主要构成部分。

按照能否自由兑换和自由向其他国家进行支付，外汇可以划分为自由外汇和记账外汇两种形式。自由外汇是指不需货币发行国批准、可以随时动用、自由兑换为其他货币或向第三国办理支付的外汇。可自由兑换性是自由外汇的基本特征。目前世界上有50多种货币可自由兑换。记账外汇又称为协定外汇或清算外汇。它只用于签定了清算协议的两国或多国之间贸易往来的支付。记账外汇贸易下的进出口商各自向本国的办理结算的银行收付本国货币，而不收付外汇。记账外汇贸易下所获得的外汇即为记账外汇，它只能作为账面资产用于支付从对方国家进口的货款，不能自由提取运用。

（二）外汇市场的含义

外汇市场是设置在各国主要金融中心，由外汇供给者、外汇需要求者与外汇供求的中介人构成的，进行外汇买卖的交易场所、交易网络及其相关的交易机制。当今世界，交易量最大的外汇市场在伦敦、纽约、东京、苏黎世、新加坡、中国香港、法兰克福等著名的国际金融中心。

外汇供求的产生是由于各国间持续不断的国际经济贸易金融往来的需要，是为了进行国际结算与支付、清偿国际债权债务的需要。外汇供给者（如出口商）需要出售其出口所得的外汇，外汇需求者（如进口商）需要购买外汇以便支付进口。外汇供求的中介人如金融机构一方面通过它们的中介作用使外汇供求双方达成交易，另一方面为了本身的业务经营，需要调拨外汇资金，抛补外汇头寸，也在频繁地买卖外汇（在这种情况下，它们就成为外汇供求者）。于是就形成外汇市场。

外汇市场上的交易货币都属可兑换货币。其中美元的交易量约占外汇交易总量的四分之三。这不仅是因为美元是最主要的国际货币，而且还由于美元经常充当媒介货币，即在外汇交易中，把非美元货币先兑换成美元，再用美元去兑换其他所需货币。

外汇市场上的外汇交易一般都通过现代化的通讯手段如电话、电报、电传和电脑设备进行。各个外汇市场都用这些通讯手段和电脑设备保持联系，相互连接，形成一个紧密联系的全世界电话、电报、电传线路的交易网络。信息的反馈准确可靠，买卖的成交快速方便。

由于世界各地的主要外汇市场都分属不同时区，其营业时间因时差而相互衔接，因此，外汇交易者一天24小时都能在全球主要外汇市场连续不断地进行交易，从这个意义说，现代外汇市场已经是一个全球性一体化的市场。

二、外汇市场的类别

（一）按交易场所划分

1. 有形的外汇市场

是指有固定交易场所的外汇市场。通常是在当地证券交易所大楼内或在交易大厅内划定一部分空间作为外汇交易所，如巴黎、法兰克福、布鲁塞尔、阿姆斯特丹等外汇市场。各家外汇银行的代表在每一营业日的规定时间内集合在这里进行外汇交易。这类外汇市场又称为大陆式市场，它在世界范围内占少数。

2. 无形的外汇市场

是指无固定交易场所的外汇市场。它是通过电话、电报、电传与电子计算机组成的电子通讯网络进行外汇交易，如伦敦、纽约、东京、苏黎世、新加坡、中国香港等外汇市场。这类外汇市场又称为英美式市场，大多数西方外汇市场都属这一类。

（二）按交易者、交易货币划分

1. 地区性外汇市场

也称本国国内外汇市场。是指外汇交易者基本上只限于当地居民，交易货币也只限于本国货币与有限的几种外国货币，如曼谷、马尼拉等外汇市场。

2. 国际性外汇市场

是指外汇交易者除当地居民外，还包括境外居民。国际性外汇市场的交易货币多种多样，涉及本国货币与好多种外国货币之间以及各种外国货币之间的交易，而且同其他金融市场如资金市场，黄金市场，衍生金融工具市场等联系密切。如伦敦、纽约、苏黎世等外汇市场。

（三）按交易者、交易量划分

1. 外汇批发市场

它是指银行同业之间（包括外汇银行之间、外汇银行和中央银行之间以及各国中央银行之间）的外汇交易市场，其单笔交易的金额一般较大，多属批发的性质。

2. 零售外汇市场

指外汇银行与一般客户之间进行的小额外汇的交易。

三、当今外汇市场的特点

（1）近二十年以来，随着经济金融全球一体化的发展，外汇市场与相关国家宏观经济的联系越来越密切。外汇市场变动与相关国家宏观经济形势变动的相关度越来越高。外汇市场在相关国家国民经济各市场中的地位日益提高。

（2）自20世纪70年代以来，亚太地区外汇市场迅速发展。由于时差的关系，使世界各地的外汇市场在营业时间上得以衔接。同时，由于现代科学技术的发展，现代化通信设备的大量运用，电脑网络交易方式的普及，使得全球咨询的即时传播以及全球间的异地即时交易成为可能。全球各外汇市场相互衔接、投资者可以24小时全天候交易，全球外汇市场在时空上已经联为一体。

（3）20世纪70年代初，布雷顿森林体系瓦解，世界各国普遍实行浮动汇率制，货币汇率完全由外汇市场供求情况决定，涨落幅度并无限制，原则上有关国家的政府并不承担义务必须进行干预，而是听任汇率自由升降。自由浮动汇率制度造成外汇市场行市动荡不定。进入20世纪80年代以来，西方发达国家国际收支不平衡更加明显，再加上大量国际游资经常在各国间自由流动，更促使外汇行市波动频繁。

（4）外汇行市的频繁变动、涨落不定，必然会给外汇买卖带来风险，因此，除外汇投机者外，外汇供求者在买卖外汇时，一般都采取一些措施来防避风险。自20世纪70年代开始应运而生了一系列金融创新如期权、期货、互换等。

（5）尽管在浮动汇率制度下，西方各国中央银行并无义务在外汇市场上对汇率升降进行干预，但为了维持本国货币汇率的相对稳定，有关国家政府仍然不时进行干预。而且为了制止美元汇率的过度涨跌，以免影响各国经济，开始运用国际协调机制，多国联合干预。从1985年9月起，已多次出现这种联合干预。今后多国联合干预会趋向于加强。

四、外汇市场的作用

（1）外汇市场的存在和发展，促进了国际间的货币运动，方便了国际支付结算、债权债务清偿，从而有利于国际间商品和劳务的交易，便利了国际资本的转移、借贷资金的融通，对各国的经济发展乃至整个世界经济的发展起到了积极的推动作用。

（2）外汇市场是实现全球经济金融一体化的桥梁。

（3）外汇市场的存在和发展，向外汇交易者提供了可以运用某些操作技术（例如买卖远期外汇、期权、掉期、套期保值等）来规避或减少外汇风险的便利，从而可以将外汇买卖受行市波动的不利影响减至最小，甚至可能最终获得完全避险保值。这可以降低投资前景的不确定性，从而有利于各国经济金融的交流。

（4）外汇市场的存在和发展，为投资者提供了一种可以选择的投资机会或途径，投资者可以利用外汇市场的波动，通过承担外汇市场的风险获得相应的投机收益。

第二节 外汇市场的结构

外汇市场由主体和客体构成。客体即外汇市场的交易对象，主要是各种可自由交易的外国货币、外币有价证券及支付凭证等。外汇市场的主体，即外汇市场的参与者，主要包括外汇银行、顾客、中央银及外汇经纪人。

一、外汇市场的参与者

（一）外汇银行

外汇银行：又叫外汇指定银行，是指由本国中央银行或管汇当局授权或批准经营外汇业务的商业银行。它包括专营和兼营外汇业务的本国银行以及开设在本国的外国银行分支行。外汇银行是外汇供求的主要中介人。它的业务对象不仅包括一般客户，也包括银行同业和其他金融机构，甚至中央银行。

外汇银行可以成为外汇市场的行市制定人（做市商）。不是所有的外汇银行都能成为行市制定人，只有信誉良好，资金雄厚，在国际上享有一定知名度的大银行才能成为行市制定人。所谓行市制定人能在外汇市场上主动报出各种交易货币的买价和卖价，并且能按这一报价买卖任何数额的外汇。他们侧重于主动向海外大客户（如跨国公司）和海外代理行报价，以冀获取海外的外汇交易。在特殊情况下，较小的外汇银行也能成为行市制定人，例如对次要或稀有货币、期限不规范的远期外汇交易等。

（二）顾客

顾客是指与外汇银行有外汇交易关系的公司和个人，是外汇的最终使用者和供应者。这类市场的参与者有的为实施某项经济交易而进行买卖外汇，如经营进出口业务的国际贸易商，到外国去投资的跨国公司，发行国际债券或筹措外币贷款的国内企业等；有的为调整资产结构或利用国际金融市场的不均衡状况而进行外汇交易，如买卖外国证券的投资者，在不同国家货币市场上赚取利差、汇差收益的套利者和套期保值者；有的是利用市场汇率的波动以赚取风险利润的外汇投机者；等等。除此之外，还有其他零星的外汇供求者，如国际旅游者、出国留学生、汇出或收入侨汇者、提供或接受外币捐赠的机构和个人，等等。在上述外汇供求的客户中，最重要的是跨国公司。

（三）中央银行及其他官方机构

各国的中央银行在本国的外汇供求失衡时，一般会运用国家外汇储备，来维持本国货币金融的稳定。中央银行干预外汇市场的范围与频率在很大程度上取决于该国政府实行什么样的汇率制度。假如一国货币与别国货币（或“一篮子货币”）挂钩，实行固定汇率，那么，该国中央银行的干预程度显然要比实行浮动汇率制的国家要大得多。一般情况下，中央银行在外汇市场上的交易数量并不是很大，但其影响却非常广泛。

（四）外汇经纪人

外汇经纪人是指介于外汇银行之间、外汇银行和其他外汇市场参加者之间，进行联系，接洽外汇买卖，从中赚取佣金的经纪人公司或个人。外汇经纪人在外汇市场的作用主要在于提高外汇交易的效率。

以上是从横向对外汇市场的参与者进行分类。如果从纵向上进行观察，上述参与者可分为四个层次：第一层次是进出口商，他们是外汇的最终使用者和供应者。第二层次是外汇银行，它们在外汇供应者和外汇使用者之间起媒介作用。第三层次是外汇经纪商，外汇银行通过他们平衡银行内部外汇的流入和流出。第四层次是中央银行，它在一国总的外汇供求失衡时，运用国家外汇储备，起着“最后贷款者”的作用。外汇市场参与者纵向观察图如图 2.1 所示。

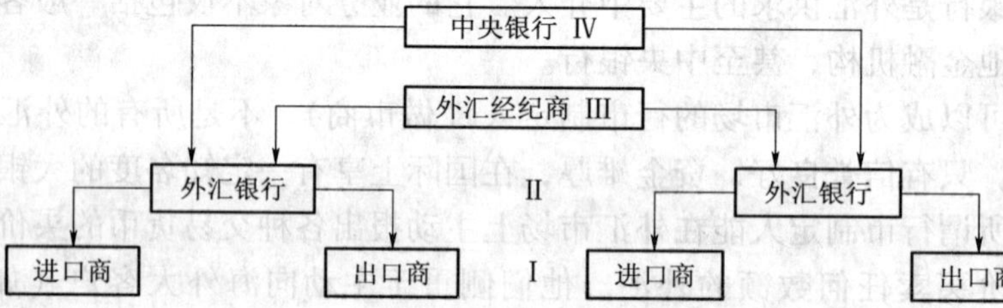

图 2.1　外汇市场的结构

二、外汇市场交易的三个层次

根据上述对外汇市场参与者的分类，外汇市场的交易可以分为三个层次的交易，即银行与顾客之间、银行同业之间、银行与中央银行之间。在这些交易中，外汇经纪商往往起着中介作用。

（一）银行与顾客之间的外汇交易

顾客出于各种各样的动机，需要向外汇银行买卖外汇。银行在与顾客的外汇交易中，一方面从顾客手中买入外汇，另一方面又将外汇卖给顾客。实际上是在外汇的最终供给者和最终使用者之间起中介作用，赚取外汇的买卖差价。

（二）银行同业间的外汇交易

银行在每个营业日，根据顾客及自身的需要进行外汇交易，其结果难免产生各种外汇头寸的多头或空头，统称敞开头寸。当银行各种外汇头寸处于不平衡时，银行便承担了外汇风险。若银行要回避外汇风险，就需通过银行同业间的交易，“轧平”头寸，即将多头抛出，空头补进，使其所承诺的某种货币的出售数量与所承诺的同种货币的购进数量相平衡。此外，银行还出于投机、套利、套期保值等目的从事同业的外汇交易。银行同业间的外汇交易构成了绝大部分的外汇交易，占外汇市场交易总额的 90% 以上。

（三）银行与中央银行之间的外汇交易

中央银行为了使外汇市场上由自发形成的供求关系所决定的汇率能相对地稳定在某一期望的水平上，可通过其与外汇银行之间的交易对外汇市场进行干预。若某种外币兑换本币的汇率小于期望值，中央银行从外汇银行购入该种外币，从而增加该外币需求量，使汇率上升；相反，则反之操作。

第三节　国际货币基金组织的特别提款权

国际货币基金组织（International Monetary Fund，IMF）成立于1945年12月，是与世界银行并列的世界两大金融机构之一。其主要职能包括：制定并监督成员国间的汇率政策和经常项目的支付以及货币兑换性方面的规则；促进国际经济一体化的步伐；维护国际间的汇率秩序；协助成员国之间建立经常性多边支付体系；在必要时对发生国际收支困难的成员国提供紧急资金融通，以避免国际货币市场的波动；为成员国提供有关国际货币合作与协商的机制和场所，促进国际间的金融与货币领域的合作。该组织于1969年创设并向其成员国提供“特别提款权”。

一、国际货币基金组织特别提款权产生、演化的主要历程

特别提款权（Special Drawing Right，SDR）是国际货币基金组织创设的一种储备资产和记账单位，亦称纸黄金。它是基金组织分配给会员国的一种使用资金的权利。会员国在发生国际收支逆差时，可用它向基金组织指定的其他会员国换取外汇，以偿付国际收支逆差或偿还基金组织的贷款，因此可与自由兑换货币、货币黄金一起充当国际储备。

但特别提款权只是一种记账单位，不是真正货币，使用时必须先换成其他货币，不能直接用于贸易或非贸易的支付，因此它只是国际货币基金组织在原有的普通提款权以外向成员国提供的补充储备，所以被称为特别提款权。

特别提款权的创立经过了一个长时间的酝酿过程。20世纪60年代初爆发的美元第一次危机，暴露出以美元为中心的布雷顿森林货币体系的重大缺陷，使越来越多的人认识到，以一国货币为支柱的国际货币体系是不可能保持长期稳定的。从20世纪60年代中期起，改革二战后建立的国际货币体系的议题被提上了议事日程。以美英为一方，主张弥补美元、英镑、黄金作为国际清偿手段的不足，以适应世界贸易发展的需要。而以法国为首的西欧六国则认为，不是国际流通手段不足，而是“美元泛滥”，通货过剩。因此强调美国应消除它的国际收支逆差，主张建立一种以黄金为基础的储备货币单位，以代替美元与英镑。

1964年4月，比利时提出了一种折中方案：增加各国向基金组织的自动提款权，而不是另创新储备货币来解决可能出现的国际流通手段不足的问题。基金组织中的

“十国集团”采纳了这一接近于美、英的比利时方案，并在1967年9月基金组织年会上获得通过。1968年3月，由“十国集团”提出了特别提款权的正式方案。但由于法国拒绝签字而被搁置起来。

美元危机迫使美国政府宣布美元停止兑换黄金后，美元再也不能独立作为国际储备货币，而此时其他国家的货币又都不具备作为国际储备货币的条件，于是提供补充的储备货币或流通手段就成了基金组织最紧迫的任务。因此，基金组织在1969年的年会上正式通过了“十国集团”提出的储备货币方案。

按国际货币基金组织协定的规定，基金组织的会员国都可以自愿参加特别提款权的分配，成为特别提款账户参加国。会员国也可不参加。参加后如要退出，只需事先以书面通知，就可随时退出。

基金组织规定，每5年为一个分配特别提款权的基本期。第24届基金年会决定了第一次分配期，即自1970年至1972年，发行95亿特别提款单位，按会员国所摊付的基金份额的比例进行分配，份额越大，分配得越多。这次工业国共分得69.97亿，占总额的74.05%。其中美国分得最多，为22.94亿，占总额的24.63%。这种分配方法使急需资金的发展中国家分得最少，而发达国家则分得大部分。发展中国家对此非常不满，一直要求改变这种不公正的分配方法，要求把特别提款权与援助联系起来，并要求增加它们在基金组织中的份额，以便可多分得一些特别提款权。

参加国分得特别提款权以后，即列为本国储备资产，如果发生国际收支逆差即可动用。使用特别提款权时需通过国际货币基金组织，由它指定一个参加国接受特别提款权，并提供可自由使用的货币，主要是美元、欧元、日元和英镑。还可以直接用特别提款权偿付国际货币基金组织的贷款和支付利息费用；参加国之间只要双方同意，也可直接使用特别提款权提供和偿还贷款，进行赠予，以及用于远期交易和借款担保等各项金融业务。

特别提款权利率的计算方法，大致是根据美、德、日、英、法五国金融市场短期利率加权平均计算而得，每季度调整一次。

特别提款权创立初期，它的价值由含金量决定，当时规定35特别提款权单位等于1盎司黄金，即与美元等值。1971年12月18日，美元第一次贬值，而特别提款权的含金量未动，因此1个特别提款权就上升为1.085 71美元。1973年2月12日美元第二次贬值，特别提款权含金量仍未变化，1个特别提款权再上升为1.206 35美元。

1973年，西方主要国家的货币纷纷与美元脱钩，实行浮动汇率以后，汇价不断发生变化，而特别提款权同美元的比价仍固定在每单位等于1.206 35美元的水平上，特别提款权对其他货币的比价，都是按美元对其他货币的汇率来套算的，特别提款权完全失去了独立性，引起许多国家不满。20国委员会主张用一篮子货币作为特别提款权的定值标准，1974 年 7 月，基金组织正式宣布特别提款权与黄金脱钩，改用“一篮子” 16 种货币作为定值标准。这 16 种货币包括截至 1972 年的前五年中在世界商品和劳务出口总额中占 1% 以上的成员国的货币。除美元外，还有联邦德国马克、日元、英镑、法国法郎、加拿大元、意大利里拉、荷兰盾、比利时法郎、瑞典克朗、澳大利亚元、挪威克郎、丹麦克郎、西班牙比塞塔、南非兰特以及奥地利先令。每天依照外汇行市变化，公布特别提款权的牌价。

为了简化特别提款权的定值方法，增强特别提款权的吸引力，1980 年 9 月 18 日，基金组织又宣布将组成“一篮子”的货币简化为五种西方国家货币，即美元、联邦德国马克、日元、法国法郎和英镑。

到 2005 年 12 月 30 日，SDR 定值的一篮子货币由 4 种货币组成，比重分别为美元 44%，欧元 34%，日元和英镑分别占 11%。亦即根据伦敦外汇市场午间美元与其他三种货币的牌价，SDR 的美元价值为：1 ×44% +（美元/欧元）×34% +（美元/日元）× 11% +（美元/英镑）×11%。

自牙买加协定以来，它设想的把特别提款权作为主要国际储备资产的目标远未实现。在世界储备资产中主要的储备仍然是外汇，其中主要是美元。

二、国际货币基金组织的普通提款权与特别提款权比较

根据国际货币基金组织（IMF）的规定，在其成员国所认缴的基金份额当中，25% 应为自由外汇，其余 75% 则为该成员国的货币。

通过发放各类贷款来帮助成员国平衡国际收支，稳定汇率。这是建立 IMF 的主要目的。会员国向基金组织贷款时，一般需用本国货币通过基金组织购买它所需的其他国家货币；偿还贷款时则须用可兑换的其他国家的货币通过基金组织购回本国货币。

普通贷款是 IMF 最基本的贷款。该类贷款的最高额度为成员国所缴份额的 125%，期限一般不超过 5 年。

普通贷款又可分为储备部分贷款和信用部分贷款两种类型。其中，前者占成员国份额的 25%，成员国可无条件提取这部分贷款，也不需支付利息。后者占成员国缴纳份额的 100%，共分四个档次，每档相当于所认缴份额的 25%。一般地，成员国申请第一档贷款比较容易，通常只需制定出借款计划便可得到批准；而二至四档信用贷款的条件要求较严格，成员国必须提供全面、详细的财政稳定计划，而且在使用时还必须接受 IMF 的监督。

各成员国在 IMF 的普通提款权（General Drawing Rights），亦称该成员国在 IMF 的储备头寸（Reserve Position in the Fund），具体包括：

（1）在成员国向 IMF 所认缴的份额当中，那 25% 的可自由兑换货币部分；

（2）IMF为满足其他成员国的借款需要而动用的本成员国以本国货币所认缴的那75%的份额部分；

（3）IMF向本成员国借款的净额，也构成为该成员国对IMF的债权。

上述资金的动用尽管属于IMF信贷的范畴，但IMF一般有求必应，信贷条件宽松，所以各成员国均将IMF的这部分信贷视作各自外汇储备的一部分。

特别提款权（Special Drawing Right）则是国际货币基金组织在1969年创设的一种账面储备资产。它是基金组织依照所认购的基金份额按比例分配给成员国的一种使用资金的权利。成员国可用以弥补官方储备的不足。

由于IMF把特别提款权看作成员国在原有的普通提款权之外用以弥补国际收支差额的补充，所以称其为特别提款权。

当成员国国际收支发生逆差时，可以通过出售特别提款权来偿付收支逆差或偿还国际货币基金组织贷款。所以它可与自由兑换货币、货币黄金一样充当国际储备。但由于它只是一种记账单位，不是真正货币，因此它只能在IMF及其成员国政府之间发挥作用，具有价值尺度职能、支付手段职能以及财富储藏手段职能，但不具有流通手段职能，不能被私人直接用来媒介国际商品或劳务的交易。

归纳起来，特别提款权与普通提款权有以下三点主要的区别：

① 普通提款权是IMF的信贷，而特别提款权是各成员国的资产。

特别提款权是国际货币基金组织创设的一种储备资产和记账单位。成员国分得特别提款权后，即列为本国储备资产，如果发生国际收支逆差即可动用。

特别提款权的一般使用方式是：经由国际货币基金组织指定一个成员国接受这部分特别提款权；由后者提供某种可自由兑换的货币，主要是美元、欧元、日元和英镑。当然，也可以直接用特别提款权偿付国际货币基金组织的贷款和利息费用。经由成员国双方的同意，也可直接使用特别提款权提供和偿还贷款，进行赠予，以及用于远期交易和借款担保等各项金融业务。

普通提款权是国际货币基金组织会员国可从基金组织获得一定贷款份额的权利。作为基金组织对成员国的一种基本贷款，普通提款权用于解决成员国一般国际收支逆差的短期资金需要，其期限最长不超过5年，备用安排期为1年，成员国自得到贷款批准后可在1年内提款。《基金协定》规定，成员国借取普通贷款的累计数额最高不得超过其配额的125%；并且对于成员国提款额超过其配额的部分还将按累进利率加收利息。

根据《基金协定》和基金组织的有关决议，基金组织对成员国的普通贷款采取分档次管理政策，即把贷款额划分为几个部分，并对不同部分的贷款规定了宽严不同的贷款条件。

② 使用特别提款权等于行使使用资金资产的权利，是支出，是资产的减少；而使

用普通提款权等于使用取得信贷的权利，是借入，是负债的增加。

③ 使用特别提款权后不用偿还。而普通提款权需要偿还。

第四节 我国的外汇市场

一、我国的外汇结售汇制度

结售汇制度，曾是我国外汇管理的核心制度之一。有强制结售汇制度和意愿结售汇制度之分。

所谓结汇，是指外汇收入者将其外汇收入出售给外汇指定银行，后者按市场汇率付给本币的行为。所谓售汇，是指境内企事业单位、机关、社会团体和个人因对外支付需用外汇时，可按照国家外汇管理条例规定，持有关证件、文件材料等，用人民币到外汇指定银行购买所需外汇，从用汇单位和个人角度讲，售汇又称购汇。

结汇分为强制结汇、意愿结汇和限额结汇等形式。强制结汇是指所有外汇收入必须卖给外汇指定银行，不允许保留外汇；意愿结汇是指外汇收入可以卖给外汇指定银行，也可以开立外汇账户保留，结汇与否由外汇收入所有者自己决定；限额结汇是指外汇收入在国家核定的限额内可不结汇，超过限额的必须卖给外汇指定银行。

自 1994 年外汇体制改革以来，我国一直实行的是强制性的银行结售汇制度。

所谓强制结售汇制度，是指除国家规定的外汇账户可以保留外，企业和个人必须将多余的外汇卖给外汇指定银行，外汇指定银行必须把高于国家外汇管理局头寸的外汇在银行间市场卖出。在这套制度里，央行是银行间市场最大的接盘者，从而形成国家的外汇储备。

实行结汇制度的目的是将我国企业的外汇收入及时足额地汇入外汇储备，为进口支付外汇提供保障，通常在外汇储备规模较小时，主要采取强制结汇方式；随着外汇瓶颈的解除，意愿结汇更符合间接管理的需要。

我国的强制性的银行结售汇制度，同时采用强制结汇和限额结汇两种方式，即对一般中资企业经常项目外汇收入实行强制结汇，而年进出口总额和注册资本达到一定规模、财务状况良好的中资企业以及外商投资企业可以开立外汇账户，实行限额结汇。

在银行结汇制度下，特别是在强制结汇制度下，外汇指定银行比较被动地从企业和个人手中购买外汇，无法对外汇币种、数量进行选择，由此形成的外汇头寸特别容易遭受外汇风险。

2008 年，我国公布了新的外汇管理条例，取消了经常项目外汇收入强制结售汇要求。

二、外汇、外汇资产、外汇储备辨析

（一）外汇

狭义地，所谓外汇，指的是以完全可自由兑换的外国货币表示的、可用于国际结算的支付手段。包括：

（1）完全可自由兑换的外国铸币、钞票；

（2）以完全可自由兑换的外国货币标值的支付凭证（例如转账支票等）。

广义地，按照外汇进行兑换时的受限制程度，可以将外汇划分为完全可自由兑换外汇、有限可自由兑换外汇和记账外汇三种类型。

完全可自由兑换外汇，亦即狭义的外汇。这种外汇在国际金融市场上可以自由买卖（也就是可以与其他国家货币自由兑换），并且可以广泛用于偿清国际债权债务。例如美元、欧元等。

有限可自由兑换外汇，则是指在某些特定领域未经货币发行国批准，不能自由兑换成其他货币或对第三国进行支付的外汇。依据国际货币基金组织的规定，凡对国际性经常往来的付款和资金转移有一定限制的货币，即为有限可自由兑换货币。世界上大多数国家的货币均属于有限可自由兑换货币，例如人民币等。

记账外汇，又称清算外汇或双边外汇，是指记载在国际贸易双方指定的银行账户上的外汇。这种外汇不能兑换成其他货币，也不能对第三国进行支付，而只能用于协议双方间的清偿。

（二）外汇资产

外汇资产，指的是一国居民（包括法人居民和自然人居民）所持有的、以外币标值的、可以用作国际清偿的支付手段以及可获得国际投资收益的资产。包括：

（1）外国货币（铸币、钞票）；

（2）外币支付凭证（票据、银行存款凭证、邮政储蓄凭证等）；

（3）外币有价证券（债券、股票等）；

（4）其他外汇资产（除上述金融资产以外的实物资产，例如货币黄金、房产等）。

满足国际间结算或支付的需要以及获得国际投资的收益是一国居民持有外汇资产的主要目的。

（三）外汇储备

外汇储备是一国政府所持有的、主要用于平抑汇率波动、确保满足国际间结算或支付需要的外汇资产。

在我国，外汇储备指专由中国人民银行（国家外汇管理局）持有的外汇资产。因此，我国外汇储备的增加通常总是伴随着基础货币的投放。

依据2008年8月5日国务院第532号令公布的修订后的《中华人民共和国外汇管理条例》第三条，本条例所称外汇，是指下列以外币表示的可以用作国际清偿的支付手段和资产：

（1）外币现钞，包括纸币、铸币；

（2）外币支付凭证或者支付工具，包括票据、银行存款凭证、银行卡等；

（3）外币有价证券，包括债券、股票等；

（4）特别提款权；

（5）其他外汇资产（例如货币黄金）。

条例中所列举的上述外汇资产的具体形式，实际上属于外汇储备的范畴。

可见，相对而言，外汇这个概念强调的是基于交易媒介、支付手段职能的货币性；外汇资产这个概念强调的是基于财富储藏手段职能的资产性；而外汇储备这个概念强调的则是维持国际收支平衡的储备性。

外汇储备在我国所拥有的外汇总资产当中的比重过高，是当前我国外汇制度改革亟待解决的问题。而藏汇于民、藉以抑制外汇储备的过快增加则是我国外汇制度改革的主要选项之一。另外，庞大外汇储备的使用效率也亟待提高。

2007年1月19日，国务院召开全国金融工作会议，决定成立专门机构来经营管理部分外汇储备。2007年3月16日，“国家外汇投资公司”筹备组召开第一次筹备会。2007年5月10日，中国人民银行发布季度货币政策报告，建议组建市场化运作的政府外汇投资机构。2007年6月28日，第十届全国人大常委会第二十八次会议审议通过了国务院提请的发行1.55万亿元特别国债的议案；这笔资金将作为“国家外汇投资公司”的投资来源。

2007年8月29日，财政部向境内商业银行发行6 000亿元特别国债，向人民银行购买等值外汇。同一天，中国人民银行利用卖汇获得的6 000亿元人民币向境内商业银行购买等值的特别国债，由此，首批投向中投公司的资本金已到位。

2007年9月29日，专门从事外汇资金投资管理业务的国有独资公司“中国投资有限责任公司”（China Investment Corporation，简称中投公司）经国务院批准在北京成立。该公司的注册资本金为2 000亿美元，来源于中国财政部通过发行特别国债的方式筹集的1.55万亿元人民币。目前，中投公司是全球最大主权财富基金之一。

中投公司成立后，成立于2003年12月16日、以出资额为限代表国家依法对国有重点金融企业行使出资人权利和履行出资人义务的中央汇金投资有限责任公司作为中投公司的全资子公司整体并入。

三、外汇储备与外汇占款

所谓“外汇储备”，亦即中国人民银行（外汇管理局）所持有的外汇资产。这部分外汇资产存量的变动必定与基础货币的投放或回笼相对应。

外汇储备只是我国所拥有的外汇资产的一部分。除了外汇储备之外，我国其他机构、企业或个人也可能持有一部分外汇资产。

货币当局资产负债表中资产项下的“外汇”，即是通常所谓的截至资产负债表日以本币计价的“外汇储备”余额。由于它是以本币（亦即人民币）计价的，所以习惯称其为“外汇占款”。其中的每一笔外汇占款的发生额，乃央行所购入外汇与购入汇率之间的乘积。根据中国人民银行网站公布的2010年1月份的“货币当局资产负债表”，在2010年1月末，我国的外汇（储备）资产存量为177 869.14亿元人民币。

但根据中国人民银行网站公布的2010年1月份的“黄金和外汇储备表”，我国2010年1月末的“国家外汇储备”资产存量为24 152.21亿美元。2010年1月的人民币兑美元平均汇率为1美元兑6.827 3元人民币。用24 152.21亿美元乘以6.827 3，得出外汇占款应为164 894.383 3亿元人民币。这个数字，较货币当局资产负债表中的177 869.14亿元人民币，大约少了12 974.756 7亿元人民币。

这显然不能用统计误差或者央行所购入外汇的汇率差异来解释。那么什么情况有可能导致这两个数据之间的巨大差异呢？

在货币当局的资产负债表中，外汇占款存量的变化反映的是央行在（银行间）外汇市场上经由买卖外汇而投放或回笼的人民币（基础货币）的净增量。如果某个月外汇占款的净增量为负，则说明央行当月在外汇市场上总起来说净卖出外汇；相反，如果某个月外汇占款的净增量为正，则表明央行当月在外汇市场上净购入外汇。前者对应的是人民币基础货币的净回笼；后者对应的是人民币基础货币的净投放。

货币当局资产负债表中所显示的1月末外汇储备数之所以比外汇储备的实际数（体现于1月末的黄金和外汇储备表中）多，其原因至少可能有如下几个：

（1）部分外汇储备（亦即外汇储备的收益）作为中央政府性基金预算收入中的中央财政外汇经营基金财务收入划拨到了财政部门。

（2）因汇率变动而出现损益。

在我国的外汇储备资产中，美元资产大约占70%，非美元资产大约为30%。在期末统计外汇储备的余额时，如果非美元货币相对于美元货币贬值，则在将这部分非美元资产折算成美元的时候就会产生账面损失。

（3）因资产价格重估而出现损益。

各种外汇资产在跨期重估时也会产生账面的损益。

上述三个因素会影响黄金和外汇储备表中的“国家外汇储备”余额，但不会影响货币当局资产负债表中的“外汇”余额。

四、我国外汇市场的变迁

1994年以前，中国实施的是固定的汇率制度。国家以固定的人民币兑外汇的比价结售外汇。这时的人民币汇率定值过高。这也是外汇紧缺国家的通常做法：一方面将本币的官定汇率牌价设置得很高；另一方面严格限制本国居民用汇。

为鼓励居民创汇，自20世纪80年代开始，国家多次提高外汇的购入牌价。并推出外汇留成制度。允许居民将留成外汇拿到外汇调剂市场互通有无。由此形成了人民币兑外汇的市场价格。

1994年，我国的外汇管理体制进行了重大的改革，对经常项目下外汇收支实行银行结售汇制度，建立了全国统一的银行间外汇市场（中国外汇交易中心），实行了以市场供求为基础的有管理的浮动汇率制度。从此以后，我国不再官方指定汇率，而是由银行间外汇市场形成。

我国外汇管理体制的重大变革使中央银行对外汇市场的干预也就提上了日程。1994年3月1日中国人民银行设在中国外汇交易中心的公开市场操作室开始运行。但我国外汇公开市场操作面临的形势是：资本项目受到严格管制，利率水平受到一定管制，这使得我国的本币政策和汇率政策的互相影响的关联性受到限制，各自的独立性较强。这种情况下，中央银行只能在外汇市场持续供大于求的情况下，一方面大量购入外汇来维持汇率的稳定，另一方面又通过回收金融机构的再贷款、控制金融机构的贷款规模、增加外汇指定银行的外汇周转限额等方法来对冲由于收购外汇而投放的基础货币。

1996年，我国实现了人民币经常项目可兑换，但资本项目下仅实现了部分可兑换。在国际货币基金组织划分的43个资本交易项目中，我国有一半的资本项目交易仍然受到限制。

目前，我国的外汇市场以中国外汇交易中心为主体。中国外汇交易中心是在中央银行领导下的独立核算、非赢利的事业法人。交易中心实行会员制，会员包括中资银行，外资银行，其他的非银行性机构。其中，外资银行只能做代理业务，不能自营外汇买卖。

中国外汇交易中心也就是通常所谓的银行间外汇市场。即是指经中国人民银行、国家外汇管理局批准可以经营外汇业务的境内金融机构（包括中外资银行和非银行金融机构）之间通过中国外汇交易中心的银行间外汇交易系统进行人民币和外汇之间交易的市场。其中，所谓的银行间外汇交易系统是指交易中心（包括中国外汇交易中心上海总部、北京备份中心和其他分中心）为会员之间进行外汇交易和资金清算所提供的电子系统。

中国外汇交易中心每周一至周五开市，国内法定节假日不开市。涉及交易币种的国家或地区节假日时，该交易币种只进行交易，交割日顺延至下一营业日。

中国外汇交易中心的交易方式有现场交易和远程交易两种类型。现场交易即交易员进入本中心固定的交易场所进行的交易。远程交易即经本中心批准，交易员在会员自行选定的场所进行的交易。

中国外汇交易中心实行分别报价、撮合成交的竞价交易方式。交易员报价后，由计算机系统按照价格优先、时间优先的原则对外汇买入报价和卖出报价的顺序进行组合，然后按照最低卖出价和最高买入价的顺序撮合成交。当买入报价和卖出报价相同时，报价即为成交价；当买入报价高于卖出报价时，成交价为买入报价与卖出报价的算术平均数。当买卖双方报价数额相等时，买卖双方所报数额全部成交；当买卖双方报价数额不等时，成交数额为所报数额较少者，未成交部分可保留、变更或撤销。

2006 年 1 月，银行间外汇市场推出询价交易模式，并引入做市商制度。在询价交易模式下，交易双方可在双边授信的前提下自行商议交易的相关要素，改变了原先竞价交易的单一模式，大幅度提升了交易的灵活性。引入做市商制度后，做市商根据自身的风险能力和市场判断持续提供买卖双向报价，为提高和保障市场流动性、培育市场主体交易自主性发挥了积极作用。2008 年 10 月，为进一步提高外汇市场流动性和交易效率，规范和鼓励货币经纪公司在银行间外汇市场开展外汇经纪业务，为市场参与者节约询价时间、便利匿名报价提供新的交易手段，在市场参与者、中国外汇交易中心和货币经纪公司之间形成良性互补互动，丰富和完善了外汇市场交易机制。

2007 年 8 月，顺应人民币外汇衍生产品市场的发展需要，外汇局发布我国境内首个人民币外汇场外衍生产品主协议，提出单一协议原则、净额结算安排、双边协议等创新性内容，有效降低了衍生产品交易的信用风险和法律风险，为交易主体防范汇率风险提供了法律保障。

2007 年 12 月，进一步优化银行对客户挂牌人民币对美元汇价管理，实行最大买卖价差波幅管理，增强了银行的定价自主权和灵活性及其对企业和个人的服务能力。

2006 年 4 月和 2007 年 12 月，在银行间外汇市场分别推出外汇掉期交易和货币掉期交易。2006 年 8 月、2010 年 8 月和 2010 年 11 月，分别增加人民币对英镑、人民币对马来西亚林吉特、人民币对俄罗斯卢布的挂牌汇率，便利了经济主体的跨境贸易和投资活动。

2009 年 6 月，为适应外汇市场对于更为高效、安全的清算安排的需求，银行间外汇市场即期询价交易推出净额清算业务，实施以多边净额清算为基础的清算对手方制度。这有利于降低外汇交易的信用风险和清算风险，促进外汇市场特别是衍生产品市场的长远发展。

2010年8月国家外汇管理局发布新的《银行间外汇市场做市商指引》，本《指引》自2011年1月1日起施行，《银行间外汇市场做市商指引（暂行）》［汇发（2005）86号］同时废止。

2010年末，银行间即期外汇市场会员总数达293家，其中远期市场、外汇掉期市场和货币掉期市场会员总数分别为75家、73家和27家，中化、中石化财务、中石油财务、上汽财务等22家企业集团财务公司入市交易。

“十二五”期间，外汇局表示将继续推进外汇市场稳步发展，按照我国经济金融发展的基本国情和特殊要求，遵循国际外汇市场发展规律，拓展外汇市场的广度和深度，支持金融创新的有序发展，形成交易方式多样化、参与主体多元化、交易产品日趋丰富、市场监管透明有效的外汇市场体系，充分反映市场供求关系的变化，推动完善以市场供求为基础的有管理的浮动汇率制度。

第五节　汇　率

一、汇率的概念与标价

汇率是外汇买卖的兑换比率，即用一国货币兑换另一国货币的比率，也可以说，是以一种货币表示的另一种货币的买卖价格。

国际惯例，汇价一般用5位数表示。其中最小变化的单位，通常称为“点”。例如美元/日元（USD/JPY）的报价120.00的最小单位是0.01日元，或者说0.01日元为1点。英镑/美元（GBP/USD）的报价0.980 0的最小单位是0.000 1美元，或者说0.000 1美元为1点。

当汇率变化时，点数波动的差值为“点差”。例如美元/日元（USD/JPY）由120.00变为121.00时，121.00 − 120.00 = 1.00日元，点差为100点。英镑/美元（GBP/USD）由1.000 0变为0.980 0时，点差为200点。

金融机构在报价时会同时报出其买入汇率（Bid Rate）及卖出汇率（Offer Rate）。其买入汇率与卖出汇率之间的差异，称之为价差（Spread）。价差是报价者承做外汇交易的利润及风险成本。价差愈大，报价者的利润愈大，而风险成本愈低，但其报价的市场竞争力愈弱。

确定两种货币的比价，必须先确定用哪国货币作为标准。即是用外国货币来表示本国货币的价格，还是用本国货币来表示外国货币的价格。由于确定的标准不同，因此，在外汇市场上有两种不同的汇率标价法。

（一）直接标价法

又称应付标价法。这种标价法是以一定单位（如 1 或 100）外国货币作为标准，折算成一定数额本国货币，也就是以本国货币来表示外国货币的价格。用直接标价法表示的汇率称为外国货币汇率。

在直接标价法下，外国货币数额固定不变，以所折算的本国货币数额变动来表示汇率升降。如果固定数额的外国货币能换取的本国货币数额比以前增多，说明外国货币价值上升，本国货币币值下降，这表示汇率上升。反之，如果能换取的本国货币数额比以前减少，说明外国货币币值下降，本国货币币值上升，这表示汇率下降。采用直接标价法，汇率升降与本国货币币值呈反向变化。

（二）间接标价法

又称应收标价法。这种标价法是以一定单位（如 1 或 100）本国货币作为标准，折算成一定数额的外国货币，也就是以外国货币来表示本国货币的价格。用间接标价法表示的汇率称为本国货币汇率。

在间接标价法下，本国货币数额固定不变，以所折算的外国货币数额变动来表示汇率的升降。如果固定数额的本国货币能换取的外国货币数额比以前增多，说明本国货币价值上升，外国货币币值下降，这表示汇率上升。反之，如果能换取的外国货币数额比以前减少，说明本国货币币值下降，外国货币币值上升，这表示汇率下降。采用间接标价法，汇率升降与本国货币币值呈同向变化。

不论是直接标价法还是间接标价法，其汇率表达的方式总是等式的左边固定不动，变动均发生在等式的右边。两种标价法所表示的两种相同货币的汇率互为倒数。

目前，除了少数几个国家如英国、印度等采用间接标价法外，大多数国家都采用直接标价法，我国也不例外。

美国原来也采用直接标价法，为了同国际外汇市场的标价一致，便于进行外汇交易，美国自 1978 年 9 月 1 日起对其他国家的货币汇率改用间接标价法，即 1 美元等于若干外国货币，但对英镑仍用直接标价法（这也是为了同伦敦外汇市场保持一致），即 1 英镑等于若干美元。因此，就世界范围而言，只有美国是兼用两种标价法的国家。

目前，境外货币市场（离岸金融市场）多以美元为标准，用一定量的其他国家货币为美元标价。这种标价方法叫做美元标价法。

国际上在表示外汇汇率时一般采用 ACI（即国际外汇联合组织—外汇市场联合组织）的范式：用斜线分开两个兑换的货币代码，其中，前一个为基础货币。例如，USD/JPY 表示日元兑换美元，其中，美元为基础货币。

二、汇率的决定与变动

在国际金本位制度下，两国货币汇率的决定基础是铸币平价，汇率波动的界限是黄金输送点。

金本位制崩溃后，在纸币流通制度下，一直到布雷顿森林体系瓦解，汇率的决定基础是金平价，即美元与黄金挂钩，各国货币与美元挂钩。布雷顿森林体系规定的波动界限是平价 ±1%，后来签订史密森协议后又扩大到 ±2.25%。

铸币平价或金平价所决定的汇率都是官方汇率，外汇市场上的市场汇率一般都环绕这一官方汇率在一定界限内波动。如果波动超出界限，中央银行就进行干预，使之回到规定的界限内。这就是所谓固定汇率制。

20 世纪 70 年代布雷顿森林体系瓦解，世界各国普遍实行浮动汇率制以后，不存在金平价。除实行外汇管制的国家外，没有官方汇率。外汇交易都按市场汇率。市场汇率由外汇市场上外汇供求情况决定，汇率自由涨跌，波动并无界限，完全依靠外汇供求变化自行调整。

汇率直接由外汇供求决定：汇率变动会影响外汇供求，外汇供求变动也会影响汇率，两者互为影响。

归根结底，外汇的供给与需求产生于国际间经济贸易金融往来所引起的国际支付结算。从一个国家来说，其国际收支能充分说明它的外汇供求状况。外汇供给主要来自商品出口、劳务输出、单方面转移的移入，长短期资本流入等。外汇需求主要来自商品进口、劳务输入、单方面转移的移出、长短期资本流出等。因此，国际收支状况的变动是引起外汇供求发生变化的直接原因。

商品出口、劳务输出、单方面转移的移入等影响外汇供给的项目属于国际收支平衡表的经常项目顺差项；商品进口、劳务输入、单方面转移的移出等影响外汇需求的项目属于国际收支平衡表的经常项目逆差项。其中，商品劳务的进出口差额叫做国际贸易顺差或逆差。

相对物价水平的变化是引起两个国家之间进出口变化的基本原因。由于一个国家物价水平的变动反映了该国货币在本国购买力的变化，因此，我们说，两个国家货币在各自国内购买力的相对变化是引起进出口贸易变化的基本原因。此即所谓的购买力平价（Purchasing Power Parity，简称 PPP）理论。购买力平价理论主张根据各国不同的物价水平计算相关货币之间的等值系数。也就是说，两个国家货币的等值系数等于这两个国家货币在各自本国的购买力之比。

一个能够说明购买力平价理论的简单而幽默的例子就是所谓的巨无霸指数。这个指标由于《经济学家》杂志的使用而闻名于世。《经济学家》杂志将麦当劳各国分店巨无霸汉堡包的价格进行比较，从而得出两个国家货币的合理汇率。例如，如果一个巨无霸在美国的价格是4美元，而在英国是3英镑，那么美元与英镑的购买力平价汇率就应该是3英镑=4美元。

在世界经济高度一体化，商品、服务和资本可以自由顺畅流动的前提下，由购买力平价所形成的汇率与由外汇供求所形成的汇率应该是一致的。但在目前的现实环境下，只有由外汇供求所形成的市场汇率才是一个真实的汇率；而由购买力平价理论所确定出来的汇率只是一个理论计算的结果，并不存在直接的实用价值，谁也不会真正按照这个汇率来买卖外汇。或者，换个说法，购买力只是影响汇率的重要因素之一，两国货币购买力的差异也是通过影响两国货币的相对供求，进而影响汇率变动的（见图2.2）。

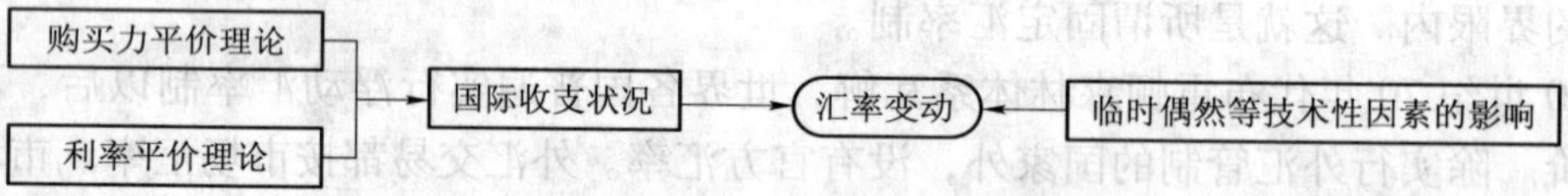

图2.2 影响汇率变动的因素

两个国家之间长短期资本的流动等影响外汇供求的项目属于国际收支平衡表的金融资本项目。两个国家之间利率的相对变动是引起两国货币相对比价发生变化的基本原因。此即所谓的利率平价理论。

三、汇率的分类

（一）按国际货币制度划分

1. 固定汇率

这是固定汇率制下采用的汇率。汇率由货币当局制定、调整、公布，而且只能在规定的幅度内波动。波动超出规定幅度，货币当局有义务进行干预，予以维持。汇率基本上是固定的但如干预失败，则公开宣布货币贬值或货币升值。

2. 浮动汇率

这是浮动汇率制下采用的汇率。汇率不是由官方制度。而是由外汇市场外汇供求决定，求大于供，汇率上浮，供大于求，汇率下浮，涨落并无限制，即使浮动幅度很大，原则上有关国家货币当局并无义务必须进行干预，实际上，为了本国利益，有关国家在必要时都在进行一定程序的干预。

（二）按汇率制定方法划分

1. 基本汇率

各国货币制度不同，每个国家都使用其本国货币（非洲一些国家共同使用一种货币如非洲金融共同体法郎，这是例外）。货币种类很多，一个国家不可能同时制定同所有其他国家的货币汇率。一般总是选定某种主要货币，也就是可以自由兑换，可以用作国际支付手段，在本国国际收支中使用最多，在本国外汇储备中所占比重最大的那种关键货币，根据本国货币同它的实际价值对比，制定出对它的汇率，这就是基本汇率。各国一般都选择美元作为主要货币，制定出对美元的汇率作为基本汇率。基本汇率是确定本国货币同其他各国货币的汇率基础。

2. 套算汇率

从已知的两种货币汇率，套算出第三种货币汇率，这一汇率就是套算汇率。有两种套算方法：（a）通过基本汇率，套算对其他国家的货币汇率。（b）没有基本汇率，从任何两种货币套算第三种汇率。

（三）按对汇率管理的宽严划分

1. 官方汇率

也称法定汇率或官价。是指官方（财政部、中央银行、外汇管理机构）公布的汇率。

2. 市场汇率

也称外汇行市，是指在外汇市场上买卖外汇的汇率，由外汇市场的外汇供求决定。

3. 黑市汇率

是指在黑市上买卖外汇的汇率。它是违反外汇管理条例自发形成的一种汇率。汇率明显高于官方汇率和市场汇率。在实行严格外汇管制的国家，一切外汇交易都必须符合该国外汇管制条例，并按官方汇率结算支付。外汇需求者按官方汇率不能获得足够外汇使用时，外汇持有者认为官方汇率不合理，本国货币汇率高估，不愿按官方汇率出售其外汇时，就会出现黑市买卖外汇。

（四）按银行买卖外汇划分

这是从外汇银行的立场，不是从客户的立场来划分；

1. 买入汇率

也称买价，是指银行向客户买入外汇时使用的汇率，它表示银行买入一定单位外国货币应支付给客户的本国货币数额。

2. 卖出汇率

也称卖价，是指银行向客户卖出外汇时使用的汇率，它表示银行卖出一定单位外国货币向客户收取的本国货币数额。

采用直接标价法时，外币折合本币数较少的那个汇率是外币买价，外币折合本币数较多的那个汇率是外币卖价。

采用间接标价法时，本币折合外币数较少的那个汇率是外币卖价，本币折合外币数较多的那个汇率是外币买价。

银行买卖外汇采用贱买贵卖原则，买价与卖价的差额就是银行的兑换收益。

从银行买卖外汇的对象来看，银行与同业之间买卖外汇所使用的汇率称为银行同业汇率。这一汇率实际上就是外汇市场上的市场汇率或外汇行市。银行同业之间买卖外汇，金额大，属于批发业务，因此买卖差价很小。银行与一般客户之间买卖外汇所使用的汇率称为商业汇率。银行对客户买卖外汇，金额较小，又是零零星星，属零售业务，买卖差价比同业汇率大。

3. 中间汇率

这是买入汇率与卖出汇率的平均数，即中间汇率 $=\dfrac{\text{买价}+\text{卖价}}{2}$。报刊报导汇率信息常用中间汇率。套算汇率也用中间汇率进行套算。

（五）按银行营业时间划分

1. 开盘汇率

也称开盘价，是指银行在一个营业日开始时挂牌的汇率。有形外汇市场如外汇交易所在每个营业日开始后按订价成交的第一笔外汇交易的汇率也称开盘汇率。

2. 收盘汇率

也称收盘价，是指银行在一个营业日终了时挂牌的汇率。有形外汇市场如外汇交易所在每个营业日终了前成交的最后一笔外汇交易的汇率也称收盘汇率。

由于外汇市场的国际性，各主要外汇市场的外汇行市彼此都有影响。一个外汇市场的开盘汇率在很大程度上会受到营业时间先结束的另一时区外汇市场收盘汇率的影响，往往是参考后者的收盘汇率来定出其开盘汇率。

（六）按银行汇兑方式划分

1. 电汇汇率

电汇是外汇银行打电报或电传委托其国外分支机构或代理行付款给国外收款人的一种汇兑方式。大额国际支付结算、银行同业间买卖外汇或划拨外汇资金都用电汇。电汇汇率就是银行买卖以电汇汇付外汇时所用的汇率。电汇汇付的时间快，银行无法占用客户交汇资金，而其本身在国外存款的利息又减少，而且国际电传电报费用较其他汇兑方式高，因此，电汇汇率高于其他汇率。它又充当基础汇率，就是说，其他汇率都是根据电汇汇率计算出来的。西方外汇市场上公布的汇率是电汇汇率。

2. 信汇汇率

信汇是外汇银行用信函方式（通常是开具付款委托书）邮寄国外银行，委托它付款给国外收款人的一种汇兑方式。信汇汇率就是银行买卖以信汇汇付外汇时所用的汇率。信汇汇付需要一个航空邮程的时间，银行在这段时间可以占用客户交汇资金，因此，信汇汇率比电汇汇率低，其差额相当于邮程期间的利息，信汇汇率主要在中国香港及东南亚地区使用。

3. 票汇汇率

是指外汇银行买卖外币汇票、支票或其他票据时所用的汇率。它又分为：

① 即期票汇汇率。是指银行买卖各种即期汇票、旅行支票和其他即期票据的汇率。即期票汇的汇付也有邮程时间，银行也可以占用客户交汇资金，因此，它基本上与信汇汇率相同，也低于电汇汇率。

② 长期汇票汇率。是指银行买卖各种长期或远期汇票的汇率。汇票期限一般有30天、60天、90天、120天、180天等，是指出票后或见票后的期限。长期或远期汇票的汇付除了邮程时间外，还有汇票期限，其汇率是以即期票汇汇率为基础，扣除汇票期限的利息，因此，低于即期票汇汇率。汇票期限越长，其汇率越低。

4. 外钞价

是指银行买卖外币现钞的价格。外钞价是根据电汇汇率再扣除外币现钞的运费、保险费和运送时间的利息损失确定的，因为外币现钞需要运送到它的发行国才能完全履行其货币职能，这就存在运送、保险等费用支出。因此，外钞价一般低于电汇、票汇汇率。

（七）按外汇买卖交割期划分

所谓交割是指外汇买卖成交后，办理实际收付的行为，即买卖双方各自交付对方买卖成交的一种货币，如一方交美元、一方交英镑，买卖的货币两清。交割日期是指办理实际收付的日期。由于交割期不同分为：

1. 即期汇率

也称现汇汇率，是指买卖外汇在成交的当天或两个营业日内办理交割的汇率。

2. 远期汇率

也称期汇汇率，是指买卖外汇在成交时先签订合约，约定在未来某一时间办理交割的汇率。

远期汇率的标价方法有两种。一种是采用即期汇率的直接标价方法或间接标价方法直接标出远期外汇的汇率。瑞士和日本等国采用这种报价方法。另一种是用升水、贴水和平价标出远期汇率和即期汇率的差额，称为远期差价。升水表示远期汇率比即期汇率贵，贴水表示远期汇率比即期汇率便宜，平价表示远期汇率与即期汇率相等，即并无远期差价。

在间接标价法下，升水时的远期汇率等于即期汇率减去升水的数字；贴水时的远期汇率等于即期汇率加上贴水的数字；平价则不加也不减。在直接标价法下，计算方法正好相反。

通常远期外汇的买卖差价大于即期外汇的买卖差价。

（八）有效汇率

市场汇率反映了外汇供求的现实状况。有效汇率用于推测一种货币的内在价值的变化趋势，或者说，用于推测一种货币总体的变化趋势。在实际操作中，一般将有效汇率计算成该种货币相对于多种货币双边汇率的加权平均数。这样一来，有效汇率与双边汇率之间的关系便类似于股票价格指数与各成分股票的市场价格之间的关系。因此，也将有效汇率称为汇率指数。

构造有效汇率的第一步是选择一篮子有代表性的货币。通常只选择一些与本国贸易关系密切的国家货币作为计算基础。例如，在计算美元的有效汇率时，通常会包括美元兑欧元、美元兑日元和美元兑加元等双边汇率。

构造有效汇率的第二步是为每一种双边汇率确定一个权重。权重的大小一般与双边贸易额的大小正相关。

四、人民币汇率（中间价）的形成方式

在我国，中国人民银行负责根据国内外经济金融形势，以市场供求为基础，参考篮子货币汇率变动，对人民币汇率进行管理和调节，维护人民币汇率的正常浮动，保持人民币汇率在合理、均衡水平上的基本稳定，促进国际收支基本平衡，维护宏观经济和金融市场的稳定。

基础汇率，又叫基准汇率、直接汇率、直盘汇率，反映的是一国货币与国际上某一关键货币（主要指美元）之间的比价关系。交叉汇率，又叫交叉盘汇率，反映的两种非关键货币（主要指非美元货币）之间的比价关系。交叉汇率通常必须从基础汇率套算而来，这也是交叉汇率名称的由来。具体地，人民币基础汇率指的是人民币与美元之间的兑换比率；而人民币套算汇率则是根据我国银行间外汇市场上的人民币基础汇率以及国际外汇市场上非关键货币与美元之间的行情套算出来的本币与非关键货币之间的汇率。

目前，我国银行间外汇市场公布的套算汇率是：人民币兑欧元的汇率、人民币兑英镑的汇率、人民币兑日元的汇率以及人民币兑港币的汇率。自 2010 年 8 月 19 日，我国银行间外汇市场开办人民币对马来西亚林吉特的交易。这是除人民币对美元、欧元、日元、英镑和港元之外，第一个在我国银行间外汇市场交易的新兴市场货币。

自 1994 年至 2005 年 7 月 21 日，中国人民银行按照上一工作日银行间外汇市场交易形成的加权平均汇率，公布当日美元等交易货币对人民币汇率的中间价。2005 年 7 月 21 日人民币汇率形成机制改革后，中国人民银行于每个工作日闭市后公布当日银行间外汇市场美元等交易货币对人民币汇率的收盘价，作为下一个工作日该货币对人民币交易的中间价。2005 年 9 月 23 日，中国人民银行规定，银行间即期外汇市场非美元货

币对人民币交易价的浮动幅度由原来的上下1.5%扩大到上下3%。

根据《中国人民银行关于进一步完善银行间即期外汇市场的公告》[中国人民银行公告（2006）第1号]，自2006年1月4日起，在银行间即期外汇市场上引入询价交易方式（简称OTC方式），同时保留撮合方式。银行间外汇市场交易主体既可选择以集中授信、集中竞价的方式交易，也可选择以双边授信、双边清算的方式进行询价交易。同时在银行间外汇市场引入做市商制度，为市场提供流动性。

自2006年1月4日起，中国人民银行授权中国外汇交易中心于每个工作日上午9时15分对外公布当日人民币对美元、欧元、日元和港币汇率中间价，作为当日银行间即期外汇市场（含OTC方式和撮合方式）以及银行柜台交易汇率的中间价。

引入OTC方式后，人民币兑美元汇率中间价的形成方式将由此前根据银行间外汇市场以撮合方式产生的收盘价确定的方式改进为：中国外汇交易中心于每日银行间外汇市场开盘前向所有银行间外汇市场做市商询价，并将全部做市商报价作为人民币兑美元汇率中间价的计算样本，去掉最高和最低报价后，将剩余做市商报价加权平均，得到当日人民币兑美元汇率中间价，权重由中国外汇交易中心根据报价方在银行间外汇市场的交易量及报价情况等指标综合确定。

人民币兑欧元、日元和港币汇率中间价由中国外汇交易中心分别根据当日人民币兑美元汇率中间价与上午9时国际外汇市场欧元、日元和港币兑美元汇率套算确定。

每日银行间即期外汇市场美元对人民币交易价在中国外汇交易中心公布的美元交易中间价上下千分之三的幅度内浮动；欧元、日元、港币等非美元货币对人民币交易价在中国外汇交易中心公布的非美元货币交易中间价上下3%的幅度内浮动。银行对客户美元现汇挂牌汇价实行最大买卖价差不得超过中国外汇交易中心公布交易中间价的1%的非对称性管理，只要现汇卖出价与买入价之差不超过当日交易中间价的1%、且卖出价与买入价形成的区间包含当日交易中间价即可；银行对客户美元现钞卖出价与买入价之差不得超过交易中间价的4%。银行可在规定价差幅度内自行调整当日美元挂牌价格。

2007年5月21日，中国人民银行规定，每日银行间即期外汇市场人民币兑美元的交易价可在中国外汇交易中心对外公布的当日人民币兑美元中间价上下千分之五的幅度内浮动。

但人民币兑林吉特的套算汇率形成方式比较特殊。目前，人民币与林吉特之间只有即期交易一种交易方式，且实行做市商制度。做市商承担相应义务，连续提供人民币对林吉特的买卖双边报价，为市场提供流动性。中国人民银行授权交易中心于每个工作日上午9:15公布当日人民币对林吉特中间价。人民币对林吉特汇率中间价的形成是由交易中心于每日银行间外汇市场开盘前向银行间外汇市场人民币对林吉特做市商询价，将做市商报价平均后得到的。而不是以当日人民币对美元中间价以及美元对林吉特汇率套算确定。银行间即期外汇市场人民币对林吉特交易价在交易中心公布的人民币对林吉特汇率中间价上下5%幅度内浮动，这也较人民币对欧元、日元、英镑和港元等非美货币3%的浮动区间有所扩大。外汇指定银行可以对客户挂牌人民币对林吉特的汇价，其买卖价差自行确定。

五、汇率指数

（一）人民币汇率指数

一般地，汇率反映的是两种货币之间的比价关系，亦即用一种货币表示的另外一种货币的价格。在浮动汇率制度下，汇率的形成及其变化是外汇市场供求及其波动的结果；而在固定汇率制度下，汇率的形成及其变动则是政府政策及其调整的结果。这就使得市场汇率或官定汇率很可能不同于相应两种货币之间应有的合理比价关系。

我们把那个能够反映两种货币之间的合理比价关系的汇率，叫做实际汇率。两种货币间的实际汇率应该能够准确反映这两种货币在各自国内对商品或劳务的购买力，亦即应该完全满足购买力平价以及利率平价的要求。

1994年汇率制度改革以来，我国的人民币汇率实际上只是单一地钉住美元。2005年7月21日，我国宣布改革人民币汇率的形成机制，试图实行以市场供求为基础的、参考一篮子货币进行调节的、有管理的浮动汇率制。2010年6月19日，中国人民银行宣布要推动汇率制度改革的进程，以尽快摆脱人民币单一钉住美元的状况，促使人民币汇率的形成机制更富弹性。正是在这一背景下，人们开始关注有效汇率及其指数的概念。

有效汇率是一种加权平均汇率，反映的是一种货币对多种货币双边汇率的加权平均水平。其中多以相互间的贸易占比为权数，所以也称为贸易加权平均汇率。相对于有效汇率，通常意义上的双边汇率（亦即市场汇率或官定汇率）可称为名义汇率。

基于有效汇率这个概念，还可以进一步地衍生出名义有效汇率和实际有效汇率两个概念来。一国的名义有效汇率等于其货币与贸易伙伴国货币双边名义汇率的加权平均数。实际上就是上述有效汇率的含义。也就是说，如果不特别说明，有效汇率指的就是名义有效汇率。而在名义有效汇率的基础上，如果进一步地考虑通货膨胀对各国货币购买力的影响，就可以得到实际有效汇率的概念。

不过，尽管有效汇率的定义很明确，但由于涉及多种货币，无法加总，所以有效汇率的绝对水平难以直接确定（实际上就是说，直接将几个汇率加权平均的结果含义不明）。为此，可首先算出有效汇率指数，然后据以确定有效汇率的变动方向或变动幅度。

所谓有效汇率指数，亦即报告期有效汇率与基期有效汇率之间相除的结果。因此它反映的是有效汇率的相对变动，亦即与本币相关的外汇市场汇率的总体波动状况。

有效汇率指数的计算方法很多。例如几何加权平均方法下的名义有效汇率指数可以这样算：

首先将“报告期本币和每一种样本货币（间接标价法下）之间的汇率”与“相应的基期汇率”相除；然后以贸易权重为幂，形成指数幂式；最后联乘指数幂式，再乘以100。其最终结果即为报告期本币的名义有效汇率指数。

可见，按照上述算法，如果本币的名义有效汇率指数下降，则说明相较于样本对照一篮子货币来说，本币贬值了，这有利于出口；反之，如果本币的名义有效汇率指数上涨，则说明相较于样本对照一篮子货币来说，本币升值了，因此本币名义有效汇率指数的上升有利于进口。

在计算出名义有效汇率指数之后，就可以进一步地计算出实际有效汇率指数了：

首先分别将“所有相关国家报告期的物价指数”与“基期的物价指数”相除，得出相关国家的物价上涨倍数；然后分别用“其他每一个样本国家的物价上涨倍数”与“本国的物价上涨倍数”相除，得出其他每一个样本国家的物价较本币国家物价的相对上涨倍数；将所得结果以贸易权重为幂，形成指数幂式；最后联乘指数幂式。这个最终所得结果，可称之为购买力平价指数。显然，如果购买力平价指数上涨，则说明其他国家的物价水平总起来说较本国相对上涨了。

用“报告期本币的名义有效汇率指数”乘以“购买力平价指数”，即为报告期实际有效汇率指数。

可见，如果本币的名义有效汇率指数上涨，或者其他国家的物价水平总起来较本国相对上涨，则本币的实际有效汇率将提高，表明该货币的相对价值提高；反之，如果本币的名义有效汇率指数下降，或者其他国家的物价水平总起来较本国相对下降，则本币的实际有效汇率将下降，表明该货币的相对价值降低。

上述实际有效汇率的计算隐含地假定名义有效汇率的变化与相关国家的物价变化无关。但这不一定符合事实，因为名义双边汇率也可能已经消化了相关国家物价水平的相对变化。所以相较于名义有效汇率，实际有效汇率的准确计算难度更大，相应地，实际有效汇率的计算结果很可能会含义不清。这就势必影响到实际有效汇率这一概念的实用价值。所以应重点关注名义有效汇率指数的变化，实际有效汇率指数的波动仅供参考。

名义有效汇率指数的用途大致有二：

（1）经由名义有效汇率指数的变动方向及其变动幅度，我们可以判定出本币汇率的总体变动方向与变动幅度。其意义相当于股市当中的股价指数。

（2）中央银行所谓“参考一篮子货币进行调节的、有管理的浮动汇率制”就可以具体化为“参考名义有效汇率指数进行调节的、有管理的浮动汇率制”。亦即中央银行可以把“名义有效汇率指数”（而不是把某一具体的双边汇率，例如人民币兑美元汇率）的相对稳定，当成制定及实施汇率政策的目标。

国际货币基金组织（IMF）、国际清算银行（BIS）等国际经济组织和英格兰银行等许多发达国家的中央银行都定期公布实际有效汇率指数。从 1999 年 1 月起，IMF 开始定期公布人民币名义及实际有效汇率。但 BIS（国际清算银行）所公布的人民币有效汇率指数要更为有名些。

（二）美元指数

1985 年，纽约棉花交易所（NYCE）推出美元指数期货。

美元指数（US Dollar Index，USDX）是综合反映国际外汇市场美元对一揽子主要货币的汇率变化的指标。它以 1973 年 3 月份为基期，计算 10 种主要货币对美元汇率的加权几何平均值，并以 100.00 点为基期指数值，每周 7 天、每天 24 小时连续计算。

在 1999 年 1 月 1 日欧元推出后，美元指数的样本货币从 10 个减少为 6 个（欧元、日元、英镑、加拿大元、瑞典克朗和瑞士法郎）。欧元由此一跃成为美元指数中权重最大的样本货币。

由于当前全球大宗商品的交易主要以美元计价，再加上在世界各国的外汇储备中，美元占 70% 左右，因此美元汇率的走向对国际商品交易市场、金融市场乃至各国经济利益的再分配具有重要影响。例如，一般地说，美元指数上涨，说明美元与其他货币的比价上涨，也即美元升值，这就意味着国际贸易价格的一般水平呈下跌的态势。

六、关于操纵汇率的理解

1988 年，美国国会通过了一项《贸易和竞争力综合法案》。根据该法案，美国财政部必须每 6 个月向国会递交一份包括对各主要贸易伙伴国汇率政策评估结论等内容的《国际经济与汇率政策报告》。在这份报告中被认定为操纵汇率的国家将极有可能遭受美国的贸易制裁。

由于该报告具体公布的时间大约分别在 3 月 15 日和 10 月 15 日，因此每年在这两个时间点之前的一段时间里，美国的一些主要贸易伙伴都会经受沉重的舆论压力及烦躁的心路历程。因为对美贸易是世界多数国家或地区的主要国际贸易方向，对美贸易的大幅波动将会严重影响这些国家或地区的经济稳定。例如，尽管近年中国的对美贸易依赖度正在逐步降低，但对美国的贸易仍然占到中国全部对外贸易的 15% 左右。

从 1989 年至 1994 年的这段时间里，中国几乎每年都会遭受美国操纵汇率的指责。但自 1994 年中国实施汇率制度改革以来，美国财政部就再也没有将其任何一个主要的贸易伙伴列为“汇率操纵国”。自 2002 年起，在全球货币体系中，伴随着美元的走弱，钉住美元的人民币也大体呈贬值的态势。由于中美互为主要贸易伙伴国，人民币钉住美元的做法让美国无法通过美元贬值来增加对中国的出口、抑制从中国的进口。为此美国参众两院的部分议员及其相关利益集团便指责人民币汇率的生成机制。但即便如此，美国财政部也并未将中国列入“汇率操纵国”。

实际上，人民币汇率的低估与操纵人民币汇率是两个截然不同的事情。

操纵汇率应该指的是一种具体的政策行为，而不应该是相对宏观的制度层面问题。操纵汇率的行为应该呈现出清晰的违背制度性和逆政策惯例性；它还应该具有明确的针对性和具体的目的性。操纵汇率的行为与进出口贸易以及国际资本流动的变化之间应该具有高度的相关性。就操纵汇率的直接效果来看，它应该绝对地损人利己。

而人民币汇率的低估则是中国现行外汇管理制度的自然结果。这个制度的实施已经近二十年了。在该制度创立的初期（亦即 1994 年前后），人民币的汇率基本反映了市场的估价。此后的人民币汇率则长期地保持着稳定的状态。在 1998 年的亚洲金融危机中，这种主要钉住美元的人民币汇率制度甚至被视作稳定亚洲经济的基石，从而广受包括美国在内的国际社会的赞誉。

时过境迁，基于同一种制度的人民币汇率被低估了。这是谁也否认不了的事实，但绝不是操纵的结果。这种状况对中国有利亦有弊。至于弊大抑或利大实际上很难说清楚。但它是现状。这就是中国政府不能仓促大幅度调整人民币汇率的重要原因。因为人民币汇率的升值也是有利亦有弊，弊大抑或利大也很难说清楚。这样一来，为什么要仓促地大幅度升值人民币，从而让庞大、且正处于社会转型期的中国从一个“很难说清楚”的现状跳跃到另外一个“很难说清楚”的未来呢？

因此，现行的外汇管理制度必须改善，人民币的汇率应该回归均衡。这些定论不仅是美国等主要贸易伙伴的要求，更是中国政府与社会的共识。但它的改革必须基于恰当的时机和成熟的条件，否则宁静勿动。这就要求我们必须拥有耐心。中国必须本着循序渐进、有条不紊的原则来积极稳妥地推进外汇管理制度及其汇率生成机制的改革。至于推进改革的具体时间表，中国政府的考量只能是主要基于国内政治、社会稳定与经济发展的需要，而不可能主要顺应美国政治气候的变化。

第六节 国际储备货币的现状与未来

一、美元国际储备货币地位的形成

在实物货币时代，货币成色的鉴定、重量的计量以及价值的分割极为不便，由此产生了铸币。铸币的成色和重量由发行人担保。商代的青铜铸币据说是世界上最早的金属铸币，时间大约在公元前 11 世纪。而在公元前 7 世纪末，古希腊就出现了铸有头像的货币。

铸币的出现使得人们在使用货币的时候可以不必考虑币材的成色或重量，从而极大地便利了商品交易。但也由此产生了铸币成色或重量的掺假问题。在公元 7 年到 14 年间，王莽一共进行了三次货币改革。其中的核心就是改“纪重货币”为“纪值货币”。新朝所发行的货币叫“大钱”，其成色仅及西汉五铢钱的两个半，但官定价值却为后者的五十倍。于是“民多盗铸”。

这种情况同样也发生在西方。西方古代有一种货币叫做苏倍拉代币，这种货币的内部是铁、铜、锡等贱金属，外面再覆以金、银贵金属，借以冒充金银铸币。公元 91 年，罗马共和国规定，其所铸造银币的 1/8 必须是苏倍拉代币。在公元 3 世纪，罗马铸币的掺假问题曾导致一场严重的金融危机，由此引发的物价飞涨重创了罗马社会的稳定。

实际上，纪值货币与纸币仅一步之遥。

早期铸币的形态习惯于模拟某种实物货币。例如，夏商时代的天然海贝是我国最有名的早期货币，于是在商代晚期便出现了用铜铸造的仿贝币。公元前 221 年，秦始皇统一货币，铸造方孔半两钱。自此直至民国初年，方孔圆钱都是我国货币的定制。在 16 世纪中叶，西方国家出现了完美的圆形货币。而在 17 世纪末，西方国家货币的边沿有了齿槽，并在币面上镌刻了保护性的文字，由此杜绝了锉平或削剪铸币的现象。

与典型的实物货币不同，铸币和纸币需要专门制造。铸币和纸币的发行权集中于国家，古今中外概莫能外，其原因就在于铸币和纸币的制造存在暴利。经济学把这种暴利叫做铸币税。在币值充足的铸币流通时代，铸币税就是铸币机构为客户铸造货币所收取的费用高出其实际铸造成本的那部分差额。而在纸币时代，政府可以通过中央银行凭空印刷货币，这种情景下的纸币实际上就是政府签发的既不支付利息、又无到期期限的白条。因此，纸币时代的铸币税就是中央银行所投放的基础货币的面额超出纸币印刷发行费用的那部分价值。

一方面，相对于纸币的面值，纸币的印刷发行费用微不足道；另一方面，商业银行的转账结算方式使得中央银行实际上不必主要通过印钞的方式来增加基础货币投放。因此，在纸币时代，铸币税的规模就相当于中央银行基础货币的发行总规模。

例如，假定中央银行买进 100 元的国债，则政府在央行的存款就会增加 100 元。政府的这部分购买力是凭空增加的，因为中央银行用于购买国债的钱没有任何来路。这正是纸币时代最令人诟病的地方。所以总起来说，人类社会是一步一犹豫、直至 20 世纪 70 年代才万般无奈地最终接受了纸币时代的现实。

在进入纸币时代之前，人类社会最后留下的是三个足迹：一是完全的金本位制；二是金块本位制或金汇兑本位制；三是布雷顿森林体系的建立。从中可以窥见人类对黄金时代的留恋。

所谓完全的金本位制，亦即政府以法律形式规定金币的含金量；允许金币自由铸造、自由兑换，并允许黄金自由输出入；纸币（实际上是银行券）与金币之间完全可兑换。这一制度在西方国家维持了一百年左右。

在第一次世界大战期间，西方各国为筹措军费滥发纸币，并停止纸币兑换黄金。等到一战结束以后，除了美国以外，物价水平的飞涨使得其他西方国家已经无法完全恢复金本位制。西欧国家就退而求其次，先后实行金块本位制或金汇兑本位制。

在金块本位制下，虽然名义上仍以金币作为本位货币，但实际流通的只有纸币。而且尽管纸币仍有含金量，但已不能直接兑换金币，只能有条件地向中央银行兑换金块。

在金汇兑本位制下，纸币已完全不能兑现黄金，但能兑换外汇。由于实行金汇兑本位制国家的货币与实行金块本位制国家的货币比价固定，因此纸币在换取外汇后可到国外兑现金块。德国和许多殖民地、附属国实行的就是这种货币制度。

在金块本位制或金汇兑本位制下，由于金币不再流通，通过黄金贮藏手段职能来自发调节货币流通量的机制也就不再存在；同时，由于纸币与黄金的自由兑换受到限制，纸币退出流通的机制也就基本丧失。因此这两种蜕化了的金本位制已经不再具备古典金本位制能够稳定物价的特性。

金块本位制或金汇兑本位制一直维持到二战爆发。到了第二次世界大战之后，美国的经济实力已经居于绝对的优势地位。美国的工业制成品生产占世界工业制成品生产的一半以上；对外贸易占世界贸易总额的1/3以上；黄金储备更是占世界黄金储量的四分之三以上。而战后初期的西方各国在经济和政治的意义上已经变成了植物人，马歇尔计划成了西欧各国维持资本主义体制的营养液。西方各国的复兴只能仰赖美国资本的救济。于是横跨大西洋的国际贸易体制出现了颠覆历史性的变化：美国依照马歇尔计划输出美元，援助西欧各国；西欧各国将所获得的美元援助兑换成本国货币，贷放给本国企业，用于振兴本国经济；西欧各国向美国出口产品，用换得的美元以及依照马歇尔计划所获得的美元进口美国的设备、技术或产品；西方各国需要用美元来偿付马歇尔计划当中的有偿援助。

正是在上述背景下，世界各国不得不接受了美国的美元发行以黄金为准备、各国货币的发行以美元为准备的国际货币制度安排。这就是所谓的布雷顿森林体系。可见，各国百姓由于喜欢美国产品而持有美元；各国中央银行由于缺乏黄金准备而持有美元。美元之成为世界货币是时势使然，它是由美国以进出口规模为代表的强大经济实力决定的。

美元成为世界货币也就意味着美国能够享受世界性的铸币税。这当然是一种超国家的权利，其他国家自然不会很舒服。实际上，早在20世纪60年初，以法国为首的西欧六国就主张建立一种以黄金为基础的国际储备货币单位，以便逐步代替美元与英镑。这一建议自然遭到了美英的激烈反对。美英主张国际货币制度改革的目标应该是设法弥补美元、英镑和黄金作为国际储备资产的不足，而不是抛弃美元和英镑，另起炉灶。

后来比利时提出了一种折中方案：增加各国向货币基金组织的自动提款权，而不是另起炉灶，通过创新储备货币来解决未来可能出现的国际流通手段不足的问题。显然，这一方案更为接近美英的思路，因此遭到了法国的阻挠而被搁置。

20 世纪 70 年代初，美元危机迫使美国政府宣布停止兑现美元兑换黄金的义务，国际金汇兑制度就此瓦解。人类社会正式进入纸币时代。

若说在二战结束的初期，世界各国接受美元的世界货币地位实属无奈，因为自已缺乏黄金等国际支付手段，而黄金、产品、设备、技术、资本这些好东西只有美国才有。但到了 20 世纪 70 年代，西方各国的相对处境已经发生了很大的变化：美国的黄金储备已经相对枯竭，美元在国内外都已经成为纯粹的纸币；西方各国对美国产品和技术的需求欲望相对大为缓解，对美元的需求也就越来越淡薄；以日、德为代表的发达国家产品或技术开始畅销全球，日元和马克等发达国家货币相应地也逐步拥有了国际货币的特征。因此，从 20 世纪 70 年代开始，美元再也不能唯一地享有国际储备货币的地位了。自此，世界储备货币进入了多国争雄的时代。

也正是在这一背景下，提供补充储备货币以满足国际交易的需要就成了货币基金组织最紧迫的任务。1969 年，货币基金组织正式通过了十国集团提出的储备货币方案，由此产生了特别提款权这一新型的国际储备资产。这应该是人类历史上第一种由国际机构发行、具有超国家意义的账面货币。

二、国际储备货币的未来

若站在全人类利益的角度，特别提款权作为世界货币的前景广阔。但以这样的角度看问题显然过于高尚。特别提款权世界货币化的努力注定会困难重重：

首先，这是对国家主权的剥夺。在国家利益至上、国际矛盾尖锐的当今世界，任何建立大同世界的想法无异于天方夜谭。其次，纸币的发行可以获得铸币税，货币政策的实施可以有效调控本国的经济，为确保这些利益或便利，各国不可能放弃货币的发行权。而且，如果各国保留在本国内部的货币发行权，仅仅在国际结算中采用经由国际协商产生的世界货币，则这种国际货币不仅存在定价的困难，而且同样也会由于各国货币泛滥而贬值。另外，也缺乏足够权威的国际机构负责世界货币事务。由于协调各国利益的困难，这种国际机构的运行效率将会极其低下。最后，由于各国货币与国际货币兑换比例的形成过于专业，市场认同困难。

因此可以设想，只要美国仍在国际贸易以及国际货币基金组织等国际机构处于主导地位，美元就仍然会保持住目前的第一国际储备资产地位。在可以想见的未来，世界货币只能产生于某一个或一些具有强大经济实力的国家的主权货币。至于花落谁家，这要由经济规律来决定，而不会以人的主观意志为转移。随着中印等国家经济的崛起，未来必将是一个多种国际储备货币鼎立的时代，尽管这并不有利于国际贸易的发展。

三、我国外汇储备资产的形成方式

企业和个人通过商业银行买入和卖出外汇，如果商业银行将净买入的外汇在银行间市场上出售，由人民银行购买后就形成了外汇储备。在人民银行买入外汇的时候，已经向外汇持有人支付了相应的人民币。

从企业看，企业通过向国外客户出售货物、提供服务或接受外商投资，获得对方支付的外汇，向商业银行结汇成人民币以后在国内使用。结汇过程中，企业将外汇卖给商业银行，同时按汇率获得了相应的人民币资金，其外汇资产转变成人民币资产。从个人看，居民个人将持有的外汇卖给商业银行后，也获得银行支付的等值的人民币。从商业银行看，商业银行从企业和个人购汇后，出于外汇资产负债配置需要，将大部分外汇在各营业窗口又卖给了企业和个人，并将买卖轧差后的多余外汇卖给人民银行，人民银行支付相应的人民币获得外汇，形成国家的外汇储备。总体来看，外汇储备形成中，企业、个人和银行不是把外汇无偿交给国家，而是卖给了国家，并获得了等值人民币。这与税收和财政收入明显不同。

外汇储备对我国国民经济发展的重要作用，主要表现在：

一是较为充裕的外汇储备有利于维护我国经济金融安全。近年来，充裕的外汇储备在维持国际支付能力，防范金融风险，维护国家经济金融安全等方面发挥了重要作用，有力地保障了国民经济健康稳定发展。在国际金融危机中，外汇储备抵御危机冲击的表现尤为突出。

二是充足的外汇储备便利企业对外开展经济交往活动。在外汇储备较为充裕的情况下，企业用汇购汇需求得到充分满足。如企业对外投资，只要是企业在经济上可行，就可以用人民币购汇投资，为企业“走出去”提供充足的资金保障；企业进口、外债等对外支付也同样能得到保障和满足。

三是外汇储备经营收益可增加民生支出。外汇管理部门的职责是在管理好风险的前提下，确保外汇储备资产保值增值。外汇储备经营收益并入人民银行大账，人民银行依法将央行净利润全部上缴财政，增加了用于民生支出的财政资金的可使用量，实际上也对国民福利的改善作出了贡献。

四、人民币国际化的趋势明显

随着中国迅速增强的影响力重塑商业世界，人民币大有在2011年年底将英镑挤出全球贸易结算三大货币行列的态势。据预测，随着人民币被新兴市场接受，并且中国政府努力向着人民币全面国际化的方向靠近，到2015年，中国一半以上的贸易将以人民币结算，金额达2万亿美元。

人民币的强大优势和英镑的相对衰落是汇丰银行最新贸易信心指数2011年的调查研究所透露出的信息。汇丰银行的贸易信心指数是对所有主要经济集团6 390家中小出口商、进口商和贸易商进行的每半年一次的调查。

人民币自2009年以来开始在事实上被当作一种国际贸易结算货币。如今，人民币在小型贸易商当中成为受青睐货币的特征以及针对外国发债人的以人民币计价的债券市场的同时出现，都显示出人民币的强势前景。

复习思考题

1. 什么叫外汇、汇率？汇率的标价方法主要有哪几种？

2. 外汇市场有哪些种类？

3. 直接标价法下人民币对美元的汇率为8.274 2，某日港币对美元的汇率为7.047 3元。请计算人民币对港币的汇率。

4. 简述外汇市场的作用。

5. 简述影响汇率变化的主要因素。

第三章

货币市场

本章摘要

本章首先给出了货币市场的含义及其分类，然后分别阐述了同业拆借市场、国库券市场、回购协议市场以及央行票据市场等货币子市场的结构及其发展现状。

关键词

货币市场　同业拆借　回购交易　央行票据

第一节　货币市场概述

一、货币市场的含义

货币市场是指以短期金融工具为媒介进行期限在一年以内（包括一年）融资活动的交易市场，又称“短期资金市场”或“短期金融市场”。

大多数衍生金融工具的期限也不到一年，因此，广义的货币市场也可以将衍生金融工具的交易市场包括在内。

货币市场的资金来源于暂时闲置资金，资金一般运用于弥补流动性资金的临时不足，交易的目的是解决短期资金周转的需要，不需要很长的交易期限。货币市场的这个特点决定了货币市场的稳定性高。货币市场与资本市场一起，共同构筑成完整的金融市场。

货币市场上的金融工具具有期限短、流动性强以及风险小的特点。其中，交易期限短是货币市场交易对象最基本的特征。它的另外两个特征——流动性强和风险相对较低归根结底也是源于交易期限短这一特征。正是因为货币市场上的工具期限短，可随时变现，有较强的货币性，所以短期金融工具又有“准货币”之称。由此，这种主要从事短期融资的市场才被人们习惯性地称为货币市场。

二、货币市场的类型

货币市场的投资工具主要有国库券、商业票据、大额可转让定期存单及其他短期证券等。

货币市场的参与者有：商业银行、中央银行、其他金融机构、一般非金融性公司企业等，其中以商业银行为最主要的参与者。

货币市场主要由同业拆借市场、银行承兑汇票市场、商业票据市场、可转让定期存单市场、国库券市场以及回购协议市场等构成。

同业拆借市场主要满足金融机构之间在日常经营活动中经常发生的头寸余缺调剂的需要。同业拆借市场是货币市场的主要组成部分，其市场特性最活跃、交易量最大，加之能敏感地反应资金供求关系和货币政策意图，影响货币市场利率，因而备受金融机构及货币当局的重视。

票据市场是货币市场中参与者最多的市场。企业是货币市场最重要的资金需求者，工商企业大部分的流动资金需求除由商业银行发放短期贷款加以满足外，主要依靠商业票据市场。西方发达国家的许多大公司甚至发行无商品交易相对应的融资票据来筹集短期资金，还有许多拥有充足自有资金的大型企业充分利用商业票据市场获利。商业银行的贴现业务也离不开商业票据市场。中央银行也要在票据市场上进行再贴现政策的操作，还可以利用票据进行融资。

国库券市场风险小，流动性强，并可享受税收优惠，既能满足政府短期资金周转的需要，又能为中央银行的公开市场业务操作提供工具，还可以把国库券作为流动性资产的二级准备或者作为资产组合中的无风险资产。

回购协议市场上的回购协议流动性强，安全性高，收益稳定且超过银行存款收益。对于商业银行来说，利用回购协议融入的资金不属于存款负债，不用交纳存款准备金。中央银行的公开市场操作也需要通过国债回购市场来调节市场上的货币供应量，实现货币政策目标。

货币市场之所以能够成为政府政策调控的重要场所，很重要的一条就是市场具备调控的条件。例如中央银行货币政策的三大传统工具都是通过货币市场实施的。法定存款准备率直接影响货币市场的资金供给，准备率的升降直接影响商业银行流动资金的贷款规模，影响工商企业、个体经济的借款数量，对经济产生影响；提高或降低再贴现率，直接改变的是商业银行从中央银行融资的成本，这一变化又促使商业银行增加或减少短期商业票据的贴现业务，市场上的货币供应量相应地增加或减少；公开市场业务操作的交易对象直接就是货币市场的金融工具，通过短期国债及商业票据的买入或卖出，直接增加或减少市场短期资金的供求数量。

和收益。同业借贷因其借贷金额较大，属于金融机构之间的批发业务。

同业借贷与头寸拆借的最大区别，在于融通资金用途。同业借贷是调剂临时性的、季节性的业务经营资金余缺，头寸拆借则是为了轧平票据交换头寸、补足存款准备金或减少超额准备。

同业借贷的运作程序，是由借入银行填写一份借据，交拆出银行，拆出银行经审核无误后向拆入银行提供贷款，即将其账户上的资金划转到拆入银行账户。到期拆出银行向拆入银行收回贷款本息，拆借过程即告结束。

由于一国国内各种金融机构的存款准备金过多或不足会同时并存，同业拆借市场遂成为全国性的市场，特别是在当代世界的金融中心，通过遍布全国的现代化通讯网络，各金融机构快捷地进行交易，拆借资金，从而能及时准确地将资金转移到全国各个地区。随着同业拆借业务的扩展，又出现了经纪商行业，从事收集掌握有关资金供求情况的信息，充当拆借双方的中介人，为之牵线搭桥，促成交易，从中赚取佣金。从而更推动了同业拆借业务的进一步发展。

因此，在同业拆借市场中，拆借资金的关系人可以由拆出方和拆入方构成，即或由拆入方采取主动，或由拆出方采取主动，通过银行往来关系，直接寻找对象，也可以由拆出方、拆入方及经纪商构成，即拆入方和拆出方通过经纪商，间接寻找交易对象。

同业拆借的利率因关系人不同而有两种情况，一种是由拆借双方当事人议定，不通过市场公开竞价确定；一种是拆借双方借助于中介人即经纪商，通过市场公开竞价确定。

拆借利率变动频繁，每天都上下波动，它能迅速、及时、准确反映货币市场资金供求的变动情况，是货币市场上最敏感的利率，是货币市场上利率变动的风向计。正因为拆借利率有这样的特点，各金融企业都密切注视，以把握市场利率的走向。拆借利率还是中央银行实行货币政策、进行宏观调控时的指示信号，中央银行根据拆借利率的变化，判断市场银根松紧情况，以决定中央银行在公开市场或其他方面所应取的行动，以实现其货币政策目标。

在国际货币市场上，伦敦银行同业拆放利率（London Interbank Offered Rate，LIBOR）是比较有代表性的同业拆借利率。其他的还有例如新加坡银行同业拆借利率和中国香港银行同业拆借利率等。伦敦银行同业拆放利率，是伦敦金融市场上银行之间相互拆放英镑、欧洲美元及其他欧洲货币时的利率，由报价银行在每个营业日上午 11 时对外报出，分为存款利率和贷款利率两种报价，资金拆借的期限为 1、3、6 个月和 1 年等几个档次。该利率是伦敦金融市场借贷活动中计算各种借贷利率的基本依据。新加坡银行同业拆借利率和中国香港银行同业拆借利率的生成和作用范围是两地的亚洲货币市场，其报价方法和拆放期限与伦敦银行同业拆放利率并无差别。不过，其在国际货币市场中的地位和作用，较之伦敦同业拆放利率要大大逊色。

同业拆借市场有利于金融机构实现“流动性、安全性和赢利性”三性相统一的经营目标。持有较高比例的现金、同业存款、在中央银行的超额储备存款及短期高质量证券资产，虽然可以提高流动性水平，最大限度地满足客户提款及支付的要求，但同时也会丧失资金增值的机会，导致利润总额的减少。要在保持足够的流动性以满足支付需求的同时获得最大限度的利润，除了加强资产负债管理，实现最优的资产期限和种类组合外，还需要有包括同业拆借市场在内的可供进行短期资金融通的市场。一旦出现事先未预料到的临时流动性需求，金融机构可在不必出售那些高盈利性资产情况下，很容易地通过同业拆借市场从其他金融机构借入短期资金来获得流动性。这样，既避免了因流动性不足而可能导致的危机，也不会减少预期的资产收益。

三、我国的同业拆借市场

1984 年，我国建立存款准备金制度，并对商业银行在中央银行的准备金存款付息，一直延续至今。

商业银行缴存中央银行的款项包括财政性存款和一般存款两大类。财政性存款包括国家金库款，地方财政预算内、外存款，部队、机关团体存款，财政部发行的国库券及各项债券款项等，属于中央银行的信贷资金，中央银行委托商业银行办理相关收付业务，但商业银行不得占用这些存款，应全部缴存中央银行。

一般存款是指除财政性存款以外的各项存款，包括企业存款、储蓄存款、信托存款等。商业银行所吸收的这些存款需要按照规定的比例（即中央银行颁布的法定存款准备金率）向中央银行缴存。采取首次缴存后，定期调整缴存存款差额的做法。即存款增加则调增缴存款，存款减少则调减缴存款。

1984 年 10 月，中国人民银行将传统的“统存统贷”改为“实贷实存、相互融通”，允许银行之间相互拆借资金，初步改变了由上级行纵向调拨信贷资金的局面。

1986 年 1 月，国务院颁布了《中华人民共和国银行管理暂行条例》，明确规定专业银行的资金可以相互拆借，并于当年在广州等五个城市建立了同业拆借市场。

1990 年 3 月，中国人民银行颁布了《同业拆借管理试行办法》，首次规范了同业拆借业务。1995 年 9 月，中国人民银行开始建立全国统一的同业拆借市场，将所有拆借行为纳入网络。同年 11 月，中国人民银行撤消了各商业银行组建的融资中心、资金市场和各种中介组织，只保留由中国人民银行牵头设立的融资中心。

1996 年 1 月 3 日，全国统一的同业拆借市场开始运行。1996 年在上海建立了全国银行间同业拆借中心。

2002 年，由中国外汇交易中心作为信息平台，利用现有的外汇交易技术系统，我国国内外币同业拆借市场正式启动。外币同业拆借是金融机构之间临时调剂外汇头寸余缺的借贷行为，是短期外币资金融通的市场。在国内外币同业拆借市场建立之前，我国金融机构境内外币拆借业务由各金融机构自发进行，市场相对分割，而且由于缺乏中介组织，信息渠道不畅，造成拆借交易不活跃，无法满足金融机构及时调剂外汇头寸的需要。一些金融机构转而通过国际金融市场拆出闲置的外汇资金，造成大量资金头寸存放境外，而当国内金融机构特别是中小机构急需外汇资金时，由于自身信誉及其他条件限制，很难从国际市场拆入资金。同时，根据目前我国有关规定，金融机构从境外拆入资金还受国家核定的短期外债指标控制，这也限制了金融机构进行境外拆借。

中国人民银行十分重视对同业拆借期限的管理。1988 年 9 月，中国人民银行明确规定，拆借期限最长不超过 2 个月。1990 年 3 月规定，最高期限一般为 1 个月，其他金融机构对专业银行拆出资金期限最长不得超过 4 个月。从 1996 年 7 月 1 日起，我国同业拆借市场又推出了 1 天（隔夜）的拆借品种。从拆借市场现实的运行情况看，如按拆借期限划分，我国的拆借市场主要有 1 天、7 天、30 天、60 天和 120 天等 5 个拆借品种。1～30 天的拆借为较短期，31～120 天的拆借为较长期。

1990 年 3 月由中国人民银行发布的《同业拆借管理暂行条例》规定，同业拆借的利率上限由中国人民银行总行根据资金供求情况调整，拆借双方可在规定的限度之内，协商确定拆借利率。当时规定同业拆借利率最高不得高于中国人民银行对专业银行日拆性贷款利率的 30%。以后随着人民银行日拆性贷款利率的调整，同业拆借利率的最高限也相应变动。

1996 年 1 月，全国银行间同业拆借市场建立之后，中国人民银行运用计算机网络系统，对交易量、利率期限等拆借市场的各种信息集中汇总，并据此在加权平均的基础上生成全国统一的同业拆借市场加权平均利率（China Interbank Offered Rate，CHIBOR）对外公布。

CHIBOR 是以成交量，期限和利率为基础计算的，该数据表示年收益率。由位于上海的中国外汇交易中心暨全国银行间拆借中心（以下称全国银行间拆借中心）每天对外发布从隔夜到 120 天的 8 个期限不等的利率。

为了使利率真正由市场资金供求关系自发决定，推进利率的市场化改革，以便为最终实现市场均衡利率创造条件，中国人民银行决定从 1996 年 6 月 1 日起，取消银行间同业拆借利率的上限限制。这是推进和完善我国同业拆借市场的重要举措。

由于 CHIBOR 仅仅对有成交记录的同业拆借进行计算，债券投资者一般很少将其作为基准利率。加上国内银行间信用拆借的成交并不活跃，甚至有时没有信用拆借的成交，导致当天的利率变化在 CHIBOR 上无法体现出来，更不能全面反映基准利率情况。为此，2007 年 1 月，全国银行间同业拆借市场转而推出 Shibor，即上海银行间同业拆放利率（Shanghai Interbank Offered Rate）的简称。以求其与美国的联邦基金利率或伦敦的 LIBOR 相似，能成为中国的金融机构间同业拆借的基准利率。

Shibor 以位于上海的全国银行间同业拆借中心为技术平台计算、发布并命名，是以信用等级较高的银行组成报价团自主报出的人民币同业拆出利率计算确定的算术平均利率，是单利、无担保、批发性利率。目前，对社会公布的 Shibor 品种包括隔夜、1 周、2 周、1 个月、3 个月、6 个月、9 个月及 1 年。

Shibor 报价银行团现由 16 家商业银行组成。报价银行是公开市场一级交易商或外汇市场做市商，在中国货币市场上人民币交易相对活跃、信息披露比较充分的银行。中国人民银行成立 Shibor 工作小组，依据《上海银行间同业拆放利率（Shibor）实施准则》确定和调整报价银行团成员、监督和管理 Shibor 运行、规范报价行与指定发布人行为。

全国银行间同业拆借中心受权 Shibor 的报价计算和信息发布。每个交易日根据各报价行的报价，剔除最高、最低各 2 家报价，对其余报价进行算术平均计算后，得出每一期限品种的 Shibor，并于 11:30 对外发布。

第三节　银行承兑汇票市场

广义地说，票据市场包括商业票据市场和银行承兑汇票市场。

一、银行承兑汇票的特征

汇票是由出票人向付款人签发的、要求付款人在指定的日期无条件地支付一定金额给收款人或持票人的一种票据。按照出票人的不同，将汇票分为商业汇票和银行汇票两类。商业汇票是指由非金融企业或个人向另一企业、个人或银行签发的汇票。银行汇票的出票人和付款人都是银行。

由于汇票的承兑人不同，商业汇票又可分为商业承兑汇票和银行承兑汇票。商业承兑汇票是由付款企业、私人承兑的汇票。银行承兑汇票的出票人虽然是企业，但承兑人却是银行，具体地说，银行承兑汇票是应购货人或销货人的请求，由购货人或销货人开出以该银行为付款人的汇票，该银行在汇票上签章承兑，即承诺在汇票到期日付款。这张汇票因有银行承兑，因此称为银行承兑汇票。

银行承兑汇票是为方便商业交易活动而创造出的一种工具，在对外贸易中运用较多。一般地，进口商首先要求本国银行开立信用证，作为向国外出口商的保证。信用证授权国外出口商开出以开证行为付款人的票据，可以是即期的也可以是远期的。若是即期的，付款银行（开证行）见票付款。若是远期汇票，付款银行（开证行）在汇票上面签上“承兑”字样，填上到日期，并盖章为凭。这样，银行承兑汇票就产生了。

因为银行承兑汇票的承兑人为银行，由银行承担付款责任，因而对收款人来讲，它比商业承兑汇票更安全。银行承兑汇票可以随时贴现或转让，因此，与商业承兑汇票相比，银行承兑汇票的流动性更大。

二、银行承兑汇票市场

银行承兑汇票市场是指银行承兑汇票的贴现、转贴现、再贴现和买卖的市场。

贴现是指票据持有人以未到期票据向银行换取现金，并贴付利息的一种票据转让行为。

银行贴现票据不同于银行贷款，其主要区别如下：

(1) 法律关系不同。贷款是银行借与贷款客户资金；贴现则是银行对票据上债权的购买。

(2) 资金流动性不同。贷款必须至到期日才能收回，而贴现在票据到期之前可以转让，即进行转贴现和再贴现，较贷款灵活。

(3) 可否展期不同。如果贷款到期不能偿还，征得贷款银行同意后可以展期，而票据到期就要清偿，不存在展期问题。

(4) 利率水平不同。一般情况下，贴现利率低于贷款利率。

(5) 利息收取的时间不同。贷款利息一般在贷款到期的时候收取，先用款后计算；贴现利息在贴现日支付，未用款先付息。

(6) 关系人不同。贷款的关系人仅有贷款人、借款人和担保人，而贴现则因票据的背书或承兑，关系人较多。

(7) 有无抵押品不同。贷款常常以抵押品为担保，而贴现通常无抵押品。

(8) 资金所有权不同。贷款只是资金使用权的让渡，借款人只有资金的使用权而无所有权，到期应归还借款资金，资金所有权仍属银行。而贴现则是银行用资金买入票据获取债权，这笔资金归属申请贴现人。银行只是在将买入票据再转让时，或在票据到期日才能收回资金，但这笔资金并不是来自贴现申请人。

所谓转贴现是指银行将已贴现的票据，向同业再行转卖的票据转让行为。也就是说，银行将其贴进的、尚未到期的票据转向其他银行贴现。

再贴现又称重贴现，是指银行将已贴现的未到期汇票，再转让给中央银行的票据转让行为。再贴现是中央银行调节市场银根松紧的重要手段。

目前在西方国家，多数持有银行承兑汇票的银行在调度头寸时，一般不再将汇票转贴现或再贴现，而是直接把银行承兑汇票卖给汇票交易商，投资者如共同基金、恤养基金、保险公司、其他公司、政府机构、其他银行和非银行金融机构，都向汇票交易商贴买银行承兑汇票进行投资，获取收益。其结果，在银行承兑汇票的持有人、汇票交易商、汇票经纪人和投资者之间，便形成了一个活跃的银行承兑汇票买卖市场。

三、银行承兑汇票市场的产生和发展

银行承兑汇票起源于国际贸易，并大量地应用于国际贸易。在发达国家，银行承兑汇票很少应用于国内贸易。这是因为企业面临更多的融资渠道，其中如商业票据、银行信贷额度等有着更加优惠的市场利率。此外，国内交易双方比较容易了解对方的资信和财务状况，在完善的商业信用制度下，供货方通常愿意直接向购货方提供短期贷款（也就是应收账款），而并不一定非要使用银行承兑汇票。

银行承兑汇票最早起源于英国。19 世纪的伦敦已成为各国贸易和国际金融中心，世界各地的借款人汇集于此。由于许多外国借款人不被当地的投资者所认可，由他们签发的汇票很难转让。当时伦敦的私人银行虽然有熟练的资信鉴别技术，但苦于没有足够的资金，无力直接向外国借款人贷款。这时他们发现利用自己娴熟的资信鉴别技术，对外国借款人的汇票进行承兑，将自己的信用借给外国借款人，对其债务进行担保，即可收取一定的费用，取得收入。在这种情况下，银行承兑汇票得以产生。

20 世纪初，美国政府为了发展对外贸易和将纽约建成能够与伦敦竞争的国际货币市场，采取了一系列措施积极刺激银行承兑汇票市场的发展。美联储除了鼓励银行签发、转让银行承兑汇票外，还直接参与二级市场交易，促进市场的繁荣。除此之外，美联储还同意接受以银行承兑汇票为担保的再贴现、再贷款申请，或同意与银行签订以银行承兑汇票为交易对象的回购协议，美联储的措施对美国银行承兑汇票的发展产生了积极的影响。

二战后，国际贸易的迅猛增长、石油和其他商品价格的上涨等都刺激了银行承兑汇票市场的增长。1982 年，美国放宽了银行承兑汇票的限额，致使市场竞争加剧，承兑手续费下降，银行承兑交易额上升。

然而，进入 20 世纪 80 年代以后，银行承兑汇票的增长速度明显下降，1979 ~ 1989 年期间，美国银行承兑汇票市场余额的年均增长率从前十年的 20% 下降到 6.1%，是所有货币市场工具中增长最缓慢的。从 1989 ~ 1998 年，银行承兑汇票余额出现了负增长，市场余额也已经下降到了 143 亿美元，仅占除政府短期证券外所有货币市场工具交易余额的 0.6%，到 2000 年，余额仅为 103 亿美元。

银行承兑汇票市场萎缩的主要原因在于：

（1）银行承兑汇票的最主要特点是以银行的信用代替商业信用。20 世纪 80 年代以来，国际银行业的风险增大，银行的财务状况恶化，部分银行倒闭。这一切促使投资者开始回避银行承兑汇票。

（2）其他替代融资工具的产生和更广泛的使用，尤其是备用信用证的产生对银行承兑汇票产生了不小的冲击。

（3）鉴于银行承兑汇票市场已经成熟，美联储开始终止若干对银行承兑汇票市场的优惠政策。并从1977年起停止购入银行承兑汇票的交易。这无疑对市场的发展产生了不良的影响。

由于银行承兑汇票的运用可以增强银行的信用创造能力，因此，各国对银行承兑汇票市场有严格的管理。在英国，英格兰银行要逐一审批银行和贴现公司的资格，只有由经过审批的银行和贴现公司贴现的银行承兑汇票才是合格的票据，英格兰银行才为其提供再贴现或接受以这种票据为担保的贷款申请。美国1913年联邦储备法案中对银行承兑汇票的合格性有明确的规定，美联储将此作为是否购买或是否接受银行的再贴现申请的标准。同时，美联储对每家银行承兑汇票的最高金额做出了规定，超过这一限额就必须上交准备金，以防止银行信用创造的无限制扩张，控制银行所面临的风险。

四、我国票据贴现市场的建立

在改革开放前的计划经济体制下，我国企业的生产和销售全部按照国家计划进行，企业应收账款采用异地托收承付的办法，即收款单位发货后，委托银行向异地付款单位收取款项，付款单位向银行承认付款。

为了解决企业较大范围的货款拖欠问题，我国于20世纪80年代开始了银行结算制度的改革，通过推广票据结算，逐步实现商业信用关系的票据化。自票据结算推广以来，商业承兑汇票遭到冷落，银行承兑汇票受到欢迎，这说明在当前整个社会制度不健全的情况下，相对于商业信用而言，银行信用毕竟有着更高的可靠性和稳定性。因而，银行承兑汇票市场在我国仍然有着广阔的发展前景。银行承兑汇票市场的发展不仅是保证供货方合法权益、使交易得以顺利进行的需要，而且也是强化债务约束、加快我国信用制度建设的需要。银行承兑汇票的承兑、贴现、转贴现和再贴现涉及到了多个可追偿的责任人，形成了多个债权、债务的连带责任关系，这就使得原本仅仅涉及两方当事人的信用行为最终演变成为一种社会化、市场化的信用行为，从客观上强化了企业、银行的债务约束，形成了相互监督机制。

我国于1985年开始建立票据贴现市场。1985年，中国人民银行和中国工商银行颁布了《商业汇票承兑贴现暂行办法》和《商业汇票承兑贴现会计核算手续》两个文件，鼓励工商企业之间的商业信用票据化。

1986年4月，在北京、上海、广州、重庆、武汉、沈阳、哈尔滨和南京等城市开展了用商业票据承兑、贴现办法清理拖欠货款的试点，允许专业银行对工商企业进行票据贴现，用于贴现的票据限于在商品交易基础上产生的商业承兑汇票和银行承兑汇票，同时允许各专业银行之间办理转贴现业务。

1986 年，中国人民银行颁布了《中国人民银行再贴现试行办法》，人民银行的一些分行开始办理中央银行再贴现业务。

1988 年，中国人民银行改革了银行结算制度，取消了银行签发汇票必须确定收款人和兑付行的限制，允许一次背书转让，试办银行本票等。

为适应社会主义市场经济发展的需要，中国人民银行在总结 10 多年的汇票业务发展经验的基础上，1994 年先后颁布《商业汇票办法》、《再贴现办法》和《信贷资金管理暂行办法》，下发了《关于在煤炭、电力、冶金、化工和铁道行业推行商业汇票结算的通知》，《关于棉花调销推行银行承兑汇票贴现与再贴现的通知》，《关于下达再贴现额度的通知》。这些办法和通知规范了商业汇票行为，统一的操作流程，对商业汇票业务进行推广并给予再贴现支持。1995 年《票据法》颁布后，中国人民银行又先后发布了《商业票据承兑、贴现与再贴现管理暂行办法》、《票据管理实施办法》和《支付结算办法》等一系列规章。票据业务的法制基础逐步健全，以此为基础，我国商业汇票据业务步入了规范发展阶段。促进了票据市场的发展。企业签发的商业票据、商业银行贴现额和中央银行再贴现额都有很大发展，并且形成了地区性票据市场。

1998 年，人民银行加大了对再贴现政策的运用力度。改变了贴现和再贴现利率生成机制。在下调金融机构和中央银行存贷款利率的同时，中国人民银行三次下调了再贴现和贴现利率。同时，从 1998 年 3 月 25 日起，改变了过去再贴现利率按同档次再贷款利率下浮 5 至 10% 和贴现利率按同期同档次法定贷款利率下浮 5 至 10% 的做法。1999 年 6 月 10 日，人民银行再次调低了再贴现利率，拉开了再贴现利率与再贷款利率差距。商业银行充分利用央行再现贴资金，扩大票据贴现业务，极大地激活了商业汇票业务。

2000 年，中国人民银行批准工商银行在上海成立了票据专营机构—票据营业部。随后，工商银行又建立了北京、天津、广州、西安、重庆等多个分部。其他银行如浦发银行、光大银行、上海银行、民生银行等也都相继成立了票据中心。其业务范围主要是票据承兑、担保、承销、经销以及票据贴现、转贴现和回购交易。这些票据专营机构集中办理票据业务，有利于提高经营效率、降低成本和风险。

第四节 商业票据市场

一、商业票据市场的特征

商业票据（CP）最初是由于商品交易而产生的，也是商业信用的一种工具，形式多为以出票人为付款人的本票，是由出票人承诺在一定时间、地点，支付一定金额给一定收款人的票据，是出票人的债务凭证，它属于短期、无担保的票据。

通常，商业票据是在商品交易成交后，由商品买方开出，商品卖方持有票据，在付款到期时向商品买方收取现款，也可以在到期日前到票据贴现市场贴现，取得现款。这时的票据是双名（买方和卖方）票据，商品买方要对商品卖方负责。

后来，商业票据不限于在商业信用中使用，逐渐演变成为金融市场上筹措资金的一种工具，即金融机构和非金融机构通过发行商业票据而筹集资金。这时，商业票据与商业交易分离了。由于不是商品买卖双方的关系，也就不再列明收款人，出票人就是付款人，持票人就是收款人，于是演变成为单名票据。票面金额也从原来因商品交易需要而出现的零整不一的金额而变成整数金额。

因此，现代意义上的商业票据是信誉良好的企业（例如一些大公司）为了筹集资金，主要以贴现方式出售给投资者的一种短期无担保的债务凭证。或者说，是一种以融资为目的、直接向货币市场投资者发行的无担保的本票。

利用商业票据融资有以下特征：

1. 发行成本较低

商业票据的利率加上发行成本，通常低于银行的同期贷款利率，这是由于商业票据由发行人直接发行，不必由银行充当中介人，因此发行人可以节省一笔原应付给银行的中介费用。

2. 足额运用资金

借款人向银行借款，往往不能足额运用借款资金，因为西方国家的银行，通常要求借款人将借款金额的一定比例存在该行往来账户上。所以发行商业票据就可以足额动用这笔资金。

3. 提高发行企业信誉

由于在货币市场发行商业票据的，都是有一定知名度的金融企业和非金融企业，否则投资者不会购买。因此，一家企业如能在货币市场上发行自己的商业票据，就足以证明并提高其名誉和声望。这也是很多大企业愿意利用这种货币市场工具来筹措短期资金的原因。

4. 商业票据作为短期金融工具，主要在场外市场进行询价交易

是场外大宗交易市场，小额投资只能通过投资于货币市场共同基金来间接参与商业票据的投资。

二、商业票据的发行人与投资者

商业票据市场的参与者包括发行人、投资者和证券交易商三部分。商业票据的发行人，即发行票据的企业。大致有以下四种类型：

1. 大企业的子公司

一些大型工业企业，自己组建财务公司，发行商业票据筹资，然后将所得资金向其母公司产品的销售商购买其分期付款的债权，销售商可用这笔资金再向工业企业进货。美国的能用汽车公司、福特汽车公司、通用电器公司等，都有这样的子公司。另外，还有些大型的百货零售商，也组织子公司经营商业票据的发行，以支持母公司的赊销业务。

2. 银行控股公司

一些大银行的控股公司，也直接发行商业票据，筹措资金支援其子银行经营其他金融业务、如租赁、代收账款、消费者信贷等。著名的有花旗、美洲、梅隆、汉华等银行控股公司。

3. 由银行支持企业发行商业票据

这是近年来增长最快的一个类型。形式有由银行对发行企业提供可以循环使用的信贷额度，以备发行的商业票据到期无款支付的使用。还有由银行开立备用信用证，承担第二手责任（第一手责任由发行人承担），在发行人不能偿付时，由银行负责偿付。这个类型等于在发行人本身信誉之外，又增加了银行信用，增加了安全度。

4. 外国企业

一些外国企业或跨国公司，在美国市场上发行商业票据，为它们在美国经营业务筹资，或用来支付从美国进口的货物和劳务费用。

作为一种非担保证券，市场对发行人的要求非常高，发行者必须有足够的实力和健全的财务制度才能发行商业票据。较小或不太有名的低信用等级的企业必须借助于信用等级较高的公司给予的信用支持（这种票据被称为信用支持票据），或以高品质的资产为抵押（这种票据称为抵押支持商业票据）才可以发行商业票据。美国国内的外国公司也可在美国发行商业票据，被称为“扬基商业票据”。

经纪商有时代理发行商业票据，有时代客户买卖商业票据，从中收取代理手续费或佣金。

机构投资者是购买商业票据的主体，个人占的比重不大。有些机构资金有多余，或资金暂时闲置不用，它们并不把这些多余的、闲置的资金存在银行，因为银行存款利率一般都较低，而是用于购买商业票据，从而使商业票据成为一种特殊的、银行以外的重要融资工具。

作为一种非担保证券，市场对发行人的要求是非常高的，发行者必须有足够的实力和健全的财务制度才能发行商业票据。

三、商业票据的发行方式、利率及其金融创新

商业票据的发行有两种方式：一是发行人直接销售给投资者；二是发行人通过证券

经销商间接售给投资者。采用哪种方式，取决于发行人的经济实力以及所发行票据的吸引力。

信用等级很高且实力雄厚的大公司，一般都设立专门机构负责发行工作，直接向投资者销售商业票据，因为这些公司通常是以发行票据为筹募资金的主要手段，有了专设机构发行比较方便，而且专设机构的费用占发行成本的比例很小。而较小的公司，因为不具备以上的条件，往往是通过证券经销商来寻找买主，即采取间接发行的方式。

商业票据的发售方式采用贴现制，低于面值出售，到期按面值支付收回票据。

商业票据的面额普遍较大。在美国商业票据市场上，大多数商业票据的面额在10万美元以上，二级市场商业票据的最低交易规模为10万美元，商业票据的期限一般不超过270天。

商业票据没有担保，仅以信用做保证，因此，能够发行商业票据的一般都是规模巨大、信誉卓著的金融性和非金融性公司，而且，这些公司必须获得相当等级的信用评级。

商业票据的利率高于国库券利率，这反映了商业票据的风险，它的流动性不如国库券。同时，投资商业票据必须缴纳一定的收益所得税。

与银行贷款相比，发行商业票据成本较低，特别是直接发行方式，无须给证券交易商支付手续费。所以，在西方国家，尽管银行林立、信用发达，许多大公司凭自己的信誉很容易获取银行贷款，但它们仍选择发行商业票据筹措资金。

四、我国的商业票据市场

1988年，我国在银根紧缩的金融形势下，为了缓和短期资金的供需矛盾，促使企业面向社会筹集资金，人民银行会同有关专业银行，在一些大城市中，选择一些经济效益好的大中型企业，向企业、单位和个人发行3个月、6个月、9个月和12个月的短期融资票据，规定利率不得超过6‰，这相当于当时流动资金贷款的利率水平。企业发行的短期融资性票据，可以在企业之间转让，也可以在短期资金市场上买卖。商业银行、信托投资公司、保险公司、城乡信用社等非银行金融机构，可以购买企业短期融资票据，也可以代理发行或承销企业短期融资票据。

1989年2月，中国人民银行下发了《关于发行企业短期融资券有关问题的通知》，明确提出要在试点基础上正式开放企业短期融资券市场，并规定这种短期融资券可以在企业间转让、可以在资金市场上买卖，还可以由各种金融机构代理发行或承销。由此企业短期融资券发行量增加，从1987年到1995年，企业短期融资券累计发行993亿元。但仅在个别城市里有少量的转让，基本上没有形成二级市场。相当数量的企业在发行融资券后到期无力偿还，一直靠发新债还旧债。1996年以后，在部分省和城市还相继出现了债券偿付危机。

在企业债券交由国家计委统一管理后，国家除审批部分企业发行三年以上的长期债券以外，人民银行未再审批短期融资券，企业短期融资券逐渐退出了市场。

1988～1997 年企业发行的短期融资券具备以下特征：① 期限短。分为 3 个月、6 个月、9 个月，最长不超过 9 个月；② 发行对象为企、事业单位和个人；③ 委托银行或其他金融机构为代理机构发行短期融券；④ 允许二级市场交易；⑤ 鼓励评级。这些都是商业票据的基本特征。

进入 21 世纪之后，我国货币市场的发展面临各子市场发展不均衡的挑战。主要体现在两个方面：

一是货币市场各子市场发展不均衡。同业拆借和债券回购市场规模相对较大，短期国债和短期政策性金融债券存量相对较小，融资性商业本票和大额可转让定期存单尚不存在。

二是货币市场产品、参与者、中介机构和市场规则体系发展不均衡。货币市场参与者、货币市场产品和货币市场运行规则，这三个既相互联系，又相互制约的要素之间的矛盾运动是货币市场发展的原动力。

而货币市场的全面均衡发展应表现为：参与者市场化程度提高、金融产品日益丰富、运行规则不断完善。

但是，货币市场三要素的发展不可能"齐步走"。在特定的阶段，某方面要素的发展必然要快于其他要素，并且带动其他要素的发展。我国货币市场的发展现状表明，产品创新是推进我国金融市场整体发展的重要突破口。通过加快金融产品创新步伐，带动市场规则体系完善，促使参与者市场化程度提高，是现阶段发展我国货币市场的重要发展政策。

基于此，2005 年 5 月，中国人民银行制定发布《短期融资券管理办法》，开办短期融资券市场。

所谓短期融资券，是发行主体为非金融企业，发行场所为银行间债券市场，发行对象为机构投资者而非个人投资者，且发行期限不超过 365 天的企业债券。

短期融资券在发行次日后就可以在银行间债券市场流通。债券利息与发行价格由发行主体与承销商共同商定。

可见，短期融资券在发行、监管、流通等各环节的市场化操作，使短期融资券市场在性质上基本与国外融资性商业票据（CP）市场相似。

2010 年 12 月，中石化招标发行 50 亿元人民币超短期融资券（SCP），期限 270 天。这是我国首只发行的超短期融资券。

所谓超短期融资券（SCP），是指具有法人资格、信用评级较高的非金融企业在银行间债券市场发行的、期限在270天以内的短期融资券。

中石化的本期超短期融资券面值为100元，平价发行。采用单利按年计息，不计复利。票面年利率将通过招标系统招标确定，在超短期融资券存续期限内固定不变。招标采用单一利率（荷兰式）招标方式。

根据《短期融资券管理办法》，企业申请发行融资券应当符合下列条件：

（1）是在中华人民共和国境内依法设立的企业法人；

（2）具有稳定的偿债资金来源，最近一个会计年度盈利；

（3）流动性良好，具有较强的到期偿债能力；

（4）发行融资券募集的资金用于本企业生产经营；

（5）近三年没有违法和重大违规行为；

（6）近三年发行的融资券没有延迟支付本息的情形；

（7）具有健全的内部管理体系和募集资金的使用偿付管理制度；

（8）中国人民银行规定的其他条件。

企业发行融资券，均应经过在中国境内工商注册且具备债券评级能力的评级机构的信用评级，并将评级结果向银行间债券市场公示。但近三年内进行过信用评级并有跟踪评级安排的上市公司可以豁免信用评级。

中国人民银行对企业发行融资券实行余额管理。待偿还融资券余额不超过企业净资产的40%。

短期融资券市场的建立具有积极的意义：

首先，建立与发展短期融资券市场有利于完善货币政策传导机制。

按照货币政策传导机制理论，货币政策的传导既有通过银行信贷渠道的传导，也有通过市场利率变化的传导。目前，我国以银行间接融资为主的融资结构决定了货币政策的传导机制还主要是依靠信贷传导途径，货币政策传导受商业银行行为的影响很大。完善商业银行治理结构、提高经营水平，使其行为对货币政策操作产生正反馈效应，是加强货币政策传导的重要手段，但实现这种转变还需要相当长的时间。

目前比较现实的做法是加强货币政策的市场传导效能，即大力发展直接融资市场，使企业融资更多地通过市场进行。中央银行可以通过调节货币市场资金供求来影响货币市场利率，从而直接影响企业融资成本及投资行为。在保持货币政策信贷传导机制不变的同时，增强市场传导机制的效能。

其次，建立与发展短期融资券市场有利于维护金融整体稳定。

直接融资与间接融资相比，具有市场透明度高、风险分散、有利于金融稳定的特点。债务人违约是市场经济的常态，是市场竞争优胜劣汰的必然结果。当企业违约时，贷款由于透明度很低，难以对企业形成有效的市场压力，企业风险直接转化为银行风险，不良贷款累积转化成金融体系的风险，最后需要由中央银行来处置。

短期融资券与短期贷款相比，一是信息透明度高，发行过程及债券完全兑付前有严格的信息披露、信用评级贯穿始终，违约事实也会公之于众，市场约束力较强，有利于减少约束不足导致道德风险的恶意违约，减少企业风险向银行风险转化的概率；二是风险分散，短期融资券的投资者众多，风险责任分散，加上短期融资券可以在二级市场流通，发行人信用状况的变化可以通过二级市场价格变化和债券在不同投资者间转手由较多的时间和较多投资者加以消化，降低了单一投资者的风险，减少了风险积聚并向系统风险转化的可能性，有利于金融稳定。

第三，建立与发展短期融资券市场有利于资本市场与货币市场的协调发展。

短期融资券作为企业的主动负债工具，为企业进入货币市场融资提供了渠道。与一般企业相比，好的上市公司治理结构相对完善、信息披露相对透明，具有成为短期融资券发行主体的优势。优质上市公司发行短期融资券，能够有效地拓宽融资渠道、降低财务成本、提高经营效益，还可以通过合格机构投资人市场强化对上市公司的外部约束，有利于改善上市公司作为资本市场微观基础的素质，有利于资本市场的长远发展。

在证券公司已被批准发行短期融资券的基础上，新兴的企业短期融资券市场拓宽了证券公司的业务范围，为证券公司开展新业务，提高盈利能力创造了良好条件。短期融资券还为基金等新兴机构投资人的发展创造了有利环境，基金规模的扩大就是资本市场发展的有机组成部分。

与此同时，在银行间市场引入短期融资券丰富了货币市场工具，将改变直接债务融资市场中，长短期工具发展不协调的问题，改变政府债券市场与非政府债券市场发展不平衡的问题，从而有利于资本市场与货币市场的协调发展。

第五节　可转让定期存单市场

一、可转让定期存单市场的产生

大额可转让定期存单（简称 CDs）是从普通的银行存单发展而来的。银行收受客户的存款，通常向存户提供存单作为凭证。存单持有人凭以收取存款利息，并在到期日用存单换回存入的资金额。

20 世纪 50 年代末，美国的市场利率上升，定期存款利率由于受到 Q 字条例的限制，低于货币市场的投资收益率，活期存款又不付息，存户感到在银行存款吃亏，纷纷把手中的临时闲置资金转投到国库券和其他短期高质量债券上。这样就导致银行存款额受到很大影响。在这种背景下，为回避 Q 字条例的不利影响，纽约的花旗银行首先采取措施，于 1961 年 2 月宣布开始对大公司和其他客户发行大面额的存单，存单统一面额，统一期限，利率高于同期限的定期存款，并允许持有人在存单到期前将其转让。数周之内，很多第一流的大银行纷纷宣布采取同样行动。在花旗银行发行可转让定期存单之前，美国一家重要的非银行金融机构—纽约贴现公司宣布同意作为交易公司来买卖以 100 万美元为面值的可转让存单，为其创造一个二级市场。很快，其他金融机构也开始了大额可转让存单的交易业务。银行和存款人在实践中发现，这种工具一方面可以获取定期存款的收益，另一方面又具有近似于活期存款的流动性，因而很受大额资金拥有者，主要是大型实业公司的欢迎，销路极好。因此，它逐渐被视为一种经常性的筹资工具。大额可转让存单终于成为一种重要的货币市场工具。

与传统的定期存单相比，大额可转让定期存单主要有以下几点不同之处：

(1) 传统的定期存单记名，不可流通；而大额可转让定期存单不记名，可以流通转让。

(2) 传统的定期存单金额不固定，取决于客户存款的数额；而大额可转让定期存单金额较大，有最低面值。

(3) 传统的定期存单利率固定；而大额可转让定期存单的利率既有固定的，也有浮动的。

(4) 传统的定期存单可以提前支取，且要损失一部分利息；而大额可转让定期存单不能提前支取，但可在二级市场流通转让。

二、可转让定期存单的种类

存单的分类方法很多，这里介绍两种分类方法，一是按利率的不同分类，二是按发行者的不同分类。

(1) 按利率的不同，可以分为固定利率存单和浮动利率存单。

固定利率存单有固定面额，固定的存期，固定的票面利率，利息到期支付。计息日期一年按 360 天计算。市场上比较普遍的是这类存单。

浮动利率存单利息是按货币市场上某一时间有相同期限放款或票据的利率为基数，再加一个预先确定好的浮动幅度来确定的。利息是分期支付。上下浮动幅度视货币市场利率波动及发行者资信的不同而定。如发行 6 个月期浮动利率存单，利息每月支付一次，利率按付息时 LIBOR 利率再上浮 0.25% 计算。

(2) 按发行人的不同，可分为境内的存单、欧洲或亚洲美元存单、外国银行在国内发行的存单。

境内存单是境内商业银行在境内发行的存单。如美国国内商业银行在国内发行的美元存单；英国国内银行在国内发行的英镑存单；中国香港地区的区内银行在区内发行的港币存单等。这类存单多为不记名的，便于转让，少量记名的多为政府等机构购买。因为有的国家法律规定，地方政府只能在当地存款或投资。对存单利息是否收税，各地规定不一。美国还规定10万美元以下的存单，均由联邦保险公司保险。

欧洲或亚洲美元存单是美国境内银行的境外分行发行的，或是美国以外的外国银行发行的存单。就地点来看并不局限于欧洲和亚洲，有些设在中美洲地区的银行也发行。使用的货币也不局限于美元，以英镑、马克、日元、法郎、港币等发行的也不少。这类存单有固定期限、固定利率。超过一年期的年支付一次利息。最长期限可达5年，一般为3~6个月。

外国银行在国内发行的存单，如美国的扬基存单，指外国银行在美国境内的分支行发行的存单。发行人主要为欧洲、日本或加拿大的银行，如东京银行、巴黎国际银行巴克莱银行等。这一类存单的发行目的主要是为其国内总行经营跨国业务的客户提供融资便利。

三、可转让定期存单的发行

发行存单首先要对货币市场进行分析，关键是确定存单利率或发行价格，最重要的是选择发行方式。

发行存单时通常考虑以下几个因素：一是银行资产负债的差额及期限结构。在分析银行资产负债结构的同时，预测负债的增长，能否满足临时出现的优良资产项目的资产需要及作为经常性地调节流动性的需要，要预测负债差额及支付日期。二是利率风险。主要是根据市场利率变化情况，判断总的利率走势，一般地，如预测利率将上升，通常存单日期可稍长些；反之则宜短些。三是发行人的资信等级。通常可以向评级机构申请评级，因为公开发行，投资者特别重视发行人级别。一般地，资信等级愈高，发行利率愈低；反之则利率较高。四是金融管理法规。有些国家对最低的存款金额有限制，因而发行的存单面额必须超过其限制金额。有的国家规定，存单发行人发行存单最高不得超过自有资本和盈余的一定比例；有的国家规定发行存单须报有关部门批准等等。

存单发行价格的确定，主要取决于以下几个因素：一是发行人资信等级；二是发行时市场利率水平；三是存单的期限；四是存单的流动性。

存单的价格一般有两种形式：一是按面额发行，发行价即票面面值。二是贴现发行，以票面额扣除一定贴现利息而发行，发行价格低于面额。

CDs的发行主要有直接发行和通过交易商发行两种方式。

直接发行就是发行人直接在银行门市零售或通讯销售存单。大银行地理位置好、分支机构多、直接发行存单能节省成本。事实上直接发行时，发行人多与一些大型机构投资者直接面商过，有的发行人还允许投资者指定存单利率。

通过交易商发行就是发行人委托承销商发行存单。通常是发行人首先公布发行存单的总数、利率、发行日期、到期日、每张存单面值等。然后物色一家或多家首席经销商组成包销经理团。通过经销商发行，发行人需要支付承销佣金、法律费用、文件及存单印刷费用，还要支付一定的广告费用。

如果是通过交易商或经销商发行，一般的发行程序为：初步确定经销团成员；由律师草拟存款协议、经理人协议、保证人协议、代付本息协议、存单格式，并安排报批手续（如需报批的话）；由各经理人（承销商）确认邀请首席联席经理及包销经理团成员；由各经理人（承销商）确认邀请首席联席经理及包销经理团成员；取得金融管理部门批准发行存单的通知；印发有关发行存单情况备忘录；发行人与有关经理人签署有关协议；通过传播媒介发表发行存单消息；发行人收到投资 人存款后将存单交出——发行结束。

四、可转让定期存单的流通

存单转让市场是买卖已发行存单的市场。通常由票据经销商组成。在一级市场购买存单的投资者，由于急需资金，在二级市场将存单卖掉，通常由经销商买入，经销商可将这些存单持至到期日，兑取本息，也可以再到二级市场出售，从而形成了连续的市场转让。

存单转让方式主要由其存单记名与否决定。不记名存单在市场转让时，交付给新的购买人就可以，不需背书。记名存单转让时需背书，通常在存单背面写上原存单持有者名称和新的存单持有人的名称。

大额可转让定期存单市场主要有以下几个特点：

（1）20 世纪 60 年代，大额可转让定期存单主要以固定利率的方式发行。但从六十年代后期开始，金融市场的利率波动加剧，浮动利率的大额可转让定期存单越来越多，且期限大大缩短。

（2）大额可转让定期存单的收益比较高。其收益的高低主要取决于发行银行的信用评级、存单的期限和存单的供求关系等几个方面的因素。

（3）与政府短期债券相比，大额可转让定期存单的流动性较差，信用风险较高。

（4）大额可转让定期存单的买主主要是一些大的企业和其他的金融机构。货币市场基金是其中的一个积极的投资者。

（5）对投资者来说，大额可转让定期存单既有定期存款的较高利息收入，又具有一般证券的流动性，避免了传统定期存款提前支取的利息损失。

五、我国的大额可转让定期存单市场

1986 年下半年，中国银行和交通银行开始发行大额可转让存单。后来人民银行允许所有国有商业银行发行。

1989 年 5 月和 11 月，中国人民银行下发了《大额可转让定期存单管理办法》和《关于大额可转让存单转让问题的通知》。1990 年到 1993 年，每年各商业银行发行大额可转让存单总量约 500 亿元，均由中国人民银行指标管理，其利率可以比同期限的定期存款利率高 5% 到 10%。大额可转让存单的发行有利于增加吸收存款，但由于适合个人购买的最低面额仅为 500 元，企业购买的最低面额也仅为 1 万元，大大低于国外的最低面额，且买家绝大部分是个人，因而流动性很差，始终未能形成二级市场。1998 年，中国人民银行下文停止发行大额可转让存单。

第六节 国库券市场

政府发行的债券统称公债。它包括中央政府发行的国债和地方政府发行的市政债券两大类。而中央政府发行的国债又可划分为国库券和中长期国债两部分。

一、国库券的特征

国库券（Treasury Bills）简称 T-Bills，是政府发行的期限最短的一种债券。1877 年在英国最早出现，1929 年 12 月美国第一次发行了国库券。此后，国库券一直在美国政府所发行的证券中居于十分重要地位。

国库券是政府为筹措短期资金，解决财政困难而发行的一种短期融资债券。

与其他债券和银行存款相比，国库券具有如下特点：

（1）国库券的利率是市场利率变动情况的集中反映，是一个国家金融市场的基准利率。

一国国库券利率水平基本上反映该国货币市场利率水平，国库券利率变动大致上可看出货币市场利率变动的趋势及银根松紧情况。国库券利率与商业票据、定期存单等关系特别密切。

（2）国库券的流动性很强。国库券通常被视为准货币，其流动性仅次于现金，它有广阔的二级市场，易手方便，随时可以变现。

（3）安全性高。国库券是政府的直接债务，有政府保证，对投资者来讲，是一种安全性高因而风险小的投资，众多投资者都把它作为最合适的投资对象。

（4）对中央银行来讲，是贯彻其货币政策的首要场所。中央银行根据其货币政策要求，通过国库券市场上利率变动，可以随时测定货币政策的执行情况，同时，根据市场上银根松紧程序，中央银行可以通过开展公开市场业务随时买进或卖出国库券，以调节货币供应量，使银根趋松或趋紧，实现其稳定通货的货币政策目标。

二、国库券的发行

因为国库券的期限一般在一年以内，以3～6个月居多。因此，国库券的发行方法采用贴现制，即发行时以低于票面金额发行，到期按面额兑付。也就是以票面金额减去贴现利息作为发行价格，到期再按票面金额足值偿付。发售价格与票面额之差额即为国库券的利息：

计算公式如下：

$$发售价格 = 面值 \times \left(1 - 贴现率 \times \frac{偿付期天数}{360}\right)$$

例如，发行某面值为100元的国库券，偿付期为60天，贴现率为10%，则其发售价格为：

$$发售价格 = 100 \times \left(1 - 10\% \times \frac{60}{360}\right) = 98.34\ 元$$

在美国，国库券发行的次数频繁，三个月和六个月期的国库券每周发行一次，九个月和十二个月期的国库券每月发行一次。由于国库券发行次数频繁，发行量又大，而流通时间又短，为节省印刷费用，国库券发行一般不发给正式库券。除了按照法律规定，对必须持有实际国库券的机构才正式发行库券外，其他都由财政部发给收据代替。进行买卖或到期还本，都可凭收据办理。异地交易则可通过联邦储备系统的“收账电划制度”，以电报或电子计算机转账以代交割。

国库券的发行方式一般采取拍卖制，即每次发行前，向社会公众发出通知，然后，由购买人按照自己的需要量，提出自己的购买价格和数量。谁出价最高，先满足谁的要求，然后按出价高低顺序，依次卖出，直到最后售完。按照这种拍卖销售方式，各购买人的购买价格和收益率是不同的。也有一些购买人，一般是规模较小的企业和银行，不愿意参加竞争性购买，而是按照最高价和最低价的平均数，从中央银行购买一定数量的国库券。

联邦储备银行是美国财政部发行和赎回国库券的代理人，它本身也参加国库券的买卖。

美国财政部每次发行国库券时，要根据到期国库券的数额，财政近期需要款项的多寡、利率水平及联邦储备系统执行货币政策的需要等因素，决定发行的数额，由财政公布，并由联邦储备银行对可能的买户发出通函，告知国库券的发行。

三、国库券的流通

在国库券的交易市场上，交易的参与者主要是证券经销商和商业银行，交易市场非常活跃。

一般情况下，国库券出售人的销售价格总是高于他买进时的购买价格，但低于票面价值，否则就会遭受损失。比如，国库券的票面价值为100元，出售人先前的购买价格为98元，当他出售时，可能会要价99元，新的购买人以99元购得后，到期时可以得到100元的支付，因此获得收益。因此，在国库券二级市场上，国库券价格的高低主要由离到期日远近决定。离到期日越近，价格越接近面值。

在国库券交易市场上，证券经销商按牌价吞吐证券，从而在建立和保持政府证券市场的深度、广度和弹性方面起重要作用。商业银行则因国库券的风险低、流动性强和收益高，而将投资于国库券作为调整其资产流动性的重要手段。其他金融机构、非金融企业和个人也把国库券作为很好的投资对象。此外，中央银行为了调节市场货币流通，实现货币政策目标，也在公开市场业务中大量买卖国库券。

国库券的买卖利率是货币市场上各种投资工具中较低的，也是整个货币市场的代表利率。国库券市场利率的变动对整个货币市场利率变动有直接影响。

国库券的收益率一般以贴现方式表示，一年按360天计算。

如一91天期国库券面额100美元，价格为96.295美元，以贴现方式表示的收益率为：$[(100-96.295)/100]\times360/91=14.657\%$。

国库券的真实收益率的计算同以贴现方式计算收益率不同，上例的真实收益率为：$[(100-96.295)/96.295]\times365/91=15.432\%$。

国库券真实收益率与贴现收益率之间的差额随国库券的期限愈长和利率水平愈高而愈大。真实收益率的计算使其可与其他货币市场工具的收益率相比较。

在美国，国库券是在柜台市场进行交易，交易商对国库券交易通常以现值为基础，采用双向式挂牌报价，即交易商在报出交易单位国库券买入价的同时，也报出一交易单位的卖出价，从买卖差额赚取收益。但他们的挂牌并不是按国库券面值挂出其买卖价，例如，面值为1 000美元，还有100天到期，买入价为986.5美元，卖出价为986.66美元，而是挂出国库券的买入贴现率和卖出贴现率，例如，面值为100美元，还有100天付期，买入贴现率为4.86 %，卖出贴现率为4.82 %，买卖价格按这两个贴现率算出。

四、我国的国库券市场

在西方国家，财政部发行的国库债券，期限在一年以下的称为国库券，1~5年的称为中期库券，5年以上的称为长期库券。因此，西方国家的国库券市场是指买卖债券期限在一年以下的国库券的市场。中长期库券并不在这个市场进行交易。

我国财政部发行的国库券，其名称含义与西方国家不同。期限大多是三年、五年，最初并没有一年以下的。所以并不是一种短期库券，而是相当于西方国家的中长期库券。

为了迅速统一全国，安定民生，恢复和发展经济，中央人民政府于1950年1月5日开始发行人民胜利折实公债。

进入第一个五年计划建设时期后，为加速国家经济建设，逐步提高人民生活水平，中央政府于1954年1月发行国家经济建设公债，至1958年共发行5次。此后直至改革开放，我国暂停国债的发行。

党的十一届三中全会以后，为了调整稳定国民经济，缓解当时资金紧张的困难和稳定物价，从1981年起恢复发行国债，当时称为国库券。其后每年发行，发行日集中在每年的1月1日，成为筹措国家财政资金的一个正常渠道。1981年至1988年国库券主要由国营或集体所有制企业、企业主管部门和地方政府、机关团体、部队等单位和城乡居民个人认购。1989年以后的发行对象主要是个人。期限主要是3年至5年，且只有发行市场，没有流通市场。

1988年开始，国家分两批在61个城市进行国债流通转让试点，初步形成了国债的场外交易市场。1990年，国债开始在交易所交易，形成国债的场内交易市场。

1991年，财政部开始组织国债的“承购包销”，把市场机制引入了国库券一级市场，国库券发行规模有较大幅度增加。到目前，所有记账式国债通过电子招标系统招标发行，已经走出一条符合中国市场化发展之路。

1993年10月和12月，上海证券交易所正式推出了国债期货和回购两个创新品种。

1993年国库券市场建立一级自营商制度。大宗国债的发行，通过“承购包销”方式或“招标”方式，只对一级自营商，然后从自营商到经纪人，再从经纪人到最终投资者。

1994年，开始发行凭证式国债，以填具“国债收款凭证”（凭证上记载购买人姓名、发行利率、购买金额等内容）的形式记录债权。同年，开始发行记账式国债和无记名国债。

1994年，财政部首次发行了半年和一年的短期国债。

1994年形成了大宗国债对机构发行，再由机构向个人投资者分销的体系。推出了虽不上市但可以提前兑付的3年期国库券存单。国债期限和品种进一步多样化，国有商业银行被允许持有国债。在上海、深圳证券交易所及武汉证券交易中心之类的交易网络都开放了国库券的现货、回购和期货交易。以武汉证券交易中心为例，1994年国库券交易总量达4 566亿元，其中，现货2 110亿元，期货2 456亿元。自1995年国债期货停止后，国债二级市场主要是进行国债现货交易和国债回购交易。

1996年，财政部通过上海和深圳两个证券交易所进行了面向金融机构发行记账式国债的试点工作。这一年，财政部国债的发行期限不仅长至7年和10年，而且还发行了短至6个月和3个月的国债，使得国债的期限结构较为合理，而且发行期大大缩短。这既满足了金融机构资产负债管理的需要，又为当年中央银行开展公开市场业务提供了规范的操作工具。

从1996年起，财政部将按年集中发行国债改为按月滚动发行。而且每个季度财政部召开国债筹资分析会，在充分征求市场成员意见的基础上制定并公布下一个季度的全部国债发行计划，大大提高了国债市场的预见性和稳定性，有效避免了国债发行对市场的冲击。

1996年，对短期（期限在一年以内）记账式国债首次实行贴现发行（贴水发行）的方式，并新增了最短期限为3个月的国债。同年，还首次发行了按年付息的十年期和七年期附息国债。

1996年，在承购包销的基础上，对可上市的8期国债采取了以价格（收益率）或划款期为标的的招标发行方式。当年，发行的国债首次以记账式国库券为主，从而逐步使国债走向无纸化。

1996年以后，国债市场呈现出全国银行间债券交易市场、深沪证交所国债市场和场外国债市场"三足鼎立"之势。

1997年中国人民银行要求所有商业银行退出上海、深圳证券交易所和各地证券交易中心的国债回购和现券交易。

1998年撤销了各地的证券交易中心，将银行间的国债回购交易集中在全国银行间同业拆借中心进行。

1996年，财政部、中国人民银行经过协商，并经国务院批准，决定将中国证券交易系统有限公司改组为"中国国债登记结算有限责任公司"，并承担全国国债的统一登记、托管和结算业务。银行间债券市场的参与者应在中央结算公司开立债券托管账户，债券托管账户按功能实行分类管理，甲类成员可以办理自营和代理业务，乙类成员和间接结算成员只能办理债券自营业务。债券结算通过中央结算公司的中央债券簿记系统进行，债券交易的资金结算以转账方式进行。到2001年底，参加该市场的成员有670家（主要是国有商业银行总行及其授权分行、保险公司、其他商业银行、外资银行、农村信用社联社、部分证券公司和基金管理公司），实际参与交易的只有358家。2001年银行间的回购交易结算量（单边单向）为40 097.96亿元，上海、深圳两地证券交易所的国债回购交易量为15 342.98亿元。

1997年以前，中国人民银行并没有发挥货币市场在货币政策的传导机制中的重要作用，也没有开始公开市场操作，主要靠计划经济体制下的贷款限额管理（即信贷计划）来作为货币政策的主要工具。这种情况直到中国人民银行在1997年颁发了《公开市场业务暨一级交易商管理暂行规定》，明确了中国人民银行与一级交易商的关系及一级交易商的资格、权利和义务，确立了公开市场操作交易工具范围及交易方式，并于1998年中央银行在银行间债券市场开展公开市场操作后，才开始有所改变。当年的业务交易量是1 761亿元，1999年增至7 076亿元，当年中央银行通过公开市场业务投放的基础货币 190 亿元，占中央银行当年新增基础货币的 50% 左右。2001 年，中央银行在全国银行间债券市场开展以回购和现券买（卖）方式进行的公开市场操作共 54 次，全年债券交易总量为 16 781.42 亿元。

2003 年 12 月，财政部发行了 3 个月期限的第十三期记账式国债。

2005 年，中国人民银行发布《全国银行间债券市场债券远期交易管理规定》。根据这一《规定》，银行间债券市场从 2005 年 6 月 15 日起推出债券远期交易。

债券远期交易，是交易双方约定在未来某一日期，以约定价格和数量买卖标的债券的行为。远期交易的债券包括已在银行间债券市场进行现券交易的中央政府债券、中央银行债券、金融债券和经央行批准的其他债券券种。

根据《规定》，任何一家市场参与者单只债券的远期交易卖出与买入总余额分别不得超过该只债券流通量的 20%，远期交易卖出总余额不得超过其可用自有债券总余额的 200%。基金管理公司运用基金财产进行远期交易的规模，以单只基金计算。任何一只基金的远期交易净买入总余额不得超过其基金资产净值的 100%，任何一家外资金融机构在中国境内的分支机构的远期交易净买入总余额不得超过其人民币营运资金的 100%，其他机构的远期交易净买入总余额不得超过其实收资本金或者净资产的 100%。

2006 年，财政部推出了储蓄国债（电子式），丰富了储蓄国债发行品种。

2006 年，我国建立了国债余额管理制度，既增强了全国人大对政府债务的控制能力，又增加了国债管理的灵活性。财政部可以根据国库存款及金融市场价格走势，合理安排国债发行时间和节奏，有利于形成较为合理的国债品种和期限结构，并为人民银行有效实施公开市场操作提供便利。

2006 年 3 月，财政部发行 3 月期凭证式国债；9 月，发行 3 月期记账式国债。

2008 年 5 月，财政部发行 3 月期记账式国债。

目前，国债的期限品种逐步完善。1991 年，国债发行期限集中在 3 年和 5 年几种类型。到目前已经形成从 3 个月到 50 年的短期、中期、长期兼备的较为丰富完整的期限结构，使得未来偿债分布更为均衡。其中，关键期限包括 1 年、3 年、5 年、7 年和 10 年五个品种，关键期限国债发行额约占当年记账式国债发行额的 70% 左右。

第七节　货币市场共同基金市场

一、货币市场共同基金的特征

（一）货币市场共同基金的含义

共同基金是将众多的小额投资者的资金集合起来，由专门的经理人进行市场运作，赚取收益后按一定的期限及持有的份额进行分配的一种金融组织形式。而对于主要在货币市场上进行运作的共同基金，则称为货币市场共同基金（Money Market Fund，简称MMF）。

具体地，所谓货币市场基金，是指通过某些特定发起人成立的基金管理公司，通过出售基金凭证单位的形式募集资金，统一投资于那些既安全又富有流动性的货币市场工具，将这些工具形成的资产组合收益，按一定的规则在扣除一定比例的管理费用后，支付给基金凭证单位持有人，因而是专门以货币市场为投资组合领域和对象的共同基金投资方式。作为共同基金的一种具体的形式，货币市场基金有时也简称货币基金。

货币市场共同基金最早出现在1972年。当时，由于美国政府出台了限制银行存款利率的Q项条例，银行存款对许多投资者的吸引力下降，他们急于为自己的资金寻找到新的能够获得货币市场现行利率水平的收益途径。货币市场共同基金正是在这种情况下应运而生。到1986年底，美国共有400多个货币市场基金，总资产超过2 900亿美元。1990年前后，美国货币市场基金资产规模达4 983亿美元，成为基金市场上的主力，之后继续一路攀升。2002年的货币市场共同基金资产总额为2.272万亿美元，接近资产总额为2.667万亿美元的股票基金，位居基金市场第二名。截至2005年2月16日，美国货币市场基金总规模为19 270亿美元，占美国基金资产总额的25%，其中机构持有11 042亿美元，占57.3%，个人持有8 228亿美元，占42.7%；据统计，美国家庭短期流动资产的25%和企业短期流动资产的30%为货币市场基金。截至2004年10月，全球货币市场基金管理资产规模31 954亿美元，占全球开放式基金管理资产规模14.47万亿美元的22.09%；截至2004年底，全球共有4 521只货币市场基金，是发达国家家庭和企业的主要理财工具，几乎半数家庭均持有该类投资品种。

在美国，货币市场基金按风险大小可划分为三类：（1）国库券货币市场基金，主要投资于国库券、由政府担保的有价证券等。（2）多样化货币市场基金，就是通常所说的货币市场基金，通常投资于商业票据、国库券、美国政府代理机构发行的证券、可转让存单、银行承兑票据等各种有价证券。（3）免税货币基金，主要用于短期融资的高质量的市政证券，也包括市政中期债券和市政长期债券。它们可以不交联邦税，有时还可以免除州及地方税收。

（二）货币市场共同基金的发行

货币市场共同基金一般属开放型基金，即其基金份额可以随时购买和赎回。当符合条件的基金经理人设立基金的申请经有关部门许可后，它就可着手基金份额的募集。投资者认购基金份额与否一般依据基金的招募说明书来加以判断。基金的发行方式有公募与私募两种。

基金的初次认购按面额进行，一般不收或收取很少的手续费。由于开放型基金的份额总数是随时变动的，因此，货币市场共同基金的交易实际上是指基金购买者增加持有或退出基金的选择过程。但货币市场共同基金与其他投资于股票等证券交易的开放型基金不同，其购买或赎回价格所依据的净资产值是不变的，一般是每个基金单位1元。同时，对基金所分配的赢利，基金投资者可以选择是转换为新的基金份额还是领取现金两种方式。一般情况下，投资者用投资收益再投资，增加基金份额。由于货币市场基金的净资产值是固定不变的，因此，衡量该类基金表现好坏的标准就是其投资收益率。

（三）货币市场共同基金的特点

货币市场共同基金首先是基金中的一种，同时，它又是专门投资货币市场工具的基金，与一般的基金相比，除了具有一般基金的专家理财、分散投资等特点外，货币市场共同基金还具有如下一些投资特征：

1. 货币市场基金投资于货币市场中高质量的证券组合，流动性好、安全性高

货币市场共同基金是规避利率管制的一种金融创新，其产生的目的最初是为了给投资者提供稳定或高于商业银行等存款金融机构存款利率的市场利率水平。因此，货币市场基金产生之后，就在各种短期信用工具中进行选择组合投资。早期的货币市场基金所投资的证券级别是没有限制条款的。但由于一些货币市场基金为追求高回报而投资于高风险的证券，导致其发生巨额亏损，损害了投资者的利益，从而引起了监管者的重视。这样，1991年2月，美国证券交易委员会（SEC）要求货币市场基金要提高在顶级证券上的投资比例，规定其投资在比顶级证券低一档次的证券数量不超过5%，对单个公司发行的证券的持有量不能超过其净资产的1%。这里所谓的顶级证券是指由一些全国性的证券评级机构中的至少两家评级在其最高的两个等级之中。由于货币市场共同基金投资的高质量证券具有流动性高、收益稳定、风险小等特点，而资金较少的小投资者除了在货币市场上可以购买短期政府债券外，一般不能直接参与货币市场交易，货币市场基金的出现满足了一部分小额资金投资者投资货币市场获取稳定收益的要求，因此受到投资者的青睐。

2. 货币市场共同基金提供一种有限制的存款账户

货币市场共同基金的投资者可以签发以其基金账户为基础的支票来取现或进行支付。这样，货币市场共同基金的基金份额实际上发挥了能获得短期证券市场利率的支标存款的作用。尽管货币市场共同基金在某种程序上可以作为一种存款账户使用，但它们在法律上并不算存款，因此不需要提取法定存款准备金及受利率最高限的限制。当然，货币市场基金账户所开支票的数额是有最低限额要求的，一般不得低于500美元。另外，许金基金还提供客户通过电报电传方式随时购买基金份额或取现等的方便。

3. 货币市场共同基金所受到的法规限制相对较少

由于货币市场共同基金本身是一种绕过存款利率最高限的金融创新，因此，最初的

发展中对其进行限制的法规几乎没有，其经营较为灵活。如加在商业银行及其他储蓄机构上的利率上限的限制，对未到期的定期存款的提取要收取罚金等。这使货币市场共同基金在同银行等相关金融机构在资金来源的竞争中占有定的优势；货币市场共同基金也不用缴纳存款准备金，所以，即使是保持和商业银行等储蓄性金融机构一致的投资收益，由于其资金的运用更充分，其所支付的利息也会高于银行储蓄存款利息。

4. 基金单位的资产净值是1元

基金货币市场基金与其他投资于股票的基金最主要的不同在于基金单位的资产净值是固定不变的，通常是每个基金单位1元。投资该基金后，投资者可利用收益再投资，投资收益就不断累积，增加投资者所拥有的基金份额。换个说法，货币市场基金的申购采用已知价计价，每份单位始终保持在1元，超过1元后的收益会按时自动转化为基金份额，拥有多少基金份额即拥有多少资产；而其他开放式基金是份额固定不变，单位净值累加，投资者只能依靠基金每年的分红或者买卖基金来实现收益。

比如某投资者以100元投资于某货币市场基金，可拥有100个基金单位，1年后，若投资报酬是8%，那么该投资者就多了8个基金单位，总共为108个基金单位，价值108元。

5. 评价标准是收益率

衡量货币市场基金表现好坏的标准是收益率，这与其他基金以净资产价值增值获利不同。

6. 风险性低、投资成本低

货币市场工具的到期日通常很短，货币市场基金投资组合的平均期限一般为4~6个月，因此风险较低，其价格通常只受市场利率的影响。货币市场基金通常不收取赎回费用，并且其管理费用也较低，货币市场基金的年管理费用大约为基金资产净值的0.25%~1%，比传统的基金年管理费率1%~2.5%低。

7. 一般为开放式基金

成熟市场的货币市场基金均为开放式基金。货币市场基金通常被视为无风险或低风险投资工具，适合资本短期投资生息以备不时之需，特别是在利率高、通货膨胀率高、证券流动性下降，可信度降低时，可使本金免遭损失。

货币市场共同基金的发展前景取决于其在金融市场中的作用。只有被市场需要的交易手段和机构才能得到不断发展。从目前的发展趋势看，货币市场共同基金的一部分优势仍得以保持，如专家理财、投资于优等级的短期债券等，但另一些优势正逐渐被侵蚀。主要表现在两个方面：

（1）货币市场共同基金没有获得政府有关金融保险机构提供的支付保证。货币市场共同基金提供支票账户，因此在某种程度上可被看作一种存款性金融机构，但政府存款保险公司不为货币市场基金的投资者的资金提供存款保险。这在经营出现风险时容易导致投资者的损失，使得基金在市场竞争中不利于争取稳健投资者的参与，尤其是在80年代以来银行业的经营风险增大、银行倒闭事件增多的情况下。尽管一些基金组织在尝试建立私人保险机构或采取限制投资方向如将基金资金只投资于无风险的政府债券上等措施，但并不能完全解除投资者的担忧。

（2）投资于货币市场共同基金的收益和投资于有银行等存款性金融机构创造的货币市场存款账户的收益差距正在消失。一是由于银行面对竞争，在不断地推出新的更有吸引力的信用工具；另一个原因是货币市场基金受到管制较少的历史正逐渐成为过去。货币市场共同基金在追求高收益的过程中，必然伴随高风险。一些货币市场共同基金出现了巨额的亏损，给基金持有人带来了损害，这导致了政府的干预。1991年证券交易委员会对货币市场共同基金投资的短期证券的级别作了限制，1996年还加强了对货币市场基金投资于风险较大的衍生金融证券的限制。这表明政府监管机构开始逐渐加强对货币市场基金的监管。

不过，货币市场基金并不会从市场上消失，它们仍将和其他存款性金融机构在竞争中一道发展。在这个过程中，货币市场共同基金市场将面临着兼并重组要求，通过优胜劣汰、不断创新，以求在市场竞争中立足。

二、我国的货币市场共同基金

（一）我国货币市场共同基金的产生与发展

在我国，2003年底，3家货币市场基金获得中国证监会的批准，并正式定名为博时现金收益基金、华安现金富利基金、招商现金增值基金。这标志着中国货币市场基金的正式出现。

这3只基金将主要投资于到期期限在一年以内的国债、金融债、央行票据及AAA级企业债；回购和同业存款；经证监会、人民银行等部门批准后，这些基金还可投资商业票据及其他流动性良好的短期金融工具等。其销售对象主要针对追求低风险、高流动性、稳定收益的投资者，特别适合活期存款客户、一年期以下定期存款客户，国债投资者，暂时回避股市风险的股票投资者，以及有着现金管理需求的企事业单位。

此外，在收益分配方式上，它们更多地相当于银行存款的定期结息。基金管理人根据单位基金当日净收益，为投资者计算该账户当日所产生的收益，并计入其账户的当前累计收益中。每月将投资人账户的当前累计收益结转为基金份额，计入该投资人账户的本基金份额中。结转收益再投资，产生新的收益，为投资人带来更多回报。

2004年8月16日，中国证监会、中国人民银行制订并发布了《货币市场基金管理暂行规定》。规定中明确，在基金名称中使用“货币”、“现金”、“流动”、“现款”、“短期债券”等类似字样的基金，应当符合本规定的有关要求。货币市场基金只能投资于现金、一年以内（含一年）的银行定期存款、大额存单、剩余期限在397天以内（含397天）的债券、期限在一年以内（含一年）的债券回购、期限在一年以内（含一年）的中央银行票据以及中国证监会、中国人民银行认可的其他具有良好流动性的货币市场工具。明确要求货币市场基金不得投资于股票、可转换债券、剩余期限超过三百九十七天的债券、信用等级在AAA级以下的企业债券以及中国证监会、中国人民银行禁止投资的其他金融工具。

根据《货币市场基金管理暂行规定》，货币市场基金的投资组合应当符合下列规定：投资于同一公司发行的短期企业债券的比例，不得超过基金资产净值的10%；存放在具有基金托管资格的同一商业银行的存款，不得超过基金资产净值的30%；存放在不具有基金托管资格的同一商业银行的存款，不得超过基金资产净值的5%；在全国银行间债券市场债券正回购的资金余额不得超过基金资产净值的40%。货币市场基金投资组合的平均剩余期限，不得超过180天。除以下列明的情况外，组合中债券的剩余期限是指计算日至债券到期日为止所剩余的天数：以市场利率为基准利率的可变利率或浮动利率债券，利率调整频率小于一年的债券的剩余期限等于计算日距下一个利率调整日的剩余时间；回购协议的剩余期限等于计算日距协议规定的交易基础债券的日期的剩余时间。货币市场基金应当在年度报告、半年度报告和季度报告的投资组合报告部分披露基金投资组合的平均剩余期限。

根据《货币市场基金管理暂行规定》，对于每日按照面值进行报价的货币市场基金，可以在基金合同中将收益分配的方式约定为红利再投资，并应当每日进行收益分配。对于不收取申购、赎回费的货币市场基金，可以按照不高于2.5‰的比例从基金资产计提一定的费用，专门用于本基金的销售与基金持有人服务。基金年度报告应当对该项费用的列支情况作专项说明。基金管理公司应当在货币市场基金的招募说明书及宣传推介材料中列明，投资者购买货币市场基金并不等于将资金作为存款存放在银行或存款类金融机构，基金管理公司不保证基金一定盈利，也不保证最低收益。货币市场基金应当采取稳健、适当的会计核算和估值方法，确保基金资产净值能够公允地反映基金的价值，所采用的会计核算办法应当在基金合同中订明，并应当在招募说明书中披露采用该方法可能对基金净值波动带来的影响。货币市场基金在全国银行间市场的交易、结算活动，应当遵守中国人民银行关于全国银行间市场的管理规定，并接受中国人民银行的监管和动态检查。

第八节 回购协议市场

一、回购协议市场的特征

回购协议市场是指通过回购协议进行短期资金融通交易的市场。

回购协议的交易双方约定，由资金的融入方将一定数额的证券先售与资金的融出方，融入资金，同时承诺在以后的某个确定的日期再将该证券如数购回。相应地，资金的融出方也承诺在未来约定的日期将买入的证券售回给卖方。资金的融入方购回证券时所采用的价格（即所谓的回购价格）也要在合同中预先约定。其中可以大于售价，即售价加利息；也可以与售价相同，但需要资金的融入方另付利息。由于资金的融入方有可能违约，因此在卖出证券时通常需要向资金的融出方交存一定的保证金。也就是说，资金的融入方出售证券时实际获得的资金是售价减除保证金后的余额。

回购协议中证券的交割一般不采用实物交付的形式，而是要求资金的融入方将证券存入一个专设账户中保管。

反向回购协议，或逆回购协议是从资金融出方角度来看的同一笔回购协议交易，即资金的融出方按照协议向资金的融入方买进证券，并承诺在日后将该证券卖回给资金的融入方。因此，每一笔回购协议交易由一方（即资金融入方）的（正向）回购协议和另一方（即资金融出方）的反向回购协议组成。

尽管回购协议涉及证券的买卖。但从性质上说，它相当于一笔以证券为抵押品的抵押贷款。不过，回购交易主要是金融机构之间为解决短期资金需要而进行的资金融通。而通常的抵押贷款是一般企业或个人为解决各种各样的资金需求，以某种抵押品向金融机构申请的贷款。而且，用于回购交易的证券主要是国库券，具有流动性高、风险低的特点。而通常的抵押贷款对抵押品的选择要宽泛得多。另外，通常的抵押贷款的期限要比回购交易的期限长很多。

美国回购协议的期限分隔夜、定期和连续性合约三种，其中以隔夜占多数。隔夜是指卖出和买回证券相隔一天，相当于日拆。定期是指卖出和买回的时间规定为若干天，一般都不超过30天，因为交易双方一般都不愿意受较长时间间隔的约束。连续性合约的特点是每天按当天的市场利率确定回购利率。这种方式减少了资金融出方的利率风险。

回购协议交易的特点是，金额大，期限短，风险小，但收益较低，因此，回购协议是一种有效、安全的短期融资工具，投资者和筹资者都愿意利用这一工具获取收益或筹措资金。由回购交易所融入的资金不需要缴纳准备金，因此，商业银行是回购协议市场的主要资金需求方。回购协议市场的资金供给者主要是金融机构和拥有大量活期款项的政府机构。另外，非金融企业或证券公司等可以通过回购交易的办法规避对发放贷款的管制，因此也是回购协议市场的重要参与者。

回购协议交易的主要问题是利率风险，即由于利率变动而导致所持有的抵押品证券的市价变动。回购协议的期限越长，这种可能性越大。在回购协议下的证券售价应低于市价，以保护资金融出方的利益。在回购协议期限内，如资金融出方手中持有的抵押证券的市价大幅度下跌，可要求资金的融入方追加保证金，使其免遭损失。当然，在利率下跌使抵押证券的市价大幅度上升的时候，资金的融入方也可取回一部分保证金。

因为有证券作为抵押担保品，回购协议的利率一般低于同业拆借利率。资金融出方的收益计算公式为：

$$资金融出方的回购利息收益 = 融出资金的金额 \times 回购利率 \times \frac{天数}{360}$$

$$回购价格 = 融出资金金额 + 资金融出方的回购利息收益$$

美国回购协议市场的参加者比较广泛，有金融机构、一般企业、州和地方政府以及联邦储备银行等。联邦储备银行利用回购协议和反向回购协议贯彻货币政策，实行公开市场业务活动，调控货币供应量，特别是调控联邦资金。例如，当联邦储备银行发现金融机构的存款准备金有大量剩余，但预计一天或几天后会趋于正常，于是就进行回购协议交易，出售它持有的政府证券如国库券、政府国民抵押协会债券（GNMA）等，约定一天或几天后买回，从而吸收过剩的存款准备金，减少联邦资金；反过来，如发现金融机构的存款准备金大量紧缺，于是就利用反向回购协议，买入金融机构持有的政府证券，从而增加联邦资金，缓解存款准备金的紧缺状况。

二、我国的回购协议市场

中国的国债回购市场始于20世纪90年代初。开展债券回购交易业务的主要场所为沪、深证券交易所及全国银行间同业拆借中心。

交易所债券回购市场的参与主体主要是投资股市的各类投资者，如证券公司、保险公司、证券投资基金等。全国银行间同业拆借中心也开办了国债、政策性金融债等债券的回购业务，参与主体是银行间市场会员，主要是商业银行、保险公司、财务公司、证券投资基金等金融机构。

根据人民银行1997年的通知，商业银行不得参与交易所债券回购交易。2009年1月，中国证监会与中国银行业监督管理委员会联合发布通知，开展上市商业银行在证券交易所参与债券交易试点。

上海证券交易所于1993年12月、深圳证券交易所于1994年10月分别开办了以国债为主要品种的质押式回购交易。当时推出国债回购，主要是为了活跃国债交易，促进国债发行。经过10余年的发展，国债回购交易的规模越来越大。2003年国债交易总量为5.8万亿元，其中，回购交易5.3万亿元，所占比重高达91.4%，表明国债回购交易已经成为国债市场的重要组成部分。目前，国债回购利率水平已经成为衡量市场资金松紧程度的重要参照。

2002年12月30日和2003年1月3日，上海证券交易所和深圳证券交易所分别推出了企业债券回购交易。2007年公司债推出后，证券交易所又进一步允许公司债（包括普通公司债和分离交易的可转换公司债券中的公司债）进行回购交易。

2008年，上海证券交易所规定国债、企业债、公司债等可参与回购的债券均可折成标准券，并可合并计算，不再区分国债回购和企业债回购。深圳证券交易所仍维持原状，规定国债、企业债折成的标准券不能合并计算，因此需要区分国债回购和企业债回购。

2009年，我国发行了一批地方政府债券，这些地方政府债券也可比照国债参与债券回购。

回购交易申报操作类似股票交易。成交后由中国结算公司根据成交记录和有关规则进行清算交收；到期反向成交时，无需再行申报，由交易所电脑系统自动产生一条反向成交记录，中国结算公司据此进行资金和债券的清算与交收。

（一）封闭式回购

我国自1995年对债券回购市场进行整顿以来，一直将回购交易严格限定为封闭式交易模式。

封闭式回购，又叫做质押式回购，在这种交易模式中，交易所根据不同的标的债券设立了不同的标准券折算比例，并进行质押冻结处理。标的债券的所有权并未真正让渡给逆回购方。在回购期间，逆回购方没有权力对质押债券实施转卖、抵押等处置行为。标的债券实际上退出了二级市场流通环节，只能等回购交易到期，正回购方履行了资金本息还款义务后，再由交易清算所解冻质押券，这时质押券才能重新进入二级市场进行流通。

由此可见，封闭式回购交易在本质上是一种以债券为抵押的融资交易，标准券的折算比率即可视为融资比率。目前，不同期限的债券有着不同的标准券折算比例，主要参照现券的市场价格折算，折算比例从85%至120%不等。

（二）买断式回购

由于封闭式回购期间冻结了质押的债券，使得债券市场上可用于交易的债券数量、种类大为减少，在很大程度上影响了债券二级市场的流动性。于是，在2004年4月和

11 月，银行间市场和交易所市场先后引入了买断式回购业务。

买断式回购业务又称为开放式回购。买断式回购的逆回购方对债券拥有所有权，因此可以在回购期间将回购方质押的债券在市场上卖出，以期在回购交易到期前以更低价格买入归还给正回购方，赚取其中的差价。

买断式回购交易模式的推出，使我国债券回购交易市场不但具备短期资金的融通功能，还具备了解冻被质押的现券、由逆回购方进行债券卖空交易的功能，标志着我国债市引进了债券的卖空交易机制。

逆回购方在抛出债券后可以用所得资金继续买入债券，然后继续抛出，这种操作重复使用，可以实现做空机制的放大效应。同样，正回购投资者也可以进行循环融资买多套利。

在仅进行现货交易和封闭式回购的条件下，国债不能够卖空，债市行情自然容易呈现资金推动型的单边做多走势。投资者在封闭式回购中的一般盈利方式往往是：融资方通过回购融资获取其他投资领域的投资收益，同时也要承担相应的风险；融券方则通过回购获取相应回购天数的利息。

但是，开放式回购推出以后，国债具备有限度做空的可能。对于进行逆回购的资金融出方来说，一方面可以利用逆回购，获取回购利息，另一方面则可通过卖空融入的国债，获取可能的差价收益。国债的单边上涨格局有可能改变，特别是那些中长期债券，其走势的不确定性将明显增加。而市场机会也不再是仅存在于做多之中，也存在于做空之中。投资者的投资机会增加了。

（三）质押式回购的具体交易规则及其交易方式

（1）我们以上海证券交易所的质押式回购交易为例，说明质押式回购的具体交易规则及其一般交易方式。

根据 2006 年 5 月发布的《上海证券交易所债券交易实施细则》，所谓质押式回购交易，指将债券质押的同时，将相应债券以标准券折算比率计算出的标准券数量为融资额度而进行的质押融资，交易双方约定在回购期满后返还资金和解除质押的交易。

其中，质押债券取得资金的会员或特定机构为“融资方”；作为其对手方的会员或特定机构称为“融券方”。标准券，指的是由不同债券品种按相应折算比率折算形成的，用以确定可通过质押式回购交易进行融资的额度。标准券折算比率，指各债券现券品种所能折成的标准券金额与债券面值之比。质押券，指申报提交给证券登记结算机构，作为债券回购交易质押物的债券。

国债回购交易按证券账户进行申报，企业债回购交易按席位进行申报。

债券回购交易实行质押库制度，融资方应在回购申报前，通过上海证券交易所交易系统申报提交相应的债券作质押。用于质押的债券，按照证券登记结算机构的相关规定，转移至专用的质押账户。国债回购中，申报提交的质押券应当为国债；企业债回购中，提交的质押券应当为企业债。

会员接受投资者的债券回购交易委托时，应要求投资者提交质押券，并对其证券账户内可用于债券回购的标准券余额进行检查。标准券余额不足的，债券回购的申报无效。

国债回购交易设 1 天、2 天、3 天、4 天、7 天、14 天、28 天、91 天和 182 天等回购期限；企业债券回购交易设 1 天、3 天和 7 天等回购期限。债券回购交易申报中，融资方按“买入”予以申报，融券方按“卖出”予以申报。

当日购买的债券，当日可用于质押券申报，并可进行相应的债券回购交易业务。质押券对应的标准券数量有剩余的，可以通过本所交易系统，将相应的质押券，申报转回原证券账户。当日申报转回的债券，当日可以卖出。

债券质押式回购交易可采用集合竞价、连续竞价、大宗交易等方式进行。

债券回购交易集中竞价时，其申报应当符合下列要求：

① 申报单位为手，1 000 元标准券为 1 手；

② 计价单位为每百元资金到期年收益；

③ 申报价格最小变动单位为 0.005 元或其整数倍；

④ 申报数量为 100 手或其整数倍，单笔申报最大数量应当不超过 1 万手；

⑤ 申报价格限制按照交易规则的规定执行。

债券回购交易实行“一次成交、两次结算”的制度。回购交易当日初次结算的结算价格按 100 元计算。回购到期日二次结算的结算价格按购回价计算。

在回购交易日，中国结算公司于当日收市后根据结算备付金账户分户相关规定，按成交金额将结算参与人当日回购成交应收、应付资金数据，与当日其他应收、应付资金数据合并清算，轧差计算出结算参与人净应收或净应付资金余额。结算参与人客户或自营结算备付金账户净应付款的，结算参与人应当按照规定履行资金交收义务。

回购到期日，证券登记结算机构根据购回价公式计算应进行交割的资金和质押券数量。计算结果按照四舍五入原则取至小数点后三位。购回价计算公式为：

$$购回价 = 100元 + 年收益 \times 100元 \times 回购天数/360$$

债券回购交易期限按日历时间计算。若到期日为非交易日，顺延至下一个交易日。

债券回购交易的融资方，应在回购期内保持质押券对应标准券足额。债券回购到期日，融资方可以通过本所交易系统，将相应的质押券，申报转回原证券账户，也可以申报继续用于债券回购交易。当日申报转回的债券，当日可以卖出。

(2) 为方便普通投资者参与回购交易，2009 年 5 月 25 日沪市试点报价回购业务。

根据上海证券交易所发布的《上海证券交易所债券质押式报价回购业务指引（试行)》[上证交字（2009）8 号]，债券质押式报价回购，简称“报价回购”，是符合条件的投资者与其指定交易的证券公司之间进行的特定债券质押式回购，证券公司提供债券作为质物，以标准券折算比率计算出质押债券的标准券数量为融资额度向投资者融入资金，投资者按照规定收回融出资金并获得相应收益。

证券公司开展报价回购业务，应经中国证券监督管理委员会同意后向上海证券交易所申请开展报价回购业务。投资者经其指定交易的证券公司进行资质审查取得注册投资者资格的，方可参与报价回购交易。

证券公司与投资者互为报价回购交易的对手方，同时证券公司根据投资者的委托办理有关报价回购的交易申报、登记结算等相关事宜。回购双方均应确认证券公司进行的报价回购交易申报，均基于双方真实意愿和委托。

证券公司开展报价回购业务应当通过其在中国证券登记结算有限责任公司上海分公司开立的自营专用资金交收账户（非担保资金交收账户）和客户专用资金交收账户（非担保资金交收账户）进行交收。

报价回购品种为 1 天期、7 天期、14 天期、28 天期和 91 天期。

报价回购交易时间为每个交易日的 9:30 至 11:30。投资者应当在交易时间内进行委托（包括但不限于报价回购委托、提前终止委托或其他指令)。

登记结算公司设立中国证券登记结算公司报价回购交易质押品保管库，保管证券公司提交质押券。质押库中所有的债券作为证券公司报价回购业务的履约质押担保物，质押库中所有的质押券设定的质权为证券公司所有报价回购未到期以及到期未完成交收的投资者共同享有，投资者所享有的质权不对应质押库中的具体债券，投资者不得单独就质押券主张行使质权。

证券公司在开展报价回购业务前，应向本所申请提交质押券，由本所通知登记结算公司将相应债券由指定的自营证券账户转入质押库，根据其所提交的质押券数量确定的回购额度，其报价回购业务的总量不得超过该额度。证券公司报价回购额度为质押库中的债券按标准券折算率计算出的标准券数量，标准券折算率为《标准券折算率管理办法》发布的债券质押式回购标准券折算率。可用作报价回购质押券的债券品种同现行质押式回购的债券品种。

投资者进行报价回购委托时，应保证资金账户中有足够的资金，并根据成交结果接受相应的清算交收结果。

投资者报价回购的委托应当包括证券账户、证券代码、交易类型、委托日期、委托数量、委托价格、提前终止价格等内容。投资者提前终止报价回购的委托应当包括终止的报价回购的成交日期、成交编号、证券账号等内容。

报价回购最低申报数量为50手，超出部分以1手的整倍数增加。报价回购申报价格为每百元资金到期年收益、每百元资金提前终止年收益。

证券公司应按照投资者有效委托的时间先后顺序及时向本所交易系统申报，并即时冻结投资者资金账户内的相应资金。证券公司在回购到期日根据回购到期收益价格公式逐笔计算确定购回总金额，并进行资金结算。

到期终止购回价 = 100 元 + 到期年收益率 × 100 × 实际回购天数/360

投资者可在回购到期日前向证券公司发出提前终止指令。回购提前终止的，持有期收益按该笔回购成交日证券公司公布的提前终止年收益率计算确定。单笔回购交易不得部分提前终止。证券公司应当在每交易日开市前，通过其网站及交易系统公布各回购品种的到期年收益率和提前终止年收益率。投资者报价回购的委托一经确认，即视为投资者同意并接受当日公布的该等年收益率。

报价回购提前终止的，证券公司受投资者委托向本所交易系统申报提前终止，经本所交易系统确认后，该日即为提前终止日。登记结算公司根据提前终止购回价公式逐笔计算确定购回总金额。

提前终止购回价 = 100 元 + 提前终止年收益率 × 100 × 实际回购天数/360

（四）买断式回购的具体交易规则及其交易方式

我们以上海证券交易所的国债买断式回购为例，说明买断式回购的具体交易规则及其一般交易方式。

国债买断式回购交易，是指国债持有人在将一笔国债卖出的同时，与买方约定在未来某一日期，再由卖方以约定价格从买方购回该笔国债的交易行为。其中，通过卖出一笔国债以获得对应资金，并在约定期满后以事先商定的价格从对方购回同笔国债的为融资方（申报时为买方）；以一定数量的资金购得对应的国债，并在约定期满后以事先商定的价格向对方卖出对应国债的为融券方（申报时为卖方）。

国债买断式回购的交易主体限于在中国证券登记结算有限责任公司上海分公司以法人名义开立证券账户的机构投资者。机构投资者进行买断式回购交易必须拥有足额的资金或相应的国债。每一机构投资者持有的单一券种买断式回购未到期数量累计不得超过该券种发行量的20%。

国债买断式回购交易按照证券账户进行申报。申报应当符合以下要求：

（1）价格：按每百元面值债券到期购回价（净价）进行申报；

（2）融资方申报“买入”；融券方申报“卖出”；

（3）最小报价变动：0.01元；

（4）交易单位：手（1手＝1 000元面值）；

（5）申报单位：1 000手或其整数倍；

（6）每笔申报限量：竞价撮合系统最小1 000手、最大50 000手。单笔交易数量在10 000手（含）以上，可采用大宗交易方式进行。

国债买断式回购交易实行履约保证金制度，融资方和融券方在成交当日须按一定比率缴纳履约金。履约金由中国结算上海分公司管理，在买断式回购到期并完成清算交收前，双方不得动用。

国债买断式回购交易按照“一次成交、两次清算”原则进行。初次清算价格为上一交易日对应国债的收盘价（净价）加上交易日对应国债的应计利息，购回清算价为购回价（净价）加上到期日应计利息。

回购到期双方按约履行的，履约金返还各自一方。如单方违约，违约方的履约金交守约方所有。到期日融券方证券账户中应付的相应国债数量不足，视为违约。到期日融资方没有足够资金购回相应国债，视为违约。违约方承担的违约责任只以支付履约金给守约方为限，并免除双方的实际履约义务。

回购到期日融资方没有足够资金购回相应国债，同时其对应融券方证券账户中应付的相应国债数量不足，则交易双方均为违约。双方各自缴纳的履约金划归证券结算风险基金，并免除双方的实际履约义务。

第九节　中央银行票据交易市场

一、中央银行票据的含义及其发行目的

（一）中央银行票据的含义

所谓中央银行票据，简称央行票据，是中央银行为调节商业银行超额准备金而向商业银行发行的短期债务凭证。

央行票据的实质是中央银行债券。之所以叫“中央银行票据”，只是为了突出其短期性的特点。

目前，中国人民银行交错发行3月期、6月期、1年期和3年期票据，其中以1年期以内的短期品种为主。

（二）中央银行票据的发行方式

我国央行票据的发行对象为银行间债券市场中的一级交易商，个人不能直接投资。

（1）按照投标对象来区分，央行票据的发行方式可以划分为价格招标和数量招标两种类型。

所谓价格招标，又可细分为利率招标或贴现发行两种方式，指的是央行预先固定拟发行的（票面）总金额，然后对央票的发行价格（或利率）实施竞争性招标。

在价格招标下，除了实施竞争性招标以外，央行也经常同时与特定的双边报价商通过非竞争性招标的方式配售。非竞争性招标的价格通常依竞争性招标的中标价格确定，而中标数量则按数量招标方式确定。非竞争性招标的目的是为了提高所发行票据在二级市场的流动性，因而通过配售方式购买央行票据的双边报价商必须将央行票据作为双边报价券种在交易时连续报出现券买卖的双边价格。

例如，在2010年1月21日，中国人民银行发行2010年第六期中央银行票据，期限3个月（91天），发行量900亿元，缴款日为2010年1月22日，起息日为2010年1月22日，到期日为2010年4月23日。以贴现方式发行，向全部公开市场业务一级交易商进行价格招标，到期按面值100元兑付，到期日遇节假日顺延。最终，该期票据的发行价格为99.65元/百元面值，参考利率为$\{[(100-99.65)/99.65]/91\}\times 365=1.4088\%$.

再例如，根据《中央银行票据发行公告（2010）第69号》，为保持基础货币平稳增长和货币市场利率基本稳定，2010年9月9日，中国人民银行向全部公开市场业务一级交易商利率招标发行第七十九期中央银行票据。票据期限3年，为固定利率附息债券，按年付息，发行量1 000亿元，缴款日为2010年9月10日，起息日为2010年9月10日，付息日为每年9月10日，到期日为2013年9月10日，到期还本并支付最后一年利息，如遇节假日顺延。

在实际操作中，若以价格招标的方式发行央行票据，则回笼基础货币应为央行的主要目的。至于当前的市场利率水平，应可理解为中央银行尚持认可的态度。同时，价格招标的结果也可反映出市场对未来利率走向的预期。

所谓数量招标，指的是央行将发行价格固定，而仅对发行数量实施招标。一级交易商在其投标上限内以数量（票面金额）为标的竞标，如果投标总量超过债券的计划发行量，最终的成交数量通常按比例分配；如果投标总量低于债券的计划发行量，则按投标量确定。其余未能完成的发行计划则为本期发行的流标量。

例如，2004年第6期票据的期限为3个月，面值100元，招标价格固定为99.39元，参考收益率为2.461 7%。最高发行数量上限为200亿元，而具体发行数量则由招标确定。

有些情况下，尽管名义上实施的是价格招标，但由于在招标之前央行已经为本期央票的招标利率设定了下限，所以这种招标实际上也是数量招标。

在数量招标方式下，央行以预定发行利率的方式向市场暗示着自己所认可的利率水平，借以稳定或引导市场利率走向的意图明显。因此当央行票据的发行方式由价格招标转为数量招标的时候，应可理解为央行公开市场操作的主要目的已由回笼基础货币转向兼顾引导和控制市场利率水平上来。

早先，央行均以价格招标的方式发行央行票据。但自 2003 年 11 月 11 日第 49 期和第 50 期央行票据的发行起，央行开始由利率招标转而尝试采用数量招标的方式。

无论哪种招标方式都有可能产生一些附带的问题。例如，在我国基准利率缺失的情况下，央行票据经由价格招标而产生的所谓“市场化的利率”很可能会与国债利率不匹配。而当央行企图经由数量招标的方式调控利率时，商业银行也可能不买账，从而出现流标的结果。2003 年 11 月 25 日，央行发行的第 53 期、第 54 期票据双双出现了 20% 的流标，这是自央行发行第一期票据以来遭遇到的首次流标。

不过，央行毕竟不是普通的发债者。因为央行作为金融调控的主体，其发行央票的目的并不在于融资，而全在于实施货币政策的需要。通过发行央行票据，央行一方面可以调节基础货币量，引导市场利率；另一方面还可借以了解市场的倾向。因此，衡量央行票据的发行是否成功的标志，并非央行票据的发行计划是否全部完成，而要看货币调控政策的目标能否凭以获得切实有效的实现。

（2）按照定标方式的不同，央行票据的发行方式又可以划分为美式招标和荷兰式招标两种类型。

所谓美式招标，又叫做多重价格招标方式。就是当招标的标的为价格时，全场的加权平均中标价格为发行价格，而各中标机构则按各自的中标价格承销。

所谓荷兰式招标，指的则是所有的中标机构都以相同的价格，亦即所有中标价格当中的最低价格来认购。

早先，中国人民银行均以荷兰式招标的方式经由中国人民银行债券发行系统向公开市场业务一级交易商发行央行票据。招标时间通常为每周二上午 9:00 ~ 10:00，10:00 之后确定中标。招标时不设价格上下限，无投标笔数和无投标连续性的限制。投标基本单位为 1 千万元，最低投标限量为 1 千万元，每家公开市场业务一级交易商的投标限量为发行总量的 25%。但在 2006 年 3 月，央行公布《中央银行票据发行公告［2006］第 15 号》，首次在公开市场业务中采用美式招标方式发行央行票据。

不难理解，在荷兰式价格招标下，投标机构为确保能中标，有高报价格的倾向，从而导致中标利率偏低。而在美式价格招标下，由于各投标机构将按各自的中标价格认购央票，各投标机构的行事自然会谨慎得多，这就可能避免出现荷兰式招标方式下各竞标机构为确保中标而竞相压低收益率的现象，从而使得美式招标的结果更有可能真实地展现市场关于利率未来走向的预期。

(三) 中央银行票据的发行目的

央行票据与金融市场各发债主体发行的债券具有本质性的区别：

央行以外各发债主体发行的债券是一种筹集资金的手段，其目的是为了筹集资金，增加可用资金的总量；而央行票据则是中央银行调节基础货币存量的一项货币政策工具，其目的是减少商业银行的可贷资金量。

显然，尽管央行票据的发行是一种向市场出售金融资产、回笼基础货币的行为，但央行票据的到期了结则是一种基础货币投放的行为。由于央行票据要支付利息，因此一个完整的央行票据发行、回笼周期的结束通常意味着基础货币存量的净增加。

二、中央银行票据的转让与流通

已发行央行票据可在银行间债券市场流通交易。其交易方式主要有现券交易和回购两种类型。

央行票据的发行与回笼是央行公开市场操作的一种形式。

所谓公开市场操作，指的是中央银行经由金融市场买卖有价证券，以实现既定货币政策目标的行为。具体地，央行经由公开市场操作向金融系统投入或回笼基础货币，藉以调节信用规模、货币供给量和利率，最终实现其金融控制和调节的目的。

在大多数发达国家，公开市场操作是央行吞吐基础货币、调节市场流动性的主要货币政策工具。在我国，从 1999 年开始，人民银行将公开市场操作作为货币政策日常操作的重要工具。目前，央行票据、国债和金融债是我国央行公开市场业务的主要操作对象。

央行的公开市场操作交易方式有现券交易和回购两种类型。其中，现券交易又可分为现券买断和现券卖断两种：前者为央行直接从二级市场买入有价证券，一次性地投放基础货币；后者为央行直接卖出有价证券，一次性地回笼基础货币。而回购交易则又可分为正回购和逆回购两种：正回购是央行向一级交易商卖出有价证券，并约定在未来特定日期再将其买回的交易行为；逆回购的操作方向正好相反。

可见，现券卖断与正回购均是央行从市场收回流动性的操作；而现券买断与逆回购则是央行向社会投放流动性的操作。不过，上述操作的规模均受到央行实际持券量的影响。而央行票据的发行则可有效地规避这一约束。因此在我国，相对而言，央行票据业务是央行最为灵活主动的公开市场操作工具。

例如，外汇储备的迅速增加会导致我国外汇占款的巨幅增加。这时，为减少外汇占款增加所投放的基础货币量，央行可大量发行央行票据，藉以发挥其冲销功能。再例如，央行可向一些特定的金融机构定向发行央行票据，藉以抑制那些资金面相对宽裕的商业银行的贷款增速。

正是由于央行票据的发行及回笼具有灵活自如的特点，所以央行票据市场的形成有助于形成市场基准利率。央行票据的利率因其灵活性和主动性可成为货币市场的“风向标”，引导银行间市场、交易所市场和相关债券市场形成相应期限的市场利率和收益率曲线。

三、我国中央票据市场简史

1993 年，中国人民银行发布《中国人民银行融资券管理暂行办法实施细则》。当年发行了两期融资券，总金额 200 亿元。当时中央银行发行票据的目的主要在于调节地区和金融机构间的资金不平衡。

1995 年，央行开始试办债券市场公开市场业务。2002 年 9 月 24 日，为增加公开市场业务操作工具，扩大银行间债券市场交易品种，央行将 2002 年 6 月 25 日至 9 月 24 日进行的公开市场业务操作的 91 天、182 天、364 天的未到期正回购品种转换为相同期限的中央银行票据，转换后的中央银行票据共 19 只，总量为 1 937.5 亿元。

另外，由于持续进行正回购，到 2002 年底，央行手中持有的国债余额仅为原来的四分之一，继续进行正回购操作的空间已经不大，于是 2003 年 4 月 22 日，中国人民银行正式通过公开市场操作发行了金额 50 亿元、期限为 6 个月的中央银行票据。并在此后的一年里，人民银行选择发行中央银行票据作为中央银行调控基础货币的新形式，在公开市场上连续滚动发行 3 个月、6 个月及 1 年期央行票据。

自 2004 年 12 月 9 日起，央行开始发行三年期央行票据，创下了央行票据的最长期限。

2004 年 12 月 29 日，央行首次发行远期票据，发行 200 亿元央票，缴款日和起息日均为 2005 年 2 月 21 日，距发行日 50 余天。

2005 年 1 月 4 日，中国人民银行首次公布全年的票据发行时间表，中央银行票据被确定为常规性工具。在 2005 年，除节假日外，中国人民银行公开市场业务操作室原则上定于每周二发行 1 年期央行票据，每周四发行 3 个月期央行票据。3 年期央行票据安排在周四发行。其他期限品种央行票据发行时间不固定，中国人民银行公开市场业务操作室将根据情况灵活安排。

自 2006 年以来，央行还通过定向票据来控制商业银行信贷发行速度，而被发行的对象往往是信贷增长过快的商业银行。如 2007 年面对流动性过剩，为了防止信贷和投资的过快增长，中央银行连续 6 次发行惩罚性的定向票据。

随着 2008 年 9 月国际金融危机爆发，我国外需大幅度下降，政府采取了适度宽松的货币政策，四次有区别地下调存款准备金率，同时逐步减少央票的发行。

2008 年 7 月份我国开始停发 3 年期央票，随后 6 个月期央票替代品种也只发行了两个月。2008 年 12 月 13 日国务院公布的“国三十条”明确指出，停发 3 年期央行票据，降低 1 年期和 3 个月期央行票据发行频率。因此在“宽货币”的推动下，2009 年我国出现“宽信贷”，全年新增贷款约 9.5 万亿元，比 2008 年全年新增贷款 4.9 万亿元将近高出 1 倍。

为了控制银行信贷激增，2009 年 6 月 30 日，央行在银行间市场重启了 91 天正回购操作。2009 年 7 月 8 日在公布了 6 月份的新增信贷数据之后，7 月 9 日央行就在银行间市场启动发行 500 亿元 1 年期央票，这是自 2008 年 12 月 4 日央行停发一年期央行票据，7 个月后央行重启发行 1 年期央行票据。

2009 年 7 月份，为遏制信贷过快增长势头，央行还向部分商业银行发行惩罚性的定向央票，规模约 1 500 亿元。

2010 年 4 月 8 日，央行在银行间市场发行 150 亿元 3 年期央票，这也是自 2008 年 6 月底暂停以来再度发行。

复习思考题

1. 简述货币市场的含义及其种类。
2. 同业拆借市场的含义及同业拆借的类型。
3. 商业票据的含义。
4. 大额可转让定期存单与定期存款有何区别?
5. 简述回购市场的交易原理。
6. 国库券的含义。
7. 简述货币市场的作用。

第四章

境外金融市场

本章摘要

本章首先给出了欧洲货币、欧洲债券以及外国债券的含义，然后较为详细地介绍了主要境外市场的状况。

关 键 词

欧洲货币　欧洲债券　外国债券

第一节　欧洲货币市场

一、境外金融市场的理解

境外金融市场又称国际金融市场，泛指市场主体从事各种国际金融业务活动的场所。境外金融市场通常包括境外货币市场和境外债券市场两部分。但严格说来，境外金融市场还应该包括境外长期资金的借贷市场以及境外股票资本的融通等。只是限于篇幅，这里暂不涉及。

经常将国际金融市场区分为在岸国际金融市场和离岸国际金融市场两部分。

在岸国际金融市场是指非居民在货币发行国经营该种货币业务，并且交易活动受该市场所在国金融当局监管的交易场所。典型的在岸国际金融市场包括外国债券市场和国际股票市场。

离岸国际金融市场又称欧洲货币市场，是一种在货币发行国境外以非居民为对象融通该发行国货币资金的市场。例如，一家在英国的银行可以吸收其在法国的客户的美元存款，又可以把这笔美元资金贷给其在德国的客户。这样一种资金融通的体系或网络便构成了欧洲货币市场，又叫境外货币市场。而这种在美国境外转手的美元就是所谓的欧洲美元或境外美元。同样，也可以有境外英镑、日元等。

欧洲货币市场的各项业务都是在远离货币发行国边境、设立于其他国家或地区的金融市场进行的。所以，金融界人士才把这种市场称为离岸金融市场，以与传统的在岸金融市场，即设在货币发行国本土的金融市场相区别。由于欧洲货币市场设立于货币发行国境外，其从事的业务可不受该货币发行国有关当局的监管，而其业务的开展在一定程度上能带动市场所在国金融的发展，因而市场所在国监管当局对这一市场的交易也采取听之任之不予限制的态度。这样一来，欧洲货币市场实际上就成为一种“化外”市场，意即有关法令条例管辖不到的市场。

境外货币市场最先是在欧洲发展起来的。一些设在欧洲的商业银行除办理传统的业务以外，又开始吸收非居民的外币存款，即“欧洲存款”；同时又对非居民提供外币贷款，即“欧洲贷款”。而中长期的欧洲贷款则称为“欧洲信贷”。这种既办理传统业务，又办理非居民外币存贷业务的银行就是“欧洲银行”。用于存贷的外币叫做“欧洲货币”。这种欧洲货币是指在货币发行国境外流通使用的该发行国货币，它可以是美元（欧洲美元），也可以是英镑（欧洲英镑）、或日元（欧洲日元）等。

欧洲货币市场交易的货币主要是美元，故而又可狭义地称作“欧洲美元市场”，简称为欧洲市场。自20世纪60年代末起，境外美元的交易在亚洲地区、加勒比地区和中东地区也开始发展，在亚洲地区，主要是新加坡和中国香港，叫做亚洲美元市场；在加勒比地区，主要是巴哈马、开曼群岛，形成了拉丁美洲美元市场；在中东地区，主要是巴林，形成了中东美元市场。因此，欧洲市场的所在地实际上已不限于欧洲地区。然而人们在习惯上仍然把欧洲地区以外的境外货币市场看作是欧洲货币市场的一个组成部分。所以，“欧洲”与“境外”这二个词实际上可以替代使用。

欧洲货币市场是一种新型的国际金融市场。它与传统的国际金融市场明显不同。在传统的国际金融市场上融通资金，一般都是以该市场所在国的货币计值，同时需受该国法令管辖。在欧洲货币市场上融通资金，则是以非该市场所在国的货币计值，同时又不受该国法令管辖。欧洲货币市场的诞生，标志着金融市场的国际化不论从资金来源和运用、借贷货币、利率制定、参与者等方面来说均已进入了一个崭新的阶段。

根据营运特点，可以将离岸金融中心划分为功能中心和名义中心两类。作为一个区域或城市，功能中心聚集了诸多外资银行和金融机构，从事具体的存贷、投资等业务。其中又可分为一体化中心和隔离性中心两种类型。前者的内外投融资业务混在一起，金融市场对居民和非居民开放，伦敦和中国香港金融中心属于此类。后者则限制外资银行和金融机构与居民发生业务往来，只允许非居民参与离岸金融业务，新加坡和美国的“国际银行设施（IBFs）”属于此类。名义中心不经营具体的金融业务，只从事借贷投资业务的转账或注册等事务手续，纯粹是记载金融交易的场所，因此也叫做记账中心。许多跨国金融机构在免税或无监管的城市设立“空壳”的分支机构以将其全球性税务负担和成本降至最低。开曼、巴哈马、巴林等金融中心属于此类。

二、欧洲货币市场的产生与发展

欧洲货币市场的形成与发展，从表面上看，是第二次世界大战后某些西方国家所采取的货币金融政策造成的，但实质上是第二次世界大战后生产、市场和资本的进一步国际化以及西方各国经济发展不平衡所引起的货币金融领域矛盾的产物。是国际资金的借贷者对欧洲货币市场和各国国内金融市场两种市场存在的比较利益作出的判断，追求收益最大化，风险最小化的结果。欧洲货币市场之所以有很大的吸引力，关键在于它是一个不受任何国家金融法令约束、其资金移动、存贷金额、利率制定等完全自由的国际金融市场。

欧洲货币市场的最早萌发可以追溯到中世纪中叶。欧洲大陆定期举行博览会。参加博览会的各国商人有时使用汇票来支付货款。这些汇票常常是以博览会举办国货币以外的货币定值的，因此可以算作最早出现的欧洲货币信用工具。

20 世纪 50 年代的朝鲜战争是近代欧洲货币市场的诱发因素。其时，美国政府下令冻结了中国在美国的金融资产。有鉴于此，当时的苏联和东欧等国出于政治上的考虑，决定将其存放美国的美元存款从美国转移到欧洲地区的银行，以免遭受冻结或没收，由此形成了一定规模的欧洲美元存款。据说，那时苏联的美元主要存放在苏联国家银行在巴黎的一个附属机构，其电传代号是“欧洲银行”。于是，各外汇交易商和银行便把从这家银行获得的美元存款称作“欧洲美元”。这就是“欧洲美元”这一称谓的由来。当时的英国政府为吸引资金以恢复英镑的传统地位，特许伦敦的各大银行接受境外美元存款和办理美元的信贷业务。于是，欧洲的美元市场初步形成。

1957 年，由于苏伊士运河危机，引发了英镑危机。为了稳定英镑汇率，英格兰银行宣布提高利率并加强外汇管制，禁止商业银行向非英镑区国家提供英镑贷款进行贸易融资。在这种情况下，英国各商业银行为了自身的生存与发展，不得不大量吸收美元存款，转用美元贷款融通贸易资金，而英格兰银行对商业银行经营非居民的非英镑业务是不加干预的。这一措施使得英国在英镑疲软情况下继续保持其在世界性贷款中的传统领先地位，同时也在远离美国的伦敦进一步地确立了欧洲美元市场的雏形。

1958 年许多欧洲国家放松或取消了外汇管制，恢复了其本国货币对美元的自由兑换。于是，不仅是美元存款，其他外币存款也在各国商业银行不断增加，这也使投资者能更自由地转移资金，为欧洲货币市场的成长提供了有利条件。

20 世纪 50 年代末以来，美国的国际收支出现了长期的、持续的巨额逆差。由于布雷顿森林体系所赋予的美元作为国际货币的特性，美国出现的国际收支逆差，不论数额多大，实际上可以长期存在而无需弥补，成为美国的对外负债。这造成大量美元外流，顺差国则积存大量美元储备，从而增加了境外美元的供给。而美国政府为了减缓国际收支逆差的增长势头，发布了一些法规，其中有三条法规对欧洲美元市场的发展起了重要的推动作用。

(1) 1963 年 7 月，美国实行了利息平衡税，规定凡是美国居民购买外国证券，其利息收入必须纳税，以抵消购买外国证券能得到的高利息好处。这项措施的目的一方面是试图阻止美元外流，另一方面是试图限制外国企业用发行证券的方式到美国金融市场筹资。但实际效果却适得其反，美国资本仍通过其他形式和途径继续流往国外，大部分流向欧洲，以获取高利息收益。这反而促进了欧洲货币市场以及欧洲债券市场的发展。

(2) 1965 年 1 月美国实行自愿限制对外信贷计划，由联邦储备委员会管理执行。其目的是限制美国商业银行总行的对外贷款能力。其做法是，由联邦储备委员会根据各银行过去的对外信贷水平规定其信贷限额，从而使各银行自动限制其对外信贷额。这就促使美国银行在国外开设分支机构以便扩展信贷业务量，同时也迫使海外企业包括美国企业在国外的分支机构转向欧洲货币市场借款。

(3) 1968 年 1 月美国实行对外直接投资计划，强制性地限制美国公司的对外直接投资，包括限制美国公司向其海外分支机构转移的资金额和这些分支机构所获利润在海外进行再投资的资金额。其目的也是为了制止资金外流。结果又是促使这些美国公司在欧洲货币市场上为其海外分支机构筹措资金。

促进欧洲货币市场发展的另一重要因素是 Q 字条例的执行。根据 1933 年美国联邦银行法“Q 字条例”，美国联邦储备委员会对商业银行储蓄存款和定期存款规定一个最高利率。在 20 世纪 50 年代末至 60 年代初，规定商业银行对通知存款和活期存款（不超过 30 天的存款）不付利息，30 天至 90 天的定期存款利率为 1%，90 天到 180 天的存款利率为 2.5%，比期限相同的欧洲货币市场存款利率低，而且在欧洲货币市场对活期存款也支付利息，这就使得美国银行在吸引存款方面处于竞争不利的地位。

另外，在 20 世纪 50 年代后期，随着西欧经济的日益发展，对资金需求的日益增加，致使欧洲金融市场的利率持续上升，而美国银行由于 Q 字条例的约束，不能提高利率。而且，欧洲银行吸取的存款无法定储备金的约束，成本低廉，其存款利率可以高于美国银行存款利率，而其贷款利率又可以低于美国银行贷款利率，存贷利差小于美国银行。这就促使原来存放在美国的资金从美国银行提出大量流向欧洲货币市场，以致于欧洲货币市场在 1966 年以后，资金规模迅猛增大。

自 20 世纪 60 年代末开始到 70 年代，一些主要西方国家通货膨胀严重，货币疲软。同时美国的国际收支赤字又使国际金融市场上资金充斥。于是，投机性的国际游资流向原西德和瑞士。原西德和瑞士的中央银行为维持外汇市场的稳定，采取了一些限制资本流入的措施。各国的金融机构为了获得马克和瑞士法朗纷纷把手中的硬通货投向欧洲货币市场。这也促进了欧洲货币市场的发展。

三、欧洲货币市场的特征

1. 以融通短期资金为主

欧洲货币市场之所以主要是短期资金的融通市场，可以从这个市场上资金供给者和需求者的构成来分析。

欧洲货币市场的资金供给者主要包括以下几种类型：

（1）各国中央银行通常将其一部分外汇储备，主要是美元直接或通过国际清算银行存入欧洲银行（Eurobank），以 1 天、7 天或 1 ~3 个月为期，获取短期利息。

（2）国际清算银行成立于 1930 年，并于同年正式开业。国际清算银行由一些国家的中央银行拥有和控制，向各国中央银行并通过中央银行向整个国际金融体系提供一系列高度专业化的服务，是一家办理中央银行业务的金融机构。国际清算银行的主要任务是“促进各国中央银行之间的合作并为国际金融业务提供新的便利”。国际清算银行和欧洲投资银行等国际金融机构也将持有的各种货币资金存放欧洲货币市场生息获利。

（3）跨国银行、跨国公司和官方机构的闲置、多余资金也都存放在欧洲货币市场牟取利息。

欧洲货币市场的资金需求者主要是：

（1）各国政府和政府机构、或为了弥补国际收支逆差和财政赤字，或为了解决周转资金的需要，从欧洲货币市场筹措资金。

（2）商业银行为了调剂头寸，跨国公司为了扩展对外贸易而融通资金，进出口商为了获得短期信贷，也都经常从欧洲货币市场筹措资金。

所以，欧洲货币市场以融通一年以下的短期资金占据了主导地位。后来尽管欧洲中长期信贷有很大发展，但它仍是以短期信贷为基础，即各种中长期贷款资金是通过借短放长来实现的。

2. 以银行同业拆借为主

欧洲货币市场的经营以银行间借贷资金为主，也就是银行与银行之间相互拆借资金。银行同业间的资金拆借占欧洲货币市场借贷总额的很大比重，它属于批发市场，因为每笔交易的数额很大，一般少则数万美元，多则可达到数亿甚至数十亿美元。

欧洲银行同业拆借的数额之所以很大，主要是因为它在欧洲货币市场能起以下作用：

（1）有效地调剂头寸余缺。

任何一家欧洲银行在一定时间内（如 1 天、7 天或 1 个月）经营业务所收付的资金不可能完全相等，总有收支差额。如收入资金额大于支付资金额，头寸就有多余；如支付额大于收入额，头寸就出现短缺。而且这种收支不平衡也不是一成不变的。一家银行只要有多余头寸，随时可以出借给别的银行。同样，如果头寸缺少，也随时可向其他银行拆借。银行同业之间相互拆借头寸非常方便。这样就能有效地调剂市场头寸余缺。

（2）安全地调配营运资金的货币构成。

欧洲银行用于经营业务的营运资金，其货币构成随着业务的开展往往会出现某一种或几种货币所占的比重偏大，另一种或几种货币的比重偏小。这些偏少的货币就不能应付该银行的业务需要。在传统的金融市场上，银行同业拆借一般只限于市场所在国的货币。因此，一般的做法是银行将偏多的货币换成偏少的货币，除非偏少的货币正好是市场所在国货币，这时才进行拆措。例如，一家伦敦银行英镑多，美元少，它只能将多余的英镑换成短缺的美元，这样就要承担英镑对美元的汇率风险。而在欧洲货币市场则可以采用同业拆借方式来解决货币构成问题，即贷出偏多货币，借入偏少货币。这里不存在汇率风险，因为可以直接借贷各种境外货币。例如，一家伦敦银行美元多，日元少，它可以向其他银行借出美元。借入日元。这样就能安全地调配各种货币。

3. 以欧洲为中心，分散至其他地区

欧洲货币市场的兴起，必须具备若干条件：

（1）这个地区必须政治稳定，不存在没收冻结非居民资产的危险，也不用担心政府会实行激进的、对货币市场不利的政策。

（2）金融管制宽松。没有外汇管制，资本可以自由流动、不受限制。对银行经营非居民境外货币业务听任自由、不加干预、免交存款准备金。

（3）金融制度完备、银行机构集中，其中拥有若干家能报出存贷利率，据以吸收存款发放贷款的主要银行。

（4）金融设备发达，国际通讯设备先进。与其他金融中心（包括其他地区的欧洲货币市场）通过电子通讯设备密切联系，形成网络，便于交流信息，进行交易。

（5）银行专业人员拥有一定的工作经验和业务水平。

（6）地理位置良好，所处的时区有利，利用时差，可以同其他地区连续进行交易。

根据上述条件，欧洲货币市场诞生于欧洲，集中在欧洲，以欧洲为中心，然后分散到其他地区。当今的欧洲货币市场从地理上可切分为五个地区。现在依次按五个地区各选一个欧洲货币市场分述如下：

（1）西欧

伦敦是世界上最主要的欧洲货币市场，它是该市场在欧洲的中心。这种突出的领先地位，一是由于伦敦长期以来就是一个很主要的国际金融中心，为数众多的银行机构组成一个能同世界各地主要金融中心密切相连的国际银行网络，配置先进的电子通讯设备，有很好的条件成为欧洲货币交易中心。伦敦金融工作人员专业水平高，业务精通，操作技术熟练、工作效率高；二是由于英国金融当局对本币和外币银行业务严格划分，对境外货币业务放任自由，从不干预。

以伦敦为基地的欧洲货币市场的最大经营者是美国及日本银行的海外分行。在伦敦的美、日银行的金融操作各具功能特色，已呈明显的分工格局，如日本银行渐渐转向银行同业拆借业务，而美国银行专营大额定期存单业务。伦敦的美元存单是美国花旗银行于1966年率先推出的。

就欧洲货币信贷业务而言，伦敦又是中长期欧洲货币信贷的主要中心。伦敦银行同业拆放利率（LIBOR）不仅在欧洲短期信贷而且成为中长期信贷中应用最广泛、最普遍的参考利率。

尽管伦敦银行不能直接经营欧洲英镑存贷业务，但它们可以运用电讯设备通过英国海峡群岛（Channel Islands）的离岸金融中心从事欧洲英镑业务，然后在伦敦转账结算。

（2）加勒比和中美洲地区

开曼群岛对美国来说是建立海外避税港型的“欧洲银行”最为有利、最为合适的地区。这些避税港型银行是一些国际性大银行，主要是美国银行设立在开曼群岛的分支机构，是独立的法人。但实际上这些大银行只是在其开曼分支机构开立账户，实际的存贷业务、资金筹集和运用并不在那里，而是在其美国总部进行的。但一切交易都在开曼银行记账，其目的是为了逃避税收。

（3）中东

巴林是欧洲货币交易中东地区的中心。黎巴嫩战争使贝鲁特丧失了中东的贸易金融中心地位，这为巴林成为欧洲货币市场提供了条件。另一个原因在于巴林同沙特阿拉伯关系密切，使得巴林成为欧洲沙特里亚尔的交易中心。现在，以巴林银行同业拆放利率（BIBOR）为基础的美元和沙特里亚尔的欧洲信贷已经得到很大发展。

（4）美国

1981年3月，美国政府允许国内银行设立“国际银行业务的设施”，使得美国境内的欧洲货币交易合法化。

国际银行业务的设施是在美国银行及其分行以及外国银行在美国的分行所设立的一个部门，它相当于一家经营境外货币业务的银行，持有一套独立的账户。在这些账户上的存款没有法定准备金规定和支付利息上限。

国际银行业务设施的借贷客户只限于外国居民、其他国际银行业务设施账户及其母公司银行。当国际银行业务设施贷款给其母银行时，母银行仍应遵照规定建立相应的准备金。美国的许多州已经通过法律免征国际银行业务设施的州税和地方税，但仍需交纳联邦税。

国际银行业务设施不能发行可转让的信用工具如大额定期存单，其存款也不能获得联邦存款保险委员会（FDIC）的保险。

禁止国际银行业务设施发行可转让信用工具的目的，是防止美国居民持有这些资产，避免使境外美元与境内美元混淆不清。否则，美国居民可以直接向国际银行业务设施购买可转让存单，或者从流通市场上购买国际银行业务设施的存单。这个禁令，使得国际银行业务设施对美国银行的吸引力大大下降。许多美国银行宁愿选择开办或维持一个加勒比避税港型分行而不愿在本土设立国际银行业务设施。因此，对美国国际银行业务设施热情最大的是美国境内的日本银行和意大利银行的分行，它们的国内法律禁止其在加勒比开设避税港型分行，但没有阻止它们在美国设立国际银行业务设施。

（5）亚洲

新加坡是在亚洲的欧洲货币市场，或称亚洲货币市场。1968 年 10 月美洲银行新加坡分行获准经营境外货币业务，但需要单独记账。这种业务可以接受非居民存款，也可以向海外贷款，存贷资金可以自由流动，也可以对非居民发行大额可转让定期存单。由此形成亚洲货币市场，也称亚洲美元市场。

由于越南战争而流入大量的美元，以及时区适宜，上午可同亚洲其他地区如中国香港、日本进行交易，下午可同欧美地区如伦敦、纽约进行交易，是产生新加坡亚洲美元市场的重要原因。新加坡银行同业拆放利率（SIBOR）是当今在亚洲的境外货币借贷中通常使用的参考利率。

4. 很少受到市场所在国金融和外汇法规的约束

货币发行国也无权干预。是真正的自由市场。这是离岸金融市场的关键特征。实际上，只要某个地方管制较松、税收优惠或地理位置优越，即使不存在巨量的资金积聚也能成为离岸金融中心。

5. 借贷业务涉及多种货币，且非市场所在国货币

具有独特的利率结构，成本较低，效率较高。欧洲货币市场的存款利率略高于国内金融市场，而贷款利率略低于国内金融市场。

6. 资金调拨方便，选择自由

市场所在国政府为吸引资金的积聚，扩大业务，往往给予充分自由的经营环境和许多优惠的措施。各金融机构设施精良，人才优秀，能够提供优质的服务。

四、欧洲货币市场的主要业务

欧洲货币市场的主要业务，是通过银行的存放款调剂资金的供求。

欧洲货币存款分两种：一种是通知存款，即隔夜至 7 天期存款，可随时发出通知提取；另一种是定期存款，分 7 天、1 个月、2 个月、3 个月、6 个月、1 年，最长可达 5 年，通常以 1 个月和 3 个月的短期存款为多，每笔存款的最低额一般为 5 万美元。欧洲

货币市场还流行可转让定期存单，期限以 1 个月、3 个月、6 个月期为多，也有长达 5 年的。这种存单的持有人在需要现款时可在市场上出售。1966 年，这种欧洲货币存单首先在伦敦市场上出现。1970 年，欧洲货币市场上还出现了欧洲商业票据的发行。

欧洲货币定期存款的交易金额一般至少为 100 万美元，数百万美元，上千万美元的交易也不少见。欧洲银行吸收的欧洲美元存款反映在它在美国国内银行的活期存款账上。货款亦以相似的方式进行，在伦敦的欧洲银行所贷放的 100 万美元贷款是通过它在美国银行的 100 万美元存款转移给借款人来实现的。由此可以看出，欧洲货币市场上的交易是以银行同业间划账为基础的。

在欧洲货币市场上发行的可转让定期存单通常有以下几种形式：

1. 龙头存单（Tap CDs）

是一种按需发行的存单，例如，一家欧洲银行需要筹集一笔金额较大的资金，就可发行这种存单。存单面额很大，而且只发行一种面额，如 100 万美元，500 万美元等。这种存单由发行银行直接出售。

2. 分档存单（Tranche CDs）

是一种分几档面额发行的存单。面额有大有小，各档不同，最小为 1 万美元，最大为 100 万美元。同一档面额的存单，其利率、发行日期，付息日期与存单期限都相同，期限一般是 3 ~ 5 年，投资者可以任意选购哪一档。这种存单对喜欢购买面额较小存单的投资者颇有吸引力。分档存单一般由发行银行委托经理银行公开出售。

3. 浮动利率存单（Faloating Rate CDs，FRCD）

这种存单按浮动利率计息。所谓浮动利率是指存单利率定期（如 6 个月）随市场利率变动而变动。例如，伦敦发行的欧洲美元存单，其利率通常按 6 月期 LIBOR + $\frac{1}{4}$%。存单面额为 25 万美元或以上。

4. 远期存单（Forward CDs）

这种存单实际上是发行银行与存款人之间的一份协议，约定在将来某一日期（如 5 年后某一天）由该存款人购买该发行银行那时发行的一种存单，这是为了回避英国关于可转让存单期限不能超过 5 年的规定而采取的一种方式。这种存单问题较多，因此并未推广使用。

在欧洲货币放款方面，也有两种：一种是银行同业之间的短期拆放；另一种是银行与非银行之间的短期信贷，以银行同业拆放为主，约占欧洲货币市场业务量的三分之二。银行同业短期拆放是银行间资金拆放的惯用形式，期限最短为隔夜，多则 3 个月，最长不超过 1 年。这种拆放主要是凭借贷双方信用，通过电话、电传成交，事后书面确认，无需签订贷款协议。利率一般以伦敦银行同业拆放利率（LIBOR）为基准，LIBOR

是根据几家伦敦主要银行上午 10:30 的相互间存款或放款利率，计算其算术平均数得出。这几家银行是由借贷双方进行协商，从伦敦市场上业务最大的 30 多家银行中选出，各主要银行的同业拆放利率报价不一，相差约为 1/16%。

银行与非银行之间短期信贷，是指欧洲银行向西方国家地方政府、市政当局、跨国公司和大工商企业提供信贷，解决它们短期周转的需要。利率一般也是参照 LIBOR 来确定。

欧洲货币交易的结算一般都在合同签订的两天后进行。标准的存贷期限是 1 个月、2 个月、3 个月、6 个月、9 个月以及 12 个月。此外，还有期限为 1 天的（即日交易）、1 周的（即周交易）和 2 周的交易。存款可在当日完成并在第二天到期，这叫隔夜存款。另一种相似的存款方式是在交易日的第二天交割，第三天到期。

同外汇交易一样，欧洲货币交易既能直接进行，也能通过经纪人间接进行。市场上有两种利率报价方式，一种是存款利率（Bidrate），另一种是贷款利率（Offer Rate）。两者间有一差价，经纪人向所撮合的借贷双方各收取一定数量的佣金。

由于欧洲货币的借贷是通过相关货币按其本国活期存款结转的方式来进行的，所以，它们与货币发行国国内存款的借贷有很大的替代性。然而，这种替代是不完全的，由于欧洲信贷是在非居民间进行的，因此，货币发行国的外汇管制或资本管制是欧洲存款的特有风险来源。为了与货币发行国国内存款竞争，欧洲银行必须支付更高的利率来补偿这种风险。例如，三个月期的欧洲美元存款利率一般要比美国国内可转让存单的利率高出 20 到 50 个基本点（欧洲美元存单市场规模比定期存款市场规模要小得多，其利率要比定期存款低 12.5 个基本点）。

欧洲银行专门从事数额巨大的欧洲借贷业务，所以它们有能力在同类存款上比货币发行国国内银行报出较高的利率。这种专业化业务经营还能降低欧洲银行的营运成本，同时还能使欧洲银行将其所持有的准备金调整到最优水平。与之相比，货币发行国国内银行都有其金融管理当局规定的准备金要求，从银行的角度来看，这种要求总是达不到最优水平，因为政府规定的法定准备金比率常常偏高。例如，如果商业银行需要在中央银行存放其总资产的 5% 作为储备资产，这部分资产并不生息，假定商业银行对其负债存款支付的利率为 11%，而从非储备资产贷款中获得的利率为 12%，那么在扣除固定成本之前的纯利息收入为 $0.95 \times 12\% - 11\% = 0.4\%$，而没有准备金时的纯利息收入为 1%，在没有规定法定准备金的情况下，商业银行持有储备的金额将依赖于其存款期限与贷款期限之对比以及从储备资产上和其他资产上获利之对比。当期限转换频繁或储备资产利率比其他资产利率高时，银行便会决定持有较多的储备。

在欧洲货币市场上，欧洲银行所面临的风险可以分为三种类型：

（1）资产使用的货币与负债使用的货币不一致时所产生的汇率风险。欧洲银行允许其交易员在交易时可以出现敞口头寸（Open Position），但对总体货币不一致的金额却有一个限制。通过即期外汇市场、远期外汇市场等交易，可以消除汇率风险。例如，某借款可以借入欧洲美元，即期买入日元，然后将日元以3个月期贷放出去，同时在远期外汇市场上卖出3个月期日元来消除美元与日元之间的汇率风险。

（2）因资产与负债期限不同而产生的利率风险。只有资产和负债两者的期限完全匹配，欧洲银行才能保证贷款利率总是高于所吸收的存款利率，从而能确保赢利。欧洲银行在银行同业市场上一般无需转换期限，但在欧洲信贷市场上却有期限转换问题。

（3）信用风险，即签约银行不履行合同的可能性。在银行同业市场中，银行的整体形象和所处的地理位置对其所能进行的交易金额影响很大。一般银行根据这两个因素对签约银行的交易金额加以控制，以便能有效地预防信用风险。对于其他客户，银行主要是通过仔细周密的信用评估以减少信用风险。

五、欧洲中长期信贷市场

随着世界经济的发展，国际金融业务不断扩展，欧洲货币市场的资金规模也日益增大。欧洲银行吸收的大量存款必须予以充分运用，这就为扩大欧洲信贷创造了条件。另一方面，对贷款银行来说，单靠提供短期信贷已不能完全解决其资金出路问题，从而迫使它转向提供中长期信贷。对借款人来说，为了筹资进行经济建设、资助大型工程项目以及应付其他国际支付的需要，也需借用中长期信贷。于是，从20世纪60年代后期开始，中长期信贷便在欧洲货币市场上出现。

进入20世纪70年代，欧洲中长期信贷开始迅速发展。这归因于在欧洲货币市场采用展期信贷（Roll-over Credit）。这是一种在短期资金的基础上提供中长期信贷、一笔中长期信贷是若干短期信贷的组合，在贷款期限内（如5年或7年），每隔一定时期（如三个或六个月），根据当时的市场利率调整、确定下一时期的信贷利率，这就是一种浮动利率贷款。

欧洲中长期信贷的贷款期限一般为1～10年，贷款利率为LIBOR加一定的加息率，加息率的高低取决于借款币种、金额、期限，借款人资信和市场资金供求情况等因素。对这种贷款，借贷以方都需签订贷款协议，有时还需借款方的政府、官方机构或金融机构担保。

欧洲中长期信贷还有一种形式，称为辛迪加贷款（Syndicated Loands）或银行贷款（Consortium Loans）。由若干家国籍不同的银行组成团向某一借款人提供金额大的贷款。银团贷款的优点是贷款银行共同合作，避免竞争，分散风险，而借款人则能在较短的时间筹措到独家银行无法提供的大金额长期资金。自20世纪70年代以来，银团贷款一直占欧洲中长期信贷较大比重，约占50%以上。它成为欧洲中长期信贷的主要方式。于是形成欧洲银团贷款市场。它是欧洲货币市场的一个重要组成部分。

第二节 国际债券市场

一、国际债券市场的含义

所谓国际债券市场，实际上是外国债券（foreign bonds）和欧洲债券（Eurobonds）二个市场的统称。外国债券是指外国借款人在某个国家的国内债券市场，发行以这个国家的货币为面值的债券。这种债券与该国国内债券的主要区别，就在于债券的发行人是本国居民还是非本国居民，欧洲债券是一种由国际辛迪加承销的国际债券，是指在债券面值货币国家以外的国家发行的债券。国际债券的交易实际上是分散在只有松散联系的各国的国际债券市场上进行的，它们之间的彼此联系，还不如它们之中每个市场与所在国的国内债券市场来得紧密。所以，并不存在一个统一的国际债券市场。一般所称的国际债券市场，是对处于世界各主要金融中心经营国际债券的市场的总称。

外国债券市场产生于20世纪70年代前后，当前最重要的外国债券市场主要位于苏黎世、纽约、东京、法兰克福、伦敦、阿姆斯特丹等地。最初，美国的外国债券市场业务量最大、地位最重要，近年来已被苏黎世外国债券市场超过了，这多少受了美国税收政策的影响。日本的国内债券市场虽然是世界第二个最大的市场，但它对于发行外国债券限制较严，大都只准许国际机构和外国政府发行，直到1979年才准许一家外国公司第一次发行外国债券。

二、国际债券市场的形成和发展

第一次欧洲债券的发行是在1963年7月，一家意大利国营控股公司（简称IRI）为其一个建筑高速公路的子公司（Autostrade）发行一笔总额为1 500万美元、债息率为$5\frac{1}{2}\%$、1972～1978年到期的担保债券，由当时伦敦一家著名的商人银行（S·G·Warburg）牵头，另约其他三家不同国家的银行充任经理共同负责承销。债券面值为250美元，采取不记名形式，债券按年付息，债券同时在伦敦和卢森堡证券交易所上市。这笔债券发行符合欧洲债券的传统定义。即：借款人用外国货币发行；由国际辛迪加承销；在借款人的国外推销；债券在证券交易所正式上市；采用不记名形式和债券免交任何税款。

从此以后，欧洲债券的发行，作为一条筹集中长期资金便捷有利的渠道，已为各国广泛采用。例如，在1963年，原西德开始对非居民持有国内马克债券征收25%的债息税后，就有第一笔欧洲西德马克债券的发行。同年，瑞士也第一次出现了欧洲瑞士法郎债券。1963 年末，日本有三家大公司第一次通过国际辛迪加发行可转换债券。次年，意大利公司第一次发行了附有购股证的欧洲债券，面值总额为 2 500 万美元，债息率 $5\frac{3}{4}\%$，期限 15 年，为当时一次数额很大的发行。1964 年，美国借款人也第一次进入欧洲债券市场，有三家公司分别发行英镑和西德马克双重货币债券、面值为美元的固定利率欧洲债券和可转换欧洲债券。1965 年第一次出现欧洲荷兰债券，1967 年第一次欧洲法国法郎债券进入市场。随着各国纷纷利用各种形式的债券发行在欧洲债券市场上筹资，许多国家的投资银行、证券公司等开始经营欧洲债券业务，因而一个相当完整的欧洲债券市场便开始形成。

欧洲债券是各国在严格管制本国资金外流，以及对证券发行课税和投资收益征收高税的环境下造成的。例如许多国家对非居民到本国债券市场来发行债券，要求很高，管理得严，文件繁多，费用很大，而且税收也很繁重，如印花税、利息所得税，资本增值税等，如果资金跨出国界，还常征收利息预扣税。债券筹款人和投资者除上列原因外，也可能因为本国债券市场太小，无法满足他们的需要。此外，欧洲债券一般都是不记名的，投资所得，可以保密，适合很多投资者的心态。

自从 1963 年第一笔欧洲债券发行以后，新发行量历年成倍增加，因而使欧洲债券市场逐步发展成为国际筹资的最大资金来源。促成这种情况的因素甚多，概括来讲，有这几个方面：

（1）由于欧洲货币市场的形成和发展，以各种币种发行的欧洲债券越来越广泛，除上面提到的美元、西德马克、瑞士法郎、英镑、荷兰盾、法国法郎等外，1972 年初又出现了以澳大利亚元和加拿大元为面值的欧洲债券。也有以欧洲货币单位（ECU）发行的欧洲债券。1977 年欧洲日元债券开始发行，在 1984 ~ 1985 年市场上又增加了奥地利先令的币种。

（2）为适应投资者的需要，债券市场上创造出多种新型的债券，如零息债券（Zero Coupon bonds）、浮动利率票据（Cf coating ratc notes）、双重货币债券（Dual-currency bonds）、可转换债券（Convertible bonds）等。

（3）为维护投资者的利益，防止借款资信有问题而使投资者蒙受损失，同时，也为了改进市场的经营管理体制，以及加强自律管理，分别于 20 世纪 60 年代末和 70 年代初成立欧洲清算体系（Euroclear）和票据交换中心结算体系（CEDEL）两个清算机构，1969 年又在瑞士苏黎世设立了“国际债券交易商协会（ALBD)”。这些机构的建立，对于欧洲债券交易的健康发展，发挥很大的作用。

（4）在 20 世纪 70 年代，国际筹资融资主要是通过辛迪加贷款方式，但采用这种方式筹措大额借款，费用较大，并缺少灵活性。由于欧洲债券发行成本较低，不受任何国家法律的管制约束因而手续较简；又因投资工具不断创新，收益较高，能满足投资者的不同要求；又因利率互换和货币互换新型衍生金融工具的出现，使债券发行人不必依赖于某一特定市场，因而筹资者纷纷转向欧洲债券市场集资。

欧洲债券虽然种类不少，但仍以一般债券即固定利率债券为主。在第二次世界大战后的10年内，美国成为经济实力最强的国家，欧洲借款人都到美国资本市场上去发行债券，因为那里的利率比当时大多数欧洲市场的利率低，因此扬基债券主要为欧洲借款人所发行。美国政府在1963年对其居民购买扬基债券开征利息平衡税，结果把外国借款人拒之于本国市场的门外，使他们转向欧洲债券市场。

在20世纪60年代，欧洲货币市场和美国资金市场的利率都平稳地保持在3%～7%之间，但在1969年美国利率剧烈上升，远超过Q条款所控制的上限，于是美国银行存款被大量提出，转投在欧洲美元存款或商业票据上，因为这些都不在Q条款的管制范围。同时，美国银行在国外开设分行，以期扩大吸收存款。所有这些因素，刺激利率急剧上涨，短期利率比中长期利率上升更高，造成投资者追求期限较短的工具谋利。如此一来，长期固定利率的投资，不受青睐，使一般商业银行无从筹资期限较长的债务而陷于困境。此时，一些发行欧洲债券的投资银行看到发行费用大大降低，为适应这种市场的情况，乃于1970年推出浮动利率票据。当时发行一般的欧洲债券，其金额为2 500万美元，而第一笔浮动利率票据竟为12 500万美元，当时可算是一笔数额特大的发行。此后若干年，这种票据的发行金额和重要性都在迅速增长。

在20世纪70年代，欧洲债券市场的债券币种，越来越多样化。澳大利亚元和加拿大元债券分别在1972年和1974年首次推出，1976年欧洲英镑债券在市场上开始增长，1977年欧洲日元债券逐步成为欧洲债券市场的一个主要品种。在这以前，外国借款人筹借日元资金，只能通过受到严格控制的“武士”债券市场，这条融资渠道一开，使国外筹资者可以很方便地获得日元资金。1977年，在浮动利率票据市场上对投资者，特别是对机构投资者，又推出一种叫做浮动利率定期存款单（Floating Rate Certificates of Deposit，FRCD）的短期投资工具。

在20世纪80年代，市场上不断出现投资工具创新。债券认购权证于1980年发行；债券与商品相联系——黄金担保债券——于1981年初露面：零息债券于1981年初推出；永久浮动利率票据（Perpetual Floating Rate Notes）也开始被采用。20世纪80年代初由于利率急剧上升，浮动利率票据的发行非常盛行，成为欧洲债券市场的主要部分。拉丁美洲产生债务危机后，西方商业银行提供银团贷款非常审慎，浮动利率票据的购买者虽然也对票据发行人的资信要求提高，但仍是一条国际借款人较为便利地获得资金的渠道，因而它远远超过银团贷款。1984年，美国撤销对非居民投资者征收30%的利息预扣税的法令，美国借款人可以直接对非居民投资者发行不记名债券。这种自由化政策于1985年传播到其他市场，特别是日元和西德马克市场。日本的武士债券市场对外国借款人开放，对发行欧洲日元债券的限制全部消除，只要其资信为A级，都可发行欧洲日元债券，包括与日元有关的“互换”发行，同时也第一次准予发行零息债券和浮动利率票据。

永久浮动利率票据大都由商业银行发行，因为是不规定最后到期日的，因而支付比LIBOR较高的利差，对发行人来说，大部分都规定有购回的选择权。因其性质类似股票可被看作为原始资本。这种永久性的债务凭证，又多为银行所购买。

在欧洲债券市场上，各国政府和国际机构发行的债券被看作是决定市场价格的基准。大部分公司债券都缺少流动性，因为公众投资者向来是美国一些著名大公司发行债券的主要购买者，买进就是为了保值，不轻易转让，所以不利于流通。

1987年10月爆发了世界股市大崩溃，这对欧洲债券市场，特别是对欧洲美元债券市场，影响极大。因股票跌价，影响到欧洲债券发行人的资信。使欧洲债券价格下降。在东京股票市场迅速上升时期，日本公司经常发行附有股票认购权证的欧洲债券，即给予投资者有购买发行公司一定数额股票的权利。股票市场大崩溃，东京股票交易骤降，使认购权证的价格下跌40%，发行市场一度停止，二级市场受到很大损失。

随着世界经济的一体化，证券国际化是大势所趋。作为各国筹措中长期资金一个重要场所的欧洲债券市场，无疑将具有广阔的发展前景。

三、国际债券市场的类型

国际债券市场可以分成为两大类：外国债券市场和欧洲债券市场，它们各有其不同的特点。两类市场又可按不同标志再分成许多单独市场。如按国别来分有美国外国债券市场，英国外国债券市场、日本外国债券市场等；如按币种来分有欧洲美元债券等；如按工具种类来分有固定利率债券市场、浮动利率债券市场、可转换债券市场等。

1. 外国债券市场

当今经济发达的国家，一般都有国内债券和外国债券两个市场。

有些外国债券市场拥有为国际金融界所广泛使用的名称，例如在美国发行的外国债券叫“扬基债券”（Yankee Bonds），其交易的市场即称为“扬基债券市场”；在日本发行的外国债券叫“武士债券”（Samurai Bonds），市场即称为“武士债券市场”；在伦敦发行的外国债券叫“牛头狗债券”（Bulldog Bonds）其市场也就叫“牛头狗债券市场”。外国债券也可以包括以外国货币为面值的在国内发行的债券，例如“将军债券”（Shogun Bonds），一种在东京发行的外币债券。

扬基债券市场原是世界上一个最大和最重要的外国债券市场，外国借款人纷纷到纽约债券市场去发行债券，以筹措大量资金。借款人包括外国政府或公共机构、国际机构如世界银行和外国大公司。但自美国在1963～1974年期间征收利息平衡税后，欧洲借款人在纽约市场发行扬基债券，要支付比市场较高的利率，市场的发展因此受了很大的影响。

发行扬基债券必须遵照美国1933年证券法的规定注册登记，并须符合美国证券交易委员会（SEC）公告有关情况和资料的要求。如债券在纽约证券交易所上市，还须根据1934年的证券交易所法申请注册。

扬基债券发行习惯上由标准普尔公司（Standard and Poor's Corporation）或摩迪投资服务公司（Moody's Investors Services Inc）进行评级，扬基债券市场对借款人资信要求很严，只有被评上AAA级才算合格。对购买扬基债券的外国投资者，不征收利息预扣税，扬基债券在二级市场上的流动性较欧洲美元债券为高，买卖差价较小，交易是通过经纪商在场外市场进行的。

英国在1979年以前，长期厉行外汇管制政策，因而外国债券市场并不存在。1979年10月，撤销外汇管制后，英国债券市场开始向外国借款人开放。丹麦政府当即在伦敦债券市场上发行了第一笔外国债券，总额为7 500万英镑，年利率为13%，2005年到期。这笔债券被称为“牛头狗债券”，因而其市场即命名为“牛头狗债券市场”。此后，许多外国政府、国际机构和外国公司相继在伦敦发行债券，英国的外国债券市场便就逐步兴旺起来。但是，总的说来，牛头狗市场在英国债券市场中所占的份额不大，而且也没有欧洲英镑债券市场发展得快。

日本的国内债券市场现已成为世界上仅次于美国的第二大市场，日本的国民储蓄率很高，所以在当今四大外国债券市场（纽约、苏黎世、法兰克福和东京）上，武士债券市场发展得最快。日本政府对外国人进入本国债券市场一直有所限制，至1970年末才开始准予发行武士债券，而且大多只限于外国政府和国际机构，直至1979年，才有一家外国公司第一次在日本市场上发行外国债券。但自1984年7月日本政府放松管制以后，债券市场活动有了较速发展。在1985年日本政府为了促进日元国际化和金融自由化，进一步放宽对武士债券市场的管制，取消了对新发行量和金融的任何限制，同时牵头经理也不限于非日本证券公司不可。这些放松措施也适用于欧洲日元债券的发行，但对发行人的条件仍有较高要求，特别是对公司借款人，只限于有A级资信以上的跨国公司才具有发行资格。

2. 欧洲债券市场

欧洲债券是一种由国际辛迪加承销的国际债券，它是在面值货币国家以外的国家发行。例如，比利时发行面值为美元的债券，它不在美国发行而在其他国家或地区发行，而且承销业务不是由美国国内银行经营，而是由比如说，英国、法国等银行，或许也包括美国银行的海外分行组成的辛迪加来进行。债券的面值以哪一国家的货币来标价，就叫作这种货币的欧洲债券，每种币种债券的交易，形成各自的单一市场，但以欧洲债券市场统称。

欧洲债券具有如下几个特点：

（1）它是一种境外（External）债券，不在面值货币国家发行，通常同时在几个国家的资本市场上发行。

（2）大多数国家对发行欧洲债券不需要办理报批手续或要求发行人公布内部情况和资料的条件，也不限制发行时间或数额。

（3）欧洲债券的发行和销售，都经由各国银行组成国际辛迪加承办。

（4）欧洲债券一般都免交利息预扣税及所得税等；如果哪一国家要对债息的支付征收预扣税，则债券契约上的规定利率一般要提高相同的比率，从而使投资者所得的利息净收入不受损失。

（5）大多数欧洲债券不记名，投资者的投资情况及其收入，可以保密，以利于避免纳税或其他原因，因而对许多投资者有较大的吸引力。

（6）欧洲债券市场的机制与欧洲信贷市场也有所不同。

如在欧洲信贷协定上，借款人须承诺保持一定的资本/资产的比例，或遵守与 IMF 的协议，如不照办，则不管他是否仍按时还本付息，在法律上可作为违约看待。而欧洲债券的购买者一般不卷入借款人的财务问题，对欧洲债券来说，投资者对借款人如何处理其财务情况，没有发言权，只有不按时付息或还本时，才作为违约论。所以投资者不会去买财务情况不佳的借款人发行的债券，而只购买低信用风险的债券。

另外，在欧洲债券市场上发行债券，虽然通过银行金融机构实现，但投资人与借款人之间直接形成债权债券关系，债券本身就是凭证。但在欧洲信贷市场上，投资者与借款人之间没有直接的债权债务关系，而由银行担当中介机构。

而且，在欧洲信贷市场上，除一部分可转让存款单外，一般的存款不能自由转让。但欧洲债券有活跃的二级市场，债券可以自由转让；

（7）大多数国内债券一般都是每半年支付一次利息。但欧洲债券的付息间隔一般是每年支付一次，这是因为投资者遍布世界各地，需要节省分发利息的费用。

欧洲债券主要包括以下几种类型：

（1）固定利率债券。（2）浮动利率债券。这种债券的基准利率一般为 LIBOR。（3）可转换债券。这种债券在一定限制下可转换成股票。（4）附认股权证债券。（5）选择债券。债券持有人在一定条件下有权按预先指定的汇率将债券的面值货币转换成其他货币。（6）零息债券。（7）双重货币债券。即在发行和付息时采用一种货币，但在还本时采用另一种货币，两种货币间的汇率预先设定。（8）全球债券。即在全世界各主要资本市场上同时大量发行，并一般可以在这些市场间自由交易的债券。

复习思考题

1. 欧洲货币市场的含义及其特点。
2. 简述欧洲货币市场的主要业务。
3. 简述在欧洲货币市场上，欧洲银行所面临的风险。
4. 外国债券和欧洲债券的区别。
5. 简述欧洲货币市场的形成历史。

第五章

股票市场

本章摘要

本章首先给出了股份公司、股票的含义及其分类，给出了股票市场的基本作用、影响股票价格的基本因素，然后分别阐述了股票一级市场和二级市场的基本状况。

关键词

股票　股价指数　一级市场　二级市场

第一节　股票市场的特征

作为期限在一年以上的金融资产的交易市场，资本市场包括银行中长期存贷款市场和证券市场两部分。不过，习惯上将银行中长期存贷款与短期存贷款合称银行信贷市场，并将其归类到货币市场的范围内。因此，通常的资本市场指的是证券市场，它包括股票市场和债券市场两部分。

一、企业的分类

作为生产过程的组织机制，企业可以划分为独资企业、合作企业和合资企业等几大类。

合资经营企业（简称合资企业），属于股权式合营企业，由参股各方共同投资、共同经营，并依据参股数量共担风险，共负盈亏。合作经营企业（简称合作企业），则是依照共同签订的合作经营合同来划分合作各方的权利和义务。合作各方的投资或合作条件、收益或者产品的分配、风险或亏损的分担以及经营管理的方式或合作企业终止后的归属等事项，均应在合同中订明。组织形式上可设立具有独立法人资格的合作企业，也可只是合作各方订有合同的合作项目。

合作企业与合资企业的主要区别在于：合作企业不一定用货币计算股份，也不一定按股权比例分享收益，而是按照协议的规定确定投资的比例和方式以及分配的比例和方式。

合资企业又可以划分为有限责任公司和股份有限责任公司两种类型。它们均具有法人资格。但只有股份有限责任公司才有发行股票的资格。所以，可以将股票定义为：由股份有限公司依法签发的、能够证明其合法持有人股东身份的有价证券。

在人类社会的经济发展史中，股份公司、股票和股票市场的出现具有划时代的意义。正是在其基础上，最终确立了符合社会化大生产的、社会效率相对说来较高的现代企业组织形式；开辟了企业在债务关系之外迅速筹集资本的新途径；同时又为社会公众提供了以收益较高、风险较大为基本特征的金融资产。

二、股票、股份公司以及股票市场的形成和发展

股份公司的资本以两种形式出现，一是现实的职能资本或实业资本，在公司的营运中发挥着循环周转的职能，为企业和社会不断地创造着财富；二是活跃在证券市场上、以股票形式出现的虚拟资本。虚拟资本本身并不能创造财富，它只是一种说明其合法持有者参与企业投资从而有权获得红利的证书。

股份公司将企业的资本分为金额相等的若干单位，即所谓“股份”，由投资者拥有，按持股多少分担权利和义务。在此基础上形成一套股东大会、经理阶层、监事机构三足鼎立的企业管理体制，实现所有权同经营权的分离。由于股份企业采取发行股票的方式向社会公众公开筹募资金，从而能满足生产规模得以充分扩大的需要。

股份公司的起源，可追溯到 17 世纪的英属东印度公司的创立。后来随着产业革命的发展，尤其是需要巨额投资的交通、动力等行业的发展，以及市场规模或容量的不断扩大，以社会共同投资为基本特征的股份制度成为一种必然的趋势。

在股份制度的发展初期，曾出现过度狂热的股票投机风潮，于是与股份公司有关的各种法令，诸如有限责任制、自由转让制、公司登记法、公司破产法等等相继出台。至 19 世纪初，股份制度已经逐步完善。证券市场也在股票的低面额化过程中逐渐形成。到了 19 世纪 60 年代以后，一些资本主义国家基本上完成了工业化，股份制度最终成为在工业市场社会中占统治地位的集资方式和管理体制。

三、股票的性质

股票是代表股权的一种有价证券。投资者认缴股款持有股票后，即成为公司的股东，可以行使法定的股东权。因此，股票具有产权证书的性质。

股票为要式证券，必须于股份公司办妥设立登记后始得发行。股票的制定亦必须依照法定的格式。按照公司法，一张股票通常必须载明如下事项：（1）发行该股票的公

司名称；（2）标明是普通股或是优先股字样；（3）公司股份总额及每股的面额或占总股本的比例；（4）公司设立登记的日期及变更登记的日期；（5）股票发行的年月日；（6）股票编号；（7）董事长、常务董事等三人以上负责人的签名盖章及公司的公章。

股票不能退回，但可自由转让。股权自由转让制度一方面使股票具有流动性，可吸引更多的股票投资者，另一方面使公司资本的稳定性不受影响，保证企业的组织生命可以无限期地延续和发展。也使得股东财产所有权与法人财产所有权的分离更为可能。

四、股票的种类

一般地，可将股票分为普通股与优先股两类。

普通股股票是公司最先发行的一种（股票）证券，也是公司的基本股票或典型股票。它构成公司资本的基础。普通股持有人是股份公司的基本股东。

与普通股股东相比，优先股股票的持有人在分配股利方面，以及在公司破产时对资产的清偿方面均具有优先的保证。

具体地说来，普通股同优先股的差别主要体现在如下几个方面：

（1）在公司盈余的分配方面，优先股的股息是固定的，公司须在首先分派给优先股之后，再分派与普通股。普通股的股息是不确定的。换个说法，优先股具有票面股息率，但普通股没有票面红利率。

（2）在公司破产或解散时对剩余财产的分配方面。普通股须在对优先股分配完之后才有权参与分配。即优先股东具有剩余财产的优先分配权。

（3）在对企业经营参与方面。普通股的股东一般有出席股东大会，参与表决和选举董事等权利，从而对公司的经营管理有一定的发言权。即普通股股东具有重大决策的参与权，而优先股则没有这种权利，除非企业的决策涉及优先股东的合法利益。

（4）在对公司增资扩股方面。普通股股东享有优先认股权，而优先股股东则没有这种权利。

因此，归纳起来，普通股的股东享有股份公司的重大决策参与权、利润分配权、优先认股权和剩余财产的分配权。而优先股的股东较普通股的股东仅享有优先利润分配权和剩余财产的分配权，但不享有优先认股权和股份公司的重大决策参与权。

发售优先股既能扩大经营资金的来源，又可避免授予股票持有人以参加管理公司的权利。而且，当公司财务情况恶化不能发放股息时，优先股股东也不能像债权人那样对公司诉诸法律。

普通股的股东依据股东财产所有权享有股份公司的重大决策参与权，而股份公司依据企业法人的财产所有权享有企业的日常经营决策权。一个完整的产权包括资产的占有、处置、使用和收益四个方面的权利内容。投资者使用自己拥有完全产权的资金购买债券相当于在一定期限内并在一定的条件下转让了资产的使用权。利息便是转让这笔资金使用权的价格。若投资者使用自己拥有完全产权的资金购买股票则相当于将资产的占有、处置和使用三个方面的权利内容各出让了一部分。我们称所出让给企业法人的这部分产权为企业法人的财产所有权，并将保留下来的那部分产权称为股东财产所有权。法律规定不能退股，即股东不能要求法人退回所出让的那部分产权，但可以转让所保留下来的那部分产权，即可以转让股权的方式实现赎回完整产权的目的。

优先股可分为可转换优先股和可赎回优先股两种类型。可转换优先股的股东在规定的期限内，在一定的条件下可以按照一定的转换比例把优先股兑换成普通股。可赎回优先股赋予发行企业在规定的期限内，在一定的条件下按照一定的价格赎回优先股的权利。

优先股又有累积优先股与非累积优先股、参与优先股与非参与优先股之分。凡规定当年未分派股息，或分派的股息未达到原定的股息率，其不足部分可以累积到以后年度一并分派者，称为累积优先股。凡规定不能累积至以后年度者，称为非累积优先股。当公司按照规定的股息率分派给优先股股东，并按相同比率分派普通股股东后仍有多余可分配利润的时候，如果优先股股东可以继续与普通股股东同时参加剩余盈利的分派者，称为参与优先股；不能继续参加剩余盈利分派者，称为非参与优先股。

五、股票投资的收益

股票的投资收益来自于持有股票期间定期获得的股利收入以及低价买入高价卖出的资本利得收入。

股利是股东依据其所拥有的公司股份从公司所分得的收益。股利的分配一般是对当年盈余的分配。此外，当公司法定盈余公积金超过一定比例的时候，公司也可用其中的一部分进行股利分配。

各国公司法对公司分配股利一般都有较为严格的限制。这些限制主要是：（1）当公司的流动资产不足以抵偿到期应付债务时，不得分配股利；（2）只能用税后利润进行分配；（3）公司必须保持足够的盈余公积金后才能分配股利。例如，在我国，企业税前利润的分配顺序一般是这样的：首先可以用税前利润弥补最近一定年度内的亏损；若有剩余便应交纳企业所得税；然后可弥补一定年限之前在税前没有弥补完的亏损；若有剩余再按规定提取法定盈余公积金、公益金和任意盈余公积金；然后形成可分配利润；分配结束以后的剩余利润叫做未分配利润。可见，无论是普通股还是优先股的股东，都不具有确定的投资收益保证。

严格地说，股利包括股息和红利两部分。优先股股利的发放方式一般采用股息，股息率是固定的。而普通股东的收益则通常采用分派红利形式，红利率的高低并不事先约定，完全取决于公司当年的盈利状况以及股东大会的决议。

公司以当年度可分配利润分配的股利，大都是用货币支付的，这叫现金股利。但也常有用股票偿付的，这叫做股票股利。在我们国家习惯上叫做送股。这就是公司将红利分配金转入资本，发行与其金额相等的新股票，按股东持股比例进行分配。对于公司来讲，支付股票股利可以防止资本外流，有利于扩大公司资本总额。对于股东个人来讲，如果正当股价行市看涨阶段，股票股利可以使股东得到高于现金股利的收益。但是，支付股票股利会增加股票数量，加重公司今后股利分配的负担。此外，公司也有用现金以外的财产来抵付股利的，这叫财产股利，亦称实物股利。财产股利通常是以公司所持有的其他公司的各种证券进行分配，个别情形下也有用实物分配的。

公司也可以历年积累的未分配利润分配股利，即动用盈余公积金转增股本。

如果投资者在股市上以低价购进、高价抛出、则会得到一笔价差收益，这即是资本增值或资本利得。当股市的波动符合预期时，股票投资者往往可以获得很大的收益。不过，在事与愿违的时候，投资者便会遭受很大的资本损失。

从短期来看，资本利得经常是股票投资的主要收益来源。不过，考虑到红利分配的预期是股票价格上涨的主要依据，因此，从长远的角度来看，红利分配是股票投资的基本收益来源。维持一个市场可接受的红利分配水平应该是上市公司经营的最低目标。

六、股票市场的功能

1. 筹集长期资本

上市公司通过股票市场发行股票来为公司筹集资本。上市公司将发行股票的事宜委托给证券承销商，证券承销商在股票市场上代为发行股票给投资者。而随着股票的发行，资本就从投资者手中流入上市公司。

在现代经济社会中，企业向社会筹集长期资本通常有三种方式：一是银行贷款，二是发行公司债券，三是发行股票。这三种方式各有其适用性，也各有其缺陷。银行贷款和发行公司债券均属债务融资，不论企业经营成效如何，都必须按期还本付息，不仅资金成本较高，占用资本的期限也不能足够地长。利用股票筹资则可长期占用资本而无需还本付息。从而降低了融资企业的财务风险。

2. 提供股票投资的流动性

股份公司是以资本入股形式建立的企业。为使公司资本的稳定性不受影响，也为使公司所需的巨额资金容易筹集，股份公司均实行股份资本不退股，但允许自由转让的原则。并在股东责任以出资额为限的基础上，大力推行股票的分散化和小额化。

股票流通市场的存在，是上述原则和措施得以顺利实施的条件。通过股票市场上股票的频繁交易，公司资本的所有权发生不断转换，这即使股东可以随时收回自己的投资，又保持了公司职能资本的完整性和长期性。

而且，在法人注册资本相对稳定的基础上，资本所有权的频繁变更使得股东财产所有权和法人财产所有权的相对分离更加容易，法人经营的独立性更为可能，促进了生产和投资的职业化、专业化管理，提高了整个社会的生产效率。

因此，股票市场为股票的流通转让提供了场所，使股票的发行得以延续。如果没有股市，我们很难想象股票将如何流通，这是由股票的基本性质决定的。当一个投资者选择银行储蓄或购买债券时，他不必为这笔钱的流动性担心。因为无论怎么说，只要到了约定的期限，他都可以按照约定的利率收回利息并取回本金，特别是银行存款，即使提前去支取，除本金外也能得到少量利息，总之，将投资撤回、变为现金不存在任何问题。但股票就不同了，一旦购买了股票就称为了企业的股东，你便不能要求发行企业赎回。如果没有股票的流通与转让场所，购买股票的投资就变成了一笔死钱，即使持股人急需现金，股票也无法兑现。这样的话，人们对购买股票就会有后顾之忧，股票的发行就会出现困难。有了股票市场，股民就可以随时将持有的股票在股市上转让，按比较公平与合理的价格将股票兑现，使死钱变为活钱。

3. 积累和转化资本，增加整个社会资本的总规模

积累资本的功能指的是将社会上分散的小额资金集中为巨额资本，以满足规模宏大的工商企业投资的需要。投资于股票的小额资本来自于两个方面，一是吃利金者的资本，另一方面是再生产过程中游离出来的闲置资本。

转化资本的功能是指将非资本性的货币资金转化为生产资本。例如工资收入、保险费收入、退休养老年金收入等，本来不是资本，但在股票市场上这些货币资金都可以转化为资本。

实际上，除了股票投资外，银行信用、债券市场等都具有积累和转化资本的功能。但相比之下，购买股票是一种风险性更强的投资，股利或资本利得收入往往高于储蓄存款和债券利息，股票投资往往更具有吸引力。因此，股票市场的积累和转化资本的功能能够更广泛和更深入地动员闲置资金，提高整个社会的投资率。

4. 将一部分短期资本长期化，增加了整个社会长期投资的资金来源

股票市场的高度流动性，能够吸引一部分短期资金购买股票，从而提高了整个社会的实业投资能力。

实际上，股票市场的高度流动性，为长短期资金提供了相互转化的途径，使得资本市场和货币市场联结成一个有机的整体。

5. 决定单位注册资本的价格

股票的价格由股票的供求决定，需求增大，供给减少，股价则上涨；供给增大，需求减少，股价则下跌。股票市场一般具有透明高效的价格生成机制，由股票市场所产生

出来的资本价格反映了市场对其价值的共识，相对更为准确合理。

股票市场决定股价的功能具有十分重要的意义，它一方面能够反映企业经营的好坏，社会经济形势的变动，另一方面能够引导社会的投资方向，提高整个社会的资源配置效率。

在股市中，由于股价的走向取决于资金的运动。资金实力雄厚的机构大户就能在一定程度上影响甚至操纵股价的涨跌。他们可以利用自身的资金实力，采取多种方式制造虚假的行情而从中获利，因而使得股票市场有投机的一面。但这并不能代表股票市场的全部，不能反映股票市场的实质。

对于股票市场上的投机行为要进行客观的评价。股票市场上的种种投机行为固然会对股票价格的合理确定产生很大的负作用，但不可忽视的是，投机活动也是股票市场存在和发展的一个不可缺少的条件。我们应该认识到，正是由于投机活动有获得暴利的可能，才刺激了某些投资者，使其将资金投入股票市场，从而促进资本的大量集中，使货币资金转化为资本。

6. 股票市场的长期性趋势是整个国民经济变化的晴雨表

股票投资者购买的是企业的未来，而不是企业的现在，更不是企业的过去。股票市场价格的长线变动反映了投资者对股份公司未来前景判断的变化。由于股票市场信息的相对完全和对称，以及机构投资者的专业和高效，股票市场对企业前景的判断具有相当的准确性，由股票市场所形成的股票价格一般也能准确地反映企业的长远价值。再考虑到股份公司均为一个国家或地区的精英骨干企业，它们足以代表所在国家或地区的整体经济实力和发展前景。因此，股票市场的波动总是比国民经济的变化先行一步。股票市场成为分析判断国民经济前景的重要窗口。

7. 股票市场为投资者提供了避险的重要渠道

就一般企业资产负债的风险管理来说，股票市场为企业风险管理者规避系统性风险和非系统性风险提供了方便的平台。风险管理者可以在股票市场上通过调整投资组合的比例或结构内容的方式实现自己的风险管理目标。

股票市场是股份制度赖以确立的基础。股份制度实现了实业投资的社会化，降低了投资者的风险畏惧感，促进了实业投资的增长。

8. 股票市场建立了一种独特的监督评价企业的机制

为实现国营企业经营效益提高的目标，除了需要企业转变经营机制，拥有真正的自主权外，还必须有优胜劣汰的竞争机制：产品以及劳务市场的竞争。但是，仅这部分竞争机制仍不够全面，企业未来的潜在能力到底如何通常要由资本市场来评价。通过股票市场的股票价格和交易量来反映整个社会对上市公司业绩（特别是未来业绩）的评价，将对企业产生强大的优胜劣汰压力。这是资本市场的一项重要功能。

第二节 股票价格的生成

一、股票理论价值的确定

一般来说，投资者在买卖股票前，都要评估一下股票的价值。也就是要确定股票的理论价值，以便判定目前该股票的市场价格是否合理。如果股票价值远超过市场价格，就说明该股票价格被低估，具有上涨的潜力，投资者可以考虑买进；如果股票价值远低于市场价格，就说明该股票价格被高估，具有下跌的可能，投资者可以考虑卖出。

进行股价评估，首先得估计出相应股票投资可能给投资者带来的收益及其可能让投资者承担的风险。

股票投资的收益主要来自两个部分。其中一是公司派发的股利；二是股票买进与卖出之间的差价利润（也称资本利得）。不过，若考虑到买方和卖方的收益都来自于股息和资本利得，则长远动态地看，股票投资的收益来源其实只有一个，那就是股息收入。正是由于这个原因，通常我们在确定股票理论价值的时候，总是假定持有股票的期限无限长，从而排除了资本利得这个因素，只考虑股息收入对股票价值形成的影响。

股票投资的风险则要复杂得多，主要包括利率风险（指的是市场利率变化引起股价波动，从而影响投资报酬的风险）、购买力风险（又称通货膨胀风险，指的是由于物价水平变动而导致的股票实际收益率的变化）、经营风险（指的是由于股票发行公司经营不善或公司所处的外部环境发生不利变动，导致公司盈余减少，从而影响股利发放或引起股价下跌致使投资者蒙受损失的风险）、财务风险（指的是过分负债导致破产的风险）、政治风险（指的是政治动荡不安导致企业经营环境的恶化）、经济景气风险（指的是宏观经济的周期性波动对企业效益的影响）等。

然后，在充分考虑了所有的收益与风险的情况下，我们就可以将股票的内在价值具体化、数量化。其中最基本的股票内在价值数量化方法就是净现值方法。

由于股价评估的目的是判定目前的市场价格是否合理，因此必须把未来可能带给投资者的报酬予以折现，这样才能在相同时点上相互比较。净现值方法就是按照某一折现率把股票发行公司未来各期盈余或股东未来各期可以收到的现金股利折现成现值，并求和，从而用该现值和作为普通股的内在价值量。

净现值股价确定方法的难点在于折现率的选定。理论上，应该把类似风险投资的期望报酬率作为折现率，其含义相当于从证券市场线求得的期望报酬率。因为证券市场线正是显示了个别证券或投资组合的期望报酬与其风险的关系。显然，某种股票的风险越大，折现率也应越大；风险越小，折现率也越小。当然，也可以依据 APT 确定出风险资产的均衡收益率来。

（一）净现值估价方法的基本模型

股票的基本估价模型分两种情形：

1. 永久持有的股票评估模型

$$P=\frac{D_1}{1+i_1}+\frac{D_2}{(1+i_2)^2}+\frac{D_3}{(1+i_3)^3}+\cdots+\frac{D_n}{(1+i_n)^n}+\cdots \tag{5.1}$$

上式中，P 为普通股每股的现值，D_n 为第 n 期的股利，i_n 为投资者对第 n 期的期望报酬率（即折现率）。

上式中，每一期的股息及其折现率都可以取不同的值。若假设它们都是常数，例如每期的股息均为 D，折现率均为 i，那么上式可简化为：

$$P = \sum_{t=1}^{\infty} D\left(\frac{1}{1+i}\right)^t = \frac{D}{i} \tag{5.2}$$

例 5.1　假定某股票未来每年的现金股利均为 2 元，投资者的预期投资报酬率恒定为 16%，则该股票的理论价值为：

$$P=2\div 0.16=12.50\text{元}$$

由于普通股每年的股利不可能一直不变，因此这一零成长率的股票价值模型只是在股利政策比较稳定的普通股估价和优先股分析时采用。

2. 有限持有期的股票评估模型

在现实环境中，投资者不会永久持有股票。这时，式（5.1）必须做一些必要的修正：

$$\begin{aligned}P &=\frac{D_1}{1+i}+\frac{D_2}{(1+i)^2}+\frac{D_3}{(1+i)^3}+\cdots+\frac{D_n}{(1+i)^n}+\frac{P_n}{(1+i)^n}\\ &= \sum_{t=1}^{n}\frac{D_t}{(1+i)^t}+\frac{P_n}{(1+i)^n}\end{aligned} \tag{5.3}$$

其中，P_n 为 n 期末股票的预期出售价格。

上式说明，投资者若在第 n 期出售股票，那么普通股价值就等于第 1 期至第 n 期的每股股利之现值加上第 n 期股票售价的现值之和。

例如，如果仅持有一期，则有：

$$P=\frac{D_1}{1+i}+\frac{P_1}{1+i}$$

如果持有两期，则有：

$$P=\frac{D_1}{1+i}+\frac{D_2}{(1+i)^2}+\frac{P_2}{(1+i)^2}$$

例 5.2 某投资者拥有一家上市公司发行的股票 15 万股，每股面值为 1 元。该公司近两年的每股股利收益率为 15% 左右。经分析预测认为，在未来的三五年内该公司的业绩足以维持这一 15% 的每股股息率。而在三年后该公司股票的市盈率很有可能达到10 倍左右，届时该投资者将售出其全部持有的股票。

假定该股票所适用的折现率为 9%，则该投资者这 15 万股股票的市场价值为：

$$P=\sum_{t=1}^{3}\frac{15\times 15\%}{(1+9\%)^t}+\frac{15\times 15\%\times 10}{(1+9\%)^3}=23.0699\ (\text{万元})$$

（二）股利固定增长估价模型

这一模型的预期股利每年会以固定的百分比增长。例如假定股利增长率为 g，则有：

$$P=\frac{D_0(1+g)}{(1+i)}+\frac{D_0(1+g)^2}{(1+i)^2}+\frac{D_0(1+g)^3}{(1+i)^3}+\cdots+\frac{D_0(1+g)^n}{(1+i)^n}+\cdots \tag{5.4}$$

若假定股票持有期限有限，例如为 n 年，则上式可进一步简化为：

$$\left[\frac{i-g}{1+g}\right]P=D_0\left[1-\frac{(1+g)^n}{(1+i)^n}\right]$$

但在无穷持有期限下，若假设股利增长率低于一般期望投资报酬率，亦即 $g<i$，则上式右边括号内值趋向于1，（5.4）式就可简化为：

$$P=\frac{D_0(1+g)}{i-g}=\frac{D_1}{i-g} \tag{5.5}$$

（5）式是一个被广泛运用的股利估价模型。

当然，若投资者并非无限期持有股票，则在其持有期为 n 的情况下，（5.4）式需修正如下：

$$\begin{aligned}P&=\frac{D_0(1+g)}{1+i}+\frac{D_0(1+g)^2}{(1+i)^2}+\frac{D_0(1+g)^3}{(1+i)^3}+\cdots+\frac{D_0(1+g)^3}{(1+i)^n}+\frac{P_n}{(1+i)^n}\\&=\sum_{t=1}^{n}\frac{D_0(1+g)^t}{(1+i)^t}+\frac{P_n}{(1+i)^n}\end{aligned} \tag{5.6}$$

（三）变动型股利增长率的普通股评价模型

在前面几个股票定价模型中，为了便于计算和说明问题，附加了许多约束条件，如股利增长率固定、投资报酬率固定及 $g<i$ 等。但在实际情况下，这些条件不一定满足。下面介绍股利增长率不固定条件下的股票估价模型。

假设股利增长率在一定时期内首先维持在一个异常高或异常低的水平（如为 g_1）；其后恢复为正常增长率（如为 g_2）水平。则股票定价模型如下：

$$
\begin{aligned}
P &= \sum_{t=1}^{n} \frac{D_0(1+g)^t}{(1+i)^t} + \frac{P_n}{(1+i)^n} \\
&= \sum_{t=1}^{n} \frac{D_0(1+g)^t}{(1+i)^t} + \sum_{m=n+1}^{\infty} \frac{D_m}{(1+i)^{m-n}} \cdot \frac{1}{(1+i)^n} \\
&= \sum_{t=1}^{n} \frac{D_0(1+g_1)^t}{(1+i)^t} + \sum_{m=n+1}^{\infty} \frac{D_n(1+g_2)^{m-n}}{(1+i)^{m-n}} \cdot \frac{1}{(1+i)^n} \\
&= \sum_{t=1}^{n} \frac{D_0(1+g_1)^t}{(1+i)^t} + \frac{D_{n+1}}{i-g_2} \cdot \frac{1}{(1+i)^n} \qquad (5.7)
\end{aligned}
$$

例 5.3　某公司目前（即第 0 期）的现金股利为 2 元；股东的预期报酬率为 16%；未来 5 年中股利的超常态增长率为 20%，在第 5 年结束后股利会恢复到正常增长率 10% 的水平。则有：

$$
\begin{aligned}
P &= \sum_{t=1}^{n} \frac{D_0(1+g_1)^t}{(1+i)^t} + \frac{D_{n+1}}{i-g_2} \cdot \frac{1}{(1+i)^n} \\
&= \sum_{t=1}^{5} \frac{2(1+0.20)^t}{(1+0.16)^t} + \frac{2(1+0.20)^5(1+0.10)}{0.16-0.10} \times \frac{1}{(1+0.16)^5} \\
&= 2.069 + 2.14 + 2.214 + 2.29 + 2.37 + 91.238 \times 0.476 \\
&= 54.51 \text{（元）}
\end{aligned}
$$

（四）留利固定的股票评估模型

在现实生活中，公司的盈余除了用于派发红利外，还得保留一部分用于再投资，以求企业的不断发展。

1. 留利额固定模型

令 E 为每股税后纯利润；r 为留利再投资的收益率；D 仍为现金股利。所谓留利额固定，亦即：

$$E_t - D_t = E_{t-1} - D_{t-1} = \cdots = E_1 - D_1$$

令$\frac{E_1-D_1}{E_1}=a$，则每个时期的盈余与股利关系如下：

$$D_1=E_1-aE_1$$
$$E_2=r(E_1-D_1)+E_1=raE_1+E_1=E_1(1+ra)$$

又因为$E_2-D_2=E_1-D_1=aE_1$，所以有：

$$D_2=E_2-aE_1=E_1(1+ra)-aE_1$$

同理有：

$$E_3=E_1(1+2ra),D_3=E_3-aE_1$$
$$D_3=E_1(1+2ra)-aE_1$$

把上述D_1，D_2，D_3…代入公式（5.1）中，得

$$P=\frac{E_1-aE_1}{1+i}+\frac{E_1(1+ra)-aE_1}{(1+i)^2}+\frac{E_1(1+2ra)-aE_1}{(1+i)^3}+\cdots$$
$$=\frac{E_1-aE_1}{1+i}+\frac{(E_1-aE_1)+E_1ra}{(1+i)^2}+\frac{(E_1-aE_1)+2E_1ra}{(1+i)^3}+\cdots$$

上式是求永久年金额递增复利现值，由公式可得：

$$P=\frac{E_1-aE_1}{i}+\frac{E_1ra}{i^2}$$
$$=\frac{D_1}{i}+\frac{r(E_1-D_1)}{i^2}$$
$$=\frac{D_1+\frac{r}{i}(E_1-D_1)}{i}$$

因此，留利额固定的股票估价模式为：

$$P=\frac{D+\frac{r}{i}(E-D)}{i} \tag{5.8}$$

2. 留利率固定的股票评估模型

令每期盈余的留利率固定，即$(E_t-D_t)/E_t=(E_1-D_1)/E_1=b$，那么，每期股利依次为：

$$D_1 = E_1 - bE_1 = E_1(1-b)$$

$$E_2 = r(E_1 - D_1) + E_1 = rbE_1 + E_1 = E_1(1+rb),\ D_2$$
$$= (1-b)E_2 = (1-b)(1+rb)E_1;$$

$$E_3 = r(E_2 - D_2) + E_2 = rbE_2 + E_2 = E_2(1+rb)$$
$$= E_1(1+rb)^2,\ D_3 = (1-b)E_3 = E_1(1-b)(1+rb)^2;$$

$$E_4 = r(E_3 - D_3) + E_3 = rbE_3 + E_3 = E_3(1+rb)$$
$$= E_1(1+rb)^3,\ D_3 = (1-b)E_4 = E_1(1-b)(1+rb)^3;$$

……

代入公式（5.1）得：

$$P = \frac{(1-b)E}{1+i} + \frac{(1-b)E_1(1+rb)}{(1+i)^2} + \frac{(1-b)E_1(1+rb)^2}{(1+i)^3} + \cdots$$
$$= (1-b)E_1\left[\frac{1}{1+i} + \frac{1+rb}{(1+i)^2} + \frac{(1+rb)^2}{(1+i)^3} + \cdots\right]$$

最终有：

$$P = (1-b)E_1\frac{1}{1+i-(1+rb)} = \frac{D_1}{i-rb} \tag{5.9}$$

例 5.4 某投资者拥有一种股票 50 万股，面值为 1 元。近年来，该股的分红率大约在面值的 10% 左右；并且该股票发行公司通常会把每年税后利润的 75% 用于分红，另 25% 用于扩大再生产。经分析，从总的趋势来看，该公司今后几年的净资产收益率大约会是 15% 。假定基准折现率为 9% 。则该股票的市场价值评估如下：

$$P = \frac{D_1}{i-rb} = \frac{50 \times 10\%}{9\% - 15\% \times 75\%} = 95.238\ (\text{万元})$$

需要指出的是，证券的风险、收益及其理论价值并非一成不变。当市价远超过理论价值时，如果所有的投资者都意识到应该卖出，那么卖压过强，市价便可能超跌；同理，当市价远低于理论价值时，如果所有的投资者都想买进证券，那么买力过强，市价便可能过分上涨。

此外，如果股票发行公司即将从事一项可能会发生损失的新投资，投资该公司股票的风险便会增加，风险调整的折现率应该随之提高，这会降低该股票的理论价值。因此，每当有关股票的新信息一出现，便应调整股票的理论价值。而这样做的结果会加速证券市场价格的波动。

二、沪深两市的证券价格生成机制

目前，沪深两市的交易品种包括A股、B股、国债现货、企业债券、国债回购、基金。其中，A股、B股以每股为报价单位，一股的面值为人民币一元；基金以每单位基金为报价单位，一个单位基金的面值亦为人民币一元；债券以每百元面值为报价单位；国债的质押式回购以年化收益率为报价单位；但仅限于机构投资者参与的买断式回购则按每百元面值债券的到期购回净价进行申报。

关于沪深两市报价的最小单位变动，A股、债券、基金为0.01元；沪市B股为0.002美元；深市B股为0.01港元；质押式国债回购为0.01%；买断式国债回购为0.01元。

尽管沪深两市A股、B股的委托买卖报价单位为一股、基金为一个基金单位，但为了提高交易系统的效率，投资者必须以100股、100个基金单位或其整数倍的数量规模委托买卖；债券、可转换债券必须以1 000元面值或其整数倍的规模委托买卖。其中的一个最小的买卖单位被称为“一手”。当然，由于送配股而形成的零股可一次性地售出。

沪深两市采订单驱动的价格形成机制。其中又可划分为集合竞价与连续竞价两种具体的方式。

连续竞价以价格优先、时间优先为原则实时地撮合成交。这是沪深两市最主要、最常规的撮合成交方式。亦即较高价的买进委托优先于较低价的买进委托撮合成交；较低价的卖出委托优先于较高价的卖出委托撮合成交；对于同价位的买进或卖出委托，则要按委托被交易系统确认的时间先后顺序撮合成交。简单地说，连续竞价就是“一旦确认报价便立即撮合成交”。

集合竞价以成交量最大优先考虑、价格优先其次考虑、时间优先最后考虑的原则于特定的时间集中地、一次性地撮合成交。它是沪深两市用于生成开盘价或收盘价的机制。简单地说，集合竞价就是“将有效报价滞后一段时间再撮合成交”。

沪深两市的交易时间为每周一至周五，法定公众假期除外。其中，在上交所，9:15～9:25为集合竞价时间（9:20～9:25不接受撤单申报），前市9:30～11:30、后市13:00～15:00为连续竞价时间；在深交所，9:15～9:25与14:57～15:00均为集合竞价时间（9:20～9:25与14:57～15:00不接受撤单申报），其中前者产生开盘价，后者产生收盘价；前市9:30～11:30、后市13:00～14:57为连续竞价时间。两所在9:25～9:30期间均只接受申报，不做处理，等到开盘后转入连续竞价撮合成交。

不过，沪深两市的配股、债券（包括国债、企业债等）以及新股申购都没有集合竞价。可转换债券上市首日的开盘价由集合竞价产生，之后的交易与债券相同。

在沪深两市9:15～9:25的集合竞价期间，电脑自动撮合系统只存储每一笔申报而不撮合。至9:25时，电脑系统将根据已输入的所有有效买卖申报按集合竞价的规则产生一个开盘价。

集合竞价机制下开盘价的确定步骤大致如下：

（一）沪深两市的电脑主机自动确认有效委托

每只证券在每一个交易日都存在一个最高价格和一个最低价格的限制，亦即所谓的涨跌停板限制。这个当日最高或最低价格的具体水平要根据该证券上一交易日的收盘价以及与该证券相应的涨跌幅度法定限制来确定。有效的委托价格不能超过相应证券当日的最高限价和最低限价。

目前，股票和基金的涨跌幅度通常为10%，但ST股票的价格涨跌幅度比例为5%。系统对无效委托自动作撤单处理。

（二）依据价格优先、时间优先的原则，系统自动将有效指令排序

在集合竞价期间，系统自动将所有委买指令按照委托限价由高到低的顺序排列，限价相同者则按照被系统确认的时间先后排列；同时自动将所有委卖指令按委托限价由低到高的顺序排列，限价相同者亦按照被系统确认的时间先后排列。

（三）集中撮合成交，从而形成相应证券的开盘价及其开盘成交量

在有效价格范围内，所谓成交价格亦即能够产生最大成交量的那个价位。如有两个以上这样的价位，则依以下规则确定成交价格：

（1）高于成交价格的所有委买指令和低于成交价格的所有委卖指令能够全部成交。

（2）与成交价格相同的一方委托必须全部成交。

在集合竞价结束的时候，系统自动依照上述原则顺序逐笔地将排在前面的委买指令与委卖指令配对成交，直至不再可能成交为止。这个时候，所有能成交的指令都以相同的成交价成交。显然，在所有的可成交委买指令中，这个成交价最低；而在所有的可成交委卖指令中，这个成交价最高。

若出现两个以上满足上述条件的价格，则沪市将选取那个能使未成交量最小的申报价格为成交价格；若仍有两个以上能使未成交量最小的申报价格，则选取其中间价为成交价格。而深市则简单地选取距离前收盘价最近的价格为成交价格。

如果集合竞价最终未能找出符合上述条件的成交价格，则沪市的开盘价将在其后进行的连续竞价中产生。连续竞价的第一笔成交价格为该股当日的开盘价。如果某只股票因刊登公告等原因于上午停牌，则沪市下午于13:00点起直接进入连续竞价，其第一笔成交价格为该股当日的开盘价。深市的规定则较为复杂些：若最高申买价高于上一交易日的收盘价，就选取该价格为开盘价；若最低申卖价低于上一交易日的收盘价，就选取该价格为开盘价；若最高申买价低于上一交易日的收盘价、最低申卖价高于上一交易日

的收盘价，则选取前一交易日的收盘价为当日开盘价。

沪深两市于9时27分由集合竞价产生出开盘价之后，开盘集合竞价期间未能成交的买卖申报自动进入9时30分开始进行的连续竞价时段。

所谓连续竞价，即是对申报的每一笔买卖委托，由电脑交易系统按照以下规则产生成交价：

（1）若最高买进申报与最低卖出申报相同，则该价格即为成交价格；

（2）若买入申报高于卖出申报，或卖出申报低于买入申报，申报在先的价格即为成交价格。

沪市证券的收盘价为当日该证券最后一笔交易前一分钟的加权平均价（含最后一笔交易）。当日无成交的，以前收盘价为当日收盘价。深市连续竞价期间未成交的买卖申报，自动进入14:57~15:00的收盘集合竞价时段，集中产生出收盘价，但期间可以撤单。

三、影响股票价格的主要因素

股票的市场价格经由股票的交易决定。股票的市场价格随着股票供求的相对变化，每时每刻都在变动。因此，与分析任何种类资产价格的变动原因一样，我们在分析影响股票价格变动原因的时候，首先应该想到的便是供求的相对变动。股票供给的相对增加（也就是股票需求的相对减少）应该是造成股票价格下降的直接原因；而股票需求的相对增加（也就是股票供给的相对减少）应该是造成股票价格上涨的直接原因。

那么，又是什么原因造成了股票供给（或需求）的相对变动呢？这应该是需要我们进一步考虑的第二个层次的逻辑。

股票供给的相对增加不外乎下面五个方面的原因：① 股票供给的绝对增加；② 股票需求的绝对减少；③ 股票供给的增加幅度大于股票需求增加的幅度；④ 股票供给的减少幅度小于股票需求的减少幅度；⑤ 上述因素的组合。其中，在其他条件不变的前提下，股份公司在一级市场发行新股票以及已发行股票在二级市场抛售量的增加会导致股票供给的绝对增加。股票在二级市场抛售量的增加意味着资金正在流出股票市场。在用于证券投资的资金总量保持不变的前提下，股份公司在一级市场发行新股票也会导致已发行股票在二级市场抛售量的增加。

反过来，股票需求的相对增加也是上面五个方面原因的逆向结果：① 股票供给的绝对减少；② 股票需求的绝对增加；③ 股票供给的增加幅度小于股票需求增加的幅度；④ 股票供给的减少幅度大于股票需求的减少幅度；⑤ 上述因素的组合。其中，在其他条件不变的前提下，股票需求的绝对增加意味着新资金流入股票市场；股票供给的绝对减少既可能是股份发行公司赎回股票，减少注册资本的结果，也可能是在二级市场上股东惜售情绪趋于浓厚的结果。

在我们搞清楚了造成股票供给（或需求）相对增加的因素以后，紧接着便要进一步分析什么原因造成这些因素的变动。

例如，如果我们发现，造成目前股票市场价格上涨的原因是股票需求的相对增加；而造成股票需求相对增加的原因则是需求绝对地增加了。这意味着新资金流入股票市场。我们便应该进一步地思考：为什么新资金会流入股票市场？经过分析，我们可能认为这是由于中央银行放松银根的结果。紧接着，我们便要分析中央银行为什么要放松银根，这样做会对国民经济和股票市场产生什么样的短期效应和长期的影响，这样的货币政策会持续多久，等等。如此这般层层分解，层层落实，理清因果关系，紧密衔接住因果分析的链条，不能让其出现模糊、中断或跳跃的情况，我们的逻辑分析便会越来越深入，我们的思路便会越来越清晰、越来越透彻。对股票价格变动的原因以及未来前景的判断自然会越来越有信心。而这种信心是股票投资决策的基础，股票市场价格的变动正是这种对股票价格变动的原因以及未来前景的判断信心达成市场相对共识的结果。

在理论上，我们习惯于区分股票的市场价格和股票的内在（理论）价值两个概念。股票的市场价格即股票的真实价格。它是所有相关影响因素共同作用的客观结果。而股票的内在价值，即股票的理论价格，则是影响股票价格的基本、主要和长期因素综合作用的结果，是投资者对市场前景进行分析所得出的股票理论估计值。这里所谓基本、主要和长期因素实际上是投资者在现有的知识、信息和能力下所能够掌握的所有影响因素的总和，其内容要少于所有真实存在的相关影响因素。一般地说来，投资者充其量也只能找到影响股票价格的一些基本、主要和长期的因素。投资者提高市场预测能力的主要手段便是尽量地缩小两者之间的差距，使得投资者所找到的影响因素集合能够与真实影响因素的集合尽量地吻合。

在确定股票的内在价值过程中，投资者首先对影响股票价格的基本、主要和长期因素的未来状况作出判断，然后分析这些因素的变化对股票市场的影响程度，最终才得出拟投资股票未来前景的判断。一句话，股票的市场价格是真实的客观存在，而股票的内在价值则是投资者对股票市场价格的预期值。如果市场信息充分、对称且完全竞争，则投资者至少可以找到影响股票价格变动的那些基本的、具有长期性影响的因素，所没有甚至是不可能找到的那些因素均应该具有临时、偶然、随机和短期性影响的性质。因此，投资者所估算出来的股票内在价值应该具有长期的有效性，应该能够代表股票价格长远的变动趋势。在任意一个时间点上看，受那些临时、偶然、随机和短期性因素的影响，股票的市场价格不会与其内在价值完全相同。但从长远的角度看，由于临时短期性因素的消失以及随机偶然性因素的相互抵消，股票的市场价格会以其内在价值为轴心上下波动，并趋向于股票的内在价值。因此，当投资分析专家发现某只股票的市场价格远远低于其所计算出来的理论价值时，他会说该股票具有长期的投资价值。不要把“长期”这个词仅仅看作分析专家为推卸责任而预先留下的后路。因为，根据我们的上述分析，说目前股票的价格远远低于股票的内在价值不如说目前股票实际价格的重心远远低于我们的预期更为准确。因为分析专家只是认为股票价格会趋向于股票的内在价值。如果股票的市场价格果真等于早先所测算出来的内在价值，那纯属偶然。

那么，怎样测算股票的内在价值呢？一般地说，股票的内在价值相当于持有股票未来每期收益的现值和。因此，股票持有期间的收益和机会成本率（即折现率或市场利率）是决定股票内在价值的直接因素。

从长远的角度来看，红利股息的分配是股票持有期间的唯一收益来源。因此，进一步地，我们必须分析影响红利股息分配的因素。一般地认为，企业未来的业绩状况和股东大会的分配习惯是影响红利股息分配的直接因素。那么，哪些因素又是影响企业未来业绩的直接因素呢？一般地认为，这需要从宏观的国民经济发展前景、中观的行业发展前景和微观的企业经营前景三个方面来考虑。进一步地，影响这三个方面的因素分别又是什么呢？如此这般，我们的逻辑便会层层深入、层层落实。这样的逻辑思维方式同样适用于对股东大会的分配习惯和市场利率的逻辑分析和预测。

习惯上，将影响股票价格的因素划分为基本性因素和技术性因素两大类。基本性因素对股票市场的长期趋势起决定性作用。我们在确定股票理论（内在）价值的时候考虑的都是这些基本的（或主要的）、能够在较长期里发挥作用的因素。因此，也可以把影响股票价格的基本性因素称为影响股票内在价值的因素。技术性因素则影响股价的短期波动。也可以把它理解为我们在确定股票理论（内在）价值的时候所没有考虑到的短期、偶然的因素。

（一）基本性因素

显然，公司盈利和派息政策是决定股价变动的最直接因素。实际上，影响股票价格的其他因素最终也是通过影响公司盈利和派息政策的方式来影响股价的。

影响公司盈利的因素很多，如公司的处境（竞争情形，独占状况等）、生产条件、技术条件、成本状况等。当这些因素发生变化时，企业的收益将会增减，派息的预测也会随着变动。由于股价不是根据现有的公司盈利和派息政策，而是根据将来的盈利和派息政策来估价的，因而股票价格的升降，往往在企业盈利变动之前便发生了。

资产的价值或构成的变动对股票价格有重要影响。公司的资产价值包括厂房、设备、土地等不动产、有价证券投资额以及其他运营中的资本总额。这些都反映在股份公司的财务报表上，是投资者考察该公司经营安全性和发展性的重要依据。

一些股份公司为了使股息保持稳定，或是出于避税的目的，在股东大会上决定少派或不派发现金股息，而将大部分盈利留作盈余公积。这样做虽然眼前的股息不理想，但股票的价值也会提高。股东可以从股价上涨中赚取资本利得（即股票买卖的差价收益）。

增资虽然使资本额增加，但股息的负担也增加了。未来的股息率如何变化取决于公司在增资后的获利能力是否能随之增加。如果股息率下降，股票价格会随之下跌。因此，股份公司发行新股票增资时，往往会导致股价变动。

股票的理论价格是将预期的股息收益以一定的市场收益率折现得到的。因此，当整个市场收益率提高时，股价必然会出现下跌。并且，由于作为股价基准的利率也属于预期的利率，因而即使当前的市场利率尚未实际变动，只要人们普遍预期它将提高，也会产生同样的后果，影响到股价下跌。

利率对股价的影响还体现在，低利率背景下的股票投机者能够以低利率借到所需资金，由此增加股票需求，促进股票价格的上涨。

货币政策的松紧会影响到股份公司的融资成本，进而影响到影响公司的盈利前景，从而导致股票市场价格的波动。

货币供应量的增减也会从另一个方面影响到股价的升降。货币供应量增长、社会游资增多，对股票投资的需求加大，从而促使股价上升。反之，如果货币供应量减少，社会购买力降低，百业萧条，失业增加，股市也必然受到影响。

财税制度的变更也会影响到公司的盈利前景。政府降低对公司收益的税率时，公司的税后利润会相应增加，股票价格自然会随之提高。

企业赢利的变化一般与整个国民经济的经济周期变动正相关。因此，通过预期整个国民经济的经济周期变动也可以判定股份公司的赢利前景。

一般而言，整个国民经济的景气可分为消费景气、投资景气以及出口景气等几个方面。所谓消费景气，是指消费活动增加时，以消费为中心的产业会出现繁荣、收益增加。消费景气首先使得与消费相关的产业繁荣，随之带动此类产业的投资活动，而后又扩及与此类投资相关的产业，使得景气上升的影响范围逐渐扩大。所谓投资景气是指整个社会投资活动的繁荣，它是消费景气的带动、新技术的开发以及新商品市场开拓的结果。企业为增加投资而扩充厂房，增加机械设备，以这些产业为中心连同与其有关的其他产业便会出现繁荣。出口景气则是由海外经济活动的变化带来的，使与出口相关企业的销路增加，生产旺盛，收益提高，并会逐步波及带动相关产业的发展。

总之，如一国经济处于景气状态时，公司收益增加，股息相应提高，投资者充满信心，股价必会随之上涨，如一国经济不景气时，则必然出现股价下跌的后果。

政治因素，即国际国内政局的变动会影响到本国政府某种政策或措施的施行，从而影响到公司的盈利前景。

在当今世界，各国政府对国民经济活动均采取了多方面的干预和控制，且政府预算庞大，政府已成为各国最大的雇主，也是各国最大的消费者。这种情况自然使政府对于企业经营具有了巨大的影响力。诸如政府制定的各种法案，预算开支、税制与关税变动、对外援助、价格管理以及政府机构对公用事业的规定等等，其影响范围极为广泛。尤其一个国家的发展计划对于该国的经济活动进而对其股票市场的影响更是重大。各国中央银行的政策会影响全国的金融形势，也会进一步影响到公司企业的投资计划与经营活动。此外，社会的安定与否也构成对企业的正常经营活动，进而对股票市场具有重大影响的因素。

行业的特点也会影响股票的价格变动前景。一个行业的生命周期主要包括开拓发展阶段、加速增长阶段、成熟稳定阶段、减速增长阶段和衰退阶段等五个阶段。处于不同行业周期阶段的企业自然具有不同的发展前景，从而必定会影响到其股票价格的变动。另外，企业所拥有的行业或产品的垄断程度也是判断其股票未来走势的重要因素。

（二）技术因素

上述基本因素，主要对股价的长期趋势产生影响。而造成股价短期波动的，则主要是一些技术因素。所谓技术因素，是指股票市场内部的能够影响股价的那些因素。

股票的供求是影响股票价格变动的最直接因素。同其他商品一样，需求超过供给，股价就上升，反之股价则下跌。

关于股票的供求，除投资性的长期供求关系外，尚有投机性的短期供求关系。在股市变动中，看涨者会购进股票；看跌者会出售股票，双方赌行情变化，从中赚得低价买入、高价卖出的价格差。而最终的鹿死谁手实际上取决于双方资金实力的对比。如看涨者即买方的资力大，则会推动行情上涨；如看跌者即卖方的资力大，则会促使行情下跌。当然，有一些股票的价价之所以能够被一部分持股人操纵，可能是因为大部分已发行的股票均在安定的、分散的持股人手中，而在市场流通的股票比例较小的缘故。

各种股票均有不同的市场性，即市场的流通性。一种股票能否随时售出、它的市场成交量、其股东的分布、经营人的资信状况等等，这一切将决定该股票的市场性，股票的价格亦将受其左右。因此即使业绩（盈利率、派息率）完全相同的两个公司，其股价也可能有很大的差异。

公众的心理因素对于股价变动也有很大的影响。一般说来，人心向往会抬高热门股票股票的身价。

由于技术性因素最终影响成交量和价格的变动，所以，通常所谓的技术分析即是指以价格和成交量为主要分析对象的行情分析法。

各种因素对股票价格影响的逻辑关系如图 5.1 所示：

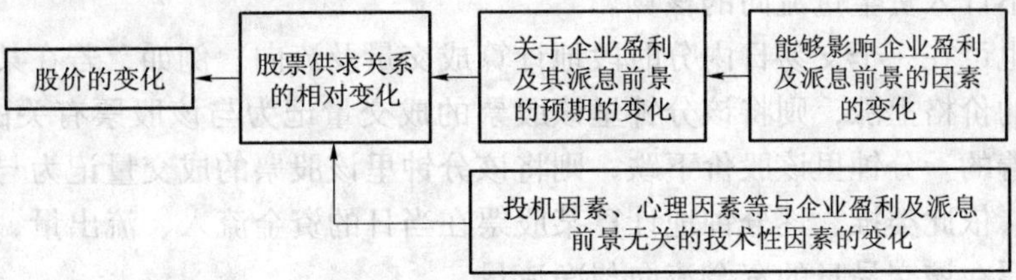

图 5.1　股价变动的因果关系

四、怎样测算股市资金的流进或流出数量

我国沪深两市的股价形成采订单驱动机制。亦即依据价格优先、时间优先的原则依序为买卖双方撮合成交。

例如，当一份新的买单进入沪市（或深市）的电脑主机系统之后，若其出价在当前尚未成交的买单系列中为最高价，则应优先为之撮合成交，其成交价为相应卖单系列的最低价。这样一来，随着买单（外盘）的涌入，相应股票的成交价格将逐步提高。

反之，当一份新的卖单进入沪市（或深市）的电脑主机系统之后，若其要价在当前尚未成交的卖单系列中为最低价，则应优先为之撮合成交，其成交价为相应买单系列的最高价。这样一来，随着卖单（内盘）的涌出，相应股票的成交价格将逐步下跌。

所以，若股价下跌伴随着成交量的放大，则说明有利空消息正在促使股票持有者做抛出操作，在该消息被消化之前，后市仍看跌；反之，若股价下跌并未伴随着成交量的放大，则该股价的下跌应属偶然，后市没理由继续看跌，股价止跌反弹的概率很高。

同理，若股价上涨伴随着成交量的放大，则说明有利好消息正在促使投资者进场购买股票，在该消息被消化之前，后市仍看涨；反之，若股价上涨并未伴随着成交量的放大，则该股价的上涨应属偶然，后市没理由继续看涨，股价止涨回跌的概率很高。

可见，买卖力道的消长是我们判断股市走向的重要依据。而买盘与买盘的变动和资金的流入与流出相对应。实际上，资金量的变化是决定股市短期波动的决定性因素，于是便有了测算股市资金流向与流量的需要。

关于股市资金流向的测算方法很多。例如在一个特定的交易日里，若股指较前一交易日上涨，则说明买盘（外盘）主动，可将这一交易日的成交额计作资金流入；反之，若股指较前一交易日下跌，则说明卖盘（内盘）主动，可将这一交易日的成交额计作资金流出；若该日的指数与前一交易日持平，则无法判断买卖两方谁更主动，于是该日的成交额便不计入资金量流向的核算。

当然，也可在一个交易日内分时段地计算成交量及流向。例如，若在某一分钟的时段里某股票的价格上涨，则将该分钟里该股票的成交量记为与该股票有关的资金流入；而若在紧接着的一分钟里该股价下跌，则将该分钟里该股票的成交量记为与该股票有关的资金流出。依此类推，逐分钟地计算某股票在当日的资金流入、流出量，然后累计便可获得某股票在该交易日的资金流向与净流量。

一般说来，若资金流向与股价的变动相背离，例如某板块全天总起来看指数是下跌的，但资金流向却显示全天资金净流入，则说明后市指数继续下跌的可能性不大。若资金流向与股价的变动并不背离，但资金净流量的规模明显较少，则后市逆转的概率很高。例如假若某板块全天指数涨幅较高，但资金净流入量却相对较小，则意味着后市继续上涨的力道不足。

第三节 股票发行市场

股票市场由发行市场和流通市场组成。两个市场密切联系，相互依存，相辅相成，彼此制约，共同发挥着股票市场的职能和作用。其中，发行市场是流通市场的基础或存在的理由；流通市场是发行市场生存的条件。

股票发行市场也称一级市场或初级市场。发行新股票（包括增资股票），也就是融资，是设立股票发行市场的主要目的。

股票发行市场一般没有固定的有形场所，而是借用股票流通市场的交易网络和交易机制。

发行市场的参与者为股票发行公司、承销商（一般是证券公司）和投资者。股票发行时，一般由发行公司委托承销商（中介人）出售给投资者。不对外发行的股票，可以不通过承销商，由发起人或股东直接向发行公司认购。

一、股票发行的目的

企业发行股票，一是为新设立的公司征募股份，二是为已设立的公司增资扩展，其目的都是为了筹措长期资本。

此外，尚有其他一些具体的动机：

1. 为了使原有股东获益

如果公司连年出现可观的盈余，并留存大量的公积金，股票市价就会呈强势上涨的状态。这时，股份公司为使原有股东获益，便可按低于市场价格的配股价格向老股东配售新股；也可将公积金并入资本金，无偿向老股东赠送新股。

2. 为了偿还借款

当企业急需资金的时候，可以先筹措借款使用，以后再发行新股筹资偿还借款。或者，当初向银行借款时即以发行新股作为偿还条件。

3. 为了改善企业资本结构

如果负债在总资本中占据了过高的比率，会恶化企业的财务状况，这时候，可以增加股本，借以矫正自有资本与负债之间不合理的比率结构，从而维护企业健全经营的原则。

4. 为了增加公司的社会信用

公司股本的大小最能说明该公司的规模和财力，财力雄厚的大公司，社会信用很高。如果拥有的自有资本远比其他同业公司为小，则会在营业上招致不利。基于这种思维，一些公司虽然目前并无资金运用的迫切需要，也可能会发行新股以扩大公司规模。

另一方面，公司拥有自有资本的大小，对于向银行申请借款也有影响。在同等条件下，银行从安全的角度出发总是优先考虑贷给自有资本多的公司。

同样，国家也往往根据企业拥有自有资本的多少来对企业发行债券的条件或数额作出相应的限制性规定。

5. 为了筹措短期营运资金

短期营运资金按常规应借贷融通。但在有的时候，这样做不一定能行得通，于是只得依靠发行新股筹资。

二、股票发行的方式

新公司的设立一般有两种方法，一是发起设立，即由发起人认购全部股份；二是社会募集设立，由发起人认购一部分股票，其余部分向社会公开招股。从各国的情况看，公司创立多是采用发起设立方法，很少向一般公众公开征募。因而通常的股票发行，其实大多是公司为扩大经营规模而增资新股。

从股票发行对象的特征来看，股票发行的方式一般可分为公募发行和私募发行两种方式。

公募发行是指面向市场上大量的不特定的投资者公开发行股票。私募发行是指面向相对少数特定的投资者发行股票。

公司增资新股的发行方式按是否需要缴纳现款可分为有偿增资、无偿增资两种形式。

1. 有偿增资

所谓有偿增资是指认购新股票须缴付现金，新股可按照优惠的价格配售老股东，或按照当时的市价向社会募集。

股份公司在增资新股时，为了照顾原有股东的利益，保持原有股东对公司的控制权，往往允许原有股东可按特别优惠条件优先认购新股，即所谓的配股发行。优先认购新股权是依据原有股东所持有股份的比例配给的。认购新股的价格低于市价。

经过有偿增资发行新股以后，由于公司股份总额的增多，会使得该公司的股票市场价格发生相应的变化。与股权登记截止日的收盘价格等价的除权价格称为除权参考价。其中，配股增资后的股票除权参考价计算公式如下：

$$P = \frac{P_0 + S \times n}{1 + n}$$

其中：P_0为配股增资发行的股票在股权登记截止日的收盘价格；n 为增资后新的股本总数与增资前原有股本总数之间的比例；S 为配售单位新股的应交款；P 为配股增资后的每股股票除权参考价格。

计算除权参考价的目的是作为判断除权前后市场价格走势的依据。除权以后的市场价格低于除权参考价便说明股票的价格较股权登记截止日的收盘价格下降；除权以后的市场价格高于除权参考价便说明股票的价格较股权登记截止日的收盘价格提高。

例 5.5 假定某股票在股权登记截止日的收盘价格为每股 100 元。在这一次发行方案中，老股东有按一比一的比例享有认购新股的权利，每股新股的配售价格为 50 元，那么该股票的除权参考价格为

$$P = \frac{P_0 + S \times n}{1 + n} = \frac{100 + 50 \times 1}{1 + 1} = 75 \text{ 元}$$

因此，经过这样的增资扩股，即使市场保持平价的状态，该股票的市场价格也会从每股 100 元跌至 75 元。但原有股东持有的股份却增加了一倍，老股东的资产由原有的每股 100 元，变为两股 150 元。

我们以这个例子来说明上述配股除权参考价格计算公式的合理性。

假定除权以后市场行情应该保持平稳状态，即除权后的市场价格较股权登记截止日的收盘价格不应该有丝毫的增减。则除权后的市场价格如果高于 75 元，例如为 76 元，这个时候便存在套利的机会。投资者可以在股权登记截止日以收盘价格买入一股该种股票，价格支出为 100 元。然后再交纳 50 元参加配股，从而总共拥有两股股票。到了除权日再以 76 元的价格将这两股全部卖出。投资者的净获利数量为：$76 \times 2 - (100 + 50) = 2$ 元。这样做的结果，由于除权日股票供给的增加，除权后的股价将趋于下降。反过来，除权后的市场价格如果低于 75 元，例如为 74 元，这个时候仍然存在套利的机会。投资者可以在股权登记截止日以收盘价格卖出一股该种股票，价格收入为 100 元。然后在除权日再以 74 元的价格买入两股。投资者的净获利数量为：$(100 + 50) - 74 \times 2 = 2$ 元。

其中的50可以理解为不必参与配股而节省下来的支出。这样做的结果，由于除权日股票需求的增加，除权后的股价将趋于上升。

除权后的市场价格如果等于75元，便不可能存在上述两种无风险的获利（即套利）机会。因此，75元是一个合理的配股除权均衡参考价格。

由于股份公司对股东优先认购新股的时间都有限制，因此有的股东可能不愿意或没有能力再投资去购买增发的新股。在这种情况下，他可以出售这项认购新股的权利。从上例来看，每一新股认购权的价值为25元，即花25元购得认购新股权，再缴付50元则能买到一股市价为75日元的除权后的股票。

2. 无偿增资

无偿增资，即股东不须缴付现金即可获得新股。从公司的角度讲，这样的增资扩股并未使公司获得更多的资金来源，但是改变了资本结构。无偿增资发行新股必须按照比率配与老股东。

无偿增资的方式有两种：一是将公司的盈余公积金转作法定资本（转增）；二是将当年的可分配利润转入法定资本（送股）。前者改变了企业所有者权益的内在结构，使得相应部分的盈余公积金作为注册资本永久性地沉淀下来。后者可减少因现金派息而流出公司的资金，使得当年度的可分配利润永久性保留于企业内部，相当于一种资金筹集的方式。

经过无偿增资，公司的股本数量增加，增资除权后的股票价格自然会下降。其股票除权参考价计算公式如下：

$$P=\frac{P_0}{1+n}$$

其中：P_0为无偿增资发行的股票在股权登记截止日的收盘价格；n为增资后新的股本总数与增资前原有股本总数之间的比例；P为无偿增资后的每股股票除权参考价格。

例5.6 假定某股票在股权登记截止日的收盘价格为每股100元。在这一次无偿增资发行方案中，老股东有按一比一的比例无偿享有新股的权利。那么该股票的除权参考价格为

$$P=\frac{P_0}{1+n}=\frac{100}{1+1}=50\text{ 元}$$

因此，经过这样的增资扩股，即使市场保持平价的状态，该股票的市场价格也会从每股100元跌至50元。但原有股东持有的股份数量却增加了一倍，老股东的资产由原有的每股100元，变为两股100元。

我们以这个例子来说明上述无偿增资除权参考价格计算公式的合理性。

假定除权以后市场行情应该保持平稳状态，即除权后的市场价格较股权登记截止日的收盘价格不应该有丝毫的增减。则除权后的市场价格如果高于 50 元，例如为 51 元，这个时候便存在套利的机会。投资者可以在股权登记截止日以收盘价格买入一股该种股票，价格支出为 100 元。从而有权参加无偿增资分配，总共拥有两股股票。到了除权日再以 51 元的价格将这两股全部卖出。投资者的净获利数量为：$51\times2-100=2$ 元。这样做的结果，由于除权日股票供给的增加，除权后的股价将趋于下降。反过来，除权后的市场价格如果低于 50 元，例如为 49 元，这个时候仍然存在套利的机会。投资者可以在股权登记截止日以收盘价格卖出一股该种股票，价格收入为 100 元。然后在除权日再以 49 元的价格买入两股。投资者的净获利数量为：$100-49\times2=2$ 元。这样做的结果，由于除权日股票需求的增加，除权后的股价将趋于上升。

除权后的市场价格如果等于 50 元，便不可能存在上述两种无风险的获利机会。因此，50 元是一个合理的无偿增资除权均衡参考价格。

同样的道理，在派发现金股利的情况下，股票除权参考价的计算公式为：

$$P=P_0-R$$

其中，R 为每股的派息金额。

例 5.7 假定某股票在股权登记截止日的收盘价格为每股 100 元。在这一次派息方案中，老股东每股可获得 10 元现金股息。那么，该股票的除权参考价格为

$$P=P_0-R=100-10=90(\text{元})$$

因此，经过这次派息，即使市场保持平价的状态，该股票的市场价格也会从每股 100 元跌至 90 元。但原有股东所持有股票的实际价值（市场价值加现金股利）仍然为 100 元。

我们以这个例子来说明上述派发现金股利的股票除权参考价格计算公式的合理性。

假定除权以后市场行情应该保持平稳状态，即除权后的市场价格较股权登记截止日的收盘价格不应该有丝毫的增减。则除权后的市场价格如果高于 90 元，例如为 91 元，这个时候便存在套利的机会。投资者可以在股权登记截止日以收盘价格买入一股该种股票，价格支出为 100 元。从而有权参加派发现金股利的分配。到了除权日再以 91 元的价格将这一股卖出。投资者的净获利数量为：$91+10-100=1$ 元。这样做的结果，由于除权日股票供给的增加，除权后的股价将趋于下降。反过来，除权后的市场价格如果低于 90 元，例如为 89 元，这个时候仍然存在套利的机会。投资者可以在股权登记截止日以收盘价格卖出一股该种股票，价格收入为 100 元。然后在除权日再以 89 元的价格买入一股。投资者的净获利数量为：$100-89-10=1$ 元。这样做的结果，由于除权日股票需求的增加，除权后的股价将趋于上升。

除权后的市场价格如果等于 90 元，便不可能存在上述两种无风险的获利机会。因此，90 元是一个合理的派发现金股利股票的除权均衡参考价格。

我国上海证券交易所和深圳证券交易所一般在股权（债权）登记日（B 股为最后交易日）的下一个交易日对相关证券作除权（除息）处理。除权（除息）日前一日相关证券的收盘价改为除权（除息）的参考价格。其一般化的公式为：

$$\text{除权(除息)参考价}=\frac{(\text{前收盘价}-\text{现金红利})+\text{配股价格}\times\text{配股比例}}{1+\text{配股比例}+\text{送(增)股比例}}$$

例 5.8　假定某上市公司决定每 10 股派现金 1.50 元；配股方案为 10 配 5，配股价格为 6.4 元。假定该公司股权登记日的收盘价为 11.05 元。则该公司的除权价为：

$$\frac{[(\text{前收盘价}-\text{现金红利})+\text{配股价格}\times\text{配股比例}]}{1+\text{配股比例}+\text{送(增)股比例}}$$

$$=\frac{11.05-0.15+6.40\times0.5}{1+0.5}$$

$$=9.40\ (\text{元})$$

如果假定投资者在上市公司分配之前买入该公司的股票，并在参与分配后准备卖出该公司股票。则其最低卖出价格的计算公式为：

$$\text{投资者卖出股票的最低价格}=\frac{(\text{当初的购买价格}-\text{现金红利})+\text{配股价格}\times\text{配股比例}}{1+\text{配股比例}+\text{送(增)股比例}}$$

投资者的实际卖出价格只有高于上式所计算出来最低价格才有可能赢利。

公开发行股票一般都通过投资银行（也叫证券公司）来进行。扮演这一角色的投资银行成为承销商。当发行数量较大的时候，需要组织承销团来共同完成股票的发行任务。其中的一家投资银行作为牵头承销商要发挥主导的作用。在私募的情况下，发行条件通常由发行公司与投资者直接商定，从而绕过了承销的环节。

招股说明书是股份公司公开发行计划的书面说明书。也是投资者准备购买的基本决策依据。招股说明书必须包含股份公司的主要财务信息、公司经营历史的陈述、高级管理人员的状况、筹资目的和资金使用计划以及公司内部悬而未决的问题例如诉讼官司等。招股说明书是股份公司公开发行股票之前必须编写并公告的法定文件，其内容受相应的法规规范。

发行价格的确定是股票发行环节的关键性工作。发行价格有平价、溢价和折价三种情况。平价发行就是以股票面值作为投资者购买价格的发行方式；溢价发行就是以高于股票面值的价格向投资者销售新股票；折价发行就是以低于股票面值的价格向投资者发行新股票。其中，溢价发行又分为时价发行和中间价发行两种方式。前者即按发行时候的市场供求情况确定发行价格；后者则按介于时价和平价的某一个价位发行新股票。在溢价发行中，超过股票面值的溢价收入构成了股份公司资本公积金重要内容。

新发行股票的销售方式通常有以下几种：

（1）包销。包销是指承销商先以低于发行定价的价格把发行公司的股票全部买下，然后再转卖给投资者。这样一来，承销商就承担了股票发行的全部风险。为了增加潜在的投资者以便尽快地销售掉股票，牵头承销商往往会组织销售集团，其他承销商的作用相当于零售商。在销售的过程中，如果股票价格下跌到难以接受的程度，主承销商可能会根据承销协议以市场价格购买已经发行在外的股票以达到托市的作用。

（2）代销。指承销商许诺尽可能地多销售股票，但不担保一定完成销售计划。在承销期内没有销售掉的股票可退回发行公司。这样一来，承销商不会承担发行销售失败的风险。

（3）备用包销。面向股东配股销售不需要投资银行的承销服务。但发行公司为防止销售计划没有完成情况的发生，可以与投资银行协商签订备用包销协议。该协议要求投资银行作备用认购者买下未能售出的股票。无论将来的情况如何，发行公司均要支付一定数量的费用。

三、我国的股票发行市场

在我国证券市场建立的初期，由于法规不够健全，市场各方参与者不成熟，各行业、各地区发展不平衡，要求上市的企业质量参差不齐，客观需要加以宏观调控和严格审查，因而对股票发行的申请采用了审批制，股票发行决定权归属政府。由国务院证券委（中国证监会的前身）会同国家计委制定年度或跨年度的全国股票发行总额度，然后把总额度按条块分配给各地方政府和中央部委。要求上市的企业首先须向所在地地方政府或主管中央部委提交额度申请，后报送证监会复审。证监会对企业的质量、前景进行实质审查，并对发行股票的规模、价格、发行方式、时间等作出安排。拟发行的股票基本上采用定价发行方式，并通过规定发行市盈率的方式限制股票的发行价格。

1996年，改额度管理为“总量控制、限报家数”的管理办法，即由国家计委、证券委共同制定股票发行总规模，中国证监会在确定的规模内，根据市场情况向各地区、各行业部门下达企业个数，并对企业进行审核，改变了原来仅规定额度总量，未限制上市家数，大型企业难以进入市场的状况。使一批具有行业代表性，对国民经济有重要意义的大企业得以进入市场。

1997年，增加了拟发行股票公司预选材料审核的程序，由中国证监会对地方政府或中央企业主管部门推荐的企业进行预选，改变了两级行政审批下单纯由地方推荐企业的做法，开始了对企业的事前审核。

无论是“额度管理”还是“总量控制、限制家数”，都属于计划性质的管理体系。“总量控制、限制家数”支持大型企业上市，强化了对国有企业的支持，客观上限制了其他经济成分的企业，使在国民经济中活跃并占有重要地位的民营和外商投资企业难以进入市场，造成目前证券市场上市公司结构性的矛盾。

1999 年 7 月 1 日《中华人民共和国证券法》正式实施。《证券法》明确了核准制的法律地位。1999 年 9 月 16 日，中国证监会推出了股票发行核准制实施细则。随后，证监会陆续制定了一系列与《证券法》相配套的法律法规和部门规章，为实施核准制创造条件。2001 年 3 月 17 日，正式取消了股票发行的额度和指标，核准制取代了行政审批制。

一般来说，核准制是一种市场化的发行制度，是一个市场参与主体各司其职的体系，遵循的是强制性信息公开披露和合规性管理相结合的原则，其理念要求投资者对发行人信息进行谨慎判断。证券监管机构除进行信息披露要求的形式审查外，还关注发行人的法人治理结构、营业性质、资本结构、发展前景、管理人员素质、公司竞争力等，并据此作出发行人是否符合发行条件的判断。实行核准制，就是要明确发行人、中介机构、投资者以及监管机构等各自的责任和风险，做到市场参与者和监管者相互制约、各司其职，形成一个完整的、符合市场化原则的证券发行监管体系。

从发行审批制向核准制的演进使中国股票发行制度发生了根本性的变革，是证券发行市场的重大制度创新。

第四节　股票流通市场

股票流通市场，亦称股票二级市场，是已发行在外的股票进行买卖转让的场所。提高证券的流动性是证券二级市场存在的主要目的。金融资产的变现能力对于投资者来说至关重要，股票尤其如此。因为与债券等其他金融资产不同，股票作为所有权凭证不存在偿还期，投资者要想收回资金只有卖出股票这一条途径。因此，股票的发行必须以发达的二级市场作为基础。

股票交易是随着股份公司的出现自然产生的。随着参与股票买卖者的增多，需要有中间人的撮合。中间人聚集在特定的场所，充分交换信息，进行买卖。这样就形成了有形的股票流通市场。可见，股票流通市场是由股票的卖方、买方和中间人构成的。那些中间人和一些商人时常聚会的场所即是现代股票交易所的前身。据记载，早在 1611 年就有一些商人在荷兰的阿姆斯特丹进行荷兰东印度公司的股票买卖，从而形成了世界上的第一个证券交易所。

一、股票流通市场的构成

1. 证券交易所市场

公正、迅速、顺利地进行股票交易，是发展股票流通市场的必要条件。随着股票的交易种类和交易数量的增加，迫切需要将自发产生的股票流通市场正规化，这就不仅需要具备固定的场所，还需要具备一定的组织和规章。证券交易所的成立适应了这种要求。它使得众多股票交易者聚集在一起，公开竞价，按照一定的规则进行交易，从而促成公正价格的形成，使交易能够既有效率，又有条不紊地进行。

证券交易所是由证券监管部门批准成立的，为证券的集中交易提供固定场所和相关设施及服务，并制定各种规章制度以创造公开、公平、公正、合理、有条不紊、具有完全竞争性的交易秩序，从而最终形成高效、迅捷的证券价格生成机制的法人组织。

证券交易所的组织形式有公司制和会员制两种类型。会员制证券交易所市场具有如下几个特征：

（1）交易采用会员经纪制方式。会员制证券交易所是一个由会员自愿出资共同组成的、不以赢利为目的的法人团体。交易所会员必须是出资的证券经纪商和自营商，交易所由会员共同经营，共担费用。同时在证券交易所中，只有具备交易所会员资格的证券经纪商（大多是证券公司或投资银行）才能直接在交易所进行交易，而一般的买者和卖者只能委托这些证券商去办理证券交易。证券经纪商是联系买卖双方，代理买卖业务的居间人。会员制证券交易所由会员共同经营。会员与交易所之间不是合同的关系，而是自治和自律的关系，这是它与公司制证券交易所的最大区别。会员制交易所的最高权力机构是会员大会，由会员大会选举产生理事会。理事会为交易所的决策管理机构，其职权是执行会员大会决议，批准新会员申请，对违章会员进行处分，任免总经理，审订总经理制订的各项业务规章、工作计划和预决算报告等。

在会员制证券交易所交易双方需要自行承担交易责任，不能取得交易所的赔偿。

（2）证券交易所自身不持有、不买卖证券、也不参与制定价格。它只是为买卖双方成交创造条件，提供场所和服务，并进行监督。

（3）交易按照公开竞价方式进行。证券交易所是一个集中而非分散的市场，其交易过程并不是买卖双方个别协商成交，而是由交易会员代表众多的买者和卖者集中在交易所内充分展开竞买竞卖，根据价格优先，时间优先的原则达成交易，形成价格。

（4）证券交易所有严格的规章制度和定型的操作规程。证券交易所对于入场交易人员的资格、上市证券资格、证券交易量的最少单位、交易日期及时间、成交价格和成交后的结算等都有严格的规定。此外，交易所对于内部人员利用内部情报（内幕交易）、操纵价格、垄断欺诈等行为规定了严厉的制裁条例。

(5) 证券交易所的证券买卖完全公开，证券交易所要求所有申请上市证券的发行人必须定期真实公布其经营情况和财务状况。交易所还定期公布各种上市证券的行情表和统计资料。

目前，西方国家的大多数证券交易所，如美国的纽约证券交易所，均采用会员制。

公司制证券交易所是采取股份公司组织形式，以盈利为目的的法人团体。交易所由某些特定的证券商作为股东出资建立，为证券经纪商和自营商们提供交易的场地、设施及服务，而交易所的股东自身不允许在场内参加证券买卖，以保证证券交易的公正性。进场交易的证券经纪商和自营商与交易所签订合同，购买席位，并缴纳营业保证金。交易所的主要收入是按证券成交额收取佣金。由于公司制交易所是以盈利为目的，因而交易费用比会员制交易所高。公司制交易所的最高决策管理机构是董事会，董事由股东大会选举产生。注册合格的证券商均可进场交易。证券商与交易所签订合同，缴纳营业保证金，并按成交额的一定比例缴纳佣金。

对于发行公司来讲，其股票能在交易所挂牌上市，意味着具有较高的信誉。而上市股票若能保持较高的价位就更加表示公司资信度的优良。加之每天的股票价格通过新闻媒介报道，相当于在为公司免费反复做广告。这些都有助于扩大公司产品的销售市场，有利于公司筹措资本、融通资金。因此，大多数公司都希望自己的股票能够在交易所挂牌上市。

从另一方面看，证券交易所作为具有高度组织性的市场，以其特有的交易方式和管理规划，有力地发挥着股票流通市场的社会功能，使其成为股票流通市场的核心。

但是，证券交易所不可能也不应该办理所有股份公司的股票交易，只有那些符合一定标准的股票才能在交易所买卖。这一点是形成公正的股票价格、谋求股票顺利流通以及保护证券投资者利益等方面的需要。实际上，在大多数国家或地区里，上市公司只占股份公司总数的一个很小部分，多数公司的股票都属于非上市股票。在非上市的股票中，一部分是由特定的股东，例如家族成员、内部职工、相关厂商等所持有，不能成为一般公众的投资对象，故不在社会上公开流通交易；而另外相当部分则是通过场外市场（店头市场）进行买卖。

2. 场外交易市场

一般地，非证券交易所交易的证券买卖市场均可称为场外交易市场。

店头市场，亦称柜台市场（OTC），是场外交易市场的主要形式。它没有固定的集中场所，是由证券公司等证券交易机构在柜台上进行的证券买卖业务；是各个证券商和投资者之间面对面进行的分散交易；买卖证券的种类、数量、价格及交付条件等都由当事人双方协商议定。

在店头市场交易的股票，主要是尚未达到交易所上市条件，从而不能进行交易所挂牌交易的股票。而上市股票原则上必须在交易所进行交易，不能进行柜台交易。这一原则称为市场集中原则。但经证券交易所许可，上市股票在某些情况下也可在店头市场交易。例如：为保持交易的连续性，证券交易所命令暂时中止交易的上市股票，可在中止期间转到店头市场进行市场交易；证券交易价因故中止营业时，在中止期间上市股票可转到店头市场交易；上市股票的零股买卖，也通常允许在店头市场进行。

店头市场交易的股票质量虽然低于上市股票，但为保证投资者的利益，也必须符合一定的条件，进行必要的管理。各国对店头市场的股票，一般都实行登记制度。由证券商机构提出登记申请，并附上该股票发行人的经营、财务以及股票发行等情况。经审查合格，予以登记，才准许在店头市场交易。同时也要求店头股票的发行人，定期向社会公布其经营情况和财务状况。由于店头市场对股票的登记条件低于交易所的上市条件，因而新公司发行的股票通常首先在店头市场交易，于是店头市场具有为股票上市前先行调整价位的功能。

店头市场的股票交易方式，也分为证券商自营买卖和接受客委托两种。其中大部分是前者，代客户买卖所占比例很小。部分是证券商把自己持有的股票卖给客户或买进客户的股票，也可以是证券商彼此间的买卖。证券商以卖方和买方的双重身份与客户进行交易时并不收取佣金，其收益来自买卖的差价。证券商彼此同行间买卖成交的价格称作批发价格或内部价格。批发价格有买卖差价。批发价格同零售价格（又称外部价格）之间也存在着差额。证券商接受客户委托买卖股票，是按客户提出的条件同其他证券商及客户进行联系，进而采取两头磋商的办法，从中撮合成交。在这种情况下证券商要向委托人收取手续费。

店头市场上，数量众多的股票在分散的证券商柜台上进行交易。这种广泛分散的交易活动必须借助于遍布全国的通讯网络来迅捷传递行情，才有可能形成统一的价格水平。为此，不少国家都建立有全国性的自动报价系统，通过电子计算机网络将全面所有证券商联在一起。及时向他们提供店头市场各家证券商所有交易股票的买入价和卖出价。美国的 NASDAQ 便是其中最有名的一个。

美国的 NASDAQ 是一个场外交易市场，是一个无形市场，诞生于 1971 年，隶属于 1939 年建立的全美证券交易商协会（NASD）。NASDAQ 依靠协会的自动报价系统来运作，接受美国的证券交易委员会的监督。NASDAQ 分为两个层次的市场，即全国市场和小型资本市场。规模较大的公司在全国市场挂牌交易，规模较小的新兴公司则在小型资本市场挂牌交易，相比之下，后者的上市条件要比前者宽松得多。近年来，NASDAQ 发展极为迅速。在美国，NASDAQ 已成为独立于纽约证交所这一主板市场、并能与之相抗衡的、强有力的竞争对手。

做市商制度（Market Maker Rule）是 NASDAQ 市场的核心之一，也是 NASDAQ 市

场不同于其他交易所市场的主要区别所在。做市商（Market Maker）是一些独立的股票交易商，它们通过提供买卖报价为金融产品制造市场，即为投资者承担某一只股票买进和卖出交易对方的角色。所谓做市商制度，也称为庄家制度，就是以做市商报价形成交易价格，从而驱动交易实现的金融产品交易方式。在NASDAQ做市商制度下，买卖双方无须等待对方的出现，只要有做市商出面承担另一方的责任，交易便算完成。这对于市值较低，交易次数较少的证券尤为重要。做市商为每只股票的买卖提供报价，有别于传统交易中由买卖双方出价通过竞争形成交易价格的方式。做市商制度造就了一大批机构投资者，并且增进了市场的稳定性。

做市商制度有两个重要的特点：

① 所有客户的订单都与做市商自己的账户买进卖出，客户之间不发生买卖交易关系。

② 做市商在拿到订单前报出买卖价格，客户看到做市商的报价后才下订单。

做市商制度有两种形式：一种是以美国NASDAQ市场为代表的多元做市商制度；另一种是纽约证券交易所采用的专家交易制度。

3. 第三市场

在股票的场外交易中，除了店头交易这种主要形式外，尚存在第三市场和第四市场的交易。

所谓第三市场，是指已取得在交易所正式上市资格的股票，由非交易所会员证券商进行场外交易的市场。

如前所述，上市证券通常实行市场集中原则。非会员证券商若要代客买卖上市股票，就只有再委托会员证券商间接办理。并且，会员证券商还受到“最低佣金比率”的限制，不允许随意降低佣金收取标准，使得大额大批量股票交易的佣金很高。在这种情况下，就出现了上市股票由非交易所会员证券商在自己门市部进行买卖的方式，以减轻投资者大额交易的成本。证券商从第三市场交易中虽然收取的佣金较低，由于每笔的成交量一般较大，因此也能获得高额收益。

第三市场首先在20世纪60年代的美国出现。它的产生和迅速发展，反映了20世纪60年代以来美国股票市场的重要变化。一方面，由于市场流通股票的数量、种类愈益增多，交易形式愈益多样化，市场集中原则受到冲击，股票交易表现出日趋分散化；另一方面，由于投资公司、保险公司、各种基金会等金融机构大量购买和持有股票，机构投资者在股票市场上的地位有了极大提高。第三市场的出现既降低了股票交易的成本，又促进了市场交易业务的竞争，从而有助于提高社会的投资效率。

1975年，美国的证券交易委员会宣布取消固定佣金制度，改由交易所会员自行决定佣金收取比例，从而使得第三市场的吸引力下降。

4. 第四市场

场外交易中的第四市场，是指机构投资者买卖双方绕过证券商，利用电子计算机网络直接进行大宗股票交易的市场，一些大公司、大企业时常进行大宗股票买卖，为了不暴露目标，或者进一步地节约佣金费用，他们不通过交易所和证券商，而是彼此间用电子计算机网络联结起来，形成自己的交易机制，自行报价和寻找买进和卖出的对方，双方直接成交。

第四市场的最大吸引力，在于交易成本很低，因为省去了中介人费用。即使有时通过第三方来安排，佣金也比其他市场少得多。当然，这要以大宗交易为前提。

其次，第四市场的交易可以保密，不会为第三者所知，因而不致因某几笔大额交易而影响股价行市。不过，也正因为这一点，对第四市场的交易规模几乎无法统计，难以掌握。

第四市场的兴起，也反映了机构投资者在股票流通市场地位的提高，同时也对股票流通市场产生了巨大的竞争压力和监管的挑战。

二、证券交易所的运作

1. 证券上市注册制度

所谓证券上市注册制度，是依照一定条件和手续对某种证券赋予在某个证券交易所场内进行交易的资格。在交易的所上市的证券必须是经证券主管部门审批注册，向社会公开发行的证券。为了保护投资者的利益，交易所对于申请上市证券进行严格审查，经审查合格，才批准在交易所内挂牌上市。各国对证券在交易所上市交易的条件有着不同的规定，即使同一国家内各交易所的上市条件也有不同。但就基本条件而言，都是针对发行人的信誉、证券的优良程度以及上场交易的潜力大小等内容而作出的。

股票发行公司在其股票正式取得上市资格后，需要编制股票上市交易说明书，向社会公布。股票上市说明书的主要内容包括：上市公司的名称、地址、经营管理现状、主要财务报表（资产负债表、损益表及现金流量表），以及公司经营前景预测等情况。各国还都规定，发行公司在其股票正式上市后，必须定期向证券管理机构和证券交易所呈送反映该公司资产、负债、盈利等财务状况的财务报告。

对于其股票已上市的公司，交易所如果发现其出现不能继续经营，无股息可供分配，负债超过资产，提供的财务信息不真实，以及违反交易所章程或业务规程等情况，有权暂停或终止该公司股票在交易所的上市交易。

对上市证券实行交易注册制度是证券流通市场管理内容的一个组成部分，其意义在于监督发行公司维护证券质量，及时准确地向广大证券投资者提供公司的财务信息和金融信息，维护交易所正常的交易秩序，保证广大证券投资者的合法权益不受损害。

2. 股票交易过程

股票交易过程，是指投资者（或股东）从开户、买卖股票到股票与资金交割完毕的全程。以场内交易为例，它大致可分为开户、委托、成交、清算和交割五个阶段。

成交，是指股票买卖双方达成交易契约的行为。股票成交方式大多采用竞价方式。

所谓竞价方式，是指通过买方或卖方的竞争性报价达成股票交易契约的方式。在竞价中，若卖方为一人，买方为多人，通过各个买方的竞争性报价，卖方与申报最高买入价的买方成交，这一过程称为“拍卖”；若卖方为多人，买方仅一人，通过各个卖方的竞争性报价，买方与申报最低卖出价的卖方成交，这一过程称为“标购”。

从实际操作规程来看，一般先由证券商或经纪人将买方和卖方的竞争性报价分别输入电脑主机，电脑主机按照价格优先、时间优先的原则分别对所有买单和卖单进行排序并在其中撮合成交。所谓价格优先原则，即价格最高的买方报价和价格最低的卖方报价优先成交。也就是说，电脑主机首先将卖方报价以由低到高的顺序进行排序，买方报价以由高到低的顺序进行排序，然后，撮合两个序列中处于第一位的买方和卖方成交。在撮合过程中，若买卖双方的价格不一致，可以取它们所申报价格中间的某一价位作为成交价。例如，当买单进入与已有卖单成交时，可以卖单的报价作为成交价；而当卖单进入与已有买单成交时，可以买单的报价作为成交价。所谓时间优先原则，即在多个买单或者多个卖单的报价相同时，按电脑主机所确认的报价先后顺序依次成交。

竞价方式与做市商制度的主要区别是：

① 价格生成方式不同。做市商制度下，证券的开盘价格以及随后的交易价格均是由做市商报出的。而竞价方式的开盘价格以及随后的交易价格均是由买卖双方通过竞争形成的。

② 信息传递的范围和速度不同。做市商制度下，投资者买卖指令首先报给做市商，成交量和成交价随后才会传递给整个市场。而在竞价方式下，买卖指令、成交量和成交价几乎同步传递给整个市场。

③ 交易促成机制不同。做市商制度下，做市商有义务促成交易。而在竞价方式下，不存在这种制度。

④ 处理大额买卖指令的能力不同。做市商报价驱动机制能够有效处理大额买卖指令。而在竞价方式下，大额买卖指令有可能需要等待交易对手的逐步消化，完成交易常常需要等待较长的时间。

采用竞价方式的许多证券交易所为确定出一个相对合理、能够体现市场共识的开盘价格，防止开盘价格过高或者过低，允许在开盘前的一定时间内输入的买卖指令实行集合竞价的方式，而将开盘后实行的常规竞价方式叫做连续竞价方式。

集合竞价也叫单一成交价格竞价。即在一定期间内所输入的所有买卖指令并不像连续竞价那样立即撮合成交，而是在一定期间后集中一次性地以同一个价格撮合成交。由集合竞价所形成的这个唯一价格是一个截止到目前所输入的所有买卖指令中能够产生最大成交量的价格。这个价格即为股票的当天开盘价格，所有在这一价格下能够成交的数量即为当天股票的开盘成交量。

清算，是指在股票成交后买卖各方通过证券交易所系统所进行的股票和资金的清理结算。在买卖双方每日仅成交一笔股票的场合，可以不进行清算，直接进行股票和资金的交割，但经常发生的情况是，同一个入市者在一个交易日内进行了多次股票买卖，甚至多次买卖同一只股票，若逐笔交割，不仅手续麻烦，而且将导致时间、人力、物力和机会的损失，甚至发生混乱。

清算的基本程序是，首先对同一个入市者在一个交易日所发生的各笔买卖进行清理，然后将对同一股票的买入数量及价格和卖出数量及价格进行对冲，找出应交割的股票种类、数量和资金。

清算一般分为两个层次。第一层次，证券商（或经纪人）相互间通过交易所系统进行的清算。每个证券商（或经纪人）在每个交易日不断地进行成交活动，买卖股票的种类、数量、笔数、次序等既相当复杂又数额巨大，为了便于交割，他们通过证券交易所建立的清算系统，先进行各笔交易的对冲和抵消，然后交付清算后的差额（股票和资金）。在这一过程中，各个证券商（或经纪人）首先，必须在证券交易所的清算机构开立清算账户，并将自营账户和代理账户严格分开。其次，必须将一定数量的资金存入清算账户（有些国家还规定，应确定卖出的股票存放于清算机构），以保证清算的正常进行。再次必须与清算机构核对每一笔成交记录，确认无误。最后才进行清算。第二层次，证券商（或经纪人）与委托人之间的清算。由于委托人每日进行的股票买卖笔数较少，所以，这一过程相对简单。

在我国，由于各地情况有所差异，清算系统大致可分为两级清算和三级清算两种。两级清算是指证券商之间通过证券交易所清算系统所进行的清算和证券商与委托人之间的清算。三级清算是指各地证券登记（清算）机构通过证券交易所清算系统进行的清算，证券商之间通过当地证券登记（清算）机构的清算系统进行的清算和证券商与委托人之间的清算。一般来说，直接在上海和深圳证券交易所开立清算账户的证券商，实行两级清算。在本地的证券登记（清算）机构开立清算账户的证券商，实行三级清算。同时，由于中国的股票交易采取电子化系统，所以，清算和股票过户是同时完成的。

交割，是指股票买卖双方相互交付资金和股份的行为。在交割中，买方将购股资金交付给卖方，称为资金过户；卖方将售出的股份交付给买方，称为股票过户。在过户中，买卖双方应认真核对股票名称、证券交易所名称、成交日期及时间、成交数量、成交价格、成交金额、税收、佣金、交割时间等事项是否正确。

三、股票价格指数

股价指数是运用统计学中的指数计算方法编制而成的。是将计算期的股票价格与基期的股票价格相比较而得出的相对变化率。主要用于反映股市总体（或某类）股价的变动及其走势。

根据股价指数所涵盖的范围，可以将股价指数划分为反映整个市场走势的综合性指数和反映某一行业或某一类股票价格走势的分类指数。如反映沪市整体股价走势的上证综指，反映沪市商业类上市公司股价走势的上证商业分类指数。

股价指数的计算方法可以划分为算术平均法和加权平均法两种。算术平均法，是将组成指数的每只股票价格进行简单平均，计算得出一个平均值。例如，假定所计算的股票指数包括 3 只股票，其当前的价格分别为 15 元、20 元、30 元，则其股价算术平均值为$(15+20+30)/3=21.66$ 元。然后再与基期的股价算术平均值相比较即可得到当前的股价指数。也可以先用报告期价格除以基期价格计算每只样本股票的股价指数，然后再对其算术平均。加权平均法，就是在计算股价平均值时，不仅考虑到每只股票的价格，还要根据每只股票对市场影响的大小对平均值进行调整。实践中，一般以股票的发行数量或成交量作为市场影响参考因素纳入指数计算，称为权数。例如，假定上例中 3 只股票的发行数量分别为 1 亿股、2 亿股、3 亿股，以此为权数进行加权计算，则价格加权平均值为$(15\times1+20\times2+30\times3)/(1+2+3)=24.16$ 元。然后再与基期的加权股价平均值相比较即可得到相应的股价指数。以基期股票数量作为权数的叫做拉氏指数；以报告期股票数量作为权数的叫做派氏指数。

在加权平均法中，权数的选择会影响到指数值的大小。以报告期股票数量为权数的指数叫做派氏指数。目前世界上大多数股票指数，例如标准普尔指数、纽约证券交易所综合指数等都属于这一种类型。以基期股票数量为权数的指数叫做拉氏指数。

实践中，一般很少直接用上述两种平均价格的比例来表示指数水平。而是以某一基准日的平均价格为基准，将以后各个时期的平均价格与基准日平均价格相比较，再乘以 100（或 1 000 等），以此作为股价指数的值。例如，上海证券交易所和深圳证券交易所发布的综合指数，其基准日指数均为 100 点，而两所发布的成分指数，其基准日指数都为 1 000 点。

上市公司经常会有增资、拆股或派息等行为，使股票价格产生除权、除息效应。如果不对股指的计算做相应的调整，指数的变化会失去连续性和可比性。因此在计算股价指数时也要考虑到这些因素的变化，及时对指数进行校正，以免出现股价指数的变化不能准确反应行市波动的情况。

下面是几种常见的股价指数：

（1）道·琼斯股票价格平均指数，又称道氏指数，它采用算术平均法计算。道氏指数包括：道氏工业平均指数，由30家工业公司的股票价格平均数构成；道氏公用事业平均指数，由15家公用事业公司的股票价格平均数构成；道氏运输业平均指数，由20家运输公司的股票价格平均数构成；道氏65种股票价格平均数，由上述工业、运输业、公用事业的65家公司的股票价格混合构成。道·琼斯股票价格平均指数以1928年10月1日为基期，在纽约交易所交易时间每30分钟公布一次，用当日当时的股票价格算术平均数与基期的比值求得，是被西方新闻媒介引用最多的股票指数。

（2）标准普尔指数。标准普尔指数由美国标准普尔公司1923年开始编制发表。以500种采样股票通过加权平均综合计算得出指数，在开市时间每半小时公布一次。标准普尔指数以1941～1943年为基数。该指数的样本股票均采自纽约证券交易所上市股票。

（3）那斯达克综合指数（Nasdaq Composite）。那斯达克综合指数是那斯达克证券市场上的一个综合加权股价指数。由于那斯达克证券市场云集了一大批电脑硬体股、软体股、半导体股、网路股、通讯股、网际网路股和生化科技股等与高科技有关的各种类股，因此那斯达克综合指数是体现高科技产业股价波动的重要指数。

（4）恒生指数。恒生指数是香港股市历史最久的一种股价指数，由香港恒生银行于1969年11月24日公布。现行恒生指数以1996年7月31日为基期，根据各行业在港上市股票中的33种具有代表性的股票价格加权计算编制而成。因为这33家公司的股票总值占全部在港上市股票总值的65%以上，所以恒生指数是目前香港股票市场最具权威性和代表性的股票价格指数。

（5）日经指数。日经股票价格指数是日本股票市场的一个股票价格指数。

（6）金融时报指数。金融时报指数的采样股票是根据英国伦敦国际证券交易所上市的主要100家大公司的股票选定的，并以每分钟一次的频率更新。

（7）上证股价指数。上证指数以1990年12月19日为基期，1991年7月15日开始公布以上海股市的全部股票为计算对象，计算公式如下：

股票指数 =（当日股票市价总值/基期股票市价总值）* 100

由于采取全部股票进行计算，因此，上证指数可以较为贴切地反映上海股价的变化情况。

（8）深圳股价指数。深证指数以1991年4月3日为基期，以在深圳证券交易所上市交易的全部股票为计算对象，用每日各种股票的收盘价分别乘以其发行量后求和得到的市价总值，除以基期市价总值，然后再乘以100求得。

四、我国的证券交易所市场

1. 上海证券交易所简介

上海证券交易所成立于1990年11月26日，同年12月19日正式开业。上海证券交易所是不以营利为目的的会员制事业法人，归属中国证监会直接管理。遵循“法制、监管、自律、规范”的八字方针，上海证券交易所主要职能包括：提供证券交易的场所和设施；制定证券交易所的业务规则；接受上市申请，安排证券上市；组织、监督证券交易；对会员、上市公司进行监管；管理和公布市场信息。

经中国证监会批准，已公开发行股票的公司可申请在上海证券交易所上市。获准上市公司须在挂牌交易日前两至三天在指定报刊上刊登“上市公告书”，并与上海证券交易所签订“上市协议书”。公司上市后应履行持续信息披露义务，在规定的时间内向上海证券交易所递交年度及中期报告，经审核后向投资者公告。为完善证券市场功能，促进投融资工具的多样化，上海证券交易所还接受国债、企业债券、投资基金等证券的上市申请。

上海证券交易所采用无形席位为主，有形席位为辅的交易模式，拥有亚太地区最大的交易大厅，设有1 608个交易席位，交易网络连接交易终端5 700个。覆盖全国、连通海外的卫星通信网每天为3 000个卫星接收站传达即时行情和相关信息。

投资者可在证券商下属营业部进行买卖委托，营业部工作人员通过电话将委托指令报给驻上海证券交易所交易大厅内的交易员（俗称“红马甲”），由其将买卖指令输入交易所的电脑主机。投资者也可以在营业部自助委托电脑终端上直接输入委托指令，通过空中卫星传输网和地面光纤数据传输网将指令传输到上海证券交易所电脑主机，电脑主机在接收到买卖指令后，按照“价格优先、时间优先”的原则自动撮合成交。目前交易主机的撮合能力可达每秒5 000多笔，每天1 000万笔。

上海证券交易所市场交易在周一至周五进行，上午为九点半至十一点半，下午为一点至三点。

上海证券交易所设立完善的市场监管和风险控制系统，通过对交易市场进行实时、动态监控，对异常现象和行为进行预警，及时从中发现问题，并对市场违法违规事件进行调查和处理，维持市场公平、透明和高效运行。

上海证券中央登记结算公司建立了安全、高效的中央结算系统，为证券的中央登记、存管和结算提供优质的服务。在电脑自动撮合成交制度下，交易系统在每笔交易完成后由电脑同步完成股票过户程序，实现即时清算。在资金清算方面，中央登记结算公司和证券商在交易次日进行交易资金划拨，再由证券商和投资者进行资金结算。

2. 深圳证券交易所简介

深圳证券交易所于1989年开始筹建，1990年12月1日试营业，1991年7月3日经中国人民银行批准正式营业。是不以营利为目的的会员制事业法人。会员可分为专业经纪商，专业自营商及兼营自营与经纪业务的证券商三种，在成为交易所会员后，向交易所提出申请并缴纳席位费后，即可取得交易席位进行交易。

深圳证券交易所的主要职能包括：提供证券交易的场所和设施；制定本所业务规则；接受上市申请、安排证券上市；组织监督证券交易；对会员和上市公司进行监管；设立证券登记清算机构并对其业务活动进行监管；管理和公布市场信息；中国证监会许可的其他职能。深交所的上市证券分为股票（A股、B股）、基金、国债（现货、回购）和公司债券四大类。公司股票经中国证监会批准公开发行后，由公司和上市推荐人向交易所报送上市申请文件，经交易所审核同意，公司股票可在深交所挂牌上市。

除股票以外，深交所还受理国债、基金、企业债券等证券的上市申请。

深交所采用先进的电脑化、无纸化交易，由电脑主机对接受的所有有效申报按照价格优先、时间优先的原则进行集中竞价撮合成交。

深交所交易在每周一至周五进行。上午9:15至9:25为集合竞价时间。集合竞价遵从价格优先、同一价格下时间优先的原则，对所有有效委托进行集中处理，并按集中竞价规则产生开盘价。集中竞价结束后即进入连续竞价，连续竞价遵从时间优先的原则，由电脑对有效委托进行逐笔处理，上午9:30至11:30，下午13:00至15:00为连续竞价时间。

深圳证券结算有限公司负责所有在深交所上市证券的登记与结算，采用无纸化净额交收和法人结算制度。从实时开户、股票托管、资金结算到业务凭证管理等方面全面实现电子化。证券公司负责与本公司各营业部的资金交收，营业部负责与投资者的资金交收。

深交所登记结算系统特点是：管理所有投资者明细证券账户，投资者开户实时化；所有投资者和上市公司股份集中登记在登记结算系统，实行电子化净额结算，建立起结算公司－结算银行－证券公司的电子自动划转网络；证券无纸化托管，结算公司和会员单位共同管理投资者名下明细股份；A股、基金采用T+1交收制度，B股采用T+3交收和T+0回转交易相结合制度。

经中国证监会批准设立的、注册资本5 000万元以上（含5 000万元）的、承认深交所章程、遵守深交所业务规则并接受深交所监管、符合本所要求的其他条件的证券经营机构，可申请成为深交所会员。会员可以向深交所申请交易席位，也可以申请席位的更名、转让终止等。深交所交易席位包括：普通席位、国债专用席位、基金专用席位、B股特别席位。会员可以通过会员大会行使会员权利。同时，必须按照规定向深交所报送相关材料，接受深交所的监督和检查。

2001 年 3 月 30 日，经国务院同意，中国证监会批准，中国证券登记结算公司正式成立。中国证券登记结算公司成立后，即着手将原沪深两个证券交易所的登记结算公司改制为中国证券登记结算公司的上海、深圳分公司。

复习思考题

1. 简述股票的含义、特点及种类。
2. 影响股票价格的主要因素有哪些?
3. 股票除权价格的含义及其计算。
4. 简述股票竞价成交机制的基本特点。
5. 交易所市场与场外交易市场是如何组织的，试比较分析两者的异同。
6. 股票价格指数的含义、作用及其计算方法。
7. 简述做市商制度的基本原理。

第六章

债 券 市 场

本章摘要

本章首先给出了债券的含义、性质及分类，然后阐述了影响债券价值的主要因素，并介绍了我国债券市场的基本状况。

关 键 词

债券　净价　全价

第一节　债券市场的性质

狭义地，仅将期限超过一年的要式可流通债务凭证称为债券。债券市场、基金市场和股票市场均为证券市场，同属于长期资本（金）市场，是政府、金融机构、企业筹集长期资本（金）的主要场所。但债券市场又有别于基金市场和股票市场。债券在风险性、期限性、收益性、流动性等方面与股票和基金有很大区别。

一、债券的含义和特征

1. 债券的含义

债券是债务人依照法定程序发行，承诺按约定的利率和日期支付利息，并在特定日期偿还本金的书面债务凭证。

债券是确定债权债务关系的书面凭证，债券的发行人就是债务人，而投资于债券的人就是债权人。债券的发行人为筹措资金而发行债券，债券的投资者为运用其闲置的资金生息获利而购买债券。在债券的有效期限内，债权人让渡了这笔资金的使用权，但并没有放弃对资金的所有权；债务人得到了资金的使用权，但并未获得资金的所有权。作为使用资金的代价，债务人必须支付一定的利息给债权人，以补偿其因借出资金一定时间而带来的损失（机会成本）。

债券不同于一般的借贷凭证，它将借贷关系证券化了。一般的借贷证书是由当事双方自行协商借贷条件而签订的合约，它既不适合于他人，也不适合于另一次借贷，除非得到对方同意。一般而言，债务人不能展期归还贷款，债权人不得要求提前偿还本金。这种因人、因事、因时而异的债务凭证是非标准化的，因而也是不能流通转让的。债券不是发行人对某个特定的个人或法人所负的债务，而是发行人对全体应募者所负的债务，它由发行人给定条件，适合于任何愿意按该条件出借资金的投资者。这种债务凭证的借贷条件和规格都是同一的，具有公开性、社会性和规范性的特点，一般都可以上市流通转让。

债券与股票相比，有以下几点区别：

（1）股票是股份公司依法定程序发行的所有权凭证，代表持有人对发行股票公司的资产拥有一定份额的占有权；债券是任何具有还款能力并承诺将来还款的法人（不仅仅是股份公司）都可依法定程序发行的债务凭证，证明持有人与发行人之间的借贷关系。

（2）股票的持有人作为企业的所有人即公司的股东，有权以一定形式（主要是参加股东大会）参与公司的经营管理，根据投资金额的大小对公司有一定的控制权，同时也对公司的经营负有一定的责任；债券的持有人作为债权人而不是所有人无权参与公司的经营管理，同时对公司的经营状况也不承担任何责任。

（3）债券的利息率是固定的，与发行人的经营状况和盈利能力没有直接关系，因而收益较稳定；股票的收益与公司的经营状况密切相关，具有不稳定性。一般说，公司经营状况好，盈利水平高，股东的收益高。相反，由收益低，甚至没有收益。

（4）债券有固定的还本期限，它的还本付息受到法律保障，如果债务人不能按期还本付息，债权人有权对他提出诉讼，使其承担法律责任；股票是没有期限的，发行股票的股份公司没有收回股票的义务，投资者不能退股，只能转让出售，其收回的金额不一定和股票的面额或投资者买入的价格相符，而要取决于市场情况。

（5）分配顺序和清偿顺序不同。公司债券的债息支付作为费用从销售收入中扣除，在税前列支；股息不属于费用支出，而属于净收益分配，在税后净利中支付。当公司经营不善破产倒闭时，债券应优先偿还，而股票清偿顺序排在债券之后。

2. 债券的特征

作为要式凭证之一，债券具有一般有价证券共有的特征，即期限性、风险性、流动性、收益性，但它又有其独特之处。

（1）期限性。从债券的发行日起到约定的偿付日止，这段时间称为债券的期限。债券的期限性表现为债券依一定的法律程序发行，并在发行时就约定还本付息的日期。

在货币市场上，期限最短的债券从发行日至到期日只有90天左右；在资本市场上，债券的期限可从一年到几十年不等。通常，我们仅称资本市场的债务凭证为债券，而将货币市场的债务凭证称为票据。中央政府发行的不超过一年期的债务凭证叫做国库券。

债券一般明确规定期限，但也有例外情况，如英国国债中有一种叫做"永久债券"。这种债券发行后经过一段时期，政府有随时收回（即归还本金）的权利，但债权人无偿还请求权，政府也可以无限期地支付利息，而永不偿还本金。

（2）流动性。指债券可以在较大范围内流通，可以随时变现。债券流动性的强弱受证券市场的发达程度、债券发行人的资信度、债券的期限长短和利息支付方式等因素的影响。显然，证券市场发达、交易便利、发债人资信度高、债券期限较短、利息支付方式较为灵活的债券，其流动性较强。对于那些期限较长的债券来说，流动性十分重要。投资者既可以将债券持至期满收回本金，也可随时通过流通市场出售而转变为现金。事实上，多数债券在到期日之前都曾在流通市场频繁辗转流通，因而是一种流动性较强的投资工具。

（3）风险性。一般说来，投资于债券将会面临利率风险、信用风险和通货膨胀风险等。

因为债券是固定收入的证券，它的利率在发行时已确定，所以，当市场利率发生变化时，债券的价格就会朝相反的方向波动。利率风险是债券，特别是政府债券面临的主要风险。利率风险对偿还期不同的债券，其影响是不同的，一般而言，对长期债券的影响较之短期债券为大。当市场利率上升时，长期债券价格的下降幅度要大于短期债券的价格下降幅度。

除了投资于政府发行的债券以外，信用风险是债券投资者面临的另一个主要风险。债券发行人如果不能还本付息，即使是不能按时还本付息，都会使投资者受到损失。信用风险受债券发行人的经营能力、规模大小及事业稳定性等因素影响。因而不同债券的信用风险程序有所不同。一般认为中央政府债券的信用风险最小，其次为地方政府债券，再次是大的金融机构和全国性、国际性大公司债券，中小企业债券的信用风险通常较大。

通货膨胀风险几乎涉及所有证券，但利率固定的债券最为明显。当发生严重通货膨胀时，债券投资者的预期利息收入和本金都会贬值。通货膨胀持续的时间越长，对长期债券的持有者越不利。

尽管债券的投资者会面临上述种种风险，但与其他投资工具，特别是股票相比，债券又具有较大的安全性。债券的安全性是建立在以下基础上的：

首先，债券在约定的到期日将以券面金额偿还本金，在约定的付息日分次或一次支付固定利率的利息，不受发行后市场利率变动的影响。各国还制定有关法律对债券的还本付息加以保障，使投资者有直观上的安全感。即使是浮动利率债券，一般也规定有一个最低利率，防止因市场利率下降幅度过大而使债券持有人受到损失。

其次，债券的发行人主要是国家、地方政府、公共团体、与政府有关的特殊法人、一流的大公司和大银行等，资金实力雄厚，信用度高。加上债券的发行有一定的法定审批程序，有关当局要严格审查发行人的资金和财务状况，有法律保障。

再次，债券是契约性的债务，契约的约束力使债券的发行人注意自身的信誉，避免因违约而影响今后在市场上筹集资金的潜在能力。特别是对公司债的发行人，一般都采取一些措施来保证债务偿还的安全性。其中的主要措施有：以动产或不动产进行有抵押的发行；提取年利润的一部分建立偿债基金；债券发行后经过一定的宽限期可采取提前偿还的减债制度，以减轻期满一次偿还的财务压力等。

另外，债券的收益较为确定，市场价格波动幅度较小，付息和清偿顺序较之股票优先等，也都提高了债券的安全性。

（4）收益性。与居民储蓄和企业存款等其他投资方式相比，债券的收益较高。这是因为，储蓄、存款是间接融资方式，银行等金融中介机构以吸收存款的方式筹集资金，再以贷款和投资方式运用资金，它们本身要赚取利润，所以支付居民储蓄和企业存款的利息一般较低。

发行债券是直接融资方式，债券发行人直接向社会公众筹集资金，虽也通过中介机构承销支付承销手续费，但一般说来，筹资费用较低，所以利率水平较高。

以贴现方式发行的债券，扣除的贴息可用于再投资，所以它的实际收益率要高于票面的贴息率。同样，提前于期中偿还的债券，投资者也有再投资的机会，所以，其实际收益率也要高于票面利率。

如果投资者在二级市场上以较高的价格卖出债券，则还可获得一定数量的资本利得。

债券具有期限约定、流动性较强、安全性较高并能为投资者带来收益的特点。这些特点之间具有一定的替代关系，一般讲，期限长的债券，流动性较差，风险较大，但收益较高；流动性强的债券风险较小，收益水平相对较低等等。正是债券诸特征的多种组合关系，形成了债券市场上各种各样各具特色的债券，可供投资者选择并满足他们的不同需要。

二、债券的分类

债券的种类繁多，按不同的目的，可有多种分类方法。

1. 按债券的发行主体分

按债券的发行主体不同，可分为两大类，一类是由政府及政府所属机构发行的债券，统称为公共债券，这类债券以政府信用为担保，信用度高，风险小，并具有较强的政策性。这类债券又可划分为中央政府公债、地方政府公债和政府机构债券等几种形式。另一类是民间的金融机构和企业发行的债券，包括公司债券和金融债券等。

(1) 国债。由中央政府发行的债券，是政府以国家信用筹措资金的一种方式。按政府发行公债的目的不同，又可分为财政公债和建设公债。政府为弥补财政收入不足而发行的叫财政公债，为进行公共建设筹资金而发行的叫建设公债。国债以政府的信用为担保，发行时公布发行条例，发行后往往根据规定设立偿债基金并列入国家财政预算，确保安期还本付息，因而具有最高的信用度，通常被认为是没有投资风险的最佳投资工具。

(2) 地方政府债券。主要用于地方政府发展地方经济，兴办公用事业，偿债资金的主要来源是地方财政的收入，主要是地方税收。地方政府债券的信用度接近于国债，但地方政府债券的流通性较差，流通范围较小。因此，地方政府债券的利率通常比国债稍高。

(3) 政府机构债券。是由政府所属的公共事业机构、公共团体或公营公司发行的债券。所筹措的资金用于发展各机构、团体的事业。其中有一部分机构可发行政府担保债券。政府担保债券的本息支付由政府给予保证，所以信用度很高，仅次于国债。但是政府担保债券的发行数额相对较小，而且因公募发行比较分散，所以上市交易额较小，流动性不强。

(4) 金融债券。由商业银行或一流的非银行金融机构发行，筹集的资金用于发放贷款和投资。与公司债券相比，由于金融机构的社会资信度高，易为公众接受，所以发行量大，交易活跃，流动性仅次于国债，是一种颇受欢迎的投资工具。

(5) 公司债券。非金融机构企业发行的债券。公司债券的发行一般受到严格的限制，并有时要求有抵押或担保。虽然发行人一般都是一流大公司，但其信用度仍不能与政府、政府机构、金融机构相比，其还本付息的保证程度取决于公司的经营状况，所以风险较大，利率也比其他债券高。

(6) 国际债券。由外国政府、外国法人、国际机构发行的债券。这类债券的发行目的、风险、收益等特性因发行主体不同而各有差别。

2. 按债券的信用保证分类

根据债券还本付息有无担保人和抵押品又可分为以下几类：

(1) 政府担保债券。一般是政府附属的公用事业机构、公共团体或公营公司发行的债券，它的还本付息由政府出面担保，一旦债券到期发生偿付困难，由政府代为支付，因此这种债券的信用度、安全性均较高。

(2) 抵押债券。一般为公司债券，即公司以动产或不动产为抵押品，用以担保到期还本的债券。抵押债券按其抵押品的不同，又可分为：

① 不动产抵押债券，即以房地产或其他不动产的产权为抵押的债券。以同一不动产为抵押品发行数次公司债券，又可根据其要求偿还的先后顺序分为第一、第二、第三抵押公司债券。第一抵押公司债券对抵押品有第一留置权，第二抵押公司债券只有第二留置权，即俟第一抵押公司债券清偿后若有余额才能据以作为偿还本息的抵押。

② 证券担保债券，又称证券信托债券，或流动抵押债券。是以公司的各种动产或持有的各种有价证券为担保而发行的债券。

③ 设备信托债券，公司为扩充设备或购置新资产，以公司购置的设备资产作为担保而发行的债券，待债券的全部本息偿还后，该项资产的所有权才属于公司。

以上各项债券因为都有一定的财产作抵押担保，还本付息有一定的保障，因而比较安全。但是抵押债券也有管理上的困难，资产抵押并非对每个债权人分别抵押，而是将资产统一抵押给所有的债权人。但由于债券不断地流通转手，债券持有人不断更换交替，债权人难以共同行使抵押权，所以一般的做法是在债券发行时，由债券发行人和认购人共同签订信托合同，委托银行或信托公司代债权人管理和行使抵押权。

（3）保证公司债券。是除了发行债券公司的信用外，还得到其他公司担保到期还本的公司债券。

（4）信用债券。又称无抵押债券。是发行债券公司不以特定的资产担保，而仅凭公司的信用作为还本付息的保证。这些债券往往是资信度很高的大公司或没有大量资产作为抵押品的公司发行的。由于一流大公司的资信度很高，所以这种债券的安全性并不差。

3. 按利息支付方式分

（1）附息债券。是在券面上附有支付利息息票的债券。附息债券的利率一般是固定的，在息票上载明付息日期和利息额，债权人可在指定地点、日期凭息票领取固定数额的利息。有的并不附有息票，只是按约定的利率定期支付利息，或到期一次支付全部利息。

（2）浮动利率债券。这种债券以某一金融市场利率作为参照标准，债券的利率随该市场利率波动而变动，通常每三个月或六个月调整一次。浮动利率债券一般规定一个利率下限，即使该市场利率低于规定的下限仍按利率下限付息。这样可使投资者既有安全感，又可享受市场短期利率上升带来的收益，从而增强债券的吸引力。

（3）贴现债券。是券面上不附息票，发行时按规定的贴现率，以低于面额的价格发行，到期按面额偿还本金的债券。其发行价格和面额之间的差价即为利息。这种债券因其利息在发行时已提前支付，所以实现收益率往往高于票面贴现率。期限较短的债券通常采取贴现方式付息。

4. 按募集方式分类

（1）公募债券。以非特定的多数投资者为对象广泛募集的债券。国债发行都采用公募方式。

（2）私募债券。仅以与债券发行人有特定关系的投资者为对象而募集的债券。

5. 按债券的期限分类

（1）短期债券。偿还期限在一年以下的债券。这类债券通常归入货币市场工具。

（2）中期债券。偿还期限在一至五年之间的债券。

（3）长期债券。偿还期限在五年以上的债券。

关于债券期限的划分，各国的规定不尽相同。

6. 按债券记名与否分类

（1）注册债券，或称登记债券，登藉债券。是债券发行人委托注册机构（一般是金融机构）将债券购买人的姓名、地址等登记在册，并发给债权人注册证书以代替发行债券本身的债券。债券发行人只承认登记在册的债券持有人，并对被登记注册的持有人偿还本金和支付利息。注册债券也可转让，债券持有人和受让人以书面签名方式转手，受让人到注册机构出示正式转让文件并进行重新登记，才成为合法的债权人。

发行注册债券，对发行人来说，可简化发行手续，降低发行成本。对投资者来说，具有偿付手续简便，便于保管，不必担心被盗、毁损等意外事故发生，较为安全。多为认购金额较大且持有期限较长的法人投资者使用。

（2）记名债券。记名债券是指在券面上注明债权人姓名，同时在发行公司登记在册的债券。记名债券在转让时除了交付债券外，还要在债券背书和在公司债权人名册上更改登记。这种债券的优点是较安全，一旦遗失可挂失，但转让时手续较为繁复，流动性较差。

（3）无名记债券。是券面上不记载债权人姓名，也无须在发行公司登记的债券。投资者以持有债券作为其拥有债权的证明，发行公司向任何持有债券的人支付利息，偿还本金。无记名债券的转让较为简单，债券转手即为转让生效，所以其流动性较强，但安全性较差。

7. 按货币种类分类

（1）本币债券。以本国货币为面值并在本国市场上发行流通的债券。其发行主体可以是本国的政府或法人，也可以是外国政府和法人，后者如日本的“武士债券”和美国的“杨基债券”。

（2）外币债券。以外国货币作为面值，并以票面货币还本付息的债券。其发行主体多为国际组织、外国政府、外国金融机构、外国公司或跨国公司等，如日本的“将军债券”。

8. 按国内和国际分类

（1）国内债券。由本国政府或本国法人发行并在国内市场流通的债券。

（2）国际债券。由国际机构、外国政府、外国法人发行的债券，其主要特点是发行主体与发行市场不在同一国家，又可分为外国债券和欧洲债券两种。外国债券是在某国的债券市场上，由外国借款人发行的以市场所在国货币为面值的债券，如中国在日本发行的日元债券。欧洲债券是在某国债券市场上由外国借款人发行的以市场所在国以外的货币为面值的债券，如德国某公司在英国发行的以美元为面额的债券。欧洲债券采用的面值货币主要是美元。

9. 按公司债券中债权人享受的权益不同分类

为弥补自身的不足，有些公司债券除规定投资者具有在到期日收取本金和利息的基本权利外，还附有若干额外的权益，以增强对投资者的吸引力。这类公司债券主要有：

（1）可转换公司债券。可转换公司债券是在一定条件下，债券持有人有权将债券转换为发行公司股票的债券。所谓一定条件，是指这种公司债券在发行时，发行公司就确定了转换价格、转换日期、转换股票种类三个条件。转换价格是该债券转换为股票时的股票购买价格。转换价格一旦确定，便不可提价，这样，可转换公司债券持有人便可在公司股票价格上升时获得差价利润。转换期限一般是指，在债券发行后经过一定的宽限期，债券持有人方可行使转换权。有的公司规定了行使转换权的有效期限。也有的可转换债券规定在宽限期后至债券到期日前可行使转换权。此外发行公司一般在发行时就指定可转换债券能转换的股票种类，如是优先股还是普通股、是记名股票还是不记名股票等。

发行可转换公司债券，对发行公司和持有人都有一定好处。

对投资者来说，认购可转换公司债券比购买一般债券可多一次选择机会，在发行公司净收益不多，股息率不高时，可保留债券而稳得债券的固定利息。在发行公司收益增大，派息率大大高于债券利率时，可行使转换权，享受较多股息收益。而且，若经过一段时间，公司股票价格上升，债券持有人按原定的转换价格将债券转换成股票，等于以较低的价格买入股票，取得差价收益。对发行公司而言，等于以较低的价格买入股票，取得差价收益。

对发行公司而言，因向投资者提供了较优惠的条件，可转换债券利率低于一般债券利率，可以较低的成本筹措到长期资金。并可在债股转换时把负债变成资本，减轻还债压力。扩大资本规模。

（2）附新股认购权的公司债券，或称认股公司债券。是指在普通公司债券上附有一种权利，即债券持有人有权在一定期限内，可以按债券发行时确定的比率和价格，认购该发行公司一定数量的新股。附新股认购权的公司债券是将公司债券和新股认购权连成一体发行的，但根据在流通中这两部分是否可以分开又分为分离型和非分离型。分离型认股公司债券在其发行以后，投资者可将债券部分和认股权证部分分开独立买卖。而非分离型为债券部分和认购权证部分不可分割，只能作为整体买卖。

认股公司债券的投资者在权利行使的有效期内，可作几种选择：当发行公司的股票价格上涨时，投资者通过行使认股权可以较低成本获得新股；投资者也可以不行使认股权而将它转卖，借以获得认股权证本身的升值利润；此外，由于认股权证有一定的期限限制，若在其权利行使的有效期内，公司的股票价格下跌，投资者可以放弃行使权利而使认股权证作废，此时，投资者的损失为认股权证的价格。

附新股认购权的公司债券和可转换公司债券同样具有获得股票的权利。但前者在行使购买新股权后，债券仍存在，持有人仍保持债权人的权利。而后者在行使转换权后，债券转换成股票，原有的债券已不复存在。

(3) 参加公司债券。债权人除了能得到固定利息和到期收回本金外，还可以在一定程度上参与公司剩余利润的分配，其分配的比例和方式在债券发行时就已确定。

(4) 收入公司债券。这种债券的利率不固定，其利息收入多少取决于公司的收益水平，在公司获利水平不佳时，可在当年少付或不支付利息而拖欠积累至以后支付。在以后有收益的年份，发行公司只有付清了收入公司债券全部累积欠付利息后才能派发股息。

以上的债券分类，是从不同侧面反映债券的不同特点，实际上，每一种债券都同时具备以上多种分类特点，如某公司发行的债券可能是无记名债券、长期债券、抵押债券等等。

三、债券市场的作用

债券市场在社会经济发展过程中，发挥着重要的功能：

(1) 通过发行新的债券，创造出新的金融资产，增加社会投资量。债券市场是政府、金融机构、企业筹措长期资金的重要场所。中央政府和地方财政收入的主要来源是税收，但在出现财政赤字和需要扩大公共开支的情况下，往往通过发行国债和地方政府债券来解决资金不足的问题。银行和非银行金融机构也会通过发行债券，筹措资金以满足社会对信贷资金的需求。企业的外部负债资金来源主要有两个：一是向银行借款，二是发行债券。向银行借款期限通常较短，并要受到种种限制，而发行债券可使企业筹到长期稳定的资金，是企业筹措长期资金的重要手段。政府、银行、企业为筹措资金而新发行的债券，既创造出了新的金融资产，又增加了全社会的投资总量。

(2) 债券市场提供了投资渠道，实现了资金的转换。债券市场是一个政府、金融机构、企业单位集资投资和居民个人进行证券投资的极好场所。由于债券到期能还本付息，收益稳定，风险小，吸引了众多机构投资者和稳健的个人投资者，是他们手中闲置的货币资金从储蓄转化为投资的主要通道，对社会再生产的运行有重要的作用。

（3）债券市场可提高资金的使用效益，优化资源的配置。债券的发行主体面向市场筹措资金，承担债券到期还本付息的义务，必须注意资金的使用效益。又由于债券市场有复杂的价格机制，广泛的信息来源和众多的投资者，投资者又特别关心发行主体的资信程度、经济效益和发展前景，这样在客观上就具有了引导资金流向、优化资源配置、促进企业竞争、推进产业结构调整的功能。

（4）债券的二级市场为已发债券提供流动性，并具有决定交易价格的功能。发达的二级市场使已发债券可以随时转手出让。通过交易所竞价和证券商挂牌，使债券的交易价格通过供求关系不断趋于均衡。

（5）债券市场是中央银行实现货币政策的重要场所。中央银行具有三大货币政策手段，即存款准备金、再贴现和公开市场交易。各国中央银行经常利用证券市场来实施其货币政策，其中的公开市场业务就是中央银行在证券市场上买卖国家债券以调节货币供应量，稳定经济。当生产衰退、资金紧缺时，中央银行在证券市场上买进国家债券以增加货币供应量，降低利率，刺激经济增长；当经济过热、通货膨胀严重时，中央银行在证券市场上抛出证券，以减少货币供应量，提高利率，抑制经济过热。

第二节 债券的发行和流通

债券的发行和流通构成一个完整的债券市场。因此，债券市场可以划分为一级市场和二级市场两个组成部分。它们之间是一个相辅相成、缺一不可的关系。

一、债券的发行

债券的发行市场是将新发行的债券从发行人手中转移到初始投资者手中的市场。

1. 债券发行的目的

债券的发行人有政府、金融机构、企业等，债券的发行主体不同，其发行债券的目的也不尽相同。中央政府和地方政府发行债券的目的比较单一，主要是为了弥补财政赤字和扩大公共开支。金融机构和普通企业发行债券的目的比较复杂，一般讲有以下几个主要原因：

（1）可以扩大筹资渠道。企业需要资金时，可通过发行股票、发行债券、向银行贷款等方法筹措，如果企业筹集资金的渠道单一，会使企业的资金来源在数量上和集资条件上受到一定限制。企业通过发行债券筹资，增加了筹资渠道，扩大了筹资面，可以吸收某些不愿或不能投资于股票的法人和个人投资者的游资，并可使各种筹资方式的副作用得以抵消和受到有效限制。

（2）可以筹集到长期稳定的资金。企业需要长期资金用于扩大设备投资或其他长期投资，可发行长期债券。企业可以根据对市场动态、经济发展趋势和资金使用效益和预测，灵活确定债券的期限，尽可能地使资金需要量和筹集量一致，避免出现过剩资金。即使企业判断有误，在债券到期时仍需继续占用资金，也可采取在偿还旧债的同时发行新债的方法来满足对资金的需要。

（3）可以较低的成本筹集资金。公司债券的收益较为稳定，市场价格的波动也较为平缓，到期又可收回本金，投资风险相对较小，颇受稳健的投资者，特别是机构投资者的欢迎。企业债券是直接向投资者筹款的，中间减少了银行中介这一环节，因而提高了筹资效率，减少了筹资费用，筹资成本较低。特别是在通货膨胀严重时期，由于债券的利率是固定的，而且按券面金额偿还本金，因此不会增加发债公司的财务负担和压力。此时，发行债券等于把通货膨胀风险转嫁给了债券持有人。

（4）维持对企业的控制。公司发行新股筹集资金，特别是当新股发行量大而又被少数投资者大量认购的情况下，就要承担企业被新股东控制的风险。而发行债券就不会出现这种局面。因为债券的持有人与公司之间是债权债务的关系，债权人无权参与公司的经营决策，无论发行多少债券，无论债券如何集中于少数人，都不会改变公司的所有权关系。

（5）获得财务杠杆好处。所谓财务杠杆是指企业可使用一种成本固定的资金，以获得高于资金成本的收益。发行债券同向银行贷款或发行优先股一样，能起到财务杠杆作用。

（6）减少纳税负担。由于债券的利息是在税前支付的，而股息红利是在税后支付的，因此对企业来说，发行公司债券可得到节税的好处。

2. 债券发行条件的确定

债券发行条件的合理确定是债券发行能否成功的关键。债券的发行人希望以最小的筹资成本获得最大量的长期使用资金，投资者则希望以最少的资金获取最大的收益，平衡两者互为相反的利益目标，使发行的债券为双方均能接受，就是通过调整债券发行条件来实现的。债券的发行条件包括以下几个内容：

（1）发行额的确定。发行额是发行一次债券筹集资金的总额。发行额的确定主要取决于发行人的资金需要量。但往往还受发行人的资信度，还本付息能力、债券种类、法定的发行最高限额、当时市场的吸纳能力等因素的影响。对发行人来说，在所需资金总额已定的情况下，一次发行比分次发行的筹资成本低且可节省时间和不必要的手续。但发行额定得过高，会造成销售困难，不仅会影响发行后流通市场的价格，也可能会损害发行人的声誉并影响今后的发行。所以经过全面衡量后确定一个适当的发行额是发行成功的首要条件。

（2）债券期限的确定。债券的期限主要取决于发行人对资金需求的性质。发行债券一般都有特定的投资目标和资金需求，发行不同期限的债券主要是为了满足不同的资金需求。一般而言，债券的期限与资金需求的性质和期限应该相适应。

债券的期限还取决于对未来市场利率水平的预期。如果预期市场利率将下降，筹资人通常尽量发行期限较短的债券，待利率下降后再发行新债券，从而降低筹资的平均成本。如果预期市场利率要上升，发行人则倾向于发行期限较长的债券，以便控制筹资成本。

另外还要考虑流通市场的发达程度。流通市场发达，投资者对持有长期债券没有后顾之忧，发行人发行长期债券成功的概率就大；流通市场欠发达，长期债券难以在流通市场上脱手转让，发行人只能发行期限较短的债券。

此外，发行人的信用级别，通货膨胀情况，投资者的心理状况和证券市场上其他债券的期限构成，也是确定债券期限时需要认真考虑的因素。

（3）票面利率的确定。债券的票面利率又称名义利率，是年利息和票面金额的比率。票面利率的高低，直接影响到发行人的筹资成本，也在一定程度上反映了发行人的信用程度，是债券发行的重要条件。

确定债券的利率水平主要应考虑如下几个因素：

① 银行同期存款利率水平。银行存款和债券投资是投资者运用资金的两种不同方式，投资者要比较这两种方式的收益和风险，选择运用。一般说债券的风险略高于银行存款，所以债券的利率也应略高于银行存款利率。

② 其他债券的利率水平。证券市场上有很多种债券，这些债券因发行人的信用程度不同而形成一定的利率结构。一般说来，中央政府债券的信用度最高，因而利率最低，其他依次为政府担保债券，地方政府债券，金融债券，公司债券。而且，公司债券内部也有一个相对稳定的利率结构。发行人要考虑自己的信用程度，参照其他债券的利率水平来确定自己所发行债券的利率。

③ 债券期限的长短。债券期限长的，票面利率较高；期限短的，票面利率较低。因为期限越长，风险发生的可能性越大。

④ 债券发行人的信用级别。同一类型的债券，例如同为公司债券，因发行主体的信用级别不同，利率水平不会相同。信用评级高的，票面利率水平相对较低；反之，则应提高票面利率水平。同时还要结合考虑债券发行的抵押、担保等保证条款。

⑤ 利息支付方式。单利、复利、贴现等不同的利息支付方式对投资者的实际收益率和筹资者的筹资成本有不同的影响。在实际利率水平为一定的情况下，单利计息的债券票面利率应高于按复利计息的债券票面利率。

⑥ 投资者的接受程度和发行人的承受力。债券利率定得高，能增强对投资者的吸引力，但也会增加发行人的利息负担，提高筹资成本；债券的利率定得过低，对投资者没有引力，也会造成债券发行困难。发行人要正确估计自己的承受能力，并根据市场上大多数投资者能接受的程度。权衡比较，然后决定利率水平。

⑦ 还要考虑证券主管当局对债券利率的有关规定。

计息方法是在确定票面利率的时候必须考虑的因素。归纳起来，债券的计息方法主要有以下几种：

① 单利计息。债券利息仅按本金逐期计息，债券未偿还前所生的利息不加入本金重复计算利息。其计算公式为：

$$利息 = 本金 \times 年利息率 \times 期限$$

$$本息合计 = 本金 \times (1 + 年利息率 \times 期限)$$

② 复利计息。把债券未到期前所生的利息加入本金，逐期滚存生息。由于有利上加利的因素，所以按复利计债券的实际利率水平要高于票面利率相同但按单利计息的债券。其计息公式为：

$$本息合计 = 本金 \times (1 + 年利率)^{期限}$$

分次付息，即每期的利息在当期支付的付息方式，实际上等于复利计息。分次付息又可分为按年付息、半年付息、按季付息三种方式。

③ 贴现计息。是投资者按债券票面额和约定的应计利息之差买进债券，债券到期时按票面额偿还投资者。一年之内的短期债券往往用贴现方式计息。其贴现利率计算公式为：

$$贴现利息 = 票面额 - 发行价格$$

$$贴现利率 = \frac{票面额 - 发行价格}{票面额 \times 期限(所包含的天数)} \times 一年所包含的期限(天数) \times 100\%$$

在债券有效期内，债券发行人向债券持有人支付利息的方式可分为一次性付息和分次付息两种类型。

记名债券的分次付息通常采用支票或汇款方式，不记名债券通常采用息票债券形式。息票债券是每张券都按该债券的付息次数附有息票若干张，每张息票上标明该息票付息的日期和金额。到了付息日，债券持有人凭息票去发行公司或代理机构领取债息。分期付息对投资者的好处是可及时取得现金利息，提高资产的流动性和可支配性。对发行人而言，分次付息可减轻付息压力，在债券的有效期内平均分摊利息负担。但决定债券的付息次数，还要考虑本国投资者的习惯、通货膨胀率和支付利息代理机构网点的多少等因素。

(4) 发行价格的确定。债券的发行价格是新发行的债券从发行人手中到投资者手中的初始价格。债券的发行价格并不一定和债券的票面金额一致。这是因为从债券票面利率的决定到债券的实际发行，其间需要一定的过程，在这段时间内，市场利率可能已发生了变化。如果届时市场利率高于债券的票面利率，就会使债券投资者的实际收益水平低于市场收益率，使债券失去吸引力，造成发行困难。如果实际发行时市场利率低于债券票面利率，又会使债券的实际收益率高于市场收益率，使债券发行人的筹资成本增加。因此就需要通过债券价格的变化来平衡债券票面利率和市场利率的差异，使债券投资者的实际收益水平和市场收益率相当。这里所谓的市场利率，是指在一定时点上证券市场多数投资者能接受的金融资产投资年收益率水平。

债券发行价格的单利计算公式为：

$$\text{发行价格}=\frac{\text{票面额}+\text{票面额}\times\text{票面年利率}\times\text{偿还年限}}{1+\text{市场年收益率}\times\text{偿还年限}}$$

债券发行价格的复利计算公式为：

$$\text{发行价格}=\frac{\text{票面额}+\text{票面额}\times\text{票面年利率}\times\text{偿还年限}}{(1+\text{市场年收益率})^{\text{偿还年限}}}$$

或

$$\text{发行价格}=\frac{\text{票面额}\times(1+\text{票面年利率})^{\text{偿还年限}}}{(1+\text{市场年收益率})^{\text{偿还年限}}}$$

或

$$\text{发行价格}=\sum_{t=1}^{\text{期限}}\frac{\text{票面金额}\times\text{票面利率}}{(1+\text{市场利率})^{t}}+\frac{\text{票面金额}}{(1+\text{市场利率})^{\text{期限}}}$$

至于应该采用单利公式还是采用复利公式来计算债券的发行价格，主要取决于当时当地证券市场主流投资者的投资效率。

不难看出，当债券的票面利率和市场利率正好一致时，债券可按票面金额平价发行。当市场利率低于债券的票面利率时，债券可以高于债券面额的价格溢价发行。当市场利率高于债券的票面利率时，债券只能以低于券面金额的价格折价发行。

(5) 偿还方式的确定。债券本金偿还方式的差异会造成投资者实际收益的不同。发行人可以利用特定的本金偿还方式来提高自己运用资金的灵活性、降低平均筹资成本、调整资金使用的实际期限或者增加对投资者的吸引力。

① 到期偿还本金。到期偿还本金的方式可以尽量长久地使用资金。但是期末还本

的资金压力可能较大。

② 期中分次偿还本金。即在债券发行以后，经过一定的宽限期，将债券的本金按一定比例分次偿还给投资者，直至债券期满还清为止。规定偿还宽限期是为了保持债券作为长期投资的性质。长期债券采取期中分次偿还本金的方式既可分散筹资人到期一次偿还本金的压力，又可增加对投资者的吸引力。采取期中偿还方式更可能是出于如下两种考虑：其一是债券发行后，提前实现了筹资目标，中途出现资金剩余，为避免不必要的利息负担，决定提前偿还。其二是债券发行后市场利率大幅度下降，债券利率相对较高，为降低筹资成本，提前偿还全部债券，另外发行利率较低的新债券，显然在这种情况下对投资者是不利的。

③ 买入注销方式。即债券发行人在债券市场上用市价购买自己发行的债券，然后再予注销的偿还方式。由于发行人在二级市场上购回自己的债券并不损害债权人的利益，而且是遵循买卖自愿的原则，因此这种回购不受任何限制。对发行人而言，采用买入注销方式可做到简单迅速完全偿还，特别是在债券价格下跌时，用买入注销更为适宜。但买入注销方式实际上受债券流通市场价格和交易量的影响，当债券交易价格较高或是成交量较少时，可能不能实现偿还目标。

3. 债券发行的方式

债券的发行方式可以从不同角度进行分类。

(1) 按债券的发行对象分类，可分为公募发行和私募发行。

以少数与发行人有密切业务往来的投资者为债券募集对象的发行，叫私募发行。如向本企业的股东、职工募集或是向与发行人关系密切的银行、保险公司、有业务往来的客户等募集。由于受发行范围的限制，私募发行不能筹集数额较大的资金。私募发行的对象或者对发行人的情况比较熟悉，或者具备专门的业务知识，有能力对发行人进行资信调查，分析其财务状况，判断投资风险。

私募发行手续简便，可节省筹资时间和费用。私募债券一般不能上市流通，因此债权人较稳定。采用私募发行方式的大多数是一些规模较小、信誉较低的中小企业，但有些非常著名的大企业为减少筹资成本也利用它们与大机构投资者的特殊关系而发行私募债券。

以非特定的众多投资者为发行对象的发行，称为公募发行。公募发行的对象是广大公众和各种机构投资者。发行人一般为信誉较高的政府、金融机构或大公司等。

公募发行由于发行对象不受限制，可以筹集到巨额款项。但公募发行的对象对发行人的资信状况一般都缺乏了解，因此，为保护投资者利益，防止发行人的欺诈行为，很多国家的法律都规定在发行公募债券时发行人必须提供有关的书面文件和财务报表，受到严格要求和限制。公募发行一般都要通过证券公司、投资银行等中介机构进行，发行手续较为复杂，费用较高。但公募发行的债券信誉较好，一般可上市流通转让，较受投资者欢迎。发行人也可借助公募发行债券提高本身在社会上的声誉。

（2）按债券发行有无中介人介入分类，可分为直接发行和间接发行。

直接发行是发行人自己办理有关发行的一切手续。并直接向投资者发行债券的方式。直接发行没有中介人介入可节省委托发行的手续费，但发行人要自己办理各种发行手续，要耗费大量人力物力，有时反而导致发行成本增高。直接发行的成功率较低。因为很难准确地确定出售债券的数量和所需时间，尤其在不能自行推销足够数量的债券时，就有可能导致发行工作的失败。因此，直接发行方式一般用于私募债券和金融债券，或是信用级别较低的公司债券。

债券发行人委托投资银行、证券公司等中介机构办理发行事务的发行方式，叫做间接发行方式。这是一种典型的、普遍采用的方式。采用这种发行方式，虽然要支付一笔委托手续费，但它可以使发行人从复杂的发行事务中解脱出来，并且发行中介机构具有丰富的发行债券的经验、专门人才和广泛的销售网点，能保证债券发行工作顺利完成。

间接发行一般用于公募发行的债券，按照发行人和发行代理机构承担的义务和风险不同，又可分为以下三种方式：

① 推销发行。代理发行机构只负责按发行人规定的条件销售债券，它既不垫付资金，也不承担销售风险。到了合同规定的发行期限，推销不掉的债券退还给发行人，代理机构没有义务认购。对发行人来说，这种方式风险较大，但手续费较低。

② 余额承购。代理发行机构与发行人签订助销合约，由助销人首先以代售方式代理发行债券，到合同规定的期限，若有推销不完的剩余债券，由助销人悉数认购，以保证发行人筹资计划的顺利实现。因为助销人要承担发行过程中的各种风险，所以费用较高。

③ 总额承购包销。代理发行机构一开始就用自己的资金承购发行的全部债券，然后按市场条件转售给其他投资者。承销人承担全部销售风险。而发行公司无须等发行结束就可以一次得到全部所筹的资金，可以保证其筹资计划顺利实现。承销发行的费用要大大高于前两种形式。

在总额承购包销方式中，根据承销人的多少和风险的分配形式不同又可以划分为协议承销、俱乐部承销和银团承销三种类型。

协议承销是由一个承销公司包销发行人全部待发行的债券。在这种形式下，发行风险由该承销公司独力承担，所以其手续费也全部归这个承销公司。

俱乐部承销是由若干承销公司合作包销，每个承销公司所获得的包销费、包销份额及所承担的风险都协商分摊。

银团承销是目前最常见的债券包销形式，其特点是由一个承销人牵头，若干承销公司参与包销活动，以竞争的形式确定各自的包销份额，并根据包销份额规定包销费率的高低，组成承销银团。在发行过程中出现的各种风险。均由各承销公司按其包销的份额承担。这种方式将竞争机制和风险分散机制引入债券的承销过程中，对于发行人降低成本和承销人减少风险都很有利。

二、债券的评级

债券评级是由权威机构按一定的指标体系，对拟发行债券还本付息的可靠性所作出的客观公正的评定。债券评级的目的是把所测定出来的债券信用等级公之于众，以保护投资者的利益。

债券的信用级别对债券发行人顺利发行债券具有重要意义，公募债券至少需要有一家公认的资信评级机构评定其信用级别。信用级别高的债券不仅发行顺利，而且债券利率可以较低，使债券发行人的筹资成本降低。由于投资者普遍追求级别高的债券以降低风险，所以信用等级高的债券市场价格也高。而信用级别低的债券，由于它风险较大，不易被公众接受，将会增大发行难度，不得不以较低的价格或较高的利率发行。

债券的信用级别对投资者来说是投资与否与投资多少的重要参考指标。尽管债券与股票相比是一种较为安全的金融资产，但它毕竟包含着各种各样的风险。债券的最大风险就是信用风险，如果发行人到期不能还本付息，投资者就会蒙受投资损失。债券的这种信用风险依发行人的偿还能力不同而有所差异。一般认为政府债券基本上没有信用风险，而除了政府债券以外的其他债券都有不同程度的信用风险。但是一般的投资者或是因为没有时间，或是因为没有专业知识，或是因为无法得到足够的信息而无法对诸多的债券一一作出详尽分析后再加以比较选择，因此由专业的信用评级机构作出的公开的权威性资信评级就成了投资者减轻其投资风险和估价其投资收益的最重要的依据。

目前国际上公认的具有权威性的信用评级机构主要有：美国的标准普尔公司、穆迪投资服务公司、英国的艾克斯特尔统计服务公司、加拿大债券评级服务公司、日本的日本社债研究所等。这些信用评级机构都是独立的私人企业，不受政府控制，也独立于证券交易所、证券业之外。评级机构必须对自己的信誉负责，如果它评定的级别不准确不公正，不能被大家接受，那么该评级机构将无人光顾，也无法继续生存。

信用评级工作是建立在详尽地占有资料并进行深入细致的分析，保持独立决策程序并严守被评估者机密的基础上的。客观性原则和对事不对人原则是信用评级工作应该遵守的基本原则。所谓客观性原则，即评定活动应以第一手资料为基础，运用科学的分析方法，对发行人的经营状况、财力、借款用途、期限、使用方法、借款方式、偿还能力以及过去清偿欠款的记录等进行分析评定，最后才在可比的基础上对债券的信用等级作出比较客观的判断。发行人的表白，投资者的舆论，证券业的意见，政府的态度均不予考虑。所谓对事不对人原则，即评定的对象是债券，而不是债券发行人，评定的结果是指债券的信用等级而不是发行人的资信程度。在美国，同一发行人在一年之内所发行的不同种类债券时可以得到不同的评级结果。但也有例外，日本和英国就是对发行人本身的信用进行评级，而不是对某一笔具体的债券进行评级。发行人一旦得到某一信用级别，在这一年之内发行的任何债券都可使用这一级别。

正因为信用评级机构采取了比较科学的分析技术，又有丰富的实践经验，评出的资信级别较有权威性，能得到投资者信任并为证券发行人所接受。

信用评级机构对投资者负有道义上的义务，但并不承担法律上的责任，它们评出的资信级别只是一种客观公正的评价，以帮助投资者在对比分析的基础上作出投资决策，而不含有向投资者推荐这些债券的含义。如果债券发行人对评定的结果不满意，可以要求重新评定或要求不予发表，评级机构对发行者提供的资料要绝对保密。

债券的评定有许多级别，每一个级别都有特定的含义，美国的穆迪公司和标准普尔公司所使用的级别符号也不尽相同，下面作简单的介绍。

美国穆迪投资服务公司把长期债券分为九个级别，它们是：

Aaa 级：最高质量的债券，又称“金边”债券，投资风险最小，本金安全，并有大量和稳定的利润来源保证利息的支付，任何可预见的变化不会损害它的信誉。

Aa 级：以各种标准衡量都是高质量的债券，它和 Aaa 级债券一起被认为是高级债券，只是它的保险系数略低于 Aaa 级，而长期风险因素略大于 Aaa 级。

A 级：属中上等级债券。有许多令人满意的投资品质，有足够的因素保证本息安全，但存在一些对还本付息产生怀疑的因素。

Baa 级：中级债券，即有一定程度的保护，但不高。本金和利息在目前是有保证的，但从长远看，有些因素可能不充分或不可靠。

Ba 级：对本金和利息的保护很一般，未来不能预计，因此在未来不会有好的保障。

B 级：不具备理想的投资品质，对还本付息和履行合同条件的保证程度都很小。

Caa 级：信誉不好的债券，有可能违约，有危及本金利息安全的因素。

Ca 级：有高度投机性，经常违约，对本金和利息有危险因素。

C 级：最低等级债券，前途无望，根本不能用作真正投资。

以上三等九级可分为两大类，Aaa ~ Baa 级为投资级，Ba 级始为投机级。

美国标准普尔公司把债券分为十二级，其内容为：

AAA 级：是最高质量的债券，还本付息能力极强。

AA 级：是高级别债券，还本付息能力很强，它和 AAA 级相比只有很小差别。

A 级：是中上级债券，还本付息能力较高，但与上两个级别相比，易受经济形势变化的影响。

BBB 级：中等债券，具有一定还本付息能力，但通常需要有一定的保护措施，一旦经济形势出现变化，其还本付息能力可能削弱。

BB 级、B 级、CCC 级、CC 级：这是中下投机级债券，具有很强的投机因素，其中 BB 级投机性最小而 CC 级的投机性最大，这类债券尽管伴随一些保护措施，但一旦经济形势恶化，则随时有可能从账面上勾销，因而具有很大风险。

C 级：通常表示不能支付利息的债券。

DDD 级、DD 级、D 级：是违约债券，如拒绝还本付息的不履约债券。

信用评级机构设立专门的评级委员会通过投票决定评定级别，并与发行人联系征求意见。如果发行人同意评级机构的评定，则此级别就被确定下来，若不同意，可写明理由，补充资料申请重评。复评的程序与初评大致相同，提出重评更改级别的要求只限一次，第二次评定的结果不论同意与否均不能再更改。发行人如仍不同意则可用其他方法筹措资金，一般不宜以公募方式发行债券。

评级机构将对发行人从债券发行到还清债务的全过程进行跟踪监视研究，如有必要将修正其所发债券的级别，通知发行人，并公之于众。

三、债券的流通

债券的流通市场是指已发行的债券在投资者之间转手买卖的场所，也叫二级市场、次级市场。

债券的流通市场为证券持有人提供流动性，使长期债券的认购者解除到期方能得到偿还的后顾之忧，放心地在发行市场购买债券，有助于吸引短期资金购买长期债券。债券的流通市场也为新的投资者提供进行债券投资的机会。由于在流通市场上有多种债券同时交易，为投资者提供了调整金融资产结构、分散投资风险的可能，当然也提供了投机的机会。

1. 债券流通市场的类型

债券的流通市场可分为有组织的场内交易市场和场外交易市场两种类型。

有组织的场内交易市场是指债券在证券交易所进行买卖交易。只有被批准上市的债券才能在交易所交易。在交易所交易的债券一般是长期公债、大公司的债券、可转换公司债券和以本国货币为面值的外国债券等。一般说，政府债券不必经过审核即可上市交易，而公司债券则要达到一定标准，经交易所登记批准方可上市。

投资者在证券交易所买卖债券必须委托具有证券交易所会员资格的证券公司进行，其交易程序与股票交易相似。证券公司也可以在交易所内以自营商身份进行自营买卖。

债券的场外交易市场是指在证券交易所以外的证券公司柜台上进行的债券交易。它一般是由证券公司作为买卖中介人而促成交易，或是在证券公司之间进行的个别、直接的交易。

大多数债券都通过场外市场进行交易。场外市场之所以能成为债券流通市场的核心，主要是因为：第一，债券种类繁多，而证券交易所能容纳的数量有限。第二，债券具有偿还性和期限性的特点，在众多的债券中，每年每月都有一部分到期偿还，同时又有新的债券发行，有的债券期限很短，如美国国库券期限最短的只有91天。如果这些期限较短的债券都到交易所交易，仅上市下市的业务处理，便使交易所不堪负担。第三，债券的投机性较股票小得多。由于股票的投机性强，为了形成公正的价格，也为了加强对股市的管理，将股票交易集中到证券交易所是十分必要的，债券的投机性小，价格波动不大，即使在场外交易，其价格也相差无几，较为公正。

场外交易方式有自营买卖和代理买卖两种，以自营买卖为主。自营买卖是证券公司为获取债券买卖的差价收益而直接与投资者进行一对一的交易活动。具体地说，是证券公司根据市场行情和各种债券的内在价值和收益率，挂出买进价和卖出价，实行单方面给定的双价制。场外交易价格有时也可由证券公司之间或证券公司与投资者之间经过讨价还价而成交。但从总体上说，它不同于证券交易所内通过买卖双方连续申报竞价而形成的价格，场外交易价格是非竞争决定的，是证券公司根据市场变化定期调整而单方面给定的。代理买卖是证券公司按客户指定的价格代理客户买卖债券的活动。代理买卖仅限于限价委托，即按客户指定的价格进行交易，证券公司收取委托交易的手续费。

2. 影响债券行市变化的因素

影响债券价格变动的主要因素有：

(1) 债券市场的供求关系

债券市场的供求关系直接影响债券价格的变化。实际上，其他因素的变化都是首先对债券市场的供求产生影响，然后才最终影响债券的价格。

债券的供给是指新债券的发行和已发债券的出售。如果新债券的发行数量适中，被顺利吸收，不会对市场构成压力，债券市场的行情就会保持稳定。反之，若发行量过大，则会给债券市场带来不利影响。老债券的出售和对债券的需求则取决于投资者的投资意向。投资者通过对各种金融资产风险和收益的分析预测而加以选择。当某种投资选择成为众多投资者的共识并采取群体行为时，或是当法人投资者作出重大决策时，会在很大程度上影响债券行情。

(2) 市场利率

债券的市场价格和市场利率呈反方向变动，若市场利率上升，超过债券利率，债券持有人将以较低价格出售债券，将资金转向其他利率较高的金融资产上，从而引起对债券的需求减少，价格下降；反之，若市场利率下降，债券利率相对较高，资金流向债券市场，会引起债券价格上升。

（3）经济周期状况

债券价格会伴随经济周期的不同阶段而波动。在经济景气阶段，企业会增加投资，从而增加对资金的需求。企业首先会减少持有的国债、金融债券和其他公司债券，将它们转变为现金，其次会增加向银行借款，或是发行新的企业债券。银行等金融机构也会因企业贷款增加而感到资金紧张，会减少对证券的投资或发行金融债券以筹措资金。因此在经济景气阶段，对债券的需求减少，而供应增加，这样必然使债券价格下降，利率上升。相反在经济衰退阶段，对资金需求减少，企业和金融机构都会出现资金过剩，不仅会把闲置资金转向债券投资，而且会减少对债券筹资的需求，此时对债券的需求增加，供给减少，债券价格上升，利率下降。

（4）财政收支状况

财政收支状况对债券价格也有重大影响，财政资金宽松，经常有剩余资金，则会增加银行存款，并有可能买入一些金融债券和企业债券以提高资金效益，这样会增加对债券的需求并推动债券价格上升。当财政资金紧张并有严重赤字时，财政会减少在银行存款，或向银行借款透支，或减少各项拨款，或发行巨额的政府债券以弥补财政赤字，这样会带动整个社会资金紧张并大量增加债券供应，从而促使债券价格下跌。

（5）货币政策

中央银行为实现其货币政策目标而采取的政策手段，会对金融市场产生巨大影响，从而影响债券价格的变化。当提高存款准备金率时，资金会趋于偏紧，利率会上升，债券发行增加，对债券的需求下降，债券价格也会下降；反之，当中央银行降低存款准备金率时，债券价格会上升。中央银行提高再贴现率，会直接引起市场利率相应提高，债券价格下降；反之，当再贴现率下降时，市场利率随之下降，债券价格上升。中央银行进行公开市场业务，会直接影响债券供求状况。为实施紧缩货币政策，中央银行在金融市场上抛售债券，会引起债券价格下跌。反之，为放松银根，从市场上大量买入债券，则会引起债券行市上升。

（6）国际间利差和汇率的影响

对于开放型的金融市场来说，本国货币以及外国货币间的汇率变化以及国内市场利率与国外市场利率的相对变化也是影响债券价格的重要因素。当本国货币贬值时，国外资金会流入本国市场，可能增加对本币债券的需求；当本国货币升值时，国内资金又会转移国外而减少对本币债券的投资。同样，投资者也会对本国债券市场利率与外国市场利率加以比较，资金会流向利率高的国家或地区，导致国内债券市场供求的变化。投资者在因汇率和国际利差而进行债券投资转移时，必须将两个因素结合起来考虑，并对比两者的损益，才能做出正确的投资抉择。

3. 债券交易的方式

债券二级市场上的交易，主要由三种形式，即现货交易、期货交易和回购协议交易。

（1）现货交易

债券的现货交易，是指买卖双方根据商定的付款方式，在较短的时间内交割清算，卖者交出债券，买者支付现金。在现货交易过程中，从债券成交到最后交割清算，总会有一个时间差，只是这段时间比较短。因此说，现货交易并不完全是现金交易，不是一手交钱、一手交货。一般来讲，现货交易按交割时间的安排可以分为当日交割、普通日交割和约定日交割三种。上海证券交易所规定，当日交割是在买卖成交当日办理券款的交割手续；普通日交割是在买卖成交后的第四个营业日办理券款的交割手续；约定日交割是在买卖成交后的15日内按约定办理券款的交割手续。

（2）远期交易

2005年5月11日，中国人民银行发布了《全国银行间债券市场债券远期交易管理规定》。2005年6月15日，债券的远期交易正式登陆中国的全国银行间债券市场。作为我国银行间债券市场首次面市的金融衍生产品工具，债券远期交易是中央银行促进利率市场化，发展资本市场的重大举措。人民币债券远期产品的正式交易昭示了我国金融衍生产品市场的雏形。

债券远期交易是指交易双方约定在未来某一日期，以约定价格和数量买卖标的债券的行为。远期交易既是交易工具，也是交易双方就规避利率风险而达成的金融合约。与其他衍生类产品不同，远期交易有合约非标准化、一对一交易等明显特征。《管理规定》明确将远期交易的标的债券限定为已在全国银行间债券市场进行现券交易的中央政府债券、中央银行债券、金融债券和经中国人民银行批准的其他债券券种，同时规定远期交易的最长期限不得超过365天；实行净价交易，全价结算，到期实际交割资金和债券；任何一家市场参与者单只债券的远期交易卖出与买入总余额分别不得超过该只债券流通量的20%，远期交易卖出总余额不得超过其可用自有债券总余额的200%。

（3）期货交易

债券的期货交易，是指期货交易成交后，买卖双方按合同规定的价格在将来指定的日期进行合同标的物的交割清算。进行债券的期货交易，既可能是为了回避、转嫁相应现货的市场风险，实现现货债券的套期保值；也可能纯粹是出于投机的目的，这个时候，投机者要承担期货市场相应的风险。在期货交易中，标的债券成交、交割及清算的时间是不同的；清算时是按照买卖契约成立时的合同交割价格计算而不是按照交割时的实际市场价格计算。而由于种种原因，债券价格在契约成立时和实际交割时往往不一致。当债券价格上涨时，买者会获得收益；当债券价格下跌时，卖者会取得收益。

实际交易中，在期货到期交割之前，买进期货的人还可以再卖出同样一笔期货，卖出期货的人也可以再买下同样一笔期货，这叫对冲平仓。因此，在实际交割时就可能出现不同的情况，做出不同的处理：如果交易双方进行了相反方向的期货买卖，而且买卖的数额相等，就不必办理任何实际交割；如果交易双方进行了相反方向的期货买卖，而且买卖的数额、价款不等，则只须交割差额；如果直到最终交易日，交易双方尚未进行相反方向的买卖，则预约的数额将全部用现货来结算。

在期货交易中，买卖双方在最后交割时都有可能亏本，为了保证履约，买卖双方都要按规定交付一定比例的保证金，利用这笔保证金逐日计算双方的盈亏。当保证金随着价格的变动减少，以至于低于某一水平时，还要补交保证金。

套期保值交易可以这样来理解：买进（卖出）与现货市场上经营的标的资产数量相当、期限相近，但交易方向相反的期货合约，以期在未来某一时间通过卖出（买进）同样的期货合约来抵补这一标的资产因市场价格变动而带来的价格风险。套期保值不是在期货市场上通过交易对期货进行保值，而是对期货的相应现货标的资产进行保值。

套期保值者之所以能够利用期货交易对现货进行保值，其基本原理在于期货价格与现货价格受相同因素的影响，从而他们的变动方向是一致的。所以，人们只要在期货市场建立一种与其现货市场相反的部位，则在市场价格发生变动时，他必然在一个市场受损而在另一市场获利，以获利弥补受损，从而达到保值的目的。

（4）回购协议交易

债券的回购协议交易是指债券买卖双方按预先签订的协议，约定在卖出一笔债券后一段时期再以特定的价格买回这笔债券，并按商定利率付息。这种有条件的债券交易形式实质上是一种短期的资金借贷融通。这种交易对卖者来讲，实际上是卖现货买期货；对买者来讲，实际上是买现货卖期货。

回购协议的期限有长有短，最短的为 1 天称为隔夜交易，最长的也有一年的，一般为 1、2、3 个星期或 1、2、3、6 个月。回购协议的利率由协议双方根据回购期限、货币市场行情以及回购债券的质量等有关因素来议定，与债券本身的利率无直接关系。

与回购协议相对应的是逆回购协议，即债券买卖双方约定，买方在购入一笔债券后过一段时间再卖给卖方。在买卖双方按预先签订的协议，在回购协议交易中，对债券的原持有人（卖方）来说是回购交易；对投资人（买方）来说，则是逆回购交易。由于是附有回购条件的买卖，因此，在这种交易中，债券实际上只是被暂时抵押给了买方，卖方从中取得了资金的融通，买方能得到的只是双方议定的回购协议的利息，而不是债券本身的利息，债券本身的利息是属于卖方，即债券原持有人的。正因为债券回购交易带有资金融通的功能，因此，被金融机构及大企业广泛采用，同时成为中央银行进行公开市场操作，即买卖政府债券、调节银根松紧的重要手段。

第三节 我国的债券市场[①]

一、中国债券市场概况

中国债券市场从1981年恢复发行国债开始至今，经历了曲折的探索阶段和快速的发展阶段。目前，我国债券市场形成了银行间市场、交易所市场和商业银行柜台市场三个基本子市场在内的统一分层的市场体系。在中央国债登记结算有限公司（以下简称“中央结算公司”，英文简称“CCDC”）实行集中统一托管，又根据参与主体层次性的不同，相应实行不同的托管结算安排。

其中，银行间市场是债券市场的主体，债券存量和交易量约占全市场90%。这一市场参与者是各类机构投资者，属于大宗交易市场（批发市场），实行双边谈判成交，逐笔结算。银行间市场投资者的证券账户直接开立在中央结算公司，实行一级托管；中央结算公司还为这一市场的交易结算提供服务。

交易所市场是另一重要部分，它由除银行以外的各类社会投资者构成，属于集中撮合交易的零售市场，实行净额结算。交易所市场实行两级托管体制，其中，中央结算公司为一级托管人，负责为交易所开立代理总账户，中国证券登记结算公司（以下简称“中证登”，英文简称“Chinaclear”）为债券二级托管人，记录交易所投资者账户，中央结算公司与交易所投资者没有直接的权责关系。交易所交易结算由中证登负责。

商业银行柜台市场是银行间市场的延伸，也属于零售市场。柜台市场实行两级托管体制，其中，中央结算公司为一级托管人，负责为承办银行开立债券自营账户和代理总账户，承办银行为债券二级托管人，中央结算公司与柜台投资者没有直接的权责关系。与交易所市场不同的是，承办银行日终需将余额变动数据传给中央结算公司，同时中央结算公司为柜台投资人提供余额查询服务，成为保护投资者权益的重要途径。

二、中国债券市场的基本框架

（一）市场格局

中国债券市场按照交易场所结构和托管结构分别形成以下状态：

从交易场所看，中国债券市场可以分为场外交易市场和场内交易市场。其中，场外交易市场主要指银行间债券市场和商业银行柜台交易市场，场内交易市场指交易所债券交易市场（包括上海证券交易所和深圳证券交易所）。从交易量看，银行间债券市场是

① 中国债券信息网．http：//www.chinabond.com.cn/Info/10016774.

中国债券市场交易的主体场所，在中国债券市场发挥主导作用。

从托管体系看，中央结算公司是中国债券市场的总托管人，直接托管银行间债券市场参与者的债券资产，而中证登公司作为分托管人托管交易所债券市场参与者的债券资产，四大国有商业银行作为二级托管人托管柜台市场参与者的债券资产。

（二）债券分类

中国债券市场的债券分类主要有：

1. 按币种

人民币债券：人民币债券占据当前中国债券市场托管量和交易结算量的绝大部分份额，达到总托管量和总交易结算量的99%以上。

外币债券：2003年9月，国家开发银行发行的5亿美元金融债券是新中国建立以来在国内发行的第一笔外币债券。

2. 按债券属性

（1）政府债券：包括记账式国债、储蓄国债（凭证式）、储蓄国债（电子式）。

国债的发行人为中国财政部，主要品种有记账式国债和储蓄国债。其中，储蓄国债分为传统凭证式国债和电子凭证式国债。通常，人们按照习惯将传统凭证式国债称为“凭证式国债”，而将2006年6月底首发的电子凭证式国债称为“储蓄国债”。我国发行的大多数凭证式国债是通过商业银行柜台发行，通过电子方式发行并在中央结算公司托管的截至2006年8月底有两只：04凭证05，04凭证03。

（2）中央银行债：即央行票据，其发行人为中国人民银行，期限从3个月至3年，以1年期以下的短期票据为主。

（3）金融债券：包括政策性金融债、商业银行债券、特种金融债券、非银行金融机构债券、证券公司债、证券公司短期融资券。其中，商业银行债，包括商业银行次级债券和商业银行普通债。

（4）企业债券：包括中央企业债券和地方企业债券。

（5）短期融资券：指中国境内具有法人资格的非金融企业发行的短期融资券。证券公司短期融资券不属于本类，计入非银行金融债。

（6）非银行金融债：包括非银行机构金融债券和证券公司短期融资券。

（7）国际机构债：指国际机构在我国境内发行的债券。

其他还有资产支持证券、可转换债券、可流通债券、不可流通债券等。

（三）交易方式

当前中国债券市场的交易方式有：现券交易、回购和远期交易。其中，回购交易包括质押式回购和买断式回购。分市场情况如下：

银行间债券市场的交易方式：现券交易、质押式回购、买断式回购、远期交易。

交易所债券市场的交易方式：现券交易、质押式回购、买断式回购。

商业银行柜台市场的交易方式：现券交易。

（四）发行上市

在中国债券市场，债券可以通过3种方式发行：人民银行债券发行系统、中央债券簿记系统簿记建档发行方式、商业银行柜台发行方式。

截至2006年8月底，除短期融资券和国际机构债券通过簿记建档方式发行以外，其他所有债券均通过设在中央结算公司的人民银行债券发行系统进行公开招标发行。通过商业银行柜台发行的债券只有传统凭证式国债，这种发行方式随着电子凭证式国债的引入已逐渐退出人们的视线。

（五）托管和转托管

从托管体系看，中央结算公司是中国债券市场的总托管人，直接托管银行间债券市场参与者的债券资产，而中证登公司作为分托管人托管交易所债券市场参与者的债券资产，四大国有商业银行作为二级托管人托管柜台市场参与者的债券资产。银行间债券市场采用实名制一级账户托管体制，托管依托中央结算公司的债券簿记系统进行。

转托管，是指处于不同市场由不同机构分别托管的债券可以通过转托管业务将债券从一个市场转移到另一个市场进行交易。目前，跨市场转托管的债券主要是部分国债和企业债。

（六）交易结算

交易与结算，分属债券交易的前台和后台。债券交易，由中国外汇交易中心提供报价和交易平台，由中央国债登记结算公司提供债券过户和结算平台。在电子化进程中，高效、安全的直通式处理（STP）的交易结算构架日益受到重视。2005年10月17日在中国人民银行的统一部署下，CDC的债券系统与同业中心的报价交易系统实现了联网，银行间债券市场的交易、结算从此可以实现自动化程度更高的直通处理方式，市场基础设施建设又迈上新台阶。STP使得交易确认能于交易达成当日及时进行，对市场参与者而言提高了业务处理效率，同时也便于其内部更及时有效地进行结算风险控制。

一般而言，交易与结算之间的清算环节，由投资者自行选择商业银行自主完成，但券款对付情况下的清算由央行大额支付系统自动完成。

债券市场的结算分为两类：全额结算、净额结算。在结算分类下，分为四种不同的结算方式：券款兑付（DVP）、见券付款、见款付券、纯券过户。不同的结算分类和方式，决定了结算周期的长短。通常，DVP方式的结算周期为T+0，表示交易当天可以完成结算。其他结算方式的结算周期在T+1或T+N。按照十国央行支付清算委员会（CPSS）和国际证券委员会组织（IOSCO）的证券结算推荐标准（2001年），交易结算的最终完成应不迟于交易达成后的第三日（T+3），并推荐使用券款对付（DVP）。

银行间债券市场采用全额逐笔结算方式，连续滚动结算制度。根据有关部门管理规定，银行间市场交易必须通过 CDC 结算。根据市场参与者的选择，结算周期可以是 T+0 或 T+1，目前几乎全部的直接成员之间的交易在当日确认。结算成员可以在线实时查询交易对手的结算状态；只有交易双方的结算指令匹配，CDC 系统才会生成结算合同并进行后续处理；在现有市场规则下，间接成员通过结算代理人（直接成员）办理结算，不需要向 CDC 发送确认指令。但结算代理人应事先逐笔取得间接成员的授权。根据目前的运行情况，在 CDC 生成结算合同后发生结算失败的情况极低，可忽略不计，且多为误操作引起，最晚在 T+2 日可以排除。整个交易制度明确激励成员按时结算。CDC 系统实时提示结算状态。一旦结算失败，CDC 将展开调查，误操作且情节较轻的，给予口头警告，恶意行为则报告中国人民银行根据央行（2000）2 号令中的罚则进行处理。

DVP 作为一种消除本金风险的国际推荐结算方式，在银行间债券市场得到了越来越多成员的认可。2006 年 7 月，使用 DVP 结算方式的交易结算量达到当月交易结算总量的 42.49%。2006 年上半年使用 DVP 结算的总笔数是 2005 年同期的近 4 倍，各交易类别的 DVP 结算笔数和面额同比多倍增加。目前，DVP 的使用范围仅限于金融机构，今后随着市场发展也有逐步扩大的趋势。此外，随着债券市场的不断深入发展，在适当的时机，净额结算也将被引入银行间债券市场。随着未来市场引入买空卖空等机制，个别的结算失败难以完全避免，为此需要逐步引入逐日盯市制度，证券借贷制度，并进一步明确违约清算制度。CDC 为此已做了较为深入的研究，在提供实时结算行情和柜台报价的基础上，开发了中国债券指数系列、中国债券收益率曲线系列和中国债券估值系统，现在全部免费向公众和市场参与者开放使用。

交易所债券市场采用日终净额结算方式，配合集中性撮合交易。

商业银行柜台市场，是二级托管市场，由银行作为二级托管人和投资者进行逐笔全额交易结算。

三、监管体系

中国债券市场的监管，根据市场、债券类别和业务环节不同进行分别监管。

（一）不同市场的监管

银行间债券市场由中国人民银行监管；交易所债券市场由中国证监会监管。

作为中国债券市场的总托管人，中央结算公司接受三方监管，在业务上受央行和财政部监管；在资产与财务管理上受财政部监管；在人事和组织机构上受银监会领导，并接受其定期审计。此外，如参与集中性交易市场业务，根据《证券法》还受证监会管辖。

（二）不同债券类别的监管（见表6.1）

表6.1　　　　不同债券类别的监管机构

债券类别			监管机构
政府债券			人民银行、财政部、证监会
中央银行债			人民银行
金融债券	政策性银行债		人民银行
	商业银行债券	普通债	银监会、人民银行
		次级债	银监会、人民银行
	特种金融债券		人民银行
	非银行金融机构债券		人民银行
	证券公司债		人民银行、证监会
	证券公司短期融资券		人民银行、证监会
短期融资券			人民银行
资产支持证券			银监会、人民银行
企业债			国家发改委、人民银行、证监会
国际机构债券			人民银行、财政部、国家发改委、证监会
可转换债券			人民银行、证监会

四、市场参与者

我国债券市场的投资者主要分类如下：

特殊结算成员：包括人民银行、财政部、政策性银行、交易所、中央国债公司和中证登公司等机构；商业银行：包括四大国有银行和其他商业银行；信用社；非银行金融机构：包括信托投资公司、财务公司、租赁公司和汽车金融公司、邮政局等金融机构；证券公司；保险机构；基金；非金融机构；个人投资者；其他市场参与者：信用评级公司、财务公司、货币中介等。

在银行间债券市场，所有在中央结算公司登记注册的市场投资者称作“市场成员”，可以通过中国债券信息网的成员资料查询 功能，进行成员属性、成员资格、所属地区和注册时间段的组合查询，获得更详细的银行间债券市场成员资料。同时还可获得所有债券发行的承销团名单、成员变更通知，和成员招聘启事。

五、我国国债的发行方式

我国的国债专指由财政部代表中央政府发行的国家公债。其种类主要有凭证式国债、实物式国债、记账式国债三种。凭证式国债是国家储蓄债的一种形式。其他例如以电子方式记录债权的储蓄国债品种俗称电子式国债。凭证式国债以"凭证式国债收款凭证"记录债权，可记名、挂失，不能上市流通，从购买之日起计息。实物债券，以实物券的形式记录债权，面值不等，不记名，不挂失，可上市流通。发行期内，投资者可直接在销售国债机构的柜台购买。在证券交易所设立账户的投资者，可委托证券公司通过交易系统申购。发行期结束后，实物券持有者可在柜台卖出，也可将实物券交证券交易所托管，再通过交易系统卖出。目前已停止发行。记账式国债以记账形式记录债权，通过证券交易所的交易系统发行和交易，可以记名、挂失。投资者进行记账式证券买卖，必须在证券交易所设立账户。由于记账式国债的发行和交易均无纸化，所以效率高，成本低，交易安全。

自1981年起，我国重新恢复发行国债。在整个20世纪80年代，国债的发行均采取行政摊派的方式。1991年，我国的国债发行开始实施承购包销的方式。从1996年开始，我国财政部开始逐步地以招标（即密封式拍卖）这一市场化的方式来发行国债。到目前为止，除凭证式国债（柜台销售）和特种定向国债（定向召募）以外，其他记账式国债和无记名国债基本上都采用了招标的方式进行发行，经过近几年不断的尝试和调整，可以说我国的国债发行正在向市场化的发行方式稳步过渡。

因此，目前我国的国债发行主要包括定向发售、承购包销和招标发行等几种间或使用的方式。

（一）定向发售

我国经常面向诸如养老保险基金、失业保险基金等以金融机构为主的特定机构私募发行国债。主要出于辨别的需要，这些国债通常设有诸如国家重点建设债券、财政债券、特种国债之类的非常规名称。

国家重点建设债券只发行过一次。1987年，国家建设资金供求矛盾突出，预算内资金不足，而预算外资金大量增长。为了调整投资结构，保证国家重点建设项目的资金需要，财政部决定发行国家重点建设债券。该债券共发行54亿元，其中单位认购的约占90%，个人认购的占10%，期限为3年。

财政债券是国家为筹集建设资金、弥补财政赤字而发行的一种债券。发行对象是各专业银行、综合性银行及非银行金融机构。采取人民银行代债务方发给财政债券收据的券面形式。可以记名，可以挂失，但不能流通转让。自1988年起我国多次发行过该种债券。

特种国债，是指国家为实施某种特殊政策在特定范围内或为特定用途而发行的国债。为了筹集财政资金，支援国家建设，促进经济稳定协调发展，财政部曾于1991年面向经济条件较好的全民所有制企业、集体所有制企业、私营企业、各类金融机构、企业主管部门、事业单位、部队、机关和社会团体以及全民所有制企业职工退休养老基金管理机构、待业保险基金管理机构等发行过特种国债。

（二）承购包销

国债的承购包销方式主要用于不可流通的凭证式国债的发行。由国债承销机构组成承销团与财政部签订承销协议来决定发行条件、承销费用和承销商的义务。承销机构最终经由柜台销售。

（三）公开招标方式

目前，我国记账式国债的发行采用公开招标方式。

细说起来，公开招标的方式很多。不过就国债而言，目前世界上大多数国家主要以密封报价式拍卖（亦即招标）的方式发行。

1.“密封报价式拍卖”

所谓密封报价式拍卖，就是在报价期限截止前，由竞买者通过密封的信件将报价寄给拍卖人，卖主也将其标的物的核定保留价密封交给拍卖人。拍卖人收到报价后，逐一审查比较，把商品卖给出价最高的买主。

在以密封式拍卖来发行国债时，也有“多价格/密封报价拍卖”和“单一价格/密封报价拍卖”两种具体的模式。

在单一价格拍卖与多价格拍卖这两种拍卖方式下，拍卖方都是将竞价由高到低排列，按照价格由高到低的顺序依次分配数量，两种拍卖的中标价都是能将全部商品售完的最低的中标价格。但是在单一价格拍卖中，所有成功的竞价者都按照同一个价格（亦即中标价）交割；而在多价格拍卖中，所有竞标成功的竞价者要按照各自的报价交割，因此竞标成功者对同一批标的物的支付价格不同。

当采用多价格/密封报价拍卖国债时，竞买者通过密封报价的形式递交其竞买的价格/数量组合，随后拍卖者按照价格的高低顺序分配数量，各个成功的竞买者按照其各自的报价进行支付。而当采用单一价格/密封报价拍卖国债时，拍卖者在最高的未中标报价基础上加上一定幅度，并要求所有中标者按照这个统一的价格进行支付。

在美国，除2年期和5年期国债以外，其余所有的可流通债券都是通过多价格/密封报价的模式发行的。因此国内通常将多价格/密封报价的国债拍卖模式称为“美式招标”，尽管目前世界上实施国债拍卖的国家大多采用的也是这种模式。

2.“公开报价拍卖”

所谓公开报价拍卖，即拍卖是在公开场合或在网上交互进行，由拍卖人报出一个较低（高）的价格，并在此基础上依次提高（或降低）报价，竞买者根据自身的估价在特定的价位上进行申购。

“多价格/公开报价拍卖”是公开报价拍卖的具体模式之一。由于成交迅速是这种拍卖模式的关键特征，因此经常用来拍卖易腐产品，例如水果、蔬菜、花卉等。由于荷兰人最早用这种方式拍卖鲜花，故“多价格/公开报价拍卖”亦称“荷兰式拍卖”。

在拍卖理论中，“多价格/公开报价拍卖”的模式又称为“减价拍卖”模式。通常由拍卖者首先报出一个潜在的最高价，然后再逐次降低价格，直到有人购买为止。在拍卖单件物品时，那个在拍卖者持续降价过程中的第一个申购竞买的人将获得拍卖品。在对同类物品的多个单位进行拍卖时，实际上是对这种物品的各个单位进行逐次分别拍卖。因此尽管具体拍卖过程与拍卖单件物品相同，但各拍卖单位的竞买成功者须分别按各自的报价进行交割，由此造成拍卖结果的多价格。

与多价格/公开报价的荷兰式拍卖模式相对应，还有一种公开报价拍卖的具体模式叫做“单一价格/公开报价拍卖”，又称为“加价拍卖”或“英式拍卖”。它广泛地用于艺术品、文物、手工艺品或专利技术的拍卖。当这种模式用于拍卖单一物品时，拍卖者首先报出一个低价，通常称为“保留价格”，然后再逐次地加价。随着报价的提高，竞价者申购的意愿就会逐步减少。当只剩下唯一的一个竞价者时，拍卖结束。该竞价者按照这个最高的价格进行支付。当对同类多件物品进行拍卖时，在每一个价位上，拍卖者都要对提交的竞买总数量和所要拍卖的总量进行比较，如果前者大于后者，拍卖者就提高价格，直到剩余的竞买量不再大于拍卖的总量为止。最高价的竞买者将得到全部申购数量，拍卖如有剩余，将按比例分配给次高价的竞价者。但是所有成功的竞买者都要按照次高价进行支付，因为这个价格是拍卖品得到充分认购的最高价格。

不过，在我国的国债及央行票据市场，目前习惯地将“单一价格/密封式拍卖”称为“荷兰式招标”。

六、2011 年记账式国债招标发行规则

2011 年 1 月 4 日，财政部下发《关于印发 2011 年记账式国债招标发行规则的通知》[财库（2011）4 号]，颁布了适用于 2011 年度的记账式国债招标发行规则。

（一）招标方式

记账式国债的发行采用荷兰式、美国式、混合式招标方式。招标标的为利率、利差、价格或数量。

1. 荷兰式招标方式

标的为利率或利差时，全场最高中标利率或利差为当期国债票面利率或基本利差，各中标国债承销团成员均按面值承销；标的为价格时，全场最低中标价格为当期国债发

行价格，各中标机构均按发行价格承销。

2. 美国式招标方式

标的为利率时，全场加权平均中标利率为当期国债票面利率，中标机构按各自中标标位利率与票面利率折算的价格承销；标的为价格时，全场加权平均中标价格为当期国债发行价格，中标机构按各自中标标位的价格承销。标的为利率时，高于全场加权平均中标利率一定数量以上的标位，全部落标；标的为价格时，低于全场加权平均中标价格一定数量以上的标位，全部落标。背离全场加权平均投标利率或价格一定数量的标位为无效投标。全部落标，不参与全场加权平均中标利率或价格的计算。

具体地，根据中央国债登记结算有限责任公司的附息债券利率招标多重价位中标缴款金额计算方法说明：

（1）票面利率为：

$$\text{票面利率(年)} = \frac{\sum_{i=1}^{s}[(\text{中标利率}_i(\text{年}) \times \text{中标面额}_i(\text{万元})]}{\sum_{i=1}^{s}\text{中标面额}_i(\text{万元})}$$

其中，s 为全场总中标笔数；票面利率的最终计算结果保留 4 位小数。

（2）每一承销商第 i 笔中标的缴款金额为：

$$\text{缴款金额}_i(\text{元}) = \left\{\frac{1}{\left[1+\frac{\text{中标利率}_i(\text{年})}{f}\right]^n} + \sum_{j=1}^{n}\frac{\frac{\text{票面利率(年)}}{f}}{\left[1+\frac{\text{中标利率}_i(\text{年})}{f}\right]^j}\right\} \times \text{中标面额}_i(\text{元})$$

其中，$j=1, 2, 3, \cdots, n$；$n=$ 债券年限 $\times f$；$f=$ 年度付息频率；$i=1, 2, 3, \cdots$，为该中标人的实际中标笔数。

（3）每一承销商的缴款总金额为：

$$\text{每一承销商缴款总金额(元)} = \sum_{i=1}^{k}\text{缴款金额}_i(\text{元})$$

其中，k 为每一承销商中标总笔数。

（4）全场缴款总金额为：

$$\text{全场缴款总金额(元)} = \sum_{i=1}^{m}\text{每一承销商缴款总金额}_i(\text{元})$$

其中，m 为中标承销商总数。且因计算过程中四舍五入引起的误差，全场缴款总金额与发行总额之间存在差异，差异部分（无论正负）归发行人。

3. 混合式招标方式

标的为利率时，全场加权平均中标利率为当期国债票面利率，低于或等于票面利率的标位，按面值承销；高于票面利率一定数量以内的标位，按各中标标位的利率与票面利率折算的价格承销；高于票面利率一定数量以上的标位，全部落标。标的为价格时，全场加权平均中标价格为当期国债发行价格，高于或等于发行价格的标位，按发行价格承销；低于发行价格一定数量以内的标位，按各中标标位的价格承销，低于发行价格一定数量以上的标位，全部落标。背离全场加权平均投标利率或价格一定数量的标位为无效投标，全部落标，不参与全场加权平均中标利率或价格的计算。

（二）投标限定

1. 投标标位变动幅度

利率或利差招标时，标位变动幅度为 0.01%；价格招标时，标位变动幅度在当期国债发行文件中另行规定。

2. 投标量限定

国债承销团成员单期国债最低、最高投标限额按各期国债招标量的一定比例计算，具体是：乙类成员最低、最高投标限额分别为当期国债招标量的 0.5%、10%；甲类成员最低投标限额为当期国债招标量的 3%，不可追加的记账式国债最高投标限额为当期国债招标量的 30%，可追加的记账式国债最高投标限额为当期国债招标量的 25%。单一标位最低投标限额为 0.2 亿元，最高投标限额为 30 亿元。投标量变动幅度为 0.1 亿元的整数倍。

3. 最低承销额限定

国债承销团成员单期国债最低承销额（含追加承销部分）按各期国债竞争性招标额的一定比例计算，甲类成员为 1%，乙类成员为 0.2%。

上述比例均计算至 0.1 亿元，0.1 亿元以下 4 舍 5 入。

（三）中标原则

（1）募入。全场有效投标总额小于或等于当期国债招标额时，所有有效投标全额募入；全场有效投标总额大于当期国债招标额时，按照低利率（利差）或高价格优先的原则对有效投标逐笔募入，直到募满招标额或将全部有效投标募完为止。

（2）最高中标利率标位或最低中标价格标位上的投标额大于剩余招标额，以国债承销团成员在该标位投标额为权重平均分配（取整至 0.1 亿元），尾数按投标时间优先原则分配。

（四）追加投标

（1）对于允许追加承销的记账式国债，在竞争性招标结束后，国债承销团甲类成员有权通过投标追加承销当期国债。

（2）国债承销团甲类成员追加承销额上限为该成员当期国债竞争性中标额的25%，计算至0.1亿元，0.1亿元以下4舍5入。追加承销额应为0.1亿元的整数倍。

（3）“荷兰式”招标追加承销价格与竞争性招标中标价格相同；“美国式”和“混合式”招标追加承销价格，标的为利率时为面值，标的为价格时为当期国债发行价格。

（五）债权托管

（1）在招投标工作结束后，各中标机构应通过国债招投标系统填制“债权托管申请书”，在中央国债登记结算有限责任公司（以下简称“国债登记公司”），中国证券登记结算有限责任公司（以下简称“证券登记公司”）上海、深圳分公司选择托管。逾时未填制的，系统默认全部在国债登记公司托管。

（2）国债登记公司，证券登记公司上海、深圳分公司，于规定的债权登记日对当期国债进行总债权登记和分账户债权托管。

（3）国债债权确认时间，按国债发行款缴入财政部指定账户的时间确定。国债发行缴款与债权确立方式以当期发行文件规定为准。

（六）分销

记账式国债分销，是指在规定的分销期内，中标机构将中标的全部或部分国债债权额度转让给非国债承销团成员的行为。

1. 分销方式

记账式国债采取场内挂牌、场外签订分销合同和试点商业银行柜台销售的方式分销。具体分销方式以当期发行文件规定为准。

2. 分销对象

记账式国债分销对象为在国债登记公司开立债券账户及在证券登记公司开立股票和基金账户的各类投资者。国债承销团成员间不得分销。非国债承销团成员通过分销获得的国债债权额度，在分销期内不得转让。

3. 分销价格

国债承销团成员根据市场情况自定价格分销。

（七）投标系统与应急流程

1. 投标系统

记账式国债发行招投标工作通过“财政部国债发行招投标系统”进行，国债承销团成员通过上述系统远程终端投标。

2. 应急流程

远程终端出现技术问题，国债承销团成员可以在规定时间内将内容齐全的“记账式国债发行应急投标书”或“记账式国债债权托管应急申请书”传真至国债登记公司，委托国债登记公司代为投标。应急投标时间以国债登记公司收到“记账式国债发行应急投标书”或“记账式国债债权托管应急申请书”的时间为准。竞争性应急投标和追加应急投标的截止时间分别为当期国债竞争性投标和追加投标截止时间，债权托管应急申请截止时间为当期国债债权托管截止时间。

第四节　债券的净价交易与全价交易

一、债券的净现值定价模型

净现值方法同样适用于债券内在价值的评定。其一般公式如下：

$$P = \frac{C_1}{1+i} + \frac{C_2}{(1+i)^2} + \frac{C_3}{(1+i)^3} + \cdots + \frac{C_N}{(1+i)^N} + \frac{M_N}{(1+i)^N}$$

$$= \sum_{t=1}^{N} \frac{C_t}{(1+i)^t} + \frac{M_N}{(1+i)^N}$$

其中，P 为债券的当前市场价值，C_t 为债券在第 t 期发生的现金流量（例如利息收入），N 为债券的期限数，M_N 为债券到期日发生的现金流量（例如本金的支付等），i 为该债券所适用的市场利率。

二、债券投资的风险

债务人有可能发生财务危机，甚至濒临破产的境地，所以债券投资存在违约风险。这是债券投资的主要非系统性风险。

债券投资的系统性风险主要来源于两个方面。一是由于未来的市场利率发生未能预期到的变化，从而导致债券未来的市场价格走势以及每期利息收入再投资收益率的不确定；二是由于通货膨胀率的非预期性变化对债券投资实际收入的影响。

三、债券的全价交易与净价交易

（一）债券全价与净价的含义

我国债券市场的很长一段时间实行的是全价交易。为与国际市场接轨，财政部等三部委于 2001 年发布《关于试行国债净价交易有关事宜的通知》，引入净价交易。银行间债券市场于 2001 年 7 月开始实行净价交易，沪深交易所市场于 2002 年开始实行净价交易。2007 年 3 月，财政部、人民银行和证监会联合发文，将净价交易适用范围扩展到贴现发行的国债，同时明确规定贴现国债应计利息计算的具体方法。至此，我国的债券市场全面实行净价交易制度。

实际上，实施净价交易的主要好处就在于能够方便利息所得税与资本利得税的辨析与缴纳。但这在我国目前并不是一个迫切的问题。

简单地说，所谓全价，就是指在债券交易的报价当中包含有截止结算日的应计利息；所谓全价交易，就是指投资者以“全价”的形式来申报、委托交易。而所谓净价，则是指交易双方在债券交易的报价当中剔除了应计利息部分；所谓净价交易，就是要求投资者以“净价”的形式来申报、委托交易。因此，“全价”与“净价”之间的关系可以简单地用“净价＝全价—应计利息”的公式来表示。其中，应计利息的计算方法与债券的类型有关。

目前，我国债券市场流通着的债券主要包括零息债券、固定利率债券、浮动利率债券以及到期一次性还本付息债券几种类型。其中，所谓零息债券，指的是贴现发行，债券发行人在债券的存续期限内不支付任何利息，仅至到期兑付日按债券面值进行偿付的债券；所谓固定利率债券，指的是债券发行人按固定的票面利率定期支付既定利息的债券；所谓浮动利率债券，指的是债券发行人根据一定的规则定期确定下一个利息支付日所要支付的利率，然后据以定期支付利息的债券；所谓到期一次性还本付息债券，指的是发行时规定有固定的票面利率，但在到期兑付日之前并不支付利息，直至到期兑付日才将本利和一并偿付的债券。

（二）应计利息的计算规则

由此，我国债券市场各种债券的应计利息的计算方法如下：

（1）固定利率债券或浮动利率债券每百元面值债券的应计利息额＝（每百元面值债券当年度的应计利息额/年付息频率）×（起息日或上一付息日至结算日的实际天数/当前付息周期的实际天数）。

（2）到期一次性还本付息债券每百元面值债券的应计利息额＝（起息日至结算日的整年数×每百元面值债券在一个年度里的应计利息额）＋[（每百元面值债券在一个年度里的应计利息额/当前计息年份的实际天数）×起息日或上一付息日至结算日的实际天数]。

（3）贴现发行的零息债券的应计利息额＝（到期兑付面额－发行价格）×起息日至结算日天数÷起息日至到期日天数。

其中，上述三个公式当中的“结算日”，指的都是本次债券交易的结算日。

（三）债券全价与其投资收益率之间的换算规则

在计算出应计利息之后，再根据本次债券交易的成交价（净价），我们就可以计算出本次交易的全价（结算价）了。全价＝净价＋应计利息。

计算出全价以后，我们就可以计算收益率。换句话说，债券投资收益率的计算仅与债券交易的全价有关。

一般地说，如果债券的剩余年限超过一年，则其投资收益率的计算应采用复利（IRR）的方法；而当债券的剩余年限不足一年的时候，其投资收益率的计算就可以不考虑资金的时间价值，亦即采用单利的计算方法了。

具体地，债券全价与相应到期收益率的换算方法如下：

（1）到期收益率 = {[（到期兑付日的债券本息和 - 债券全价）/债券结算日至到期兑付日的实际天数]/债券全价} × 当前计息年份的实际天数。

其中，就固定利率债券而言，所谓到期兑付日的债券本息和 = 债券的面值 +（每百元面值债券在一个计息年度里的应计利息额/年付息频率）；就到期一次性还本付息债券而言，所谓到期兑付日的债券本息和 = 债券的面值 +（每百元面值债券在一个计息年度里的应计利息额 × 起息日至到期兑付日的整年数）；就零息债券而言，所谓到期兑付日的债券本息和就是它的面值。

显然，该公式仅适用于剩余年限不超过一年的债券。

（2）债券全价 = 到期兑付日债券本息和/{（1 + 到期收益率）^[（结算日至下一个理论付息日的实际天数/当前计息周期的实际天数）+ 结算日至到期兑付日的计息周期的整期数]}。

其中，符号“^”表示其后括弧内的表达式位于其前括弧内表达式的指数位置。显然，该公式适用于剩余年限超过一年的到期一次性还本付息债券。

（3）债券全价 = {（每百元面值债券当年度的应计利息额/年付息频率）/[1 +（到期收益率/年付息频率）]^（结算日至下一个理论付息日的实际天数/当前计息周期的实际天数）} + {（每百元面值债券当年度的应计利息额/年付息频率）/[1 +（到期收益率/年付息频率）]^[（结算日至下一个理论付息日的实际天数/当前计息周期的实际天数）+1]} + {（每百元面值债券当年度的应计利息额/年付息频率）/[1 +（到期收益率/年付息频率）]^[（结算日至下一个理论付息日的实际天数/当前计息周期的实际天数）+2]} + …… + {（每百元面值债券当年度的应计利息额/年付息频率）/[1 +（到期收益率/年付息频率）]^[（结算日至下一个理论付息日的实际天数/当前计息周期的实际天数）+ 结算日至到期兑付日的债券付息次数 -1]} + {百元面值/[1 +（到期收益率/年付息频率）]^[（结算日至下一个理论付息日的实际天数/当前计息周期的实际天数）+ 结算日至到期兑付日的债券付息次数 -1]}。

显然，该公式适用于剩余年限超过一年的固定利率债券债券或者浮动利率债券。

复习思考题

1. 确定债券价格应考虑哪些因素？

2. 简答债券的偿还方式。

3. 简答影响债券行市的主要因素。

4. 简答债券的交易形式。

5. 某公司发行面额为 100 元的 4 年期债券，票面利率为 12%，当时市场利率为 10%。请计算一下，按市场收益率债券发行价格应为多少？

6. 什么叫债券？

7. 简述债券和股票的区别。

第七章

基金市场

本章摘要

本章首先给出了基金的含义和分类，然后分析比较了开放型基金、封闭型基金、契约型基金、公司型基金的异同，并简要介绍了我国基金市场的基本状况。

关键词

开放型基金　封闭型基金　契约型基金　公司型基金

第一节　证券投资基金市场的特征

一、证券投资基金的概念和种类

1. 证券投资基金的概念

证券投资基金，是一种利益共享、风险共担的集合投资方式。即通过发行基金股份或受益凭证等有价证券的方式将投资者分散的资金集中起来，形成独立资产，由基金托管人托管，由专业的管理人员（其隶属于基金管理人）分散投资于股票、债券或其他金融资产，基金持有人（即基金投资者）按其所持有的基金份额享有收益和承担风险。

证券投资基金在不同的国家有不同的称谓，美国称“共同基金”或“互助基金”，也称“投资公司”；英国和中国香港称“单位信托基金”；日本、韩国和我国台湾称“证券投资信托基金”。

2. 投资基金的种类

（1）根据组织形态的不同，可以将证券投资基金划分为契约型基金和公司型基金两种类型。

契约型基金，又称为单位信托基金，是指把受益人（投资者）、管理人、托管人三者作为基金的当事人，由管理人与托管人通过签订信托契约的形式发行受益凭证而设立的一种基金。契约型基金由基金管理人负责基金的管理操作；由基金托管人作为基金资产的名义持有人，负责基金资产的保管和处置，对基金管理人的运作实行监督。

公司型基金是具有共同投资目标的投资者依据公司法组成以盈利为目的、投资于特定对象（如有价证券，货币）的股份制投资公司。这种基金通过发行股份的方式筹集资金，是具有法人资格的经济实体。基金持有人既是基金投资者又是公司股东。公司型基金成立后，通常委托特定的基金管理人或者投资顾问运用基金资产进行投资。

美国的基金多为公司型基金；我国香港、台湾地区以及日本多是契约型基金。

契约型基金与公司型基金的区别主要有以下几个方面：

① 法律依据不同。公司型基金组建的依据是公司法；而信托法是契约型基金组建的法律依据。

② 基金财产的法人资格不同。公司型基金具有法人资格；而契约型基金没有法人资格。

③ 发行的凭证不同。公司型基金发行的是股票；契约型基金发行的是受益凭证（基金单位）。

④ 投资者的地位不同。公司型基金的投资者作为公司的股东有权对公司的重大决策发表自己的意见，可以参加股东大会，行使股东权利；契约型基金的投资者购买受益凭证后，即成为契约关系的当事人，即受益人，对资金的运用没有发言权。

⑤ 基金的运营依据不同。契约型基金根据信托法规，依据基金契约运营基金；公司型基金根据公司法，依据基金公司章程运营基金。

⑥ 融资渠道不同。公司型基金具有法人资格，在一定情况下可以向银行借款。而契约型基金一般不能向银行借款。

⑦ 基金运营方式不同。公司型基金与一般的股份公司一样，除非依据有关公司法规面临破产、清算的绝境，否则公司一般具有永久性；契约型基金则依据基金契约建立、运作，契约期满，基金运营相应终止。

⑧ 资金的性质不同。契约型基金的资金是信托财产；公司型基金的资金为公司法人的资本。

（2）根据投资者将基金投资变现方式的不同，可以将证券投资基金划分为封闭式基金和开放式基金两种类型。

封闭式基金，是指基金的发起人在设立基金时，限定了基金单位的发行总额，筹集到这个总额后，基金即宣告成立，并进行封闭，在一定时期内不再接受新的投资。基金单位的流通采取在交易所上市的办法，即通过二级市场进行竞价交易。

开放式基金，是指基金发起人在设立基金时，基金单位的总数是不固定的，可随时视经营策略和发展需要追加发行。投资者也可根据市场状况和各自的投资决策，或者要求发行机构按现期净资产值扣除手续费后赎回股份或受益凭证，或者再买入股份或受益凭证，从而增加基金单位份额的持有比例。由于投资者可以自由地加入或退出这种开放式投资基金，而且对投资者人数也没有限制，所以又将这类基金称为共同基金。世界大多数的投资基金都属于开放式的。

封闭式基金与开放式基金的区别主要有以下几个方面：

① 资金规模的可变性不同。开放式基金发行的基金单位是可赎回的，而且投资者可随时申购基金单位，所以基金的规模不固定；封闭式基金的规模则是固定不变的。

② 有关法规对基金单位发行规模的要求不同。封闭式基金在招募说明书中要列明其基金规模，开放式基金则没有发行规模限制。

③ 基金单位的转让方式不同。封闭式基金的基金单位在封闭期限内不能要求基金公司赎回，只能在二级市场转让。开放式基金的投资者则可以在首次发行结束一段时间（多为3个月）后，随时向基金管理人或中介机构提出赎回申请。

④ 基金单位交易价格的计算标准不同。封闭式基金的买卖价格受市场供求关系的影响，并不必然反映公司的净资产值。开放式基金的交易价格则取决于基金每单位资产净值的大小，不受市场供求的影响。

⑤ 投资策略不同。由于封闭式基金的基金单位数不变，资本不会存在减少的可能，因此封闭式基金可以进行较长期的投资。开放式基金因基金单位可随时赎回，为应付投资者随时赎回兑现的需要，基金资产不能全部用来投资，更不能把全部资本用来进行长线投资，必须保持基金资产足够的流动性。

⑥ 所要求的市场条件不同。开放式基金的灵活性较大，资金规模伸缩比较容易，所以适用于开放程度较高、规模较大的金融市场；而封闭式基金正好相反，适用于金融制度尚不完善、开放程度较低且规模较小的金融市场。

（3）根据主要投资领域的不同，可分为股票基金、债券基金、货币基金、期货基金、期权基金、认股权基金、专门基金等。

股票基金是所有基金品种中最为流行的一种类型。它是投资于股票的投资基金，其投资对象通常包括普通股和优先股，其风险程度较个人投资股票市场要低得多，且具有较强的变现性和流动性，因此它也是一种比较受欢迎的基金类型。

债券基金是投资管理公司为稳健型投资者设计的，投资于政府债券、金融债券、企业债券等各类债券品种的投资基金。债券基金一般情况下定期派息，其风险和收益水平通常较股票基金低。

货币基金是指由短期金融工具构成投资组合，协助投资者参与货币市场投资，赚取较高利息的投资基金。其投资对象包括银行短期存款、国库券、银行承兑票据及商业票据等。这类基金的投资风险小，投资成本低，安全性和流动性较高，在整个基金市场上属于低风险的安全基金。

期货基金是指投资于期货市场以获取较高投资回报的投资基金。由于期货市场具有高风险和高回报的特点，因此投资期货基金既可能获得较高的投资收益，同时也面临着较大的投资风险。

期权基金就是以期权作为主要投资对象的基金。期权就是期权购买者向期权出售者支付一定费用后，取得在规定时期内的任何时候，以事先确定好的协定价格，向期权出售者购买或出售一定数量的某种标的资产的权利。相应的合同叫期权合同。期权合同的买卖就叫期权交易。

认股权证基金就是以认股权证为主要投资对象的基金。认股权证是由股份有限公司发行的、能够按照特定的价格，在特定的时间内购买一定数量该公司股票的选择权凭证。认股权证基金属于高风险基金。

专门基金由股票基金发展演化而成，属于分类行业股票基金。它包括资源基金、科技基金、地产基金等，这类基金的投资风险较大，收益水平较易受到市场行情的影响。

（4）根据证券投资风险与收益的不同，可分为成长型投资基金、收入成长型投资基金（平衡型投资基金）和收入型投资基金。

成长型投资基金是以资本长期增值作为投资目标的基金。其投资对象主要是市场中有较大升值潜力的小公司股票和一些新兴行业的股票。这类基金一般很少分红，经常将投资所得的股息、红利和盈利进行再投资，以实现资本增值。

收入型投资基金是以追求基金当期收入为投资目标的基金，其投资对象主要是那些绩优股、债券、可转让大额定期存单等收入比较稳定的有价证券。收入型基金一般把所得的利息、红利都分配给投资者。

平衡型基金是既追求长期资本增值，又追求当期收入的基金。这类基金主要投资于债券、优先股和部分普通股，这些有价证券在投资组合中各有比较稳定的组合比例，一般是把资产总额的25%～50%用于优先股和债券，其余的用于普通股投资。其风险和收益状况介于成长型基金和收入型基金之间。

（5）根据地域不同可分为国内基金、国家基金、区域基金和国际基金。

国内基金是只投资于国内有价证券，且投资者多为本国公民的一种投资基金。

国家基金是指在境外发行基金份额筹集资金，然后投资于某一特定国家或地区资本市场的投资基金。这种基金大都规定了还款期限，并有一个发行总额限制，属于封闭型基金。

区域基金是把资金分散投资于某一地区各个不同国家资本市场的投资基金。这种基金的风险较国内基金和国家基金小。

国际基金也称全球基金，它不限定国家和地区，将资金分散投资于全世界各主要资本市场上，从而能最大限度地分散风险。

(6) 另外，还存在其他一些种类的基金，例如指数基金、雨伞基金（Umbrella Funds）、基金中的基金（Funds of Funds）、对冲基金与套利基金等。

① 指数基金，就是指按照某种指数的构成，购买该指数包含的全部或者一部分证券的基金。其目的在于达到与该指数的涨跌程度相同的收益水平。

例如，上证综合指数基金的目标在于获取和上海证券交易所综合指数的涨跌程度一样的收益。为此，上证综合指数基金就按照上证综合指数的构成和权重购买指数里的股票。

具体来说，指数基金的特点主要表现在以下几个方面：

第一，费用低廉。这是指数基金最突出的优势。费用主要包括管理费用、交易成本和销售费用三个方面。管理费用是指基金经理人进行投资管理所产生的成本；交易成本是指在买卖证券时发生的经纪人佣金等交易费用。由于指数基金采取持有策略，不用经常换股，这些费用远远低于积极管理的基金。在一个较长的时期里累积的结果将对基金收益产生巨大的影响。

第二，分散和防范风险。一方面，由于指数基金广泛地分散投资，任何单个股票的波动都不会对指数基金的整体表现构成影响，从而分散风险。另一个方面，由于指数基金所钉住的指数一般都具有较长的历史可以追踪，因此，在一定程度上指数基金的风险是可以预测的。而且，指数中的样本股票都是相关证券市场中的代表性股票，投资于这些股票的风险自然较低。

第三，延迟纳税。由于指数基金采取了一种购买并持有的策略，所持有股票的换手率很低，只有当一个股票从指数中剔除的时候，或者投资者要求赎回投资的时候，指数基金才会出售持有的股票，实现部分资本利得，这样，每年所交纳的资本利得税很少。

第四，监控较少。由于运作指数基金不用进行主动的投资决策，所以基金管理人基本上不需要对基金的表现进行监控。指数基金管理人的主要任务是监控相应指数的变化，以保证指数基金的组合构成与之相适应。

② 雨伞基金，是指在一个母基金之下再设立若干个子基金，各子基金独立进行投资决策。

雨伞基金的主要特点在于，在基金内部可以为投资者提供多种投资选择。由于市场处于不断的变化之中，投资者的需求也在不断变化。如果投资者在不同的基金之间进行重新选择，就需要支付很多费用。而雨伞基金的投资者可以随时在一个基金内部根据自己的需求转换基金类型，而不需要支付转换费，能够在低成本的情况下为投资者提供较大的选择余地。因此，从本质上讲，雨伞基金只是基金的一种组织形式。

③ 基金中的基金，是以其他证券投资基金为投资对象的基金。其投资组合由各种

各样的基金组成。基金投资者的投资经过两个层次的专家经营和两个层次的风险分散。但相应地，也在两个层次上对基金投资者收取管理费用和销售费用，投资者的投资成本也较高。

④ 对冲基金与套利基金。对冲基金（Hedge Funds），又称套期保值基金，是在金融市场上进行套期保值交易，利用现货币市场和衍生市场对冲的基金。这种基金能最大限度地避免和降低风险，因而也称避险基金。套利基金（Arbitrage Fund）是在不同金融市场上利用其价格差异低买高卖进行套利的基金，也属低风险稳回报基金。

3. 证券投资基金的特点

同其他投资方式相比，证券投资基金具有以下几个方面的特点：

(1) 集合投资

证券投资基金是一种集合投资方式，即通过向投资人发行基金份额或基金单位的方式在短期内募集庞大的资金用于证券的投资。能够发挥资金集中的优势，有利于降低投资成本，获取投资的规模效益。

(2) 实行特许经营，行业准入门坎较高，监管严格

契约型的基金必须聘请专业的基金管理人从事基金的管理和运作。

(3) 专业管理或称为专家管理

基金资产由专业的基金管理公司负责管理。基金管理公司配备有大量的投资专家，具备丰富的投资分析和投资组合知识，在投资领域具有丰富的经验。

(4) 组合投资，分散风险

证券投资基金有特定的投资目标、投资范围、投资组合和投资限制。

根据投资专家的经验，要在投资中做到起码的分散风险，通常要持有足够多种类的股票。而证券投资基金通过汇集众多中小投资者的小额资金，形成雄厚的资金实力，可以同时把投资者资金分散投资于各种股票，从而能够分散投资的风险。

(5) 制衡机制

基金法规特别注重基金投资人、管理人和托管人之间的相互监督、相互制约。

(6) 运作透明度高，外部监管力度强

法律要求投资基金实行严格的信息披露制度，定期、充分披露与基金运作有关的情况，以充分发挥公众的监督作用。

(7) 方便投资

投资者可以根据自己的财力购买基金单位，从而解决了中小投资者“钱不多、入市难”的问题。

第二节　投资基金的发行和流通

一、投资基金的设立

设立基金首先需要发起人。发起人可以是一个机构，也可以是多个机构共同组成。一般说来，基金发起人必须同时具备下列条件：至少有一家金融机构；实收资本在基金规模一半以上；均为公司法人；有两年以上的赢利记录；首次认购基金份额不低于20%，同时保证基金存续期内持有基金份额不低于10%。

发起人要确定基金的性质并制订相关的要件，如属于契约型基金，则包括信托契约；如属公司型基金，则包括基金章程和所有重大的协议文件。这些文件规定基金管理人、保管人和投资者之间的权利义务关系，会计师、律师、承销商的有关情况以及基金的投资政策、收益分配、变更、终止和清算等重大事项。发起人准备好各项文件后，报送主管机关，申请设立基金。

在很多情况下，基金是由基金管理公司或下设基金管理部的投资银行作为发起人，在基金设立后往往成为基金的管理人，如果发起人不能直接管理该基金，则需要专门设立基金管理公司或聘请专业的基金经理公司作为基金管理人，几乎所有的大型投资银行都设有基金部或基金管理分公司，它们经常以经理公司的身份出现在基金市场上。

设立基金的另一重要当事人是保管人，即基金保管公司，一般由投资银行、商业银行或保险公司等金融机构充当，担任保管公司也是投资银行基金管理的重要业务之一。

基金的设立和申请一旦获主管机关批准，发起人即可发表基金招募说明书，着手发行基金股份或受益凭证，该股票或凭证由基金管理公司和基金保管公司共同签署并经签证后发行，发行方式可分公募和私募两种，类似于股票发行。

按照国际惯例，基金在发行结束一段时间内，通常为3至4个月，就应安排基金证券的交易事宜。对于封闭型基金股份或受益凭证，其交易与股票债券类似。开放式基金赎回或认购价格一般按当日每股股票或每份受益凭证基金的净资产价值来计算，大部分基金是每天报价一次，计价方式主要采用“未知价”方式，即基金管理公司在当天收市后才计价以充分反映基金净资和股份或受益凭证总数的变化。

二、证券投资基金当事人之间的关系

在我国，根据《证券投资基金管理暂行办法》、《开放式证券投资基金试点办法》的规定，封闭式基金由发起人设立，开放式基金由管理人设立。个人投资人或机构投资人根据基金契约的要求，通过特定的渠道认购基金单位，发行期结束后，募集资金达到规定件则基金成立。然后，基金资金交由基金托管人保管，由基金管理人进行投资管理。

日常投资运作中，基金管理人按照基金契约规定的投资范围、投资组合选择符合条件的股票、债券等进行投资，并承担基金会计核算、基金估值、基金信息披露等职责。基金托管人根据基金契约或合同的规定，保管基金资产，接受基金管理人的投资指令划拨资金，进行清算核算，实施对管理人的监督以及保管基金的重大合同和凭证等。基金在运作中的审计、法律服务由符合条件的律师事务所或会计师事务所提供。

不同的基金类型，交易或买卖的渠道、方式等也不相同。封闭式基金交易中，投资人通过证券营业网点进行委托，通过证券交易所和登记结算公司完成交易确认和账户管理等。开放式基金由管理人委托销售机构代理销售，委托其他的或通过自身设立的注册登记机构完成交易确认、账户管理、分红等业务，投资人通过公司直接或代理销售机构的营业网点进行认购、申购、赎回或其他的业务。

因此，证券投资基金涉及的当事人主要有基金发起人、基金投资人、基金管理人、基金托管人、基金销售机构或基金交易机构、律师事务所和会计师事务所等中介机构。其中，封闭式基金的当事人主要包括基金发起人、基金投资人、基金管理人、基金托管人、证券交易所、证券登记机构以及会计师事务所和律师事务所等中介机构。开放式基金也包括了上述主要当事人，而且，开放式基金因不存在二级交易市场，需要通过多条渠道认购、申购和赎回，所以，一般类型的开放式基金不通证券交易所买卖，当事人中也没有交易所，但增加了基金销售机构和注册登记机构。

上述主要当事人中，基金发起人是投资或管理人的代表，通常也要购买基金份额或基金单位。例如，在我国，根据有关规定，封闭式基金运作中，基金发起人要么是投资人，要么是管理人，一般发起人在基金成立后，发起人的主要职责终止，只以投资人的身份出现。基金管理人作为主要发起人之一，同其他发起人一起购买一定比例的基金单位，然后再作为管理人管理并运作基金资产。开放式基金运作中，管理人首先以发起人或设立人的身份设立基金，然后再作为管理人管理并运作基金资产，基金正式成立后，基金管理公司的发起人身份和职责基本终止。所以，按基金运作不同阶段的身份和性质，发起人可以归类为投资人或管理人。基金销售机构、注册登记机构或基金交易机构，律师事务所和会计师事务所等中介机构，是证券投资基金运作中的附属机构。因此，可以说，证券投资基金主要的当事人有三个：基金投资人、基金管理人和基金托管人。证券投资基金运作中，基金投资人是基金资产的出资人和收益人，基金管理人和基金托管人是基金运作中不可或缺的责任主体。

证券投资基金的三个主要当事人——基金投资人、基金管理人和基金托管人是依据信托关系而运作的。

基金投资人又称为基金持有人或基金受益人，是出资购买基金单位，并成为基金资产所有者，享有基金投资收益分配权利的权利和义务主体。发起人或投资人的代表，承担了信托人的职责，将投资人手中的资金集中起来，形成资金集合体，然后，委托管理人管理，委托托管人托管。在基金运作关系中，发起人是委托人或信托人，管理人和托管人是受托人。

三方当事人在基金运作过程中形成三角关系：投资人委托管理人投资、委托托管人托管；管理人接受委托进行投资管理，监督托管理人并接受托管人的监督；托管人保管基金资产，执行投资指令，同时，监督管理人并接受管理人的监督。

1. 基金持有人与基金管理人的关系

基金持有人与基金管理人的关系是通过信托关系而形成的所有者与经营者之间的关系。前者是基金资产的所有者，后者是基金资产的经营者；前者可以是自然人，也可以是法人或其他社会团体，后者则是由职业投资专家组成的专业经营者。

我国契约型基金中，基金管理人作为主要发起人之一与其他发起人一起，根据有关规定发起设立基金，可以视为获得了基金持有人所赋予的委托权，有权对所筹集的资金进行投资管理。基金持有人通过购买基金单位接受基金契约的安排，成为契约型基金的当事人，将资金交由基金管理人管理，并享有投资收益的分配权，是证券投资基金的受益人。因此，基金持有人与基金管理人之间的关系是委托人、受益人与受托人之间有关系。

2. 基金持有人与基金托管人之间的关系

根据我国《证券投资基金管理暂行办法》、《开放式证券投资基金试点办法》等的规定，基金持有人与基金托管人的关系也是委托与受托的关系，基金发起人代表基金持有人把基金资产委托给基金托人保管。对持有人而言，基金资产委托专门的机构保管，尤其是公开募集的基金持有人比较分散，以其单个力量无法有效保护资产的安全，通过基金托管人的介入，有利于保证基金资产的安全。反映在不同的基金类型上，封闭式基金由发起人代表基金持有人委托托管人；开放式基金由管理人以设立人的身份代表持有人委托托管人。

3. 基金管理人与基金托管人之间的关系

管理人与托管人的关系主要因各国法律、法规和基金类型的不同而存在差异。在国外，有的基金由托管人担任受托人角色，托管人与管理人形成委托与受托的关系；有的基金由管理人担任受托人的角色，管理人与托管人形成委托与受托的关系。在我国，管理人和托管人是平行受托关系，即基金管理人和基金托管人受基金持有人的委托，分别履行基金管理和基金托管的职责。

在业务运作关系上，基金管理人和基金托管人都是为基金提供服务的专业性机构，同时，二者之间具有互相监督的关系。基金管理人运作基金资产，但不实际持有基金资产。基金托管人保管基金资产，依据基金管理人的指令进行清算交割，并监督基金管理人的投资运作是否合法合规。基金管理人和基金托管人均对基金持有人负责。二者的权利和义务在基金契约或基金章程中有明确规定，任何一方有违规之处，对方都有权监督并及时制止，直至请求更换违规方。这种相互制衡的运行机制，有利于保证基金财产的安全和基金运用的高效。

证券投资基金在运作中的"三角"关系是证券投资基金实践发展的要求。1868 年以后，投资基金在英国、美国等国家开始发展。早期的投资基金往往由管理人发起和管理，没有托管人，管理人承担了类似信托人、管理人和托管人的多重角色，管理人"会计和出纳一身兼"。到 20 世纪 40 年代以前，因为投资基金的规模不大，数量也不多，故基金运作的非合理性在社会经济生活中没有引起太大的混乱，所以，各国法律、法规对投资基金的运作也没有特殊或专门的规定。

20 世纪 30 年代的经济危机暴露了投资基金运作模式的弊端。因为经济危机，基金投资的股票严重下跌，基金亏损严重，于是，一些基金管理人借机将投资人的钱款卷走，使投资人蒙受了较大的损失。更有甚者，少数所谓的管理人从一开始就欺骗投资人，基金募集成立后，就将投资人的钱款席卷一空。基于此，美国在 1940 年出台了《投资公司法》和《投资顾问法》，对投资基金的运作进行了严格的规定。最基本的有：要求在证券投资基金运作中，基金投资人、基金管理人和基金托管人必须分开设立，由不同的机构担任；必须有规定资质的机构才能承担管理人和托管人；基金投资运作中，要按照规定的投资组合和投资限制进行投资等。此后，英国、加拿大、法国等国家也纷纷效仿，制定了相关的法律、法规，以规范投资基金运作。

证券投资基金的这种运作模式，至少使其具有以下优势：第一，实行"三权分立"，基金资产由托管人按规定保管，增加了基金资产的安全性，减少挪用、挤占等风险；第二，对基金投资组合等的规定，减少了基金运作的风险；第三，对基金管理人和基金托管人资质的规定，既有利于降低基金运作的风险，也有利于提高基金收益。因此，各国法律、法规的出台，为 20 世纪 40 年代以后各主要国家证券投资基金的规范、快速发展奠定了基础，促进了证券投资基金在主要发达国家和地区的发展。

第三节 基金业的沿革

一、国际基金业的产生与发展

依据法律性质的差异，可以把世界各国的基金划分为三大类：

一是以公司形态存在的基金。这一种类型的基金以美国为代表。美国的开放式基金主要以投资公司的形态存在，美国法律规定公司可以购回本公司的股份，即开放式基金的申购，就是投资者认购基金公司的股份，成为基金公司的股东。开放式基金的赎回就是基金公司向投资者回购股份。

二是以信托形态存在的基金。这一种类型的基金以英国、中国香港等为代表。根据信托法设立的开放式基金被称为单位信托（日本和我国台湾地区则称证券投资信托基金等），它所体现的是信托法律关系。基金管理公司根据信托契约发行信托单位，投资者被赋予基金份额，投资者按持有的份额享有经济利益，信托终止时有权从受托人那里取得相同比例的资产变现收入。

三是以财产共有权形态存在的基金。这一种类型的基金以法、德等欧洲国家为代表。法律将投资者的权利视作财产权，而不仅仅是合同权。法律授权金融机构接受投资者资金建立投资基金，基金资产由持有人作为共有人持有。这主要区别于信托形式中基金单位持有者持有的信托单位是衍生性质的，并不代表财产共有权。

一般认为，基金起源于英国的18世纪末、19世纪初。是在产业革命的推动下出现的。当时，产业革命的成功使英国的生产力水平迅速提高，工商业迅速发展，其殖民地和海外贸易遍及全球，最大的资金为追逐高额利润而涌向其他国家。可是，英国当时大多数投资者缺乏国际投资知识，难以直接参加海外投资。于是人们便萌发了众人集资、委托专人经营和管理的想法。这一想法得到了英国政府的支持。1868年，由政府出面组建了海外和殖民地政府信托组织，公开向社会发售受益凭证。海外和殖民地政府信托组织是公认的世界上最早的基金机构，以分散投资于国外殖民地的公司债为主，其投资地区遍及南北美洲、中东、东南亚地区和意大利、葡萄牙、西班牙等国。该基金类似股票，不能退股，也不能兑现，认购者的权益仅限于分红和派息。

20世纪70年代以来，随着世界投资规模的剧增、现代金融业的创新，品种繁多、名目各异的基金风起云涌，形成了一个庞大的产业。目前，从世界范围来看，基金产业已经与银行业、证券业、保险业并驾齐驱，成为现代金融体系的四大支柱之一。

总的说来，世界各国的基金业都不同程度地存在由以封闭型基金为主逐步转化为以开放型基金为主的过程。

美国的基金业以开放式基金为主。在美国，开放式基金又叫共同基金。在世界各国中，美国是开放式基金发展最早、规模最大、运作最成熟的国家。

1924年3月，美国的第一只开放式基金“马萨诸塞投资信托基金”设立。其后开放式基金发展迅速，至战后，开放式基金逐步成为美国基金业的主流品种。

1940年，美国颁布了《投资公司法》和《投资顾问法》，这两部基金基本法与《证券法》（1933年）、《投资交易法》（1934年）、《信托契约法》（1939年）等法律法规共同组成一个严密而完备的基金法律体系。与此同时，1934 年 7 月，根据《证券交易法》的要求和授权，美国证券交易委员会（SEC）成立，该组织的任务之一是对美国基金业实施有效的宏观管理。与之相配合，1940 年，国家投资公司委员会（NCIC）成立，该组织作为基金业的自律组织，使得 SEC 所颁布的基金法律法规能更好地付诸实施。从此，美国开放式基金走出了一条规范、健康的发展之路。

进入 20 世纪 70 年代后，金融管制放松所引致的金融竞争自由化使得开放式基金面临着更大的发展机遇。

ETF 最早产生于加拿大，多伦多证券交易所于 1991 年推出了基于仓单的、追踪多伦多证交所 35 指数（TSE－35）的指数参与份额（TIPs），但于 2000 年终止。而 ETF 的发展与成熟则主要在美国，现存最早的交易所交易开放式基金是美国证券交易所（AMEX）于 1993 年推出的第一只真正意义上的跟踪 S&P500 指数的 ETF——标准普尔存托凭证（SPDR），至今它仍是世界上最受欢迎的 ETF 产品之一。ETF 尽管出现的时间不长，但其发展非常迅速，尤其是 2000 年以来，由于全球资本市场的萧条，在其他共同基金遭到较大损失的背景下，交易所交易基金赢得了空前的发展机遇。截至 2009 年底，全球共有 ETF 1 939 只，共计 3 775 只上市产品，总资产规模达到 10 323 亿美元。全球 ETF 管理人达到 109 家，共 40 个交易所有 ETF 产品上市交易。

二、我国基金业的产生与发展

1987 年，中国人民银行和中国国际信托投资公司首开中国基金投资业务之先河，与国外一些机构合作推出了面向海外投资人的国家基金。

1987 年，中国新技术创业投资公司（中创公司）与汇丰集团、渣打集团在中国香港联合设立了中国置业基金。

1989 年，香港新鸿基信托投资基金管理有限公司推出中国概念基金“新鸿基中华基金”。

中国基金业真正起步于 20 世纪的 90 年代初。1991 年 8 月，珠海国际信托投资公司发起成立珠信基金。这是我国设立最早的国内基金。同年 10 月，武汉证券投资基金和南山风险投资基金分别经中国人民银行武汉市分行和深圳市南山区人民政府批准设立。

1992 年，中国投资基金业的发展异常迅猛，当年各级人民银行批准成立了 37 家投资基金。同年 6 月，我国第一家公司型封闭式投资基金“淄博乡镇企业投资基金”由中国人民银行批准成立。同年 10 月 8 日，国内首家被正式批准成立的基金管理公司“深圳投资基金管理公司”成立。到 1993 年，各地大大小小的基金约有 70 家左右，面值达 40 亿元人民币。已经设立的基金纷纷进入二级市场开始流通。

1993 年 6 月，9 家中方金融机构及美国波士顿太平洋技术投资基金在上海建立“上海太平洋技术投资基金”。这是第一个在我国境内设立的中外合资的中国基金。10月，建业、金龙和宝鼎三家面向教育界的基金批准设立。

1993年8月，淄博基金在上海证券交易所公开上市。以此为标志，我国基金进入了公开上市交易的阶段。

1997年11月，国务院颁布《证券投资基金管理暂行办法》。为我国基金业的规范发展奠定了法律基础。

1998年3月，两只封闭式基金“基金金泰”、“基金开元”设立，分别由国泰基金管理公司和南方基金管理公司管理。

回顾起来，1998年至2001年9月是我国封闭式基金发展的阶段。在此期间，我国证券市场只有封闭式基金。截至2001年，我国已有基金管理公司14家，封闭式证券投资基金34只。

2000年10月，在封闭式基金成功试点的基础上，中国证券监督管理委员会发布并实施《开放式证券投资基金试点办法》，由此开启了我国以开放式基金为主要基金发行品种的新时代。

2001年9月，我国推出首只开放式基金“华安创新”。2002年12月，首家中外合资基金公司成立。

2002年8月，南方基金管理公司推出了我国第一只以债券投资为主的南方宝元债券基金。

2003年3月，招商基金管理公司推出我国第一只系列基金。

2003年5月，南方基金管理公司推出了我国第一只具有保本特色的基金“南方避险保本型基金”。

2003年12月，华安基金管理公司推出了我国第一只货币型基金“华安现金富利基金”。

根据2004年6月实施的《中华人民共和国投资基金法》，我国的基金业采用的是信托的法律形式。

2004年10月，南方基金管理公司成立了国内第一只上市型开放式基金（LOF）“南方基金配置基金”。

2004年10月，经证监会批准，国内第一只投资于国内消费品行业、基础设施行业和原材料行业上市公司为主的主题投资基金“博时主题行业股票证券投资基金（博时5号）”在全国范围内正式发行。中国建设银行为其主代销行和基金托管人，各大证券公司和部分国有商业银行为其代销。博时5号是我国首批契约型上市开放式（LOF）基金，是国内第一只号称将与投资者共同分享中国经济增长成果的证券投资基金。

上市开放式基金（Listed Open-ended Funds，简称“LOF”）是通过深圳证券交易所交易系统发行并上市交易的开放式基金。它是我国对证券投资基金的一种本土化创新。LOFs 投资者既可以通过基金管理人或其委托的销售机构以基金份额净值进行基金的申购、赎回，也可以通过交易所市场以交易系统撮合成交价进行基金的买入、卖出。

2004 年底，华夏基金管理公司推出国内首只 ETF“华夏上证 5OETF”。

交易所交易基金（ETFs，Exchange-Traded Funds）指的是可以在交易所交易的（指数）基金。目前在沪深两市都有交易。交易所交易基金从法律结构上说仍然属于开放式基金，但它主要是在二级市场上以竞价方式交易；并且通常不准许现金申购及赎回，而是以一篮子股票来创设和赎回基金单位。

自 2002 年 8 月以后的 5 年里，我国没有发行新的封闭式基金，封闭式基金的发展陷入停滞状态。且自 2006 年开始，随着我国早期发售的封闭式基金到期日的逐步临近，陆续有到期封闭式基金转为开放式基金。

2006 年，我国的基金业开始了国际化进程。获得合格境内机构投资者（QDII）资格的国内基金管理公司（即 QDII 基金）已可以通过募集基金投资国际市场。

2006 年 5 月，我国推出国内首只生命周期基金“汇丰晋信 2016 基金”。

2007 年 7 月，我国推出国内首只结构化基金“国投瑞银瑞福基金”。

2007 年 9 月，我国推出首只 QDII 基金“南方全球精选基金 QDII 基金”。

2008 年 4 月，我国推出国内首只社会责任基金“兴业社会责任基金”。

截至 2008 年底，我国共有证券投资基金 438 只，净值总额合计约为 1.95 万亿元，约占我国股票流通市值的 16.1% 左右。在 438 只基金中，32 只为封闭式基金，基金净值总额约 0.08 万亿元；有 406 只开放式基金，净值总额合计约 1.87 万亿元，占全部基金净值总额的 96.3%。

随着我国基金业的快速发展，基金管理公司不断增加，所管理基金的规模不断扩大。截至 2007 年末，我国已有基金管理公司 59 家，其中中外合资基金管理公司 28 家。2007 年出现了第一家管理基金规模超过千亿元的基金公司。

在基金管理公司数量不断增加的同时，其业务范围也有所扩大。2007 年 11 月，中国证监会发布《基金管理公司特定客户资产管理业务试点办法》，允许符合条件的基金管理公司开展为特定客户管理资产的业务。目前，我国的基金产品除股票型基金外，债券基金、货币市场基金、保本基金、指数基金等纷纷问世。2007 年，封闭式基金也有一些创新发展。如大成优选基金，它将一只基金分成两级份额，不同部分的划分以其预期风险和收益为标准。预期风险和收益较低的部分为优先级份额；预期风险和收益较高的部分则为普通级份额。因此又称为分级股票型证券投资基金。在投资风格方面，除传统的成长型基金、混合型基金外，还出现了收益型基金、价值型基金等类型。基金的投资风格趋于多样化。

最近三年来，我国内地上市基金发展迅速，超过其他类型的上市基金发展速度，并形成了较完整的基金市场体系。2010年，深市挂牌基金数量首度突破100只。上市基金逐渐得到基金公司、证券公司以及各类投资者的认可，ETF逐渐成为不少基金公司未来发展重点，LOF成为许多基金公司未来开放式基金的首选，分级基金成为最受关注的创新型基金产品。

所谓交易所交易基金（ETFs，Exchange-Traded Funds），指的是可以在交易所交易的基金。交易所交易基金从法律结构上说仍然属于开放式基金，但它主要是在二级市场上以竞价方式交易；并且通常不准许现金申购及赎回，而是以一篮子股票来创设和赎回基金单位。对一般投资者而言，交易所交易基金主要还是在二级市场上进行买卖。

所谓LOF（Listed Open-end fund），是指在交易所上市交易的开放式证券投资基金，也称为“上市型开放式基金”。LOF的投资者既可以通过基金管理人或其委托的销售机构以基金净值进行基金的申购、赎回，也可以通过交易所市场以交易系统撮合成交价进行基金的买入、卖出。

LOFs主要有如下几个特点：

（1）上市开放式基金本质上仍是开放式基金，基金份额总额不固定，基金份额可以在基金合同约定的时间和场所申购、赎回。

（2）上市开放式基金获准在深交所上市交易后，投资者既可以选择在银行等代销机构按当日收市的基金份额净值申购、赎回基金份额，以当日收市后的基金份额净值成交；也可以选择在深交所各会员证券营业部按撮合成交价买卖基金份额。

（3）基金募集期间认购的基金份额，在基金上市后，可以在二级市场以电子撮合价交易，也可选择以当日的基金份额净值赎回。T日在深交所申购的基金份额，T+2日可以在深交所卖出或者赎回；T日买入的基金份额，T+1日可以在深交所卖出或者赎回。

（4）投资者如需将托管在场外的基金份额转至交易所场内，需要办理跨系统转托管手续。反之亦然。

第四节　交易型开放式指数基金（ETF）的募集与交易

ETF是Exchange Traded Fund的英文缩写，中译为“交易型开放式指数基金”，又称交易所交易基金。ETF是一种在交易所上市交易的开放式证券投资基金产品，交易手续与股票完全相同。ETF管理的资产是一揽子股票组合，这一组合中的股票种类与某一特定指数，如上证50指数，包涵的成分股票相同，每只股票的数量与该指数的成分股构成比例一致，ETF 交易价格取决于它拥有的一揽子股票的价值，即“单位基金资产净值”。ETF 的投资组合通常完全复制标的指数，其净值表现与盯住的特定指数高度一致。比如上证 50ETF 的净值表现就与上证 50 指数的涨跌高度一致。

一、ETF 份额的发售

（一）认购方式

在 ETF 认购期内，根据投资者认购渠道的不同，可分为场内认购和场外认购。

场内认购是指投资者通过基金管理人指定的基金发售代理机构，使用证券交易所的交易网络系统进行的认购。场外认购是指投资者通过基金管理人或其指定的发售代理机构进行的认购。

根据投资者认购 ETF 份额所支付的对价种类，ETF 份额的认购又可分为现金认购和证券认购。现金认购是指用现金换购 ETF 份额的行为，证券认购时只用指定证券份额的行为。

（二）认购费用及认购份额的计算

基金管理人及基金发售代理机构在 ETF 份额发售时一般会收取一定的认购费用或认购佣金。认购费用或认购佣金由投资者承担。我国 ETF 在发售时一般按 1 元/份计价。

（1）办理场外现金认购的投资者，认购以 ETF 份额申请。认购费用和认购金额的计算公式为：

$$认购费用 = 认购价格 \times 认购份额 \times 认购费率$$
$$认购金额 = 认购价格 \times 认购份额 \times (1 + 认购费率)$$

认购费用由基金管理人在投资者认购确认时收取，投资者需以现金方式缴纳认购费用。

（2）办理场内现金认购的投资者，认购以 ETF 份额申请。认购佣金和认购金额的计算公式为：

$$认购佣金 = 认购价格 \times 认购份额 \times 佣金比率$$
$$认购金额 = 认购价格 \times 认购份额 \times (1 + 佣金比率)$$

认购佣金由发售代理机构在投资者认购确认时收取，投资者需以现金方式交纳认购佣金。

（3）通过发售代理机构进行组合证券认购的投资者，认购以单只股票股数申请。认购份额和认购佣金的计算公式为：

$$认购份额 = \sum_i（第 i 支股票在场外股票认购日的均价 \times 有效认购数量）/1.0$$

认购佣金 = 认购价格 × 认购份额 × 佣金比率

认购费用、认购佣金及认购份额的计算应在招募说明书及发售公告中做出明确规定。

二、ETF 份额折算与变更登记

（一）ETF 份额折算的时间

基金合同生效后，基金管理人应逐步调整实际组合直至达到跟踪指数要求，此过程为 ETF 建仓阶段。ETF 建仓期不超过 3 个月。

基金建仓期结束后，为方便投资者跟踪基金份额净值变化，基金管理人通常会以某一选定日期作为基金份额折算日，以标的指数的 1%。（或 1%）作为份额净值，对原来的基金份额进行折算。

（二）ETF 份额折算的原则

ETF 基金份额折算由基金管理人办理，并由登记结算机构进行基金份额的变更登记。

基金份额折算后，基金份额总额与基金份额持有人持有的基金份额将发生调整，但调整后的基金份额持有人持有的基金份额占基金份额总额的比例不发生变化。基金份额折算对基金份额持有人的收益无实质性影响。基金份额折算后，基金份额持有人将按照折算后的基金份额享有权利并承担义务。

（三）ETF 基金份额折算的方法

假设基金管理人确定基金份额折算日（T 日）。T 日收市后，基金管理人计算当日的基金资产净值 x、基金份额总额 Y。

T 日标的指数收盘值为 1，若以标的指数的 1‰作为基金份额净值进行基金份额的折算，则 T 日的目标基金份额净值为 1/1 000，基金份额折算比例的计算公式为：

折算比例 =（X/Y）/（1/1 000）

以四舍五入的方法保留小数点后 8 位。折算后的份额 = 原持有份额 × 折算比例

例 7.1 假设某投资者在基金募集期内认购了 5 000 份 ETF，基金份额折算日的基金资产净值为 3 127 000 230.95 元，折算前的基金份额总额为 3 013 057 000 份，当日标的指数收盘值为 966.45 元。

（1）折算比例 =（3 127 000 230.95 ÷ 3 013 057 000）÷（966.45 ÷ 1 000）= 1.073 843 95

（2）该投资者折算后的基金份额 = 5 000 × 1.073 843 95 = 5 369（份）

三、ETF 份额的申购与赎回

（一）申购与赎回的程序

1. 申购和赎回申请的提出

投资者须按申购、赎回代理证券公司规定的手续，在开放日的开放时间提出申购、赎回的申请。投资者申购基金时，须根据申购、赎回清单备足相应数量的股票和现金。投资者提交赎回申请时，必须持有足够的基金份额余额和现金。

2. 申购和赎回申请的确认与通知

基金投资者申购、赎回申请在受理当日进行确认。如投资者未能提供符合要求的申购对价，则申购申请失败。如投资者持有的、符合要求的基金份额不足，或未能根据要求准备足额的现金，或基金投资组合内不具备足额的符合要求的赎回对价，则赎回申请失败。投资者可在申请当日通过其办理申购、赎回的销售网点查询确认情况。

3. 申购和赎回的清算交收与登记

投资者 T 日申购、赎回成功后，登记结算机构在 T 日收市后为投资者办理基金份额与组合证券的清算交收以及现金替代等的清算。在 T+1 日办理现金替代等的交收以及现金差额的清算；在 T+2 日办理现金差额的交收，并将结果发送给申购、赎回代理证券公司、基金管理人和基金托管人。如果登记结算机构在清算交收时发现不能正常履约的情形，则依据《中国证券登记结算有限责任公司交易型开放式指数基金登记结算业务实施细则》的有关规定进行处理。

登记结算机构可在法律法规允许的范围内，对清算交收和登记的办理时间、方式进行调整，并最迟于开始实施前 3 个工作日在至少一种由中国证监会指定的信息披露媒体公告。

（二）申购、赎回清单

1. 申购、赎回清单的内容

T 日申购、赎回清单公告内容包括最小申购、赎回单位所对应的组合证券内各成分证券数据、现金替代、T 日预估现金部分、T—1 日现金差额、基金份额净值及其他相关内容。

2. 组合证券相关内容

组合证券是指基金标的指数所包含的全部或部分证券。申购、赎回清单将公告最小申购、赎回单位所对应的各成分证券名称、证券代码及数量。

3. 现金替代相关内容

现金替代是指申购、赎回过程中，投资者按基金合同和招募说明书的规定，用于替代组合证券中部分证券的一定数量的现金。采用现金替代是为了在相关成分股停牌等情况下便利投资者的申购，提高基金运作的效率。基金管理人在制定具体的现金替代方法时遵循公平、公开的原则，以保护基金份额持有人利益为出发点，并进行及时充分的信息披露。现金替代分为三种类型：禁止现金替代、可以现金替代和必须现金替代。

（1）禁止现金替代是指在申购、赎回基金份额时，该成分证券不允许使用现金作为替代。

（2）可以现金替代是指在申购基金份额时，允许使用现金作为全部或部分该成分证券的替代，但在赎回基金份额时，该成分证券不允许使用现金作为替代。可以现金替代的证券一般是由于停牌等原因导致投资者无法在申购时买入的证券。对于可以现金替代的证券，替代金额的计算公式为：

替代金额 = 替代证券数量 × 证券最新价格 ×（1 + 现金替代溢价比例）

“最新价格”的确定原则为：① 该证券正常交易时，采用最新成交价；② 该证券正常交易中出现涨停时，采用涨停价格；③ 该证券停牌且当日有成交时，采用最新成交价；④ 该证券停牌且当日无成交时，采用前一交易日收盘价。

现金替代溢价又被称为“现金替代保证”。收取现金替代溢价的原因是，对于使用现金替代的证券，基金管理人需在证券恢复交易后买入，而实际买入价格加上相关交易费用后与申购时的最新价格可能有所差异。为便于操作，基金管理人在申购、赎回清单中预先确定现金替代溢价比例，并据此收取现金替代金额。如果预先收取的金额高于基金购入该部分证券的实际成本，则基金管理人将退还多收取的差额；如果预先收取的金额低于基金购入该部分证券的实际成本，则基金管理人将向投资者收取欠缺的差额。

（3）必须现金替代是指在申购、赎回基金份额时，该成分证券必须使用现金作为替代。必须现金替代的证券一般是由于标的指数调整，即将被剔除的成分证券。对于必须现金替代的证券，基金管理人将在申购、赎回清单中公告替代的一定数量的现金，即“固定替代金额”。固定替代金额的计算方法为申购、赎回清单中该证券的数量乘以其 T 日预计开盘价。

4. 预估现金部分相关内容

预估现金部分是指为便于计算基金份额参考净值及申购赎回，代理证券公司预先冻结申请申购、赎回的投资者的相应资金，由基金管理人计算的现金数额。

T 日申购、赎回清单中公告 T 日预估现金部分。其计算公式为：

T 日预估现金部分 = T—1 日最小申购、赎回单位的基金资产净值—（申购、赎回清单中必须用现金替代的固定替代金额 + 申购、赎回清单中可以用现金替代成分证券的数量与 T 日预计开盘价相乘之和 + 申购、赎回清单中禁止用现金替代成分证券的数量与 T 日预计开盘价相乘之和）

其中，“T 日预计开盘价”主要根据上海证券交易所提供的标的指数成分证券的预计开盘价确定。另外，若 T 日为基金分红除息日，则计算公式中的“T—1 日最小申购、赎回单位的基金资产净值”需扣减相应的收益分配数额。预估现金部分的数值可能为正、为负或为零。

5. 现金差额相关内容

T 日现金差额在 T+1 日的申购、赎回清单中公告。其计算公式为：

T 日现金差额 = T 日最小申购、赎回单位的基金资产净值—（购、赎回清单中必须用现金替代的固定替代金额 + 申购、赎回清单中可以用现金替代成分证券的数量与 T 日收盘价相乘之和 + 申购、赎回清单中禁止用现金替代成分证券的数量与 T 日收盘价相乘之和）

T 日投资者申购、赎回基金份额时，需按 T+1 日公告的 T 日现金差额进行资金的清算交收。

现金差额的数值可能为正、为负或为零。在投资者申购时，如现金差额为正数，则投资者应根据其申购的基金份额支付相应的现金；如现金差额为负数，则投资者将根据其申购的基金份额获得相应的现金。在投资者赎回时，如现金差额为正数，则投资者将根据其赎回的基金份额获得相应的现金；如现金差额为负数，则投资者应根据其赎回的基金份额支付相应的现金。

第五节 上市开放式基金（LOF）的募集与交易

上市开放式基金（英文名称为 Listed Open—ended Funds，简称 LOF），是一种可以同时在场外市场进行基金份额申购、赎回，在交易所进行基金份额交易，并通过份额转托管机制将场外市场与场内市场有机地联系在一起的一种新的基金运作方式。

一、LOF 募集概述

LOF 的募集分场外募集与场内募集两部分。场外募集的基金份额注册登记在中国结算公司的开放式基金注册登记系统；场内募集的基金份额登记在中国结算公司的证券登记结算系统。

二、LOF 的场外募集

LOF 场外募集与普通开放式基金的募集无异，投资者可以通过基金管理人或银行、证券公司等基金代销机构进行认购。投资者通过基金管理人及其他代销机构从场外认购 LOF，应使用中国结算公司深圳开放式基金账户。深圳开放式基金账户可通过下列方式开立：

第一，已有深圳证券账户的投资者，可通过基金管理人或代销机构以其深圳证券账户申请注册深圳开放式基金账户。

第二，尚无深圳证券账户的投资者，可直接申请账户注册。中国结算公司将为其配发深圳证券投资基金账户，同时将该账户注册为深圳开放式基金账户。

第三，已通过基金管理人或代销机构办理过深圳开放式基金账户注册手续的投资者，可在原处直接办理开放式基金业务申报。

第四，已通过基金管理人或代销机构办理过深圳开放式基金账户注册手续的投资者，拟通过其他代销机构、基金管理人申报开放式基金业务的，须用深圳开放式基金账户在新的代销机构、基金管理人处办理开放式基金账户注册确认手续。

投资者通过基金管理人及其代销机构认购的，必须按照金额进行认购（即投资者的认购申报以元为单位）。基金管理人可按认购金额分段设置认购费率。认购费率由基金管理人在《基金招募说明书》中约定。

中国结算公司开放式基金登记结算系统（以下简称“TA 系统”）依据管理人给定的认购费率，按如下公式计算投资者认购所得基金份额：

净认购金额 = 认购金额/(1 + 认购费率)

认购手续费 = 净认购金额 × 认购费率

认购份额 = 净认购金额/基金份额面值

基金份额面值认购份额按四舍五入的原则保留到小数点后两位。认购资金募集期间的利息可折合成基金份额，募集期结束后统一记入投资者深圳开放式基金账户。

例 7.2 某投资者投资 1 万元认购基金，假设管理人规定的认购费率为 1%，则其认购手续费及可得到的认购份额为：

净认购金额 = 10 000 ÷ (1 + 1%) = 9 900.99（元）

认购手续费 = 9 900.99 × 1% = 99.01（元）

认购份额 = 9 900.99 ÷ 1.00 = 9 900.99（份）

即投资者投资 1 万元认购基金，可得到 9 900.99 份基金份额。

三、LOF 的场内募集

LOF 通过交易所场内募集基金份额，除要遵循一般开放式基金的募集规定外，基金管理人还需向深圳证券交易所提出发售申请。在获得深圳证券交易所的确认后，在基金募集期内每个交易日的交易时间，上市开放式基金均在深圳证券交易所挂牌发售。LOF

场内募集沿用新股网上定价模式，但无配号及中签环节。投资者通过深圳证券交易所认购上市开放式基金，应持深圳人民币普通股票账户或证券投资基金账户。

投资者通过深圳证券交易所交易系统认购的，必须按照份额进行认购（即投资者的认购申报以基金份额为单位）。深圳证券交易所挂牌价格为基金面值，投资者需缴纳的认购金额计算公式为：

认购金额 = 挂牌价格 ×（1 + 证券公司佣金比率）× 认购份额

证券公司佣金 = 挂牌价格 × 认购份额 × 证券公司佣金比率

认购净金额 = 挂牌价格 × 认购份额

其中，认购费率由基金管理人在《基金招募说明书》中约定。证券公司可按照《基金招募说明书》中约定的认购费率设定投资者认购的佣金比率，并将投资者缴付的净认购金额划付中国结算深圳分公司。

净认购金额募集期间的利息可折合成基金份额。募集期结束后，基金管理人统一计算各投资者可折合的基金份额（所折合的基金份额须为整数份），并将份额明细数据交中国结算深圳分公司记入投资者的深圳证券账户。

例 7.3 某投资者认购 1 万份基金份额，假设基金管理人规定认购费率上限为 1%，证券公司设定的佣金比率为 1%，则投资者应交纳的认购金额及证券公司收取的佣金为：

深圳证券交易所挂牌价 = 基金面值 = 1 元

认购金额 = 10 000 ×（1 + 1%）= 10 100（元）

证券公司佣金 = 10 000 × 1% = 100（元）

认购净金额 = 1 × 10 000 = 10 000（元）

即投资者认购 1 万份基金份额，需缴纳 10 100 元，证券公司收取的佣金为 100 元，中国结算深圳分公司按 10 000 元减记结算参与人的结算备付金账户。

四、封闭期与开发期

基金合同生效后即进入封闭期，封闭期一般不超过 3 个月。在封闭期内，基金不受理赎回。

五、LOF 的上市交易

LOF 完成登记托管手续后，由基金管理人向深圳证券交易所提交上市申请，申请在交易所挂牌上市。基金上市首日的开盘参考价为上市首日前一交易日的基金份额净值（四舍五入至价格最小变动单位）。LOF 在交易所的交易规则与封闭式基金基本相同，具体内容如下：

第一，买入 LOF 申报数量应当为 100 份或其整数倍，申报价格最小变动单位为 0.001 元人民币。

第二，深圳证券交易所对 LOF 交易实行价格涨跌幅限制，涨跌幅比例为 10%，自上市首日起执行。

第三，投资者 T 日卖出基金份额后的资金 T+1 日即可到账（T 日也可做回转交易），而赎回资金至少 T+2 日到账。

六、LOF 份额的申购、赎回

注册登记在中国结算公司的开放式基金注册登记系统（TA 系统）内的基金份额，可通过基金管理人及其代销机构在场外办理 LOF 的申购、赎回；登记在中国结算公司的证券登记结算系统内的基金份额，也可以通过具有基金代销业务资格且符合风险控制要求的深圳证券交易所会员单位在场内办理申购、赎回业务。

LOF 采取"金额申购、份额赎回"原则，即申购以金额申报，赎回以份额申报。场内申购申报单位为 1 元人民币，赎回申报单位为 1 份基金份额；场外申购、赎回申报单位由基金管理人在《基金招募说明书》中载明。

T 日在深圳证券交易所申购的基金份额，自 T+1 日开始可在深圳证券交易所卖出或赎回；T 日买入的基金份额，T+1 日可以在深圳证券交易所卖出或者赎回。

七、LOF 份额转托管

LOF 份额的转托管业务包含两种类型：系统内转托管和跨系统转托管。

系统内转托管是指投资者将托管在某证券经营机构的 LOF 份额转托管到其他证券经营机构（场内到场内），或将托管在某基金管理人或其代销机构的 LOF 份额转托管到其他基金代销机构或基金管理人（场外到场外）的操作。

跨系统转托管是指投资者将托管在某证券经营机构的 LOF 份额转托管到基金管理人或代销机构（场内到场外），或将托管在基金管理人或其代销机构的 LOF 份额转托管到某证券经营机构（场外到场内）。

投资者通过深圳证券交易所交易系统获得的基金份额托管在证券营业部处，登记在证券登记系统中。这部分基金份额既可以在深圳证券交易所交易，也可以通过深圳证券交易所交易系统直接申请赎回；投资者通过基金管理人及其代销机构获得的基金份额托管在代销机构/基金管理人处，登记在 TA 系统中，只能申请赎回，不能直接在深圳证券交易所交易。

投资者如需将登记在 TA 系统中的基金份额通过深圳证券交易所交易，或需将登记在证券登记系统中的基金份额申请在场外赎回，应先办理跨系统转托管手续。LOF 份额跨系统转托管只限于在深圳证券账户和以其为基础注册的深圳开放式基金账户之间进行。

投资者将 LOF 份额从证券登记系统转入 TA 系统，自 T+2 日始，投资者可以在转入方代销机构或基金管理人处申报赎回基金份额。投资者将上市开放式基金份额从 TA 系统转入证券登记系统，自 T+2 日始，投资者可以通过转入方证券营业部申报在深圳证券交易所卖出或赎回基金份额。

处于下列情形之一的 LOF 份额不得办理跨系统转托管：

第一，处于募集期内或封闭期内的 LOF 份额；

第二，分红派息前 R-2 日至 R 日（R 日为权益登记日）的 LOF 份额；

第三，处于质押、冻结状态的 LOF 份额。

复习思考题

1. 证券投资基金的含义。
2. 简述证券投资基金的种类。
3. 简述封闭型基金与开放型基金的区别。
4. 简述公司型基金与契约型基金的区别。

第八章

衍生金融工具市场

本章摘要

本章首先给出了衍生金融工具的种类，分析比较了金融远期合同、期货、期权、互换的异同，然后简要介绍了我国衍生金融工具市场的发展状况。

关键词

远期价格　期货　期权　互换

第一节　金融远期交易市场

一、金融远期交易市场的特征

远期交易可以划分为商品类远期交易和金融类远期交易两种类型。金融远期交易市场即金融远期合同的买卖市场。

金融远期合同（Financial Forward Contracts）的签订双方约定：双方将在未来的某一确定时间，按某一确定的价格买卖一定数量的某种金融资产。在合同中规定要买入标的物的一方称为多（头）方（Long Position），而在未来要依约卖出标的物的一方称为空（头）方（Short Position）。合约中规定的买卖价格称为交割价格（Delivery Price）。

金融远期合同的买卖又叫做金融远期交易。远期交易在买卖成交（或称合同签署）时并不发生现金流量的收付。双方只是将交易的条件以合同的形式确定下来。而实际交割（即标的资产的转移）和结算（即现金流的收付）则在合同中约定的未来某一天发生。

远期交易是人们最先使用或最常用的一种套期保值工具。实际上，规避现货交易的风险是远期合同产生的主要原因。现货交易的最大缺点就在于无法规避未来的价格风险。一个农场主的命运完全取决于他的农作物收割时农作物的现货市场价格。在现货交易下，农场主不可能完全确定其所种植农作物未来上市的价格。设想如果在播种时就能确定农作物收割时的卖出价格，农场主就可安心致力于农作物的生产了。远期交易正是适应这种需要而产生的。

远期合约是非标准化合约。它不在交易所交易。金融机构之间或金融机构与客户之间通过谈判签署远期合约。已有的远期合约可以在场外市场交易（Over the counter）。

在签署远期合约之前，双方可以就交割地点、交割时间、交割价格、合约规模、标的物的品质等细节进行谈判，以便尽量满足双方的需要。灵活性是远期合约的主要优点。

但是，远期合约没有固定的、集中的交易场所，不利于信息交流和传递，不利于形成统一的市场价格，市场效率较低。而且，每份远期合约由最初的签约双方量身定做，转让困难，流动性较差。远期合约还存在较大的信用风险，履约没有保证，当价格变动对一方有利时，对方有可能无力或无诚意履行合约。远期合约的上述缺点正是期货交易产生的原因。

理论上，如果信息是对称的，合同双方对未来的预期相同，再考虑到远期交易在合同签署时并不发生现金流量的收付，那么，合同双方所达成的交割价格应使合约的价值在签署合约时等于零（即该合同在签署时对任一方均无价值，否则就要花钱购买）。这意味着合同双方无需成本就可处于远期合同的多头或空头状态。

我们把能使得远期合同的价值为零的交割价格称为相应标的资产相应期限的远期价格（Forward Price）。在假定远期合同不存在违约的前提下，远期价格应该在现货价格的基础上依据无风险利率确定。远期价格只是理论价格，它与远期合同在实际交易的过程中所形成的实际价格（即双方签约时所实际确定的交割价格）并不一定相等。但是，一旦理论价格与实际价格不相等，且无任何合理的解释，就会出现套利（Arbitrage）的机会。套利的结果会使得远期合同的实际交割交给与远期价格趋于一致。

例如，若交割价格高于远期价格（或称远期合同的实际交割价格高于理论交割价格），套利者就可以无风险利率融入资金，买入标的资产现货，卖出远期合同（即作为远期合同中的卖方），并等待交割来获取无风险的利润。这样做会促使现货价格上升、远期合同的实际交割价格下降，直至套利机会消失为止。

若交割价格低于远期价格（或称远期合同的实际交割价格低于理论交割价格），套利者就可以通过卖空标的资产现货，将卖空所得投资于无风险资产，并买入远期合同来获取无风险利润。这样做会促使现货价格下降、远期合同的实际交割价格上升，直至套利机会消失为止。

如果假定远期合同不存在违约的可能，则合同的交割价格（即远期价格）应该在相应标的资产现货价格的基础上依据无风险利率套算而成。例如，假定某股票的当前价格为100元，市场预期一年后的价格为120元，无风险利率为5%。则该股票的一年期远期合同的交割价格（即远期价格）应该为100（1+5%）＝105元。因此，对于风险资产来说，其远期价格不同于市场关于该资产未来价格的预期。只有无风险资产的远期价格才等于市场关于该资产未来价格的预期。

需要指出的是，在合约签署时，若远期合同的实际交割价格等于远期理论价格，则合约的价值为零。但随着时间推移，远期理论价格有可能改变，而原有合约的交割价格则不能改变，因此原有合约的价值可能不再为零。

远期交易属零和策略。一方的赢利完全对应着另一方的损失。一般来说，所谓远期合同的价值是站在多头方的角度来说的。因此，在没有到期之前，远期合同的价值等于同一个到期日的标的资产远期价格与本合同交割价格的差额再乘以本合同标的资产的数量。而在到期日，远期合同的价值等于标的资产当日的现货市场价格与本合同交割价格的差额再乘以本合同标的资产的数量。如果这样计算出来的远期合同的价值为正，则为合同买方的收益；反之，则为合同卖方的收益。

远期合同是一种最基本的衍生金融工具。其他衍生金融工具大多可以理解为远期合同的衍生物。例如，期货合同可以理解为远期合同的标准化；期权合同与远期合同的主要区别是赋予期权合同买方是否履约的选择权；而互换合同可以理解为一系列远期合同的组合。

二、金融远期合同的种类

金融远期合同主要有远期利率协议、远期外汇合同等。

（一）远期利率协议

远期利率协议（Farward Rate Agreements，FRA）的买卖双方同意，在从未来某一商定的时刻开始的特定时期内，按协议利率借贷一笔数额确定的某种货币。远期利率协议的买方是名义借款人，其订立远期利率协议的目的主要是为了规避市场利率上升的风险或投机。远期利率协议的卖方则是名义贷款人，其订立远期利率协议的目的主要是为了规避市场利率下降的风险或投机。之所以称为“名义”，是因为借贷双方不必交换本金，只是在结算日根据协议利率和市场参考利率之间的差额以及名义本金额，由交易一方付给另一方结算金而已。

签订了远期利率协议后，不管市场利率如何波动，协议双方将来收付资金的成本或收益总是固定在合同利率的水平上。从而避免了利率变动的风险。

与金融期货、金融期权等场内交易的衍生工具相比，作为场外交易品种的远期利率协议具有简便、灵活、不需支付保证金等优点。同时，由于远期利率协议是场外交易，故存在信用风险和流动性风险，但这种风险是有限的，因为它最后实际支付的只是利差而非本金。由于远期利率协议的本金不用交付，利息是按差额结算的，所以资金流动量较小，这就给银行提供了一种既能有效管理利率风险而又无须改变其资产负债结构的表外业务工具。

在远期利率协议下，如果参照利率超过合同利率，那么卖方就要支付买方一笔结算金，以补偿买方在实际借款中因利率上升而造成的损失。一般来说，实际借款利息在贷款到期时支付的，而结算金则是在结算日支付的，因此结算金并不等于因利率上升而给买方造成的额外利息支出，而等于额外利息支出在结算日的贴现值，具体计算公式如下：

$$结算金 = \frac{(\gamma_r - \gamma_k) \times A \times \frac{D}{B}}{1 + \gamma_r \times \frac{D}{B}} \tag{8.1}$$

式中：r_r表示参照利率，r_k表示合同利率，A 表示合同金额、D 表示合同期天数，B 表示天数计算惯例（如美元为360 天，英镑为365 天）。

在式（8.1）中，分子表示由于合同利率与参照利率之间差异所造成的额外利息支出，而分母是对分子进行贴现，以反映结算金的支付是在合同期开始之日而非结束之时。

远期利率协议的合同利率实际上是远期利率（Forward Interest Rate）。所谓远期利率是指从未来某个时刻算起的一定时期的利率。它是远期价格的一种具体的形式，即能使得远期利率协议价值为零的合同交割利率。它相当于资金的远期价格。

远期利率是由一系列即期无风险利率换算出来的。所谓即期利率是指从现在开始到未来某个时点上无息债务的到期收益率。一般采用不同期限国债的即期利率来套算出相应的远期利率。

例 8.1 如果国债 1 年期的即期利率为 10%，2 年期的即期利率为 10.5%，那么其隐含的第一年末到第二年末的远期利率就约等于 11%，这是因为：

$$(1 + 10\%)(1 + 11\%) \approx (1 + 10.5\%)^2$$

一般地说，如果现在时刻为 t，T 时刻到期的即期限利率为 r，T^* 时刻（$T^* > T$）到期的即期利率为 r^*，则 t 时刻的 $T^* - T$ 期间的远期利率 $\hat{r}$ 可以通过下式求得：

$$(1 + r)^{T-t}(1 + \hat{r})^{T^*-T} = (1 + r^*)^{T^*-t} \tag{8.2}$$

应注意的是，式（8.2）适用于每年计一次复利的情形。见图 8－1。

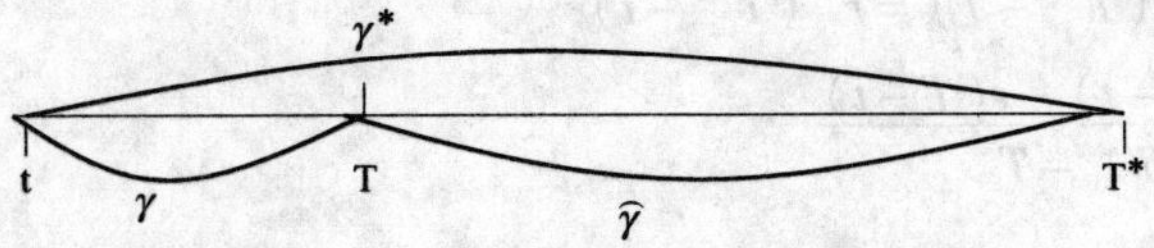

图 8－1　时间图及相应的利率

假设金额 A 以利率 R 投资了 n 年。如果利息一年计一次复利，则这一投资的终值为：

$$A(1+R)^n$$

如果每年计 m 次复利，则终值为：

$$A\left(1+\frac{R}{m}\right)^{mn} \tag{8.3}$$

当 m 趋于无穷大时，就称 R 为连续复利（Continuous Compounding），此时的终值为

$$\lim_{m\to\infty} A\left(1+\frac{R}{m}\right)^{mn} = Ae^{Rn} \tag{8.4}$$

假设 R_1 是连续复利的利率，R_2 是与之等价的每年计 m 次复利的利率，从式（8.3）和（8.4）我们有：

$$e^{R_1 n} = \left(1+\frac{R_2}{m}\right)^{mn} \quad 或 \quad e^{R_1} = \left(1+\frac{R_2}{m}\right)^{mn}$$

这意味着：

$$R_1 = m\ln\left(1+\frac{R_2}{m}\right) \tag{8.5}$$

或

$$R_2 = m(e^{R_1/m}-1) \tag{8.6}$$

通过式（8.5）和（8.6），我们可以实现每年计 m 次复利的利率与连续复利之间的转换。

当即期利率和远期利率均为连续复利时，即期利率和远期利率的关系可表示为：

$$e^{r(T-t)} \times e^{\hat{r}(T^*-T)} = e^{r^*(T^*-t)}$$

所以：

$$r(T-t)+\hat{r}(T^*-T)=r^*(T^*-t)$$

$$\hat{r}=\frac{r^*(T^*-t)-r(T-t)}{T^*-T} \tag{8.7}$$

例 8.2 当 1 年期和 2 年期的连续复利年利率分别为 10% 和 10.5 % 时，则由

$$e^{0.10}\times e^{0.11}=e^{0.105\times 2}$$

可知，第一年末到第二年末的连续复利远期年利率等于 11% 。

可见，连续利率具有易于处理的优点。这也正是实际生活中连续利率并不存在但在理论上却普遍使用的主要原因。

具有正态分布的性质是连续利率的另一个优点。

还有其他一些结论也只有在连续利率下才能成立。例如，通常所谓的费雪方程式：实际利率 = 名义利率 - 通货膨胀率。在连续利率下这个方程式可以很自然地获得：令一年期的名义连续利率为 $r_{名义}$，一年期的实际连续利率为 $r_{实际}$，一年期的连续通货膨胀率为 $r_{通胀}$，则有：$e^{r_{实际}}e^{r_{通胀}}=e^{r_{名义}}$，进而有：$r_{实际}+r_{通胀}=r_{名义}$。但在非连续利率下有：$(1+r_{实际})(1+r_{通胀})=(1+r_{名义})$，因此，$r_{名义}=r_{实际}+r_{通胀}+r_{实际}\times r_{通胀}$。

（二）远期外汇合约

金融远期交易中，远期外汇交易的发展规模最大，交易也最为成熟。远期外汇交易一般发生在银行机构之间。

远期外汇合约（Forward Exchange Contracts）的签约双方约定在将来某一时间按约定的汇率买卖一定金额的某种外汇。交易双方在签订合同时，就确定好将来进行交割的汇率，到时不论市场汇率如何变化，都应按此汇率交割。在交割时，名义本金并未交割，而只交割合同中规定的远期汇率与当时的即期汇率之间的差额。

远期汇率（Forward Exchange Rate）是指两种货币在未来某一日期交割的买卖价格。也即远期外汇合约的价值为零时的交割汇率。

根据套利定价的原理，远期汇率与即期汇率的关系是由两种货币间的无风险利率差决定的，其公式为：

$$F=Se^{(r-r_f)(T-t)} \tag{8.8}$$

其中，F 表示 T 时刻交割的直接远期汇率（按直接汇率标价法表示），S 表示 t 时刻的即期汇率（按直接汇率标价法表示），r 表示本国的无风险连续复利利率，r_f 表示外国的无风险连续复利利率。则有远期差价 W 为：

$$W=F-S=S(e^{(r-r_f)(T-t)}-1) \tag{8.9}$$

由该公式可以看出，当 $r > r_f$时，将出现远期升水，反之则出现远期贴水。

第二节　金融期货市场

一、金融期货合约的特征

金融期货合约（Financial Futures Contracts）是签约双方在交易所达成的、同意在约定的将来某个日期、按约定的条件（包括价格、交割地点、交割方式）买入或卖出约定数量的某种金融工具的标准化协议。

金融期货交易具有如下几个特征：

(1) 期货合约均在交易所进行，属场内交易。交易双方面不直接接触，而是各自通过经纪人在交易所及其清算部或专设的清算公司交易结算。清算公司充当所有期货买者的卖者和所有卖者的买者，因此期货交易双方无须担心对方违约。由于所有买者和卖者都集中在交易所交易，因此就克服了远期交易所存在的信息不对称和违约风险高的缺陷。

(2) 期货合约的合约规模、交割日期、交割地点等都是标准化的。即期货合约的合同要素除交割价格以外均由交易所事先在合约上有明确的规定，无须交易双方再商定。交易双方所要做的惟一工作是选择适合自己的期货合约，并通过交易所竞价确定成交价格。交割价格是期货合约的惟一变量。当然，这并不是说所有期货合约的交割月份、交割地点等都是一样的，同种金融工具的期货合约可以有不同的交割月份，但它是由交易所事先确定，并在合约中事先载明，而不是由交易双方商定后载入合约的。因此，期货交易克服了远期交易流动性差的缺点。

(3) 期货合约的买者或卖者可在交割日之前采取对冲交易以结束其期货头寸（即平仓），而无须进行最后的实物交割。这相当于买者可把原来买进的期货卖掉，卖者可把原来卖出的期货买回，这就克服了远期合同必须履约的问题。由于通过平仓结束期货头寸比起实物交割既省事又灵活，因此目前大多数期货交易都是通过平仓来结清头寸的。据统计，最终进行实物交割的期货合约不到2%。

尽管如此，我们也不应忽视交割的重要性。正是因为具有最后交割的可能性，期货价格和标的物的现货价格之间才具有内在的联系。随着期货交割月份的逼近，期货价格将收敛于标的资产的现货价格。当到达交割期限时，期货的价格等于或非常接近于现货的价格，不然的话，就存在无风险的套利机会。

(4) 期货交易是每天进行结算的，而不是到期一次性进行结算，买卖双方在交易之前都必须在经纪公司开立专门的保证金账户。经纪公司通常要求交易者在交易之前必须存入一定数量的保证金，这个保证金叫初始保证金（Initial Margin）。在每天交易结束时，保证金账户都要根据期货价格的升跌而进行调整，以反映交易者的盈亏变化，这就是所谓的盯市（Marking to Market）。盈亏变化是根据结算价格（Settlement Price）计算的。结算价格的确定由交易所决定，它可能是当天的加权平均价，也可能是收盘价，还可能是最后几秒钟的平均价。

当天结算价格高于昨天的结算价格（或当天的开仓价）时，高出部分就是多头的盈利和空头的亏损。这些盈利和亏损就在当天分别加入多头的保证金账户和从空头的保证金账户中扣除。当保证金账户的余额低于交易所规定的维持保证金（Maintenance Margin）水平时，经纪公司就会通知交易者限期把保证金水平补足到初始保证金水平，否则就会被强制平仓。维持保证金水平通常是初始保证金水平的75%。

交易所允许期货合约的空方（即卖方）在可供选择的标的物（主要适用于利率期货和商品期货）和交割地点（主要适用于商品期货）中选择适合自己的交割方式。交易所将根据空方的选择按事先规定的公式对其收取的价款进行调整。

因为直接交割标的物非常不方便或者是不可能的。有些金融期货，如标的物为股价指数的期货，在交割时是以现金结算的。

交易所规定期货合约的交割月份，指定在交割月份中可以进行交割的确切时间。对于许多期货合约来说，交割日期可以是整个交割月，至于具体在哪一天交割，由空方选择。

（5）期货交易实行非百分之百的保证金制度。投资者买卖期货合同只需要交纳相当于合同价值一定比例的资金存入保证金账户。例如，假定保证金的比例为10%，这就意味着，与百分之百的保证金制度相比较，投资者的买卖交易额可以增大到相当于资本额十倍的水平。投资者可以做到以小博大，高风险，高收益。

二、金融期货合约的种类

按标的物的不同，金融期货可以划分为利率期货、外汇期货和股价指数期货等几种类型。

利率期货的标的资产价格高度依赖于市场利率，如长期国债期货、短期国债期货和欧洲美元期货等。

股价指数期货的标的物是股价指数。股价指数没有具体的实物形式，双方在结算时要把股价指数的点数根据交易所的规定换算成货币单位，进行现金的交割。这是股价指数期货的最大特点。例如，芝加哥商品交易所（CME）S&500 指数期货的单位价格（即每份合约的价格）规定为指数点数乘以500美元。

外汇期货的标的物是外汇，如美元、英镑、日元、澳元、加元等。

三、期货合约与远期合约比较

期货合约和远期合约虽然都是在交易时约定在将来某一时间按约定的条件买卖一定数量的某种标的物的合约，但它们存在诸多区别，主要有：

1. 标准化程度不同

远期合约中的相关合同要素如标的物的质量、数量、交割地点和交割月份等都是根据双方的需要确定的。由于各交易者的需要千差万别，远期合约条款的具体内容也五花八门，因而远期合约虽具有灵活性的优点，但却给合约的转手和流通造成很大麻烦，这就决定了远期合约二级市场的不发达。

期货合约则是标准化的。期货交易所为各种标的物的期货合约制订了标准化的数量、质量、交割地点、交割时间、交割方式、合约规模等条款，只有价格是在成交时根据市场行情确定的。由于开展期货交易的标的物毕竟有限，相关条件又是固定的，因此期货合约满足人们各种需要的能力不如远期合约，但标准化却大大便利了期货合约的订立和转让，使期货合约具有极强的流动性。

2. 交易场所不同

远期交易并没有固定的场所，属场外交易形式。交易双方各自寻找合适的交易对方，因而是一个无组织的、效率较低的、分散的市场。在金融远期交易中，银行充当着重要角色。由于金融远期合约交割较方便，标的物同质性较好，因此很多银行都提供重要标的物的远期买卖报价供客户选择，从而有力推动了远期交易的发展。

期货合约则在交易所内交易，属场内交易形式。交易所不仅为期货交易提供了交易场所，而且还为期货交易提供了许多严格的交易规则（如涨跌停板制、最小价格波动幅度、报价方式、最大持仓限额、保证金制度等），并为期货交易提供信用担保。因此，期货市场是一个有组织的、有秩序的、统一的市场。

3. 违约风险不同

远期合约的履行仅以签约双方的信誉为担保，一旦一方无力或不愿履约时，另一方就得蒙受损失。即使在签约时，签约双方采取交纳定金、第三方担保等措施，仍不足以保证远期合约到期一定能得到履行，违约、毁约的现象时有发行，因而远期交易的违约风险很高。

期货合约的履行则由交易所或清算公司提供担保。交易双方直接面对的都是交易所，即使一方违约，另一方也不会受到丝毫影响。交易所之所以能提供这种担保，主要是依靠完善的保证金制度和结算会员之间的连带无限清偿责任来实现的。可以说，期货交易的违约风险几乎为零。

4. 价格确定方式不同

远期合约的交割价格是由交易双方直接谈判并私下确定的。由于远期交易没有固定的场所，因此在确定价格时信息是不对称的，不同交易双方在同一时间所确定的类似远期合约的价格可能相差甚远，因此远期交易市场定价效率很低。

期货交易的价格则是在交易所中由很多买者和卖者通过其经纪人在场内公开竞价确定的，有关价格的信息较为充分、对称，由此产生的期货价格较为合理、统一，因此期货市场的定价效率较高。

5. 履约方式不同

由于远期合约是非标准化的，转让相当困难，并要征得对方同意（由于信用度不同），因此绝大多数远期合约只能通过到期实物交割来履行。而实物交割对双方来说都是费时又费力的事。

由于期货合约是标准化的，期货交易又在交易所内，因此交易十分方便。当交易一方的目的（如投机、套期保值和套利）达到时，他无须征得对方同意就可通过平仓来结清自己的头寸并把履约权利和义务转让给第三方。在实际中，绝大多数期货合约都是通过平仓来了结的。

6. 合约双方关系不同

由于远期合约的违约风险主要取决于对方的信用度，因此签约前必须对对方的信誉和实力等方面作充分的了解。

而期货合约的履行完全不取决于对方而只取决于交易所或清算公司，因此可以对对方完全不了解。在期货交易中，交易者甚至根本不知道对方是谁，这就极大方便了期货交易。

7. 结算方式不同

远期合约签订后，只有到期才进行交割清算，其间不进行结算。

期货交易则是每天结算的。当同品种的期货市场价格发生变动时，就会对所有该品种期货合约的多头和空头产生盈余或亏损，并于当天就在其保证金账户体现出来。因此当市场价格朝自己有利的方向变动时，交易者不必等到到期就可逐步实现盈利；若市场价格朝自己不利的方向变动时，交易者在到期之前就得支付出亏损的金额。

四、期货市场的作用

1. 套期保值

套期保值是指套用期货交易为相应的现货交易保值，规避现货交易的市场风险。一个现货市场上的潜在购买者面临着现货价格上升的风险，他可以立即买入相应的期货；一个现货市场上的潜在出售者面临着现货行市下降的风险，他可以立即卖出相应的期货。因此套期保值可分为买入（多头）套期保值和卖出（空头）套期保值两种类型。

2. 价格发现功能

期货价格是所有参与期货交易的人对未来某一特定时间的现货价格的期望或预期。不论期货合约的多头还是空头，都会依其个人所持立场或所掌握的市场资讯，并对过去的价格表现加以研究后，做出买卖委托。而交易所通过电脑撮合公开竞价出来的价格即为此瞬间市场对未来某一特定时间现货价格的平均看法。这就是期货市场的价格发现功能。市场参与者可以利用期货市场的价格发现功能进行相关决策，以提高自己适应市场的能力。例如，一个大豆的种植园主可以相应大豆期货的价格变化作为决定大豆种植面积的信息依据。由于大豆期货价格是众多专业人士或机构对未来大豆现货预期的结果，因此，它比种植园主自己的预期要可靠得多。

3. 投机或套利

期货交易本身可以用于投机。那些预计期货市场的价格会上升的投资者，可以预先买入相应的期货合同；那些预期期货市场的价格将下降的投资者，可以卖空相应的期货合同。因此，期货市场为投资者提供了一种崭新的投资方式。

套利是一种无风险的赢利行为。风险特性相同的资产，应该具有相同的价格，否则可以买低卖高，这就是套利行为。期货市场的交易品种是构造套利组合的基本材料。

五、国外期货市场的产生与发展

一般认为，现代意义上的期货交易最早产生于美国，1848 年美国芝加哥期货交易所（CBOT）的成立，标志着期货交易市场的诞生。

期货交易的产生并非偶然。早在 19 世纪中叶，芝加哥就已经成为美国重要的农产品集散地和加工中心，大量的农产品现货在芝加哥买卖。但现货价格的波动异常剧烈。一般的规律是，在收获季节，由于农场主都将粮食运到芝加哥销售，因此极易导致市场供过于求，价格暴跌。而在第二年春天，则由于谷物的供给相对匮乏，价格于是又经常飞涨。

为解决现货价格剧烈波动的问题，谷物经销商开始广设商行、修建仓库、收购囤积农场主的谷物，以平抑价格。经销商最先一般通过现货交易的方式收购农场主的谷物，先储存起来，然后再分批上市。但这样做的实质其实就是由经销商承担起了现货市场的价格风险。其局限性不言而喻，由此出现了“未买先卖”，亦即以远期合约的方式将农场主、经销商、芝加哥的贸易商以及加工商联系起来，以便共同承担现货价格风险的商业运营方式，这就是远期合约的交易。

然而，远期交易也存在流动性差、违约风险高、合同纠纷频繁等缺点。实际上，正是针对远期交易的这些完善措施，最终催生出期货交易这种崭新的交易机制。

1848 年 3 月 13 日，第一个近代期货交易所——芝加哥期货交易所（CBOT）成立。但最初的芝加哥期货交易所并不是一个真正现代意义上的期货交易所，而只是一个集中进行现货交易和中远期合约转让的场所。

在远期交易的完善过程中，两次重大的变革直接催生出期货交易：一是远期合约的标准化，二是合约结算制度的建立。

1865 年，芝加哥期货交易所率先实现了远期合约标准化，推出了第一批标准期货合约。合约标准化指的是合约交易商品品质、数量、交货时间、交货地点以及付款条件等合同要素的格式化。标准化的期货合约不仅减少了商业纠纷，还使得市场参与者能够非常方便地转让期货合约。同时，标准化的期货合约还使得生产经营者能够通过对冲平仓来解除自己的履约责任。这就大大提高了期货交易的市场流动性。

在合约标准化的同时，芝加哥期货交易所还规定了缴纳交易保证金的制度。1891 年，明尼亚波里谷物交易所第一个成立了结算所。随后，各交易所陆续推出了每日结算的制度。从而彻底解决了违约风险的问题。

六、我国期货市场的产生与发展

1990 年 10 月 12 日，中国郑州粮食批发市场经国务院批准成立。该市场以现货交易为基础，同时引入远期或期货交易机制，从而迈出了中国期货市场发展的第一步。

归纳起来，中国的期货市场发展大致可分为三个阶段。

第一阶段从 1990 年到 1995 年。遍布全国各地的交易所数目一度超过 50 家，年交易量达 6.4 亿手，交易额逾 10 万亿元，期货品种近百种，交投非常活跃。但是，由于当时的法规监管较为滞后，发生了不少问题。因此国务院决定全面清理整顿期货市场，建立适用于期货市场的监管法规。交易所数目由此减少至 15 家，期货经纪公司数目也大幅缩减，并限制境外期货交易。

第二阶段是 1996 至 2000 年。国家继续对期货市场进行清理整顿，加上中国证券市场迅速发展，期货市场步入低潮。1998 年，交易所进一步削减至 3 家，即上海期货交易所、大连商品交易所和郑州商品交易所。2000 年，期货交易量萎缩至 5 400 万手，交易额为 1.6 万亿人民币。

第三阶段是从 2001 年至今。期货市场逐渐复苏，期货法规与风险监控逐步规范和完善。2004 年，国内新增棉花、黄大豆 2 号、燃料油与玉米 4 个品种。2005 年交易量恢复增长到 3.23 亿手，交易额达 13.45 万亿。白糖、棉花交易平稳，小麦品种较为成熟，价格发现和套期保值功能逐步发挥。

为深化金融市场改革，完善金融市场体系，发挥金融市场功能，我国于 2006 年 9 月 8 日在上海成立了中国金融期货交易所。

中国金融期货交易所是经国务院同意，中国证监会批准，由上海期货交易所、郑州商品交易所、大连商品交易所、上海证券交易所和深圳证券交易所共同发起设立的金融期货交易所。为了深化股指期货合约、规则与系统测试，并开展投资者教育活动，中国金融期货交易所于2006年10月30日开始沪深300股指期货的仿真交易活动。

2010年1月8日，国务院原则上同意推出股指期货。2月20日，中国金融期货交易所正式公布沪深300股指期货合约和业务规则，并于2月22日正式启动股指期货开户。

目前我国期货业政府、交易所和期货行业协会的三级管理体系已初步建立，这些都为期货行业的长期稳定发展创造了必要的条件。

第三节 金融期权市场

一、金融期权市场的特征

期权（Option）又称选择权。作为一张合同，它赋予其购买者在规定期限内按双方约定的价格［简称协议价格（Striking Price）或执行价格（Exercise Price）］购买或出售一定数量某种金融资产［称为标的资产（Underlying Financial Assets）］的选择权。也就是说，期权合同的购买者既可以选择履行合同，也可以选择放弃合同。期权合同的卖方必须无条件地遵从对方的选择。1973年，芝加哥期权交易所首次把期权由场外交易引入交易所交易。

按期权合同买方的权利划分，期权可分为看涨期权（Call Option）和看跌期权（Put Option）两种类型。看涨期权赋予期权合同买方是否购买标的资产的选择权；而看跌期权赋予期权合同买方是否出售标的资产的选择权。

按期权买方执行期权的时限划分，期权可分为欧式期权和美式期权两种类型。欧式期权的买方只能在期权到期日才能执行期权（即行使买进或卖出标的资产的权利）。而美式期权允许买方在期权到期前的任何时间执行期权。

按照期权合约的标的资产划分，金融期权合约可分为利率期权、货币期权（或称外汇期权）、股价指数期权、股票期权等现货期权以及金融期货期权。

对于期权的买方来说，期权合约赋予他的只有权利，而没有任何义务。他可以在规定期限以内的任何时间（美式期权）或期满日（欧式期权）行使其购买或出售标的资产的权利，也可以不行使这个权利。对期权的出售者来说，他只有履行合约的义务，而没有任何权利。当期权买方按合约规定行使其买进或卖出标的资产的权利时，期权卖方必须依约相应地卖出或买进该标的资产。作为给期权卖方承担义务的报酬，期权买方要支付给期权卖方一定的费用，称为期权费（Premium）或期权价格（Ortion Price）。期权费视期权种类、期限、标的资产价格的易变程度不同而不同。

归纳起来，期权交易与期货交易的区别主要有以下几个方面：

(1) 权利和义务方面。期货合约的双方都赋予相应的权利和义务，除非用相反的合约抵消，这种权利和义务在到期日必须行使，也只能在到期日行使，期货的空方拥有在交割月选择在哪一天交割的权利。而期权合约只赋予买方权利，卖方则无任何权利，他只有在对方履约时进行相应买卖标的物的义务。特别是美式期权的买者可在约定期限内的任何时间执行权利，也可以不行使这种权利；美式期权的卖者则须准备随时履行相应的义务。

(2) 标准化方面。期货合约都是标准化的，因为它都是在交易所中交易的。而期权合约则不一定。在美国，场外交易的现货期权是非标准化的，但在交易所交易的现货期权和所有的期货期权则是标准化的。

(3) 盈亏风险方面。期货交易双方所承担的盈亏风险都是无限的。而期权交易卖方的亏损风险可能是无限的（看涨期权），也可能是有限的（看跌期权），盈利风险是有限的（以期权费为限）；期权交易买方的亏损风险是有限的（以期权费为限），盈利可能是无限的（看涨期权），也可能是有限的（看跌期权）。

(4) 保证金方面。期货交易的买卖双方都须交纳保证金。期权的买者则无须交纳保证金，因为他的亏损不会超过他已支付的期权费，而在交易所交易的期权卖方则也要交纳保证金。场外交易的期权卖者是否需要交纳保证金则取决于当事人的意见。

(5) 买卖匹配方面。期货合约的买方到期必须买入标的资产，而期权合约的买方在到期日或到期前则有买入（看涨期权）或卖出（看跌期权）标的资产的权利。期货合约的卖方到期必须卖出标的资产，而期权合约的卖方在到期日或到期前则有根据买方意愿相应卖出（看涨期权）或买入（看跌期权）标的资产的义务。

(6) 套期保值方面。运用期货进行的套期保值，在把风险转移出去的同时，也把有利的可能性放弃了。而运用期权进行的套期保值，只把风险转移出去，而在有利的情况下，期权的买方可以放弃保值策略。

(7) 期货合同在成交的时候对买卖双方的价值都是零，买卖双方不需支付代价便可以拥有多头或空头的地位。但期权合同对买方是有价值的，因此，期权合同的买方必须支付代价（叫做期权费或期权价格）才能拥有相应的多头地位。

二、期权合约的盈亏分布

盈亏分布状况对于制订期权交易策略是很重要的。

1. 看涨期权的盈亏分布

例 8.3 假设 1999 年 10 月 5 日日元对美元汇率为 100 日元 = 58.88 美元。甲认为日元对美元的汇率将上升，因此以每日元0.04美元的期权费向乙购买一份1999年12月到期、协议价格为100日元＝59.00美元的日元看涨期权，每份日元期权的规模为12 500日元。那么，甲、乙双方的盈亏分布可分为以下几种情况：

（1）如果在期权到期时，日元汇率等于或低于100日元＝59.00美元，则看涨期权就无价值。买方的最大亏损为支付的期权费，即12 500日元×0.04美元/日元＝5 000美元。

（2）如果在期权到期时，日元汇率升至100日元＝63.00美元，买方通过执行期权可赚取$125\ 000 \times \dfrac{63.00-59.00}{100}=5\ 000$美元，扣掉期权费后，他刚好盈亏平衡。

（3）如果在期权到期前，日元汇率升到100日元＝63.00美元以上，买方就可实现净盈余。日元汇率越高，买方的净盈余就越多。

期权合约是零和游戏（Zero-Sum Games），买者的盈亏和卖者的亏盈刚好相反。看涨期权卖者的亏损可能是无限的，而盈利是有限的，其最大盈利限度是期权价格。期权买者以较小的期权价格为代价换来了较大盈利的可能性，而期权卖者则为了赚取期权费而冒着大量亏损的风险。如果不考虑时间因素，期权的价值（即盈亏）取决于标的资产市价与协议价格的差距。对于看涨期权来说，为了表达标的资产市价（S）与协议价格（X）的关系，我们把S＞X保值时的看涨期权称为实值期权（In the Mon-ey），把S＝X的看涨期权称为平价期权（At the Money），把S＜X的看涨期权称为虚值期权（Out of the Money）。

2. 看跌期权的盈亏分布

用同样的办法可以推导出看跌期权的盈亏分布。当标的资产的市价跌至盈亏平衡点（等于协议价格减期权价格）以下时看跌期权买者就可获利，其最大盈利限度是协议价格减去期权价格后再乘以每份期权合所包括的标的资产的数量，此时标的资产的市价为零。如果标的资产价高于盈亏平衡点，看跌期权买者就会亏损，其最大亏损是期权费总额。看跌期权卖者的盈亏状况则与买者好相反，即看跌期权卖者的盈利是有限的，其最大限度为协议价格减期价格后再乘以每份期权合约所包括的标的资产的数量。同样，我们把X＞S时的看跌期权称为实值期权，把X＝S的看跌期权称为平价期权，把X＜S的看涨期权称为虚值期权。

三、期权交易的作用

（1）套期保值，使自己在现货市场的风险被限制在一定的范围内。

例8.4　假定目前IBM公司的股票价格为每股$50，投资者A估计它会上升，所以打算买进100股，但又担心会股价下跌而损失惨重。

这时候，他便可以在买进 100 股股票的同时，买进 100 股看跌期权。假定该期权允许投资者 A 在 3 个月内以 \$50/股的价格出售 100 股 IBM 股票，且期权费为 \$5/股，则 A 共需支付期权费 \$500。

① 若 3 个月内公司的股票价格果真上升至 \$60/股，则投资者 A 在现货市场盈利：100×(60－50)＝\$1 000；同时放弃行使看跌期权，损失 \$500 的期权费。净剩余为 \$500。

② 若 3 个月内公司的股票价格下降至 \$40/股，则投资者 A 行使看跌期权：以 50 卖出股票，与原来的股票买入价持平，同时净损失 \$500 的期权费。而且无论股价下降多少，A 的损失不会超过 \$500。

由此可见，用期权进行套期保值的优点是：既可以规避标的资产的不利价格变动风险，又可以对标的资产出现的有利价格变动有效的加以利用。

（2）投机——以小博大，通过承担有限的风险来谋求巨额的收益。

例 8.5 假设投资者 B 在股价为 \$30/股时，预计某股票会继续上涨很多，从而花 \$500 买了一笔看涨期权，该期权允许他在 3 个月内以 \$25/股的价格买入 100 股股票。

假定 3 个月内，股价上升至 \$40/股，B 行使其看涨期权。可以获得：\$1 000＝(40－25)×100－500 的净剩余，利润率达 200%＝1 000/500。

反之，如果 B 不是利用期权进行投机，而是在开始的时候直接买进股票，那么他投入 \$500 只能买到 500/30≈16 股股票，从而获利仅为：\$160＝(40－30)×16，利润率仅为：32%＝160/500。

（3）为了实现套期保值或套利的目的，经常需要构造新的资产组合。实际上，资产的组合与分解是风险管理的基本手段。在这个过程中，一般说来，期权是不可或缺的材料。

第四节 金融互换市场

一、金融互换概述

金融互换（Financial Swaps）合约是两个或两个以上当事人按照商定条件，在约定的时间内，交换一系列现金流的合约。

互换和掉期在英文都叫 Swap，因此很多人误把它们混为一谈。实际上，两者有很大区别。

（1）掉期是外汇市场上的一种交易方法，是指对不同期限，但金额相等的同种外汇作两笔反方向的交易，它并没有实质的合约，更不是一种衍生工具。而互换则有实质的合约，是一种重要的衍生工具。

（2）掉期在外汇市场上进行，它本身没有专门的市场。互换则在专门的互换市场上交易。

二、金融互换的种类

传统的金融互换有货币互换和利率互换两种类型。

1. 利率互换

利率互换（Interest Rate Swaps）合同的双方同意在未来的一定期限内根据同种货币的同样的名义本金交换支付现金流，其中一方的现金流根据浮动利率计算出来，而另一方的现金流根据固定利率计算。互换的期限通常在2年以上，有时甚至在15年以上。

进行利率互换的双方在固定利率和浮动利率市场上具有比较优势，因此，互换的结果是降低了双方的融资成本。

例8.6　假定A、B公司都想借入5年期的1 000万美元的借款。A想借入与6个月期相关的浮动利率借款；B想借入固定利率借款。但两家公司信用等级不同，故从市场上所能获得的最低负债利率水平不同，如表8.1所示。

表8.1　**市场提供给A、B两公司的借款利率**

	固定利率	浮动利率
A公司	10.00%	6个月期LIBOR+0.30%
B公司	11.20%	6个月期LIBOR+1.00%

从表8.1可以看出，与B公司相比，A的借款利率在两个市场都具有绝对的优势。但在两种不同的借款方式上，A的优势程度并不相同。这正是互换交易成立的一个必要条件。在固定利率市场上，A比B的绝对优势为1.20个百分点；而在浮动利率市场上，A比B的绝对优势仅为0.70个百分点。这就是说，A在固定利率市场上有相对的比较优势，而B在浮动利率市场上有相对的比较优势。这样，双方就可利用各自的比较优势先为对方借款，然后互换，从而达到共同降低筹资成本的目的。

即首先，A以10.00%的固定利率借入1 000万美元，而B以LIBOR+1.00%的浮动利率借入1 000万美元。这样，通过发挥各自的比较优势，双方总的筹资成本较不进行互换降低了0.50个百分点（即11.20%+6个月期LIBOR+0.30%－10.00%－6个月期LIBOR－1.00%），这就是互换的利益。

互换利益是双方合作的结果，理应由双方分享。具体分享比例由双方谈判决定。我们假定双方各分享一半，则双方都将使筹资成本较不进行互换降低了0.250个百分点。

即互换后双方最终的实际筹资成本应该分别为：A 支付 6 个月期 LIBOR + 0. 30% − 0. 250% = LIBOR + 0. 05% 的浮动利率，B 支付 11. 20% − 0. 250% = 10. 95% 的固定利率。

由于本金相同，故双方不必交换本金，而只交换利息现金流。即 A 向 B 支付浮动利息，然后 B 将其作为支付债权人利息的资金来源；B 向 A 支付固定利息，然后 A 将其支付给自己的债权人。

这样，双方就可根据互换后的目标筹资成本计算各自应该向对方支付的现金流。例如，A 向 B 支付按 LIBOR 计算的利息，B 向 A 支付按 9. 95% 计算的利息。

在上述互换中，每隔 6 个月为利息支付日。互换协议的条款一般规定每 6 个月一方仅向另一方支付固定利率与浮动利率的差额即可。例如，假定某一支付日的 LIBOR 为 11. 00%，则 A 应付给 B5. 25 万美元［即 1 000 万 ×0. 5 ×（11. 00% −9. 95%）］。由于利率互换只交换利息差额，因此信用风险很小。

一般地理解，可以将利率互换看作浮动利率的销售合同，其交割价格为相应的固定利率。

2. 货币互换

货币互换（Currency Swaps）是将一种货币的本金和固定利息与另一货币的等价本金和固定利息进行交换。

货币互换的主要原因是双方在各自国家中的金融市场上具有比较优势。

例 8. 7 假定英镑和美元的即期汇率为 1 英镑 =1. 500 0 美元。A 想借入 5 年期的 1 000 万英镑借款，B 想借入 5 年期的 1 500 万美元借款。由于 A 的信用等级高于 B，因此它们从市场上所能获得的最低负债利率水平不同。如表 8. 2 所示。

表 8. 2　市场向 A、B 公司提供的借款利率

	美　元	英　镑
A 公司	8. 0%	11. 6%
B 公司	10. 0%	12. 0%

从表 8. 2 可以看出，A 的借款利率在两个市场都具有绝对优势，但绝对优势程度不同，这正是互换交易成立的一个必要条件。A 在美元市场上的绝对优势为 2. 0 个百分点，在英镑市场上则只有 0. 4 个百分点。这就是说，A 在美元市场上有比较优势，而 B 在英镑市场上有相对的比较优势。这样，双方就可利用各自的比较优势借款，然后通过互换得到自己想要的资金，并通过分享互换收益（1. 6 个百分点）降低筹资成本。

于是首先，A 以 8. 0% 的利率借入 5 年期的 1 500 万美元借款，B 以 12. 0% 的利率借入5年期的1 000万英镑借款。

然后，双方先进行本金的交换，即A向B支付1 500万美元，B向A支付1 000万英镑。

假定A、B公司商定双方平分互换收益，则A、B公司都将使筹资成本降低0.8个百分点，即双方互换后的最终实际筹资成本将分别为：A支付10.8%的英镑利率，而B支付9.2%的美元利率。

这样，双方就可根据互换后的目标筹资成本计算各自应该向对方支付的现金流，进行利息互换。即：在每一个利息支付日，A向B支付10.8%的英镑借款利息共计108万英镑；B向A支付8.0%的美元借款利息共计120万美元。经过互换后，A的最终实际筹资成本降为10.8%英镑借款利息；而B的最终实际筹资成本变为8.0%的美元借款利息加1.2%的英镑借款利息。若汇率水平不变的话，B最终的实际筹资成本相当于9.2%美元借款利息。若担心未来汇率水平变动，B可以通过购买美元远期或期货来规避汇率风险。

在贷款期满后，双方要再次进行借款本金的互换，即A向B支付1 000万英镑，B向A支付1 500万美元。到此，货币互换结束。

由于货币互换涉及到本金互换，因此当汇率变动很大时，双方就将面临一定的信用风险。当然这种风险仍比单纯的贷款风险小得多。

金融互换合同在签订的时候价值为零。但在签订以后，其价值一般不再为零，从而具有了转让价值。为确定合同的转让价值，可以将利率互换合同看作两张债券的组合。对合同的买方（即收入浮动利率，支付固定利率方）来说，相当于购买了一张浮动利率债券并发行了一张固定利率债券，其互换合同的价值便等于浮动利率债券价值减固定利率债券的差。同样，可以将货币互换合同看作两张债券的组合，其中，一张债券为本币，另一张债券属外币。

第五节　我国的衍生金融产品市场

一、人民币远期结售汇业务与人民币远期外汇交易

（一）人民币远期外汇交易

一般地说，所谓远期外汇买卖，是指买卖双方先签署合同，约定外汇交易的数量、汇率和交割日期等内容，在合同到期日再按照合同的具体约定实施本金交割的外汇买卖行为。

当然，如果合同双方在到期日仅按到期日的实际市场汇率和远期汇率（亦即合同

约定汇率）之间的差价结算并支付相对的盈亏差额，并不对本金实施全额交割，则称为无本金交割远期外汇交易（NDF）。

为积极推动我国外汇衍生品的发展，满足国内经济主体规避汇率风险的需求，中国人民银行于2005年8月先后发布了《关于扩大外汇指定银行对客户远期结售汇业务和开办人民币与外币掉期业务有关问题的通知》和《关于加快发展外汇市场有关问题的通知》。同月，人民币外汇远期交易业务正式在银行间外汇市场推出，成为我国银行间外汇市场交易的第一个外汇衍生品，为银行规避汇率风险提供了渠道。

根据外汇局的有关规定，银行与客户完成远期结售汇业务签约后所形成的风险敞口，按照权责发生制的原则，计入该银行结售汇综合头寸中，并且必须在银行间外汇市场上进行平补。银行通过中国外汇交易中心提供的银行间远期询价交易系统，以询价交易的方式进行远期外汇交易。中央银行对银行间外汇远期交易的定价、平盘等没有明确的规定，需要各家银行自己确定。远期汇率完全由银行自主定价，没有波动幅度的限制。远期外汇市场不实施做市商制度，市场交易主体自寻交易对手，交易的外汇币种、金额、期限、汇率、保证金和结算安排等由交易双方协商议定。与即期外汇市场相比，银行间远期外汇市场具有更强的市场性，交易主体更具自主性。

（二）人民币远期结售汇业务

在我国的柜台交易市场，人民币兑外币的远期外汇买卖被称为远期结售汇。因此，所谓远期结售汇业务，是指客户与银行预先签订远期结售汇协议，在协议中约定好未来结汇或售汇的外汇币种、金额、期限及汇率，到期时则按照该协议订明的条款结售汇的业务。而在我国的全国银行间外汇市场，（金融机构）交易双方以约定的外汇币种、金额、汇率，在约定的未来某一日期以人民币交割既定外汇的交易，始称为人民币外汇远期交易。我国银行间外汇市场于2005年8月推出外汇远期交易。可见，我国通常所谓的人民币远期外汇交易较为狭义。仅指银行间的远期外汇买卖。

目前，我国远期结售汇业务的客户为在中华人民共和国境内设立的企事业单位、国家机关、社会团体、部队等。其中包括外商投资企业，但不包括个人投资者。由于远期结售汇业务可以事先约定汇率，所以有利于客户防范汇率风险，方便实施货币套期保值。而且在这个过程中，银行只是通过买卖汇率的差价来实现自己的收益，客户通常不须支付任何交易费用。

我国目前的远期结售汇业务包括固定交割日的远期交易和择期交易的远期交易两种形式。所谓固定交割日的远期交易，是指客户与银行约定在未来的某一确定的工作日办理资金交割。而所谓择期交易，则是指客户有权要求银行在未来约定的某一段时间内的任一工作日（应提前一个工作日通知银行）为其办理资金交割。

作为一种外汇管理制度，我国于1994年开始实行结售汇制度。2004年，我国由强制结售汇向意愿结售汇转变。2005 年人民币汇率形成机制开始发生重大变化，国家开始鼓励远期结售汇等衍生产品业务的发展。

1997 年，中国银行开始办理以实需原则为基础的经常项目和指定资本与金融项下的远期结售汇业务。2003 年，工行、农行和建行也开办了此项业务。2004 年，交行、招行、中信实业等股份制银行相继跟入。2005 年，中国人民银行进一步扩大办理人民币对外币远期业务的银行主体，只要银行具有即期结售汇业务和衍生产品交易业务资格，备案后均可从事远期结售汇业务。

目前，按照外汇管理规定可办理即期结售汇的外汇收支，均可办理远期结售汇业务，但各银行都暂不受理现钞远期结售汇。且远期结售汇履约应以约定远期交易价格的合约本金全额交割，不得进行差额交割。

远期结售汇定价的主要依据是即期汇率以及与合同期限相应的两种货币之间的利差。由于远期结售汇的期限通常不超过一年，所以其具体的计算公式是：

$$\text{远期结售汇的合同约定交割汇率} = \text{即期市场汇率} \times [(1 + \text{人民币利率} \times \text{天数}/365)/(1 + \text{外币利率} \times \text{天数}/365)]$$

可见，利率相对较高的货币将会“贴水”，亦即该货币的远期价格较即期价格将会下降；利率较低的货币将会“升水”，亦即该货币的远期价格较即期价格将会提高。

二、人民币外汇掉期业务与人民币外汇货币掉期业务

所谓掉期，源于英文 Swap 一词的汉译。Swap 的英语本意为交换；用于金融市场，具体可有交换利息的支付方式、交换使用（或交换支付）货币的种类、交换资金（例如外汇）的使用时间等含义。

总起来说，作为一种金融交易产品，Swap 一词最恰当的汉译字眼应为互换。掉期这个汉译方式过于强调资金使用期限的交换了。

一般地，互换交易包括利息互换与货币互换两种类型。利息互换只涉及一种货币，其目的在于交换利息的支付方式，以规避利率风险。货币互换涉及两种货币，其目的在于交换使用（或交换支付）货币的种类，以规避汇率的风险。当然，若在货币互换合同中包含有利息支付的约定，则也不排除规避相关货币利率风险的意图。

2005 年 8 月 9 日，央行发布《关于扩大外汇指定银行对客户远期结售汇业务和开办人民币与外币掉期业务有关问题的通知》[银发（2005）201 号]，决定凡获准办理远期结售汇业务 6 个月以上的银行，向外汇局备案后即可在商业银行对客户的柜台市场上办理不涉及利率互换的掉期业务。

这里所谓的不涉及利率互换，指的是在货币互换合同中不含有利息支付的约定。因

此，这种互换交易等价于一笔即期外汇买卖与一笔远期（逆向）外汇买卖的组合。即一张合同包含有发生于不同时间的两笔外汇买卖交易，简称人民币外币掉期业务。

基于理解的目的，也可以把人民币外汇掉期交易理解为对外汇的回购交易，亦即先卖出外汇、到期后再收回外汇，或者先买入外汇、到期后再释放出来。至于回购成本则可以通过某一外汇的拆借利率与人民币利率的利差、当前汇价等因子折算出来。当然，同时还要考虑人民币升值预期的因素。

根据上述《通知》，掉期业务的定价方式、交易期限结构等管理规定与远期结售汇业务一致。在交易范围方面，除远期结售汇业务规定的各项交易外，还根据掉期业务的特殊性，适当增加了部分交易范围。因此，总起来说，企业做的掉期必须是一种贸易项下的业务，和实体经济联系在一起，进行外汇保值。而银行一般会通过两种渠道对冲风险。一种是和另一企业做相反的掉期，另一种是在银行间市场通过远期交易等手段对冲。

2005 年 11 月 25 日，中国人民银行向包括中、农、工、建等四大国有商业银行、交通银行、中信银行、浦东银行、招商银行、国家开发银行和中国进出口银行在内的国内十家主要商业银行进行货币掉期交易，即央行用美元从商业银行手中换入人民币，约定一年到期以后，央行再用人民币从商业银行手中回购等额美元，总规模为 60 亿美元，约定一年后的人民币兑美元价格为 7. 85 元。该项操作被认为是央行首次运用衍生工具进行公开市场操作。在这笔操作中，央行只允许参与掉期交易的商业银行将所获美元投资于美元计价资产，而不能将美元兑换成人民币。

央行外汇掉期操作的推出开辟了指导汇率及利率走势的新途径。不过，央行与商业银行之间的货币掉期属于货币政策操作，它与银行之间以及银行与客户之间货币掉期的功能有本质区别。

2006 年 4 月，根据《国家外汇管理局关于中国外汇交易中心发布人民币外汇掉期交易规则的批复》[汇复（2006）87 号]，中国外汇交易中心公布《全国银行间外汇市场人民币外汇掉期交易规则》[《中国外汇交易中心、全国银行间同业拆借中心关于公布全国银行间外汇市场人民币外汇掉期交易规则的通知》，中汇交发（2006）第 118 号]。由此，中国银行间外汇市场于 2006 年 4 月 24 日正式引入了人民币掉期交易。开市后的首笔交易由中国银行和中国进出口银行达成。这是自 2005 年 8 月推出远期交易、2006 年 1 月推出询价交易和引入做市商制度后，我国又一次意义重大的外汇市场改革。

根据该规则，所谓银行间人民币外汇掉期交易是指交易双方约定一前一后两个不同的交割日、方向相反的两次本外币交换，在前一次货币交换中，一方用外汇按照约定汇率从另一方换入人民币，在后一次货币交换中，该方再用人民币按照另一约定汇率从另一方换回币种相同的等额外汇；反之亦可。其中交割日在前的交易称为交易近端，交割日在后的交易称为交易远端。交易的币种则包括美元、欧元、日元和港元四个货币，涵盖了1周、1月、2月、3月、6月、9月和1年7个标准期限，在实际运行后，交易期限则由双方确定。

全国银行间外汇市场的掉期交易报价采用国际通行做法，以掉期点来报价。由于掉期交易是一笔交易、两次交割，离交易日近的交割称为近端交易，离交易日远的则称为远端交易，所以相应的掉期点也有近端和远端之分。具体操作规则是：美元、日元和欧元以绝对价格的万分之一为1个基点，即小数点后第四位。港币以绝对价格的十万分之一为1个基点，即小数点后第五位。系统允许美元、日元和欧元的掉期点保留两位小数，港币保留一位小数。带正号的掉期点指的是升水；带负号的掉期点指的是贴水。近端（或远端）的绝对成交价格为双方商定的即期汇率加上近端（或远端）所报出的掉期点。例如，假定双方商定的人民币/美元的即期价格为当前的美元对人民币中间价8.012 8，某行对一月期美元掉期交易的近端报价是“-30点”，则其近端成交价格为8.012 8-0.003 0=8.009 8。

2006年2月，央行推出人民币利率互换交易试点，2007年1月，货币市场基准利率体系Shibor正式运行。

在纳入利率互换以完善定价机制之后，2007年8月，在《中国人民银行关于在银行间外汇市场开办人民币外汇货币掉期业务有关问题的通知》［银发（2007）287号］中，中国人民银行允许具备银行间远期外汇市场会员资格的境内机构在银行间外汇市场开展人民币外汇货币掉期业务。

在我国的银行间外汇市场，所谓人民币外汇货币掉期（协议），是指交易双方约定分别在协议生效日和协议到期日依照约定汇率交换约定数量的人民币与外币本金，同时定期交换两种货币利息的交易协议。简称人民币货币掉期。

在我国的银行间外汇市场，人民币货币掉期本金交换的形式包括：（1）在协议生效日双方按约定汇率交换人民币与外币的本金，在协议到期日双方再以相同的汇率、相同金额进行一次本金的反向交换；（2）中国人民银行和国家外汇管理局规定的其他形式。而双方定期向对方支付的以换入货币计算的利息金额，则既可以固定利率计算，也可以浮动利率计算。

可见，在人民币与外币的掉期业务中，客户与银行在协议生效日和协议到期日这一前一后的两个不同日期里，分别发生了一次方向相反的本外币的本金收付。例如，在前一次交易中（协议生效日），客户用外汇按照约定汇率从银行换入人民币；在后一次交易中（协议到期日），该客户再用人民币按照约定汇率从银行换回外汇。当然，也可能存在与上述交易相反的操作。因此，“人民币外汇货币掉期交易”相当于“人民币外币掉期业务”加“利率互换”的组合。由此，从“人民币与外币掉期交易”完善而来的

"人民币外汇货币掉期交易"正式启动。

现阶段，在银行间外汇市场开办有人民币兑美元、欧元、日元、港币、英镑五个货币对的货币掉期交易。掉期中人民币的参考利率应为具有基准性质的货币市场利率或者基准存贷款利率，外币的参考利率由交易双方协商约定。

需要指出的是，外汇货币掉期本质上属于利率产品。首次换入高利率货币的一方必然要对另一方予以补偿，补偿的金额取决于两种货币间利率水平的差异。至于补偿的方式，则既可以到期逆向交易的交易价格（交割汇率）来体现，也可以单独以收付利（息）差（额）的方式来体现。

2011 年 1 月，国家外汇管理局发布了《关于外汇指定银行对客户人民币外汇货币掉期业务有关外汇管理问题的通知》，在银行对客户市场推出人民币外汇货币掉期业务，2011 年 3 月 1 日起实施。

国家外汇管理局规定，凡取得对客户人民币外汇掉期业务经营资格满 1 年的银行，可以直接对客户开办货币掉期业务，国家外汇管理局不再实施事前资格审批。同时，进一步便利了市场交易，银行对客户办理货币掉期业务的币种、期限等交易要素由银行自行确定。

值得注意的是，本次《通知》对利率的规定明显放松，要求货币掉期中的利率由交易双方协商确定，并符合中国人民银行关于存贷款利率的管理规定。而在 2007 年刚推出人民币外汇货币掉期交易时，货币掉期中人民币的参考利率，应为经中国人民银行授权全国银行间同业拆借中心发布的具有基准性质的货币市场利率，或中国人民银行公布的存贷款基准利率；货币掉期中外币参考利率由交易双方协商约定。

2011 年 3 月 1 日，美国银行上海分行与一家亚洲食品行业跨国公司在上海签署共计 4 笔外汇人民币货币掉期业务合约。此交易为中国国内首笔对客户人民币外汇货币掉期交易。据悉，这笔交易美银与客户共计四笔，本金合计约 800 万美元，期初期末交换本金，交易期限为 1 年，交换利率为客户收取人民币固定利率 3.00%，同时支付美元固定利率。

三、人民币对外汇期权交易

2011 年 4 月，为进一步发展外汇市场，为企业和银行提供更多的汇率避险保值工具，国家外汇管理局决定推出人民币对外汇的普通欧式期权交易。

银行开办对客户期权业务应具备下列条件：

（1）取得外汇局备案核准的远期结售汇业务经营资格 3 年以上，银行执行外汇管理规定情况考核连续两年为 B 类（含）以上；

（2）具有开展外汇对外汇期权交易的相关经验；

（3）有健全的期权产品交易风险管理制度和内部控制制度及适当的风险计量、管理和交易系统；

（4）外汇局规定的其他条件。

外汇局对银行开办客户期权业务实行备案管理。银行及其分支机构备案期权业务参照执行远期结售汇业务的市场准入管理程序。

银行对客户办理期权业务应坚持实需原则，并遵守以下规定：

（1）银行只能办理客户买入外汇看涨或看跌期权业务，除对已买入的期权进行反向平仓外，不得办理客户卖出期权业务。

（2）期权签约前，银行应要求客户提供基础商业合同并进行必要的审核，确保客户叙做期权业务符合套期保值原则。

（3）期权到期前，当客户的基础商业合同发生变更而导致外汇收支的现金流变化时，在提供变更证明材料及承诺书并经银行审核确认后，客户方可对已买入的期权进行对应金额的反向平仓。因反向平仓产生的损益，按照商业原则处理。

银行应对发生反向平仓的客户建立逐笔登记制度，定期开展客户评估，加强风险管理。

（4）期权到期时，客户如果行权，银行必须对客户交割的外汇收支进行真实性和合规性审核。客户期权交易的外汇收支范围与远期结售汇相同，限于按照外汇管理规定可办理即期结售汇的外汇收支。

客户行权应以约定的执行价格对期权合约本金全额交割，原则上不得进行差额交割。客户以其经常项目外汇账户存款在开户银行叙做买入外汇看跌期权，可以进行全额或差额交割，但期权到期前，客户若支取该存款，须将对应金额的期权合约进行反向平仓。

客户如因基础商业合同发生变更而导致外汇收支的现金流部分消失，在提供变更证明材料及承诺书并经银行审核确认后，银行可以为客户的期权合约本金办理部分行权。

（5）期权业务的客户范围和交易期限比照远期结售汇业务。

（6）期权交易应以人民币作为期权费币种。

（7）银行为客户办理期权业务，应向客户充分揭示期权交易的风险并取得客户的确认函，确认其已理解并有能力承担期权交易的风险。

银行在银行间外汇市场开展期权交易，应向外汇局备案取得期权交易资格。

银行办理期权业务，应将期权的 Delta 头寸纳入结售汇综合头寸统一管理。银行应选择适当和公认的计量方法，基于合理的、符合市场水平的假设前提和参数，准确计量 Delta 头寸。

四、沪深300指数期货交易

2006年9月8日，经国务院同意，中国证监会批准，由上海期货交易所、郑州商品交易所、大连商品交易所、上海证券交易所和深圳证券交易所在上海共同发起设立中国金融期货交易所。中国金融期货交易所采用电子化交易方式，不设交易大厅和出市代表。金融期货产品的交易均通过交易所计算机系统进行竞价，由交易系统按照价格优先、时间优先的原则自动撮合成交。

2010年4月，中国沪深300指数期货上市交易。

所谓股票指数期货（简称股指期货），是买卖双方根据事先的约定，同意在未来某一个特定的时间，按照双方事先约定的股价进行股票指数交易的标准化协议。

沪深300股指期货是以沪深300指数作为标的物的股指期货交易品种。

2005年4月8日，中证指数公司编制并发布沪深300指数。沪深300指数以上海和深圳证券市场中的300只A股作为样本，以2004年12月31日为基日，基日点位设定为1 000点。

沪深300指数期货同时挂牌四个月份合约。分别是当月、下月及随后的两个季月月份合约。如当月月份为9月，则下月合约为10月，季月合约为12月与下一年3月。表示方式为IF0709、IF0710、IF0712、IF0803。其中IF为合约代码，07表示2007年，09表示7月份合约。

沪深300指数期货的合约价值为当时沪深300指数期货报价点位乘以合约乘数。而合约乘数，则是指每个指数点对应的人民币金额。目前合约乘数暂定为300元/点。

目前，沪深300指数期货交易所收取的保证金水平为合约价值的10%。交易所根据市场风险情况有权进行必要的调整。

沪深300指数期货的交易时间为上午9:15~11:30，下午13:00~15:15；当月合约最后交易日的交易时间为上午9:15~11:30，下午为13:00~15:00，与现货市场保持一致。

沪深300指数期货的涨跌停板为前一交易日结算价的正负10%。但合约最后交易日不设涨跌停板限制。这是因为最后交易日不是以期货价格的平均价作为结算价，而是以现货指数的平均价作为结算价，因此必须要保证指数期货的价格能够和指数现货趋同。

沪深300指数期货合约的熔断价格为前一交易日结算价的正负6%，当市场价格触及6%并持续一分钟，熔断机制启动。在随后的十分钟内，卖买申报价格只能在6%之内，并继续成交。超过6%的申报会被拒绝。十分钟后，价格限制放大到10%。

所谓熔断机制，是指对某一合约在达到涨跌停板之前，设置一个熔断价格，使合约买卖报价在一段时间内只能在这一价格范围内交易。设置熔断机制的目的是让投资者在价格发生突然变化的时候有一个冷静期，防止作出过度反应。

沪深300指数期货的开盘价是指合约开市前五分钟内经集合竞价产生的成交价格。如果集合竞价未产生价格的，以当日第一笔成交价为当日开盘价。如果当日该合约全天无成交，以昨日结算价作为当日开盘价。收盘价是指合约当日交易的最后一笔成交价格。如果当日该合约全天无成交，则以开盘价作为当日收盘价。

沪深300指数期货交易采取每日结算制度。当日结算价是指某一期货合约最后一小时成交量的加权平均价。最后一小时无成交且价格在涨/跌停板上的，取停板价格作为当日结算价。最后一小时无成交且价格不在涨/跌停板上的，取前一小时成交量加权平均价。该时段仍无成交的，则再往前推一小时，以此类推。交易时间不足一小时的，则取全时段成交量加权平均价。

合约的最后交易日为到期月的第三个星期五。同时，最后交易日也是最后结算日。这天收盘后交易所将根据交割结算价进行现金结算。交割结算价采用到期日最后两小时所有现货指数点位的算术平均价。最后结算价的确定方法能有效确保股指期现价格在最后交易时刻收敛趋同。

复习思考题

1. 请区别远期价格与远期价值。

2. 请说明充当一份交割价格为40元的远期合约多头与取得一份协议价格为40元的看涨期权多头有何区别？

3. 在期权交易中，多头和空头的权利和义务是否相同？试说明原因。

4. 请解释：若期限相同、协议价格（交割价格）相同、标的资产相同，且不考虑期权价格，则一份远期合约多头相当于一份欧式看涨期权多头加上一份欧式看跌期权空头。

5. 简述远期交易和期货交易的异同。

6. 简述期货交易和期权交易的异同。

7. 简述期货交易的作用。

第九章

保险市场

本章摘要

本章首先给出了保险市场的含义、分类以及保险的原则，然后阐述了我国保险市场的结构及其演化过程。

关键词

保险市场　可保利益

第一节　保险市场概述

一、保险市场的含义

保险市场是保险商品的交易关系和运行机制的总和。它是随着商品生产和市场经济发展而出现的具有预防和补偿风险损害机制的重要经济活动。作为风险管理的重要手段，对社会的稳定和经济的健康发展；对企业的持续经营和扩大再生产；对保障个人及其家庭的财产安全、生活安定、人身健康，都有着极其重要的意义。在市场经济比较发达的国家中，保险市场已成为市场经济的重要组成部分，发挥着巨大的作用。

在早期的保险市场上，保险商品供给方和需求方的交易是面对面的、直接的，交易地点也是固定的。如在 16 世纪 70 年代由咖啡馆演变发展而成的英国海上保险交易中心劳埃德保险社，便是当时著名的保险市场。

随着保险业的不断发展，为了便于保险交易，保险中介应运而生。它的出现一方面推出了保险市场的进一步发展，另一方面也使保险交换关系复杂化。当今的保险市场，由于信息产业的高速发展，网络技术的广泛应用，实际上足不出户就可以顺利地完成保险交易。保险交易已经不再受时间和空间的限制了。

一个完整意义上的保险市场，应该包括保险市场的主体，客体以及保险价格等要素。

保险市场的主体是保险市场交易活动的参与者，包括保险商品的供给方和需求方，以及充当供需双方媒介的中介方。

保险商品的供给方，又称为保险人，主要是那些拥有保险产品开发和经营资格的保险机构。

保险商品的需求方是指保险市场上保险商品的购买者及各类投保人。

保险市场中介方，是指介于保险人和投保人之间促成双方达成交易的媒介。主要包括保险代理人、保险经纪人、保险公证人、保险律师、保险理算师、精算师、保险验船师等。

保险市场的客体是指保险市场上供求双方交易的对象，即保险商品。

保险价格就是指保险费。保险的价格竞争是保险公司最基本的竞争手段。

二、保险市场的特点

（一）保险市场是直接经营风险的市场

一般市场的交易对象是商品和劳务，并不是风险本身。而保险公司经营的对象恰恰是风险。保险公司主要通过对投保人所面临风险的聚集和分散来开展经营活动。风险的客观存在和发展是保险市场产生的前提和发展的基础。无风险便无保险。

（二）非即时结清性

所谓即时结清市场，是指交易一旦结束，双方应立即知道交易结果的市场。一般意义上的商品市场、货币市场和劳动力市场都是即时结清市场。而保险市场则是一个非即时结清市场。因为在保险市场上的保险交易活动，因风险的不确定性和保险的射幸性而使得双方都不可能确切知道交易的结果。因此，不可能立即结清，而必须看在保险合同约定的期限内是否发生保险事故。保险合同签订后，被保险人不能立即从保险人那里得到保险赔付。保险只是对未来某些特定不确定性事件的发生所带来的经济损失进行补偿的承诺。只有在合同拟定的期限内，保险事故出现并造成损失时，保险人才履行对被保险人的经济补偿。

（三）补偿损失性

保险人把集中起来的保险费用于补偿被保险人合同约定的保险事故或人身损害事件所造成的经济损失。被保险人并不会由此获得较损失发生前更多的收益。

三、保险市场的分类

（一）按保险承保的标的划分，保险市场可分为财产保险市场和人身保险市场

财产保险市场。保险公司承保的标的是各种财产，包括有形的财产和民事损害赔偿

责任等。该市场可分为财产保险市场、责任保险市场、信用保证保险市场等。

人身保险市场。保险公司承保的标的是人的生命和身体健康，人身保险市场可分为人寿保险市场、意外伤害保险市场、健康保险市场。

（二）按保险活动的空间划分，保险市场可分为国内保险市场和国际保险市场

国内保险市场可分为地区性保险市场和全国性保险市场。

国际保险市场是指由于保险人跨国经营保险业务而形成的市场。国际保险市场可细分为区域性保险市场和全球性保险市场。

（三）按保险交易的层次划分，保险市场可分为原保险市场和再保险市场

原保险市场是指在市场上保险公司或其他形式的承保人，通过本身的从业人员或保险中介人经营保险业务的市场。原保险市场是保险市场基本的、主要的组成部分。

再保险市场又称为分保市场，是在保险业者之间办理分保业务的市场。再保险市场是在原保险市场的基础上发展形成的，是原保险市场的延续。

（四）按保险行为的发生是否具有强制性，保险可分为商业保险和社会保险

商业保险是投保人与保险人在自愿的基础上，以保险契约方式建立保险关系，集合多个主体的风险，合理计收保险费，建立保险基金，以对特定的灾害事故造成的财产损失或人身伤亡，提供资金补偿或保障的一种经济形式。商业保险行为由 1995 年颁布的《中华人民共和国保险法》规范。

社会保险是国家以法律的形式为丧失劳动能力、暂时失去劳动岗位或因健康原因造成损失的人口提供收入或补偿的一种社会经济制度。属于强制性保险。我国《劳动法》第七十条规定“国家发展社会保险事业，建立社会保险制度，设立社会保险基金，使劳动者在年老、患病、工伤、失业、生育等情况下获得帮助和补偿。”

2010 年 10 月 28 日，十一届全国人大常委会第十七次会议表决通过了《中华人民共和国社会保险法》。以此为标志，我国社会保险制度历经多年探索发展，以立法保障进入了规范发展的新阶段。

商业保险与具有社会保障性质的社会保险相比较，具有以下三个特点：

一是具有自愿性。商业保险法律关系的确立，是投保人与保险人根据意思自治原则，在平等互利、协商一致的基础上通过自愿订立保险合同来实现的。而社会保险则是通过法律强制实施的。

二是具有营利性。商业保险是一种商业行为，经营商业保险业务的公司无论采取何种组织形式都是以营利为目的。而社会保险则是以保障社会成员的基本生活需要为目的。

三是从业务范围及赔偿保险金和支付保障金的原则来看，商业保险既包括财产保险又包括人身保险。投入相应多的保险费，在保险价值范围内就可以取得相应多的保险金

赔付，体现的是多投多保、少投少保的原则。而社会保险则仅限于人身保险，并不以投入保险费的多少来加以差别保障，体现的是社会基本保障原则。

四、保险市场的参与者

（一）保险人

保险人也叫承保人。保险人是保险合同的一方当事人，是向投保人收取保险费，在保险事故发生时，对被保险人承担赔偿损失或给付责任的人。

世界各国为了充分保护投保人的利益，都对保险人的经营范围、机构设置以及资本金和保证金等做了明确的法律规定。保险人的主要组织形式有：保险股份有限公司、国有独资保险公司、相互保险组织和个人保险。

保险股份有限公司是世界上经营保险业务的主要组织形式。它是由一定数目以上的股东发起组织，全部注册资本被划分为等额股份，通过发行股票（或股权证）筹集资本，股东以所认购的股份对公司债务承担有限责任，公司以其全部资产对公司债务承担有限责任。如中国人保财产保险有限公司、中国平安人寿保险有限公司等。

国有独资保险公司是指由国家授权投资的机构或部门，单独出资设立的有限公司。国有独资保险公司可分为：以赢利为经营目标的商业性保险有限公司和不以赢利为目标的政策性保险有限公司。后者是国家出于对国计民生和产业政策的考虑，把无法通过商业保险转移的风险，由政府承担，且多为强制保险，比如美国联邦政府设立的存款保险公司等。

我国的《保险法》规定，保险公司只能采取股份有限公司和国有独资公司两种组织形式。例如中国人寿保险股份有限公司、中国再保险有限公司就属于典型的国有独资保险公司。

相互保险组织有相互保险公司和相互保险社两种组织形式。相互保险公司是指由特定风险可能发生的多种经济单位，为共同达到保险的目的所组成的非盈利保险组织。相互保险公司的组织机构类似于股份公司。它的最高权力机关是会员大会，即保单持有人组成的代表大会，由他们选举董事会。由董事会任命高级管理人员。

相互保险公司的特点：第一，投保人具有双重身份，既是公司的所有人即类似股份公司的股东，又是公司的顾客；既是投保人或被保险人也是保险人。第二，相互保险公司是一种非赢利的保险组织。它没有资本金，以全部会员所缴纳的保险费形成公司的责任准备金来承担全部责任。

相互保险公司比较适用于人寿保险业务。例如美国的大都会人寿保险公司，谨慎人寿保险公司、日本的第一生命保险株式会社等。

相互保险社是指由一部分对某一风险有保障要求的人组织成的一个集体，集体中的某一成员遭受损失，由其余成员共同分担，是最古老的保险组织。由社员选举产生的管理委员会作为最高管理机构，在通常情况下，由管理委员会指定一个具有法人资格的代理人主持社务。

相互保险社的特点：第一，参加相互保险社的成员之间，相互提供保险；第二，相互保险社无股本，每个社员交纳的保险费形成保险基金和准备金，可以用来投资，所得盈利大家均分；第三，保险费采取事后分摊制，补偿或给付后，如有盈余就分利，不足时再行分摊。

相互保险社在欧美国家至今仍相当普遍，如人寿保险方面有英国的“友爱社”，海上保险方面有“股东相互保障协会”等。

个人保险组织主要是指劳合社。是以个人名义承保业务的组织形式。目前只存在于英国和美国，以英国的劳合社最负盛名。

劳合社本身不是保险公司，它是个人承保人的集合体。其性质相当于交易所，是世界最古老的保险市场。现今的劳务社，有会员 30 000 人左右。他们各自独立，自负盈亏，对自己承保的份额负无限责任。由于个人的能力有限，劳合社个人承保人组成了几百个辛迪加联会承保组合。它们聘请承保代理人经营，称为承保人，辛迪加的每一成员都确定自己的承保比率，每一笔业务按这个比率分配保险费和承保保险责任。劳合社的管理机构是理事会，是由会员选举产生的理事组成，负责管理和调节整个劳合社市场，劳合社的直接业务和再保险业务遍及全球，是当今最重要的国际保险市场。

（二）投保人

投保人是与保险人签订保险合同的另一方当事人，它是对保险标的具有可保利益，向保险人申请订立保险合同，并负有缴纳保险费义务的人。投保人必须同时具备三个要件：

（1）投保人须具有权利能力和行为能力。未取得法人资格的组织不能成为当事人。无行为能力的人和限制行为能力的自然人不能签订保险合同而成为当事人。我国的《民法通则》把十八周岁以上的成年人以及十六周岁以上以自己的劳动收入为生活来源的人视为完全民事行为能力的人。他们可以作为投保人。十六周岁以下的未成年人为限制或无行为能力的人，如果订立保险合同，须由其法定代理人代理或征得其法定代理人的同意，才能成为投保人。

（2）投保人应对投保的标的物具有法律上认可的经济利益，才能据此投保，才能受保险合同的保障。投保人对保险标的不具有可保利益，则不能签订保险合同，已订立的合同也是无效合同。在财产保险中，可保利益可以表现为投保人对保险标的各种权益，如所有权、经营权、管理权、抵押权、质押权、预期收益、知识产权等，并要求可保利益自始至终存在，即投保时要求具有可保利益，保险事故发生后，赔偿时被保险人也具有可保利益。在人身保险中，可保利益则表现为：第一，为自己投保，享有当然的可保利益。第二，投保人与被保险人之间必须存在着血缘关系、法律关系和债权债务关系，如血缘关系中的子女与父母，法律关系中的婚姻关系、抚养和赡养关系等。投保时强调可保利益，当保险事件发生后，给付时并不强调可保利益，体现了人身保险的受益性。

(3) 投保人承担缴纳保险费的义务。保险合同是有偿合同，投保人取得经济保障的代价就是支付保险费。投保人无论是为自己还是为他人投保，都要承担交费义务。

（三）被保险人

被保险人是指其财产或人身受保险合同保障，享有保险金请求权的法人或自然人。

投保人为自己的利益订立保险合同时，投保人即为被保险人。大多数财产保险和部分人身保险合同中的投保人和被保险人是同一人。投保人为他人利益而订立保险合同时，投保人与被保险人则分属两个人。

在财产保险中，被保险人必须是对所得财产拥有所有权或其他权利，如经营权、使用权、抵押权等。当发生保险事故致使被保险人受损后，被保险人可依照保险合同获得补偿。

在人身保险中，被保险人的生命和健康就是保险标的，当被保险人死亡、伤残、患病或达到了约定年龄期限时，保险人要根据保险合同赔偿或给付保险金。

（四）保险中介人

保险中介人是指充当保险供求双方的媒介把保险人和投保人联系起来，建立保险合同并收取佣金和手续费的人。

随着保险市场的发展，对保险人而言，直接推销保单，需要大量的人力、物力和财力，提高了保险经营成本；而对投保人而言，面对众多的保险公司和缤纷多样的保险商品，越发可能无所适从。保险中介人便应运而生。他们利用自身的优势，服务于保险供求双方，促进了保险市场的发展。

保险中介人包括保险代理人、保险经纪人和保险公估人等。

保险代理人是指根据保险人的委托，在保险人授权的范围内代为办理保险业务的单位和个人，并向保险人收取代理手续费。

保险代理是代表保险人利益的中介行为，保险代理在代理权限范围内所产生的一切法律责任由保险人承担。

保险代理的业务范围有：① 代理推销保险产品；② 代理收取保险费；③ 协助保险公司进行损失的勘查和理赔等。

按不同的标准，保险代理人可分很多种。例如，按代理对象可分专用代理人和独立代理人。专用代理人是指专门为一家保险公司代理保险业务的单位和个人。独立代理人是为多家保险公司代理保险业务的单位和个人。按职业分类，可分为专业代理人、兼业代理人和个人代理人。

保险经纪人是指基于投保人的利益，为投保人与保险人订立保险合同提供中介服务，并向保险人依法收取佣金的单位和个人。

保险经纪人与保险代理人不同。保险经纪人是投保人的代表，在投保人的授权范围，其行为可以约束投保人，而不能约束保险人；保险经纪人的代理活动基于投保人或被保险人的利益，佣金则由保险人支付；因保险经纪人的过失或疏忽而使投保人或被保险人的利益受损害的，保险经纪人在法律上负赔偿责任。

依照国际惯例，保险经纪人的业务范围是为客户进行风险评估；制定包括管理财务风险、发展战略风险等在内的综合风险管理计划；为客户选择最合适的保险公司，并为客户代办投保手续；监督保险合同的执行情况，并协助索赔。

保险经纪人的种类主要有寿险经纪人、非寿险经纪人以及再保险经纪人。

我国保险经纪人的存在形式只能是保险经纪公司，不允许个人开展保险经纪活动，保险经纪从业人员，必须具有大专以上学历，且通过了由中国保监会组织的资格考试，申请了《资格证书》和《执业证书》后方能从事保险经纪工作。

保险公估人又称保险公证人，是指依照法律规定，经保险监督部门批准设立的，接受保险当事人委托，专门从事保险标的评估、勘验、鉴定、估损、理算等业务，并收取劳务费的单位。

保险公估人的种类主要有核保公估人和理赔公估人、海上保险公估人、火灾保险公估人和汽车保险公估人等。

五、保险的基本原则

保险的原则是保险市场所有参与者均应遵循的行为准则和基本的行业理念。

（一）最大诚信原则

最大诚信作为保险的一项基本原则指的是保险双方当事人在实施保险行为的过程中要诚实守信，不得隐瞒有关保险活动的任何重要事实。双方都不得以欺骗手段诱使对方与自己签订保险合同，否则，所签合同无效。其中，特别要求被保险人必须主动向保险人陈述有关保险标的危险的重要事实。

最大诚信原则是根据保险的保障性和保险双方当事人所处的法律地位的不同而确定的。目的是为了避免发生欺诈行为，维护保险人的正当权益，保证保险活动正常进行。

（二）可保利益原则

保险利益指的是被保险人对其所投保的标的所具有的法律上认可的经济利益。或者说，可保利益就是当保险标的被灾害事故破坏后，被保险人所遭受的损失或丧失的权益。

被保险人对保险标的具有可保利益，保险人才能接受承保；被保险人与投保标的没有利害关系，保险人不能接受承保。已经签订的保险合同，如果没有可保利益，合同无效。

可保利益必须具备下列条件：

1. 可保利益必须是确定的

2. 可保利益必须能计价

3. 可保利益必须是合法的

财产保险的可保利益，按标的物实际价值确定；人身保险的可保利益根据保险金额确定；责任保险的可保利益按被保险人未来可能承担的潜在责任额确定；再保险的可保利益，以保险人已经接受的风险责任额确定。

可保利益存在的时间要与保险合同的有效期相一致，否则，保险人拒绝赔偿。

保险合同开始生效，被保险人就要有可保利益。如果合同一经生效，被保险人没有可保利益，保险标的受损，保险人拒绝赔偿。

保险标的受损时，被保险人必须有可保利益。如果保险标的受损是在被保险人可保利益已经终止的情况下，虽然合同尚未期满，保险人也不予赔偿。

一般情况下，各种保险要求被保险人，从合同生效时起就要有可保利益。但是，货物运输保险例外，只要求在保险标的受损时有可保利益就行。

（三）近因原则

保险所讲的近因是指在保险标的发生损失中起能动决定性作用的因素，是诱发事件的主要原因或是在诸因素中起支配作用的因素。

保险人对被保险人的保险标的所遭受的损失是否给予赔偿，要根据引起损失的风险所属而定。属于保险人承保的风险造成的损失，保险人承担赔偿责任；非承保风险引起的损失，保险人不予赔偿。

（四）补偿原则

是指保险标的发生保险责任范围内的损失时，保险人给予被保险人的补偿，只能使被保险人在经济上恢复到受损前的状态，而不允许被保险人通过索赔损失获得额外利益。赔偿的基本要求是：赔偿数额既不能超过保险合同的保险金额，也不能高于被保人的实际损失。

保险实践中常用的补偿方式有以下几种：支付现金、更换、修理和重置。

在保险标的发生保险责任范围内的损失是由第三者造成的情况下，如果被保险人向保险人索赔，保险人根据合同规定对其损失给予赔偿。同时要求被保险人必须将其向第三者追偿的权利转让给自己，由保险人向责任方追偿。不允许被保险人一方面向保险人索赔，另一方面又向责任方追偿。

保险标的发生推定全损时，被保险人如果按全部损失索赔，事先要向保险人进行委付，方可取得全损赔偿。所谓委付是指被保险人放弃受损保险标的一切权利和义务，而转归保险人。这样做的原因也是防止被保险人获得额外利益。

财产保险标的物如果发生全损，保险人向被保险人履行赔偿义务之后，对标的物的残余价值可作如下处理：将残值转归保险人，由保险人根据规定处理；或者将残值留归被保险人，但要从赔款中扣除。

受损标的如果是重复保险，被保险人向保险人索赔时必须说明重复保险的原因和情况，由保险人根据有关规定处理。被保险人如果不如实陈述，即为欺骗，保险人有权拒绝赔偿。已经补偿的要追回。

第二节　中国保险市场

1980 年，我国恢复办理国内保险业务。自此以后，伴随着经济的持续发展和人民生活水平的稳步提高，我国的保险业飞速发展。

自 2002 年至 2007 年，我国保险业保持年均 18.2% 的增长速度。2007 年的全国保费收入是 2002 年的 2.3 倍，保费收入世界排名第 9 位，比 2000 年上升了 7 位。2007 年的保险公司总资产达到 2.9 万亿元，是 2002 年的 4.5 倍。

尽管始自 2008 年的金融危机放缓了中国保险行业的增长速度，但在 2009 年，我国的保险行业增长率仍然达到 13.8%，大于 GDP 增长率 8.7%。保费收入首次超过了 1 万亿元，达到了 11 137.2 亿元，实现了寿险和非寿险业务的同时增长。2009 年，非寿险业务的收入增至 2 875.8 亿元，寿险公司收入达到 8 261.5 亿元，增长率分别为 23.1% 与 12%。2009 年保险行业的总利润为 530.6 亿元，非寿险公司扭亏为盈，实现利润 35.1 亿元，人身险公司实现利润 434.6 亿元。整个产业的投资收入为 2 141.7 亿元，投资回报率为 6.41%，相比 2008 年的投资收益率 1.91% 有大幅增长。

一、新中国保险业发展的历程

归纳起来，新中国保险业的发展历程大致可以划分为四个阶段：

一是 1949 年至 1979 年的初创阶段。

1949 年 10 月，中国人民保险公司在北京成立。1952 年，中国人民保险公司由隶属中国人民银行领导改为隶属财政部领导。

1951 年和 1952 年，公私合营的“太平洋保险公司”和“新丰保险公司”相继成立。

到1952年底，外国保险机构陆续撤出中国保险市场。

1956年，“太平洋保险公司”和“新丰保险公司”合并称为“太平洋保险公司”，并不再经营国内保险业务。自此中国国内保险业务开始了由中国人民保险公司独家经营的时代。

自1958年起，中国人民保险公司停办国内保险业务，直至1979年才恢复。

国内保险业务停办之后，国家在中国人民银行国外业务管理局下设保险处，负责处理中央及北京地区的进出口保险业务。在对外联系业务时使用“中国人民保险公司”、“中国保险公司”及“太平洋保险公司”三个公司的名义。

1964年，中国人民银行国外业务管理局下的保险处升格为局级单位，对外使用“中国人民保险公司”的名义。

二是1980至1985年的恢复阶段。

我国在1980年和1982年先后恢复国内财产险业务和人身险业务。这一阶段的保险市场仍由中国人民保险公司一家垄断，产寿统一经营，险种单一，保费收入中的财产险份额大大高于人身险。

1983年，国务院颁布《中华人民共和国财产保险合同条例》。1985年，又颁布了《保险企业管理暂行条例》。

1983年，中国人民保险公司升格为国务院直属局级经济实体。从1984年1月起，其分支机构脱离中国人民银行，改由总公司领导，实行系统管理。

1985年3月，颁布《保险企业管理暂行条例》，对保险企业的设立进行了规定。允许地方国营保险企业可以经营该地区地方国营企业的各种保险业务。该规定为新的保险公司设立开辟了出路。

三是1986至1991年的平稳发展阶段。

以1986年新疆生产建设兵团农牧业保险公司（1992年，改名为新疆兵团保险公司）的成立为标志，先后出现了包括新疆兵保、太平洋、平安在内的4家保险公司。中国保险市场由中国人保独家垄断的格局在形式上被打破。

从1988年起，中国人民银行开始批准组建股份制人寿保险公司，从而开始探索人寿险与财产险分业经营的路子。

1988年3月21日，我国第一家股份制保险公司“平安保险公司”在深圳成立。

1991年，中国人民银行要求保险业与银行业分业经营、分业管理，批准交通银行在其1987年成立的保险部的基础上，组建中国太平洋保险公司。中国太平洋保险公司是继中国人民保险公司之后成立的第二家全国性的综合性保险公司。此后，老人保、平安以及中国太平洋保险公司组成我国保险业“三足鼎立”的局面。

四是1992年至今的快速发展、真正进入市场化运作的阶段。

保险市场的准入一般有审批制和核准制两种方式。中国对进入保险市场实行较为严格的审批制度。随着中国保险业的快速发展和对外开放步伐的加快，保险市场的市场主体逐渐增加。

1992 年，中国人民银行发布《保险代理机构管理暂行条例》。

1992 年，平安保险公司由区域性保险公司改为"中国平安保险公司"。成为第三家全国性的综合性保险公司。

1992 年和 1993 年，保险经纪和保险公估机构开始恢复和设立。

1992 年，中国人民银行批准首家外资保险公司"美国友邦保险公司上海分公司"成立。多元化的市场格局初步形成。保险业实现产寿分业经营，保费收入结构发生变化，人身险份额超过财产险。保险险种迅速增加，保险服务改善。

1994 年，摩根和高盛财团参股平安。2002 年 10 月 8 日，汇丰集团认购平安 10% 的股份。中国平安成为中国金融保险业中第一家引入外资的企业。

1995 年，全国人大颁布《中华人民共和国保险法》。首次从法律上明确了保险公司的设立条件和审批部门，使中国新保险公司的设立走上市场化、规范化道路。

1996 年 7 月，经国务院批准，中国人民保险公司改组为中国人民保险（集团）公司。下设中保财产保险有限公司、中保人寿保险有限公司和中保再保险有限公司。

1998 年 10 月，国务院批准裁撤中国人民保险（集团）公司，将中保财产保险有限公司更名为中国人民保险公司，将中保人寿保险有限公司更名为中国人寿保险公司，将中保再保险有限公司更名为中国再保险公司，将中保集团所属的其他海外经营性机构全部划归香港中国保险（集团）有限公司管理。

1998 年，我国 40% 以上的财产险保费收入和 80% 以上的人身险保费收入来自保险中介和个人代理；航空人身意外伤害险的 100% 来自兼业代理。目前由保险代理招揽的保费收入占总保费收入的比重达到 50% 以上。

截至 2001 年底，全国共有保险中介机构 170 家，其中保险代理公司 127 家，保险经纪公司 17 家，保险公估公司 26 家。

2000 年，颁布《保险兼业代理管理暂行办法》。

2002 年 1 月，《保险代理公司管理规定》、《保险公估公司管理规定》、《保险经纪公司管理规定》正式生效。保监会正式启动保险中介日常化审批的大门，保险中介机构开始走上规范化发展的道路。

2004 年 3 月，中国保监会颁布《保险公司管理规定》修改稿，将设立保险公司注册资本最低限额由 5 亿元人民币降低为 2 亿元人民币。

根据世贸组织协议，中国自 2004 年起开放保险市场。全面取消了对外资保险公司的经营地域限制。

2003 年，平安集团公司控股设立平安产险、平安寿险、平安信托和平安海外投资，更名为中国平安保险（集团）股份有限公司。2004 年，平安股票在香港联合交易所挂牌交易。2007 年，平安挂牌上海证券交易所上市交易，并创下有史以来全球最大保险公司 IPO。

目前，中国平安下辖保险系列的中国平安人寿保险股份有限公司（平安人寿）、中国平安财产保险股份有限公司（平安产险）、平安养老保险股份有限公司（平安养老险）、平安健康保险股份有限公司（平安健康险），银行系列的平安银行股份有限公司（平安银行）、平安产险信用保证保险事业部（平安小额消费信贷），投资系列的平安信托有限责任公司（平安信托）、平安证券有限责任公司（平安证券）及中国平安证券（香港）有限公司［平安证券（香港）］、平安资产管理有限责任公司（平安资产管理）及中国平安资产管理（香港）有限公司［平安资产管理（香港）］、平安期货有限公司（平安期货）、平安大华基金管理有限公司（平安大华）等。以保费收入计，平安人寿为中国第二大寿险公司，平安产险为中国第三大产险公司。

2007 年 4 月，保监会将保险资金进入沪深两市投资 A 股的比例由 5% 提高到 10%。

2007 年 7 月，保监会颁布《保险资金境外投资管理暂行办法》。明确规定保险机构海外投资不得超过上年末总资产的 15%。

2007 年 12 月，中国太平洋保险公司在上海证交所成功上市。2009 年 12 月，中国太平洋保险公司在香港联交所成功上市。于是中国太平洋保险公司改制为中国太平洋保险（集团）股份有限公司。旗下拥有太平洋寿险、太平洋产险、太平洋资产管理公司和长江养老保险等专业子公司。

截至 2007 年底，我国共有保险公司 110 家，其中外资公司 43 家。

2008 年 8 月，财政部发布《企业会计准则解释第 2 号》（简称“2 号解释”），保险会计执行新准则。

2009 年 11 月，银监会发布《商业银行投资保险公司股权试点管理办法》，规定商业银行投资入股保险公司的试点方案由监管部门报请国务院批准确定，每家商业银行只能投资一家保险公司，并且从公司治理、关联交易、并表管理、业务合作等方面严把风险管理关，由此拉开了银行与保险公司股权合作的大幕。

2009 年，交通银行入股中保康联、中国银行通过中银保险投资参股恒安标准人寿，建行收购太平洋安泰人寿获得批准。

2009 年 12 月底，财政部发布《保险合同相关会计处理规定》，就保险混合合同分拆、重大保险风险测试、保险合同准备金计量等具体问题作出相关规定。

2010 年 1 月，保监会发布《关于保险业做好（企业会计准则解释第 2 号）实施工作的通知》，要求包括境内、境外上市保险公司在内的所有保险公司，编制 2009 年年度境内、境外财务报告时应遵循以下会计政策：保费收入的确认和计量引入重大保险风险测试和分拆处理；保单获取成本不递延，计入当期损益；采用新的基于最佳估计原则下的准备金评估标准。新会计准则带来的会计核算上的变化，对保险公司的保费收入确认、准备金计量、利润分布和税收诸方面将产生极大的影响。

截止到2009年，总共有52家外资保险公司在中国开展业务，其中包括28家寿险，18家非寿险和6家再保险公司。

2009年10月1日，新《保险法》正式实施。相较于原有的保险法，新版保险法重点加强了对投保人、被保险人和受益人的保护力度。如修改如实告知条款，限制保险人合同解除权，约束保险人抗辩权，增设了不可抗辩条款；强化保险公司对格式条款的说明义务，明确规范保险人理赔程序和时限。同时，新《保险法》首次在法律层面上允许保险资金投资股票、证券、不动产等领域，提高了对保险机构投资不动产的主体资格标准及比例上限。

2011年5月，人保集团整体上市方案报国务院批准。

二、新中国保险业的监管与自律

（一）新中国保险业监管模式的选择

作为金融业的3个组成部分之一，世界各国政府对保险业都实行监管。监管的基本模式通常有两种：

一种以英国为代表，它着眼于市场自发力量的作用和保险人的自主决策，强调竞争性，尽可能地减少政府对市场的干预。这种模式主要监管保险公司的偿付能力和资产负债比例，目的在于保护投保人免受由于保险人不履行其财务义务而引发的风险。

另一种以美国为代表，它在严格控制市场主体行为以保护投保人的同时，对保险公司的偿付能力也进行严格的监管。这种模式着眼于市场行为监管，力图保证保险价格、产品和交易行为的公正合理，强调对市场准入、保险条件和费率的预防性监督。这种模式逐步向以偿付能力监管为核心，兼及市场行为监管的方向转化，并为越来越多的国家采用。

目前，针对目前中国保险市场上法律体系不健全、保险公司内部控制机制弱、信息不充分、缺乏建立良好保险秩序的配套设施等现状，我国采用的是市场行为监管和偿付能力监管并重的监管模式，对保险业实行较为严格的监管。政府对保险市场准入实行严格的审批制度，在发放保险公司许可证方面的控制比较有力，对公司设立的资本金要求、管理人员资格审查都比较严格。

监管机构是监管体系的基本要素。在许多保险业发达的国家，通常设立中央和地方两级监管机构，共同对保险业实施监管，但中央和地方的权力分配不尽相同。

以美国为例，就是以州政府为主的州和联邦两级监管机构，各州保险部的经费从保险公司上缴的营业税中按不同比例提取。

德国的保险监管工作也由联邦政府和各州政府共同承担，联邦政府对全国720家大保险公司进行监管，各州政府监管只在一州内进行保险业务的保险公司，保险监管的预算来自联邦政府，其中的90%根据各公司的毛保费收入进行摊派。

中国保险监管的机构演变主要是两个阶段，即1998年前由中国人民银行作为保险监管机构阶段和1998年后由中国保监会作为保险监管机构阶段。前一阶段对保险的监管是分割的，中资保险公司由央行保险司监管，外资保险公司及其在华代表处的监管由央行外资金融机构管理司保险处负责，而对保险公司的稽核则由央行稽核局负责。

随着银行业、证券业和保险业分业经营，1998年11月18日，国务院批准设立中国保险监督管理委员会，31个派出机构于2000年组建完毕，至此保险监管进入新的阶段。作为国务院直属的事业单位，中国保监会的事业经费由财政拨款，其经费主要来源是由中国保监会向各类商业保险公司和专门从事保险中介业务的机构征收的保险业务监管费征收比例为：(1) 财产险、人身意外险、短期健康险业务按当年自留保费收入的2‰收取；(2) 长期人寿险、长期健康险业务按当年自留保费收入的1.2‰收取；(3) 保险中介机构按当年代办保险业务营业收入的2‰收取。保险业务监管费的上缴采取按季预缴，年终清算的方法，实行收支两条线。

（二）新中国保险业监管模式的演化历程

20世纪50年代初，中国人民银行是保险业的监管机构。

1952年，中国人民银行将其保险业的监管职责交由财政部负责。

1958年起，中国人民保险公司停办国内保险业务之后，其行政上成为中国人民银行下的保险处。

1984年，中国人民保险公司脱离中国人民银行，成为国委员直属的局级经济实体。

因此，自1958年至1984年，中国人民银行实际上既经营保险业务，又负责保险业的监管。

1984年，中国人民银行专司中央银行职能，保险监管是其一项重要的监管工作。1985年颁布的《保险企业管理暂行条例》、1995年颁布的《中华人民共和国中国人民银行法》以及《中华人民共和国保险法》均明确规定中国人民银行是中国保险业的监管机构。1995年7月，中国人民银行成立保险司，专司对中资保险公司监管。

1998年11月18日中国保监会正式成立。保险监管的组织体系和法规体系逐步建立。中国保险市场初步形成了以国有保险公司为主，中外保险公司并存，多家保险公司竞争的寡头垄断的市场竞争新格局。

2000年11月，中国保险行业协会在北京成立。协会的成立是中国保险业深化体制改革、整顿市场秩序、防范风险的重大举措；是建立政府监管、行业自律与保险公司内部控制三者有机结合的现代保险业管理体系的重要组成部分。

三、关于保险费率的相关规定

1980年全国全面恢复办理保险业务时，保险条款和费率均由保险公司制定。

1985年的《保险企业管理暂行条例》规定，保险条款和费率需要经过监管机关的审批。我国保险产品和费率的管制开始进入了指导性限制阶段。

为杜绝盲目降低保险费率、不适当地提高手续费等不正当的竞争行为，1991年4月，中国人民银行发布了《中国人民银行关于对保险业务和机构进一步清理整顿和加强管理的通知》，要求对保险机构的基本保险条款和基本保险费率报经中国人民银行审批，同时规定基本保险费率可以在一定幅度内实行浮动，其上下浮动的最高幅度为30%。中国开始对保险产品和费率实行严格的审批制度。

1993年4月，中国人民银行下发《关于下发全国性保险条款及费率（国内保险部分）的通知》。1995年10月，颁布《中华人民共和国保险法》。均规定商业保险主要险种的基本保险条款和保险费率由金融监督管理部门制订。保险公司拟订的其他险种的保险条款和保险费率应当报金融监督管理部门备案。

2000年8月颁布的《财产保险条款费率管理暂行办法》规定，未经中国保监会批准，任何保险机构不得变更主要险种的基本条款和费率。

2001年10月，保监会决定在广东省实行机动车辆保险费率市场化改革，标志着费率管制的放松。

2002年10月28日通过的新《保险法》将保险条款和费率由监管机构统一制定，改为特定险种由监管机构事先审批。

2003年1月，保监会开始在全国范围内启动了车险费率市场化改革，航意险条款和费率的市场化改革也正式启动。

2003年4月，保监会下发《关于调整人身保险产品监管方式的通知》，规定保险公司人身保险产品经保监会备案和审批后即可进行销售，这一措施简化了报批手续，是放松保险费率管制的实质性步伐。

2004年4月，保监会下发《关于实施财产保险公司条款费率事后备案制度有关问题的通知》，规定除法定保险产品，机动车辆保险产品，投资型、理财型、分红型保险产品，短期健康险产品，保险期间一年以上的保证保险产品、信用保险产品以及中国保监会规定需审批或事前备案的保险产品外，各财产保险公司依法经营的其他保险产品，均实施事后备案管理制度。

四、关于保险投资渠道的规定

保险投资的渠道经历了从无监管到严格监管再到逐步放松监管的过程。

1980 年保险业开放之初，国家对保险企业的投资渠道并无明确要求。

1985 年 3 月国务院颁布的《保险企业管理暂行条例》从法规角度明确了保险企业可以自主运用保险资金。

1995 年 10 月颁布的《保险法》和 1996 年 9 月中国人民银行颁布的《保险资金管理暂行规定》开始对保险资金运用的范围和形式作出严格的限制，规定资金运用的形式仅限于银行存款、买卖政府债券和国务院规定的其他资金运用模式，保险企业的资金不得用于证券经营机构和向企业投资。

1999 年 10 月，根据国务院授权，保监会批准保险资金可以不超过上年末总资产 5% 的比例投资证券投资基金。

2000 年保监会将保险资金投资证券投资基金的比例放宽到不超过上年末总资产的 10% 。

2001 年 3 月，保监会又将平安、新华、中宏等三家保险公司的投资比例从 30% 放宽至 100% 。

2002 年 12 月，保监会取消了对“保险公司投资基金比例”核定的行政审批。

2004 年 2 月，国务院发布《关于推进资本市场改革开放和稳定发展的若干意见》，明确保险资金可以直接入市。

2004 年 10 月，保监会与证监会联合发布《保险机构投资者股票投资管理暂行办法》。允许保险机构投资者在严格监管前提下直接投资股票市场，参与一级市场和二级市场交易，买卖人民币普通股票、可转换公司债券及保监会规定的其他投资品种。

2005 年 8 月，保监会颁布《保险外汇资金境外运用管理暂行办法》，9 月，颁布《保险外汇资金境外运用管理暂行办法实施细则》。从整体上构建了保险资金运用的国际化合作、专业化运作、市场化操作的管理体系，为保险资金在国际金融市场配置资产提供了操作平台，标志着保险资产管理体制改革进入了创新发展阶段。

五、我国对保险企业偿付能力的监管

偿付能力是保险公司稳健经营的关键，也是中国保险监管的重要的方面。从国际保险业监管的发展趋势看，越来越多的国家都已经或者正在向以偿付能力监管为核心的模式发展。

中国目前对偿付能力的监管标准使用的是最低偿付能力原则。

《保险公司管理规定》对保险公司最低偿付能力的规定为，财产保险、短期人身保险业务的最低偿付能力额度为下述两项中较大的一项：

（1）本会计年度自留保费减保费税收后人民币1亿元以下部分的18%和1亿元以上部分的16%。

（2）最近3年年平均赔付金额人民币7 000万元以下部分的26%和7 000元以上部分的23%。

对于经营期间不满3年的保险公司，采用第1项规定的标准。

长期人身保险业务的最低偿付能力额度为下述两项之和：

（1）一般寿险业务会计年度末寿险责任准备金的4%和投资连接类业务会计年度末寿险责任准备金的1%。

（2）保险期间小于3年的定期死亡保险风险保额的0.1%，保险期间为3~5年的定期死亡保险风险保额的0.15%，保险期间超过5年的定期死亡保险和其他险种风险保额的0.3%。在统计中未对定期死亡保险区分保险期间的，统一按风险保额的0.3%计算。

中国保监会的干预界限是以保险公司的实际偿付能力与此标准的比较来确定。根据《保险公司管理规定》，当实际偿付能力小于最低偿付能力时，保险公司必须采取措施并向中国保监会说明；当实际偿付能力不足最低偿付能力的50%或连续3年低于最低偿付能力时，中国保监会将对其进行重点监管，监管期间公司不得申请设立分支机构或支付红利、分红，保监会可责令其采取办理再保险业务、业务转让、停止接受新业务、增资扩股、调整资产结构等方式改善其偿付能力状况；当实际偿付能力不足最低偿付能力的30%或列为重点监管对象财务继续恶化，可能或已危及被保险人和适合公众的利益时，中国保监会可以可以对该保险公司实行接管。

监管机构主要通过要求保险公司定期上报会计报表、现场检查或有针对性委托中介机构审计等手段对各保险公司的资本额、保证金和保险保障基金、准备金、保险投资以及其他主要财务指标进行合规性监管，以达到对各保险公司的偿付能力监管。

首先，保险公司开业之前对其最低资本加以规定（全国性公司5亿元人民币，区域性公司为2亿元人民币）。而在公司成立后，必须将其注册资本的20%作为法定保证金存入中国保监会指定银行，专用于公司清算时清偿债务，同时规定财产保险、人身意外伤害险、短期健康保险、再保险业务按当年自留保费收入的1%提取保险保障基金，直至达到总资产的6%。保证金和保险保障基金是最基本的风险缓冲基金。

其次，保险公司是典型的负债经营型企业，对保险公司保险准备金的真实性和充足性监管是保证偿付能力监管的又一道防线。

国际上的普遍做法是由各保险公司将其准备金的计算方法报保险监管部门备案。由于精算水平等技术力量方面的限制，中国准备金的提取比例由《保险法》统一规定，经营人寿保险业务的保险公司按有效人寿保单的全部净值提取未到期责任准备金；经营非寿险业务的，从当年自留保费中按照相当于当年自留保费的50%提取未到期责任准备金。中国对准备金的监管特别是寿险准备金的监管基础比较薄弱，主要体现在没有合格的寿险精算师和未能建立起适当公允的寿险准备金计算方法。

第三，投资监管。保险投资收益是增强保险公司偿付能力的重要途径。投资监管的目的是通过对保险资金来源和保险资金运用方式与投资限额的监管，在确保投资收益的稳定和安全的基础上，增强保险公司的偿付能力，以保护投保人的利益。

第三节 财产险与人身险

一、人身保险的含义

人身保险是关于人的身体本身、人的健康、人的生命的保险。

人身保险除了包括人寿保险外，还有健康保险和人身意外伤害险等。

健康保险，也叫疾病保险。是以非意外伤害而由被保险人本身疾病导致的伤残、死亡为保险条件的保险。

人身意外伤害保险，是以人的身体遭受意外伤害为保险条件的保险。

人寿保险，简称寿险，是一种以人的生死为保险对象的保险。是被保险人在保险责任期内生存或死亡，由保险人根据契约规定给付保险金的一种保险。

人身保险的业务范围包括生存保险、死亡保险、两全保险。

生存保险，即是以约定的保险期限满时被保险人仍然生存为保险条件，由保险人给付保险金的保险。如养老年金保险。

死亡保险，即是以保险期限内被保险人死亡为保险条件，由保险人给付保险金的保险。

两全保险，即是以保险期限内被保险人死亡和保险期满时被保险人仍然生存为共同保险条件，由保险人给付保险金的保险。如简易人身险。

二、人身险业务种类

目前我国开展的人身险业务主要是简身险、人寿险、学生平安险、子女婚嫁险、养老年金险、意外伤害险及其他寿险。

其中养老年金险中包括合资中方人员险、合同制工人险、集体职工险、个体险、农民险及其他险。

为了减少道德危险，《保险法》对人身保险合同的被保险人作出了严格的规定。根据《保险法》第五十二条第五十四条、第五十五条之规定，下列人员可以作为人身保险合同的被保险人：

(1) 投保人本人。

(2) 投保人的子女。父母为其成年子女投保以死亡为给付保险金条件的人寿保险，需经被保险人书面同意并认可保险金额；父母不能为其无民事行为能力的成年子女投保以死亡为给付保险金条件的人寿保险；但父母为其未成年子女投保不受上述两条的限制。

(3) 投保人的配偶、父母或与投保人有抚养、赡养或抚养关系的家庭其他成员、近亲属。投保以死亡为给付保险金条件的人寿保险，需经被保险人书面同意并认可保险金额，否则合同无效。

(4) 除前款规定以外，同意投保人为其订立合同的其他人。无民事行为能力人除外。投保以死亡为给付保险金条件的人寿保险，需经被保险人书面同意并认可保险金额，否则，合同无效。

三、财产保险的含义

财产保险是指投保人根据合同约定，向保险人交付保险费，保险人按保险合同的约定对所承保的财产及其有关利益因自然灾害或意外事故造成的损失承担赔偿责任的保险。

财产保险业务包括财产损失保险、责任保险、信用保险等保险业务。

可保财产，包括物质形态和非物质形态的财产及其有关利益。以物质形态的财产及其相关利益作为保险标的的，通常称为财产损失保险。例如，飞机、卫星、电厂、大型工程、汽车、船舶、厂房、设备以及家庭财产保险等。

以非物质形态的财产及其相关利益作为保险标的的，通常是指各种责任保险、信用保险等。例如，公众责任、产品责任、雇主责任、职业责任、出口信用保险、投资风险保险等。

但是，并非所有的财产及其相关利益都可以作为财产保险的保险标的。只有根据法律规定，符合财产保险合同要求的财产及其相关利益，才能成为财产保险的保险标的。

损失补偿原则是财产保险的核心原则。它是指在财产保险中，当保险事故发生导致被保险人经济损失时，保险公司给予被保险人经济损失赔偿，使其恢复到遭受保险事故前的经济状况。损失补偿原则包括两层含义：一是“有损失，有补偿”，二是“损失多少，补偿多少”。

在实施损失补偿原则时，保险公司的赔偿金额以实际损失为限、以保险金额为限、以保险利益为限，三者中又以低者为限。

重复保险分摊原则也是由损失补偿原则派生出来的。重复保险是指投保人就同一保险标的、同一保险利益、同一保险事故分别向两个以上保险人订立保险合同的保险。重复保险的投保人应当将重复保险的有关情况通知各保险人。在重复保险的情况下，当重复保险的保险金额总和和超过保险价值被保险人因发生保险事故向数家保险公司提出索赔时，其损失赔偿必须在保险人之间进行分摊，被保险人所得赔偿总额不得超过其保险价值。常用的分摊方式有保险金额比例责任制、赔款限额比例责任制和顺序责任制。除合同另有约定外，各保险公司之间一般按照其保险金额与保险金额总和的比例承担赔偿责任。

四、人身保险与社会保险比较

人身保险与社会保险既有相似或相同之处，又有区别。

二者之间的相似之处表现为都是为社会成员潜在的人身危险提供经济保障、进行经济补偿的一种制度。两者都以人的身体和生命为保险标的。

但社会保险在本质上与人身保险截然不同：

（一）二者在实施范围、方式上的区别

一般人身保险的保险人和被保险人之间是一种等价交换的关系。任何人只要符合保险合同规定的条件，都可自愿投保，双方根据保险合同而产生权利和义务。

社会保险的被保险人和国家机关、团体、企事业单位之间的关系是一种劳动关系。所以每一个社会保险计划都有一定的范围和规定。例如我国全民所有制单位的社会保险办法实施的范围是全民所有制单位的职工。

人身保险的实施方法是双方在自愿基础上产生的，投保人或被保险人自愿投保，并可以保险中途变更保险合同。

社会保险具有强制性。不管本人是否愿意，只要在实施范围内的人都必须参加。

（二）在保险费的来源和计算上的区别

人身保险的保费一般是根据保险合同的规定由投保人负担，被保险人则为了获得领取保险金的权利必须履行交纳保费的义务。保险人根据所承担的保险责任按照预定的死亡率、利息率、管理费用率计算被保险人应交的保险费。

社会保险的保费一般有三种来源：一是职工本人按其工资总额的一定百分比缴纳；二是企业（雇主）按工资总额的一定百分比缴纳；三是由政府负担一部分费用。保险费不是根据被保险人的身体、存款利率及管理费用来计算，而是依照实际的支出需要确定。

（三）在保险金额的确定和给付上的区别

人身保险金额是由保险人和投保人双方确定的。双方约定后，投保人按规定交纳保

险费。发生保险事故时，保险人按合同的规定给付保险金。

社会保险金额是根据整个社会的经济生活水平和国家的福利政策由国家单方面确定的。同时在保险金额的给付上，完全依照社会保险法的规定给付。

复习思考题

1. 简述保险的分类。
2. 简述保险的原则。
3. 简述人身保险与社会保险的异同。
4. 简述我国保险市场的主要发展历程。

第十章

黄金市场

本章摘要

本章分别介绍了国际、国内黄金市场的基本状况，给出了黄金市场的结构及其价格的影响因素。

关键词

黄金　黄金市场　黄金衍生品交易

第一节　黄金概述

一、人们为什么会喜欢黄金?

黄金是一种带有黄色光泽的金属，可以单质形式存在于自然界，且至今不能人工合成。习惯上，把从矿山或河底冲积层开采而得、且未经熔化提炼的黄金叫做生金（矿金或沙金）。而把经过冶炼、提纯之后的生金称作熟金。

黄金可与多种金属形成合金。其中的黄金含量就是该合金的成色。通常以百分比表示合金中的黄金含量。另外也有把黄金含量按重量分成 10 000 份的表示法。如金件上有 9999 的刻字，即表示该金件的含金量为 99.99%，而金件上若有 586 的标记，则表示此金件含金 58.6%。

珠宝首饰、金笔制造等行业常用“K”（英文 carat、德文 karat 的缩写）表示黄金的成色。实际上不可能存在 100% 黄金含量的合金。依据国家标准 GB 11887 - 89，每 k 的金含量为 4.166%。因此 24k 的金含量为 24 × 4.166% = 99.984%（999‰）。根据我国 1990 年 8 月实施的金银纯度标准，含金量千分数不小于 990 的称足金，含金量不小于 999 的称千足金。

另外，人们也习惯地根据成色把熟金分为纯金、赤金和色金三种类型。其中，纯金一般指的是达到 99.6% 以上成色的黄金。因此足金与千足金都是纯金。在我国内地，赤金一般指的是黄金含量在 99.2% ~99.6% 之间的合金。而色金，也称“次金”、“潮金”，则是指成色明显低于赤金的合金。因此色金的成色差距较大，高的可达 99%，低的只有 30%。但在习惯上，黄金首饰制品的成色不能低于 9K。

归纳起来，黄金之所以能成为人类之所爱，主要源于其所独有的如下几个特性：

一是人类瞳孔的构造以吸光为主，太强或太弱的光线都会令人不舒服。尽管黄金本身不会发光，但只要有微弱的外来光线就可以反射出恰好愉悦人目的灿烂色彩。正是由于黄金在阳光照耀下可发出灿烂的黄色光泽，故拉丁文中的黄金一词含有“曙光”的意思。据说在古埃及文中，黄金一词含有“可以触摸的太阳”的意思。

二是黄金拥有极强的延展性。据说在目前已知的金属中，黄金熔化后的可摊面积最大。一盎司黄金，原本体积只有港币壹元硬币那样大，但熔化后据说可以拉成 50 里长的金丝；也可以铺满 5 ×5.2 米的范围，其厚度最薄可达 0.000 127 毫米，也就是人类头发厚度的 1/400。因此用黄金几乎可以不受约束地打造出人类可以想象出来的所有器件。

黄金的熔点高达摄氏 1 064.43 度，正所谓“真金不怕火炼”。黄金的密度也较大，大约 19.31 克/立方厘米，故而手感沉甸。一枚直径仅为 46 毫米的纯金球，其重量就有 1 000 克。

三是黄金的抗氧化能力非常强，故而虽历经风雨仍能灿烂辉煌。

四是黄金的储量极低。获得不易是黄金“金贵”的重要原因。据说除了在 1802 年才发现的钽（tantalum）之外，金是世界上最稀有的金属。

五是人类较早地发现了黄金。由于黄金可以单质形式存在，毋需化学冶炼即可通过淘洗等相对简单的物理方法得到。因此与其他金属相比较，人类发现黄金的历史要久远得多。据说，人类在距今 10 000 年以前就已经发现并使用黄金。这就意味着，人类发现并利用黄金的历史要比我们现在所熟悉的铜、铁、铝等常见金属早几千年。

正是源于黄金的上述品质，它才在人类社会中成为权势的象征，成为帝王贵族和神灵所专有的财富，从而最终促成了它的货币职能。

在 19 世纪之前的数千年中，人类总共生产的黄金不到 1 万吨。如在 18 世纪的 100 年间，人类总共生产了 200 吨黄金。但自 19 世纪起，人类的黄金产量出现了飞跃。例如仅在 19 世纪的 100 年间，人类便生产了 1.15 万吨黄金。进入 20 世纪之后，人类的黄金产量稳步提高。例如 1900 年的世界黄金年产量为 300 吨；20 世纪 30 年代的最高年产量达到了 1 300 吨；20 世纪 60 年代的最高年产量接近 1 500 吨；20 世纪 80 年代的年产量突破 2 000 吨。21 世纪以来的年均产量则稳定在 2 600 吨左右。

目前，全球仅保有大约 16 万吨黄金。尽管据估计地壳中的黄金含量有 60 万亿吨左右，但已探明尚未开采的储量仅为 7 万吨左右。近几年的黄金开采量大约维持在每年 2 600 吨的水平。而全球黄金市场的年供求量大约为 4 500 吨。其中每年新产出的黄金大约占年供应的62%，其他的黄金供应主要来源于旧金的回收。粗略地说，全世界黄金持有量的 40% 左右以可流通的金融性储备资产的形式存在。其中的 50% 以上为各国的官方储备；其余为私人机构所拥有的民间储备。另外 60% 左右的黄金存量则以普通商品的性态用于首饰制品、电子化学等工业产品中。但黄金价格的昂贵和资源的相对稀少限制了黄金在工业领域的使用。目前工业用金占世界黄金总需求量的比例不足 10%。

目前，各国中央银行仍是黄金的最大持有者。据统计，1969 年的全球官方黄金储备为 36 458 吨，占当时全部地表黄金存量的 42. 6%。但到了 1998 年，官方黄金储备大约为 34 000 吨，占全部黄金存量的 24. 1%。截至 2010 年 2 月，在各国黄金储备中，美国约 8 133 吨，占美联储外汇储备的 70%，遥遥领先于其他各国。德国约 3 407 吨，占官方外汇储备的 65%，名列世界第二；排在第三位的是国际货币基金组织，约有 3 000 吨；意大利和法国则分别以 2 451 吨和 2 435 吨位列第四和第五位，且均占其官方外汇储备的 60% 以上。中国是唯一进入“千吨集团”的新兴国家，以 1 054 吨的储备量位列第六。但中国的黄金储备仅占央行外汇储备的 1. 9%，这一比例在全球 110 个经济体中仅高于 25 个国家和地区。另外，瑞士以 1 040 吨黄金储备量位居第七；日本、俄罗斯、荷兰分列第八、九、十位。

距“世界金融之都”华尔街数步之遥的自由大街 33 号，有一栋 12 层的花岗岩意式建筑，这就是美国联邦储备系统（相当于中央银行）12 个地区分行之一的纽约联邦储备银行。在大楼地下 25 米深处，坐落着世界上最大的金库。这些黄金只有约 5% 为美国政府所有，其余属于 60 余个国家和国际货币基金组织等国际机构。一般来说，每个国家或国际组织均使用一间储藏间。储藏间的门上没有任何标记，黄金的归属为绝密。数千名工作人员中，只有极少几个人知道黄金的真正主人。

二、黄金货币简史

货币亦即商品交易的媒介。

如前所述，正是由于黄金所拥有的上述优良品性，使得黄金成为远古人类制作供奉器具或修饰、保护神灵形象的特殊材料。黄金由此获得了神秘的宗教价值，并最终升华出深厚的文化价值。再加上至今黄金都极其稀有、且开采成本高昂。如此一来，黄金的弥足珍贵也就不难理解了。

实际上，任何一种物件，只要它具有重要的实用价值，并且相对稀缺到一定的程度，则都有可能被当作商品交易的媒介以及衡量所有商品价值的尺度，从而成为货币。在人类社会的实物货币时代，历经一个物竞天择的历程，凭借其独特的使用价值、稀缺价值、文化价值、宗教价值以及优良的物理属性，黄金最终成为本位币金属的不二选择。

根据考古的发现，黄金作为货币的历史十分悠久。早在埃及十三王朝时期（约公元前1500年），黄金就已经被作为赐封财富的计量单位，成为财富的载体。公元前五世纪，黄金铸币已作为古希腊城邦商业往来的结算载体。波斯金币是迄今所发现的历史最为悠久的黄金铸币，其距今已有2 500多年的历史了。古罗马亚历山大金币也有2 300多年的历史。而我国迄今为止已知的最早金币则是2 300多年前春秋战国时期楚国铸造的“郢爰”。

但需指出的是，早期的黄金通常仅被作为价值储藏的手段，只是在一定区域或时期内被当作流通使用的铸币或称重货币，并且普及程度也不高。黄金成为一种世界公认的国际性货币（铸币）则是十九世纪初以后的事情了。这就是所谓的金本位时代。

金本位时代只持续了大约200年的时间。至晚于20世纪70年代初，金本位时代便彻底终结了。人类从此迈入了纸币的时代。

三、怎样理解金本位时代的终结？

实际上，黄金确实是个好币材，但币材实在不必是黄金。黄金的非货币化不仅是人类社会关于货币的认知逐步深化的结果，也是人类社会经济、理性使用黄金的必然选择。

自20世纪20、30年代开始，世界各国相继建立了不可兑现的纸币制度。由此，在各国国内，黄金丧失了法定货币的地位。到了1978年，根据《牙买加协议》，国际货币基金组织（IMF）宣布黄金不再作为货币定值或特别提款权定值的标准，废除黄金官价，实行市场价格；取消成员国与国际货币基金组织之间必须履行黄金支付的规定；黄金储备不再作为支付手段来平衡进出口贸易和国际收支差额。由此，黄金丧失了国际货币的法定地位。可见，就法律的层面而言，当今的黄金已经不是货币。

目前，世界各国的中央银行仍持有一部分黄金。但这部分黄金只是中央银行所持有的储备资产之一。其他形式的储备资产还包括国债、再贴现票据、外汇等等。在这些储备资产当中，黄金储备的性质与国债（包括外国政府债券）或再贴现票据相似，而与货币外汇存在着本质性的区别。因为货币外汇可以直接用于国际支付，但黄金则通常必须先变现为某种国际货币，然后才能据以了结债权债务。这样一来，用黄金了结国际债权债务关系与变卖资产偿还债务就没有什么本质的区别了。可见，就事实的层面而言，当今的黄金也已经不是货币。

因此，当今的黄金只是一种流动性较高的资产或工业原料而已。留恋过往、美化逝去是人类的特有性格。正如已是成年的我们追忆起自己曾经的孩提时光一样，金本位时代远非现在我们所想象得那么好，黄金货币的终结也绝非一时的冲动。实际上，最早放弃金本位制度的国家也正是最先从1929年至1933年那场空前绝后的大萧条当中实现复兴的国家。这应该不仅仅是巧合。因此，基于情感，我们可以留恋已经远去的黄金货币时代，但实在没有理由滋生重返金币时代的念头。

第二节　黄金市场概述

一、黄金市场的含义

黄金市场，亦即黄金交易的行为、场所及其交易机制的总称；具体包括黄金现货交易市场、黄金远期交易市场以及黄金期货交易市场三大部分。黄金市场的交易者主要包括公司、自然人、商业银行等金融机构以及各国的中央银行等官方机构。现货交易的黄金主要用于工业消耗、私人贮藏以及官方储备等。

第二次世界大战以后，根据布雷顿森林体系的安排，国际货币基金组织限制其成员国的黄金业务，规定各国官方机构不得以黄金官价（每盎司黄金兑35美元）之外的其他价格买卖黄金。因此西方官方机构大多以黄金官价与美国财政部进行黄金交易。

1961年10月第一次美元危机爆发，国际金融市场出现抛售美元、抢购黄金的风潮，导致金价猛涨。于是美国便与英、法、意、荷、比、联邦德国、瑞士等7国达成建立黄金总库的协议，决定汇集部分黄金作为准备，以应付国际黄金市场金价的波动。即在伦敦黄金市场上维持每盎司黄金兑35美元的官价，以平抑抛售美元的风潮，确保美元国际货币的地位。

但由于美元地位日益下降，售出黄金越来越多。1967年7月，法国宣布退出总库，其份额改由美国承担。其他六国名义上仍承担黄金总库41%的黄金储备份额，但他们所分摊的黄金实际上是用美元按官价向美国兑换获得的。因此总库流失的黄金实际上全部由美国承担。美国的黄金储备于是继续大量减少。1968年3月，再次爆发抢购黄金的风潮，仅仅半个月的时间美国就流失黄金14亿美元。3月15日，伦敦黄金市场被迫关闭，七国宣布实行“黄金双价制”，不再按官价干预黄金自由市场，黄金总库的协议于是废止。1971年8月15日，美国宣布不再对外国官方持有的美元按官价兑换黄金。从此世界黄金市场完全自由化。

目前世界上最主要的黄金市场位于伦敦、苏黎世、纽约以及中国香港等地。近年来，亚洲黄金交易市场趋于活跃。在2006年的全球黄金交易量中，亚洲占黄金进口的60%、出口的40%，其中中国香港便占亚洲黄金出口总量约20%~30%。

二、黄金市场的分类

（一）有形黄金市场与无形黄金市场

依照是否存在固定有形的交易场所，可以把黄金市场划分为有形黄金市场和无形黄金市场两大类。其中，所谓的有形市场又叫做场内交易；无形市场又叫做场外交易。

1. 无形黄金市场

不存在固定交易场所的无形市场，以伦敦黄金市场和苏黎士黄金市场为代表，故又称为欧式黄金市场。

（1）伦敦黄金市场

1816 年，英国第一个实行金本位制的国家。伴随着英国经济的崛起，1804 年，伦敦取代荷兰的阿姆斯特丹成为世界黄金交易的中心。1919 年，伦敦黄金市场正式成立。1982 年以前的伦敦黄金市场主要经营黄金现货交易。1982 年 4 月，伦敦黄金期货市场开业。

伦敦黄金市场是目前世界上最大的黄金市场。它实际上是以电话或路透等电子交易系统连接起来的全球交易网络；并向全球黄金市场提供清算服务。作为国际性的黄金现货交易中心，伦敦黄金市场一度垄断了世界传统的主要产金国南非的黄金销售。全球各地的本地伦敦金的结算也都集中在伦敦黄金市场进行。

伦敦黄金市场没有具体的交易场所，其交易通过各大黄金交易商的销售网络完成。伦敦黄金市场的交易会员首先由具有权威的五大金商及一些有资格向五大金商买卖黄金的公司或商号所组成；然后再由中小商号、公司以及各个加工制造商等连锁组成。交易时由黄金交易商根据各自的买盘和卖盘，报出买卖价。

继 1897 年引入伦敦银定盘价之后，1919 年，伦敦黄金（现货）市场开始实行每日定价制度，每天上午和下午进行两次黄金定价，报价货币为美元。其中，在每个交易日的伦敦时间上午 10:30 产生上午定价（AM Fixing）；下午 3 点则产生下午定价（PM Fixing）。而白银定盘价则在中午 12 点形成。目前，由五大金行定出的金价仍是世界上最重要的黄金（基准）价格。世界其他黄金交易市场（诸如纽约和中国香港）的黄金交易价格均受伦敦黄金市场价格变化的影响。伦敦金价也是许多黄金交易衍生合约的基准价格。

自黄金定盘价制度设立以来，黄金定价行一直由 5 家机构承担。目前的黄金定价行分别为加拿大丰业银行、巴克莱银行、德意志银行、汇丰银行和法国兴业银行。白银定价行则分别为加拿大丰业银行、德意志银行和汇丰银行。

与其他黄金市场相比，伦敦市场一直是黄金和白银现货集散地，世界主要产金国均有在伦敦出售本国黄金的历史。不过在伦敦市场交易的黄金产品除即期交易外，还包括黄金借贷、黄金远期合约、黄金期权交易、黄金远期利率协议和掉期交易等。

黄金借贷是指借金还金行为。相对于其他交易方式，黄金借贷对产金、用金企业而言既能实现融资目的，也能规避黄金价格波动的风险。由于黄金借贷利率通常低于货币融资利率，因此也能降低客户的融资成本，是目前金融机构与客户之间运用最多的工具之一。

黄金远期业务和掉期业务与其他金融产品的远期和掉期业务基本一致，但其定价要用到黄金租借利率，计息以每年360天计算。

黄金期权交易有欧式期权和美式期权等。

黄金远期利率协议和黄金利率互换主要是用于管理黄金借贷利率风险，或是利用黄金借贷利率的波动开展投机交易。其原理与货币的远期利率协议和利率互换基本一致，只是对应的资产是黄金而不是货币，且相关利率是黄金租借利率而不是货币利率。

伦敦在国际黄金和白银市场上的清算地位相当于纽约在美元中的清算地位。伦敦黄金白银清算系统受伦敦贵金属清算有限公司（LPMCL）的监管。伦敦黄金白银清算系统既提供双边清算服务，也提供第三方清算服务。清算行目前有加拿大丰业银行、巴克莱银行、德意志银行、汇丰银行、JP摩根大通银行和瑞士银行。参与伦敦市场的交易者通过在这几家银行开立的黄金账户清算彼此间的交易。而伦敦市场的这6家清算行则通过在英国中央银行英格兰银行开立的黄金账户完成彼此间的清算。以我国黄金市场为例，中国银行和工商银行等银行是我国黄金市场最主要的参与者，它们通过路透等交易系统与境外交易对手开展境内交易头寸平盘和套利交易。为清算与境外交易对手的头寸，他们便在以上6家清算行开立黄金账户进行清算。

相对于苏黎士黄金市场，伦敦黄金市场是一个批发市场，主要是机构之间进行黄金交易的场所。由于伦敦黄金市场的场外交易属性，相关交易信息的保密程度高，故成为国际黄金投机资金的最佳隐身场所。另外，伦敦黄金市场的交易规则很宽松。所交易黄金的纯度或重量都有很大的选择余地。如果客户要求在较远的地区交售，黄金交易商也会报出相应的运费及保费等。同时，黄金交易商还可按客户要求报出期货价格。在伦敦黄金交易市场，客户甚至无须现金交收，即可买入黄金现货。在这种交易方式下，客户只需按约定利率支付利息即可。但此时客户也不能获取实物黄金。显然，这种黄金交易需经客户进行相反的操作之后才能平仓了结。

符合伦敦金银市场协会要求的、可进入伦敦黄金白银市场用于交割的金锭和银锭须符合成色、重量、标识和外观等方面的相关标准，由此形成所谓的伦敦合格交割名单。伦敦金银市场协会对能加入这个名单的产品和机构有严格的规定，并形成了一整套严密的程序，包括申请方式、定期或不定期的检查等。这一制度有效地降低了交易成本和信用风险，方便了实物清算。伦敦合格交割名单在全球黄金和白银市场上也被广泛接受，从而使得伦敦金银市场协会成为国际黄金白银市场标准的制订者。目前中国共有6家企业成为伦敦合格金锭提供者。它们分别是：成都长城金银精炼厂、内蒙古乾坤金银精炼股份有限公司、江西矿业有限公司、山东招金金银精炼有限公司、中国黄金集团中原黄金冶炼有限公司和紫金矿业集团股份有限公司。

（2）苏黎世黄金市场

苏黎世黄金市场是二战之后发展起来的国际黄金市场。其在国际黄金市场上的地位仅次于伦敦。瑞士特殊的银行制度以及完善的黄金交易服务体系为黄金买卖提供了一个既自由又保密的环境。再加上瑞士与南非签订黄金优惠协议以及前苏联的黄金也聚集于此，使得瑞士不仅是世界上新增黄金的最大中转站，也是世界上最大的私人黄金存储中心。

苏黎世黄金市场没有正式的组织结构，而只是由瑞士银行、瑞士信贷银行和瑞士联合银行负责相关的清算结账。这三大瑞士银行一方面为客户代行交易，另一方面自身也从事黄金交易。为便于黄金市场的良性发展，瑞士银行、瑞士信贷银行和瑞士联合银行协商建立苏黎世黄金总库（Zurich Gold Pool）。作为瑞士黄金市场的自律组织，苏黎世黄金总库不受政府管辖。

瑞士的中央银行瑞士国民银行是瑞士黄金市场的监管机构。主要负责储备货币黄金的管理与运作，并协助商业银行和钟表首饰业协会管理黄金交易所和黄金产品制造业。一般地，苏黎世黄金交易市场的管理规则、章程及其配套法规均由苏黎世黄金总库组织与瑞士国民银行协商制定。

苏黎世黄金市场没有金价定盘制度，日常黄金交易由瑞士银行、瑞士联合银行、瑞士信贷银行三家商业银行主导，并通过苏黎世黄金总库制定自律规则管理。苏黎世黄金市场的标准黄金交易品种为400盎司的99.5%金，交割日期为现货当日。现货或期货合约的交割地点为苏黎世的黄金库或其他指定保管库。苏黎世黄金市场的交易价格无涨跌停板限制。

2. 有形黄金市场

在有形黄金市场这一类型当中，有的设在某些商品交易所内，诸如美国的纽约商品交易所（COMEX）和芝加哥商品交易所（CBOT）等，故又称为美式黄金市场；有的设在专门的黄金交易所里，诸如香港金银业贸易场、新加坡黄金交易所等，故称为亚式黄金市场。

（1）美国黄金市场

纽约和芝加哥黄金市场发展于20世纪70年代中期。伴随着布雷顿森林体系的崩溃，美元贬值，出于套期保值和投资增值获利的需要，美国的黄金交易迅速发展。目前纽约商品交易所和芝加哥商品交易所是世界最大的黄金期货交易中心。两大交易所的黄金期货交易对黄金现货市场价格的影响也很大。

(2) 香港黄金市场

以成立于1910年的香港金银贸易市场为标志，香港黄金市场已有90多年的历史了。

1974年，香港政府撤销了对黄金进出口的管制，香港黄金市场的交易趋于活跃。香港黄金市场在时差上刚好填补了纽约、芝加哥市场收市和伦敦市场开市前的空档，可以连贯亚、欧、美，从而形成完整的世界黄金市场体系。再加上亚洲也是世界上日益重要的黄金产销地。香港优越的地理条件由此引起了欧洲金商的注意，纷纷来港设立分公司。他们将在伦敦交收的黄金买卖活动带到香港，逐渐也形成了一个无形的当地“伦敦金市场”，促使香港成为世界主要的黄金市场之一。

目前，香港黄金市场由三个市场组成：

① 香港金银业贸易市场，以华人资金商占优势，有固定买卖场所，主要交易的黄金规格为99标准金条，交易方式是公开喊价，现货交易。

香港金银业贸易场成立于1910年。当时称为金银业行。直至第一次世界大战后(1918年)才正式定名金银业贸易场及登记立案。其组织与规模不断成长扩大，以至今日。

② 伦敦金市场，以外资金商为主体，没有固定交易场所。

③ 黄金期货市场，是一个正规的市场，其性质与美国的纽约和芝加哥的商品期货交易所相同。早在20世纪80年代，香港便有了黄金期货交易，但由于交易清淡，于1998年暂停交易。2008年10月20日，在已经交易的5支黄金衍生权证和1支黄金交易所买卖基金的基础上，香港交易所又正式推出黄金期货交易。

香港黄金期货合约的相关资产为成色不少于99.5%的黄金，以美元/盎斯报价，而交易平台与目前买卖指数期货期权相同，即于HKATS电子交易系统上买卖。

2011年5月，香港商品交易所开始进行美元黄金期货合约交易，并在年底前推出人民币黄金产品。

港商交所的黄金合约交易时间从香港时间8点持续至香港时间23点。与日本东京工业品交易所（TOCOM）同时开市。覆盖伦敦金银市场协会（LBMA）头盘、纽约商品期货交易所（COMEX）开盘、及伦敦金银市场协会二盘的运作时段。

香港黄金交易所有限公司是一家于2010年1月1日在香港特区政府注册的股份制有限公司，是香港从事贵金属交易、交割的交易所之一。

国际预付款方式买卖是香港黄金交易所的主要经营模式。所谓国际预付款方式买卖，是指交易商按一定的付款比例（20%）买入或者卖出一定量的标的物后，可以根据市场走向或者自己的判断，选择按支付预付款时买卖系统所显示的全部价款交收标的物，或者选择买卖系统所显示的即时价卖出或回购进行结算的一种买卖方式。可见，香港黄金交易所预付款交易系统是一种方便交易商投资现货黄金、白银、钯金、铂金等的电子交易系统、是贵金属交易系统平台的又一创新，为广大投资商提供了全新的交易交割系统。

1999 年，香港特区财政司提出对香港证券及期货市场进行全面改革，以提高香港的 竞争力和迎接市场全球化所带来的挑战。根据改革方案，香港联合交易所有限公司（联交所）与香港期货交易所有限公司（期交所）实行股份化并与香港中央结算有限公司（香港结算）合并，由单一控股公司香港交易所拥有。三家公司于 2000 年 3 月 6 日完成合并。

香港 20 世纪 80 年代曾推出黄金期货，但于 1998 年暂停买卖这项产品。2008 年 10 月，香港交易所的黄金期货市场正式交易，并采纳全球普遍使用的伦敦黄金标准。

（二）黄金现货交易市场与黄金衍生交易市场

黄金投资并非只有实物金，黄金期货、黄金 ETF 以及黄金 T + D、纸黄金（黄金存折）、黄金远期、黄金期权等黄金衍生品同样是投资黄金的途径。由此，世界黄金市场体系可以划分为现货市场和衍生品市场两大类，且两者均包括场外市场和场内市场。总起来说，全球的实物黄金交易额不足总交易额的 3%，90% 以上的市场份额是黄金金融衍生物。

目前，黄金标准合约或黄金交易基金的交易主要在场内进行，而场外市场则在现货交易中心或金融机构柜台交易各种非标准化品种。现货场外市场和场外衍生品市场主要以伦敦金银市场协会（LBMA）为主导的伦敦金银市场为主。伦敦金银市场是全球最大的黄金场外交易（OTC）市场，是全球性现货黄金定价中心。通过其会员，LBMA 的影响力辐射我国的上海、香港，日本的东京，美国的纽约以及瑞士的苏黎世等市场。

黄金交易基金 ETF 市场主要在纽约、伦敦、澳大利亚和约翰内斯堡等证券交易所内上市交易。而场内衍生品市场主要是纽约商业交易所（NYMEX）的 COMEX 分部、东京商品交易所（TOCOM）、印度大宗商品交易所（MCX）、芝加哥交易所集团的 CBOT 分部以及上期所（SHFE）。世界黄金现货和衍生品市场之间通过金融机构进行密切联系，跨市套利的存在使得这两个市场的价格趋向一致。

伦敦金银市场协会在全球性的柜台黄金交易中充当现货批发市场的角色，交易以 1 000 盎司为单位的黄金，同时其会员之间还大量进行远期、掉期、远期利率和期权等品种交易。据伦敦国际金融服务机构统计，2008 年全球黄金交易额达创纪录的 20.25 万亿美元，交易规模是 2005 年的三倍。

而纽约商业交易所的 COMEX 分部是世界最大的黄金期货市场。以期货交易所为代表的场内衍生品市场主要交易以每手 100 盎司或 1 000 克为单位的黄金期货或更小单位的迷你期货或黄金期权合约。据统计，2008 年 COMEX、TOCOM 和 MCX 三家交易所的交易量达 48.28 亿盎司，比 2007 年增长 47%，交易额达 4.32 万亿美元，比 2007 年大幅增长 89%。

作为场内市场的重要组成部分，国际黄金 ETF 市场虽然起步较晚，但近年来发展迅速，规模急剧扩张，并对金价产生直接影响。以黄金 ETF“SPDR Gold Shares”为例，截至 2009 年 5 月 15 日，该基金的黄金持有量达到 1 105.63 吨，超过了世界上绝大多数国家和机构的黄金储备量，并推动当期国际金价大幅攀升至 1 000 美元上方。

三、黄金市场的参与者

黄金市场的主要参与者包括金商、银行、对冲基金等非银行金融机构、其他法人机构、私人投资者以及黄金期货交易经纪公司等。

1. 金商（做市商）

以伦敦黄金市场为例，伦敦黄金市场有五大金行，这五家金行与世界各大金矿及黄金交易商联系密切，并拥有众多的销售店、稳定深厚的客户群，因此有能力掌握市场，随时报出黄金的买卖价格。

2. 商业银行

一方面，商业银行可以从事黄金交易的经纪业务，代客买卖和结算，以赚得佣金；另一方面，商业银行也可以从事黄金交易的自营业务，作为自营商买卖黄金，赚得价差收益。

3. 对冲基金等非银行金融机构

基金投资范围受限较少，既可以涉足黄金市场，也可以涉及其他衍生品市场；既有将黄金作为资产配置工具以对冲其他投资风险的基金，也有专门投资于黄金市场的商品基金。如果说伦敦金商是场外黄金定价的权威，那么有能力驱动金价波动的主要力量就是各种以黄金投机为目的的基金。例如高盛和摩根士丹利旗下就有专门从事黄金和其他商品对冲的基金。

4. 各种法人机构

这里所谓的法人机构既包括专门出售黄金成品的公司，如各大金矿、黄金生产商等，也包括专门购买黄金原料的黄金制品商、首饰行以及专门从事黄金买卖业务的投资公司等。

5. 各类私人投资者

又可分为私人购金收藏者、个人投资者（炒金族）等。私人投资者包括套期保值者和投机者两种类型。前者希望利用黄金保值，转嫁既有资产的风险；后者则希望利用黄金赚得风险收益。

6. 期货经纪公司

期货经纪公司是专门代理非交易所会员进行黄金交易、以赚得佣金收益的黄金市场中介机构。

7. 行业自律组织

世界各主要黄金市场均设有自己的行业自律组织。以伦敦黄金市场为例，其行业自律组织为成立于1987年的伦敦金银市场协会（The London Bullion Market Association, LBMA）。目前，伦敦金银市场协会在全球黄金和白银市场上是最有影响力的自律性组织。其主要职责就是提高伦敦黄金市场的运作效率及扩大伦敦黄金市场的影响。同时与英国的有关管理部门，如英国金融服务局，关税与消费税局等共同合作，维持伦敦黄金市场稳定有序的发展。

在美国，与黄金市场有关的自律性组织主要包括美国期货业协会、美国黄金协会、美国珠宝首饰商会等。

在我国的黄金市场，其行业自律组织为成立于2001年11月25日的中国黄金协会。它是由黄金行业的企事业单位与黄金相关的企事业单位，社团组织自愿组成的全国性、非营利、自律性的社会组织。

世界黄金协会于1987年成立，是一个由世界范围的黄金生产者联合而成的非营利机构，其总部设在伦敦，在各大黄金市场都设有办事处。其主要功能是尽可能提高世界黄金的销量，以对世界黄金生产形成稳定的支持，并在黄金购买者面前树立积极的形象。

8. 行业监管机构

在英国金融服务管理局成立之前，伦敦黄金市场由英格兰银行监管。从2000年起，根据《2000年金融服务和市场法案》，英国金融服务管理局成为英国黄金市场的主要监管部门。但英格兰银行仍在管理黄金储备、黄金存管业务、向市场拆借黄金、提供黄金清算服务等领域发挥近似监管机构的作用。

在美国，美联储协商财政部联合管理货币储备黄金；美国商品期货交易委员会根据美国国会立法与期货交易所、期货协会共同管理黄金市场。

在我国，黄金市场实行多头管理的监管模式。中国人民银行依据《中国人民银行法》监督管理黄金市场。其职责主要包括三个方面：一是根据《行政许可法》和国务院关于授权中国人民银行行政许可权的决定，中国人民银行管理黄金进出口；二是对上海黄金交易所进行监管；三是与中国银监会按职责分工，共同监管商业银行的黄金业务。

中国银监会依据《银行业监督管理法》对商业银行开办黄金业务进行准入性监管，开办黄金业务均需得到中国银监会的审批或备案通过。

中国证监会依据国务院颁布的《期货交易管理条例》对黄金期货市场进行集中统一监管。未经中国证监会批准，任何单位和个人不得以任何形式组织黄金期货交易及相关活动。

各级工商管理部门监管一般的黄金生产及首饰经销商的经营。

上海黄金交易所和上海期货交易所对会员进行自律性管理。根据各自的《章程》和《会员管理办法》，上海黄金交易所和上海期货交易所对会员实行自律性管理。

四、影响黄金价格的主要因素

黄金市场的供求变化是影响黄金价格走势的直接因素。

(一) 影响黄金供给的因素

1. 地上黄金存量的变化

目前，全球保有大约 16 万吨黄金，近几年的黄金开采量大约维持在每年 2 600 吨的水平。

2. 黄金市场的黄金现货年供求量的变化

近年来，全球黄金市场的年供求量大约为 4 500 吨。其中，每年新产出的黄金占年供应的 62%，其他供应主要是旧金回收。

3. 金矿开采成本的变化

目前黄金的开采平均总成本大约为 425 美元/盎司左右。随着美元的贬值和开采难度的逐渐增大，黄金的开采成本呈递增的趋势。

4. 黄金生产国政治、经济形势的变化

黄金生产国政治局势的动荡或经济形势的变化有可能影响该国黄金的产量，进而影响世界黄金的供给。

5. 各国央行的黄金抛售行为

目前，各国中央银行仍是世界上黄金的最大持有者。各国央行和国际货币基金组织与黄金储备相关的吸纳或抛售自然是左右国际金价波动的主要因素。

6. 黄金市场投机性的抛售

在金价下跌的预期下，投机者会短期地抛售黄金，从而打压金价，自我实现预期。

(二) 影响黄金需求的主要因素

1. 现货黄金需求量的波动

一般来说，伴随着世界经济的增长，人们对黄金制品的需求趋于增加。另外，某些地区因素也会对黄金需求产生重大影响。例如作为黄金饰品的传统消费地区，印度和东南亚各国经济形势的变化对世界黄金市场的需求影响重大。

2. 保值的需要

黄金储备一向被央行用作防范通胀的手段。投资于黄金也是普通投资者规避通货膨胀、实现资产保值目的的可选途径。因此在通货膨胀时期甚或在通货膨胀预期强烈的时候，黄金的需求会剧增，从而带动金价上涨。

3. 投机性需求

投机者根据国际国内形势，利用黄金市场上的金价波动，补进黄金，造成黄金需求短期性地增加。

4. 黄金需求国政治、经济形势的变化

(三) 影响金价的其他因素

实际上，所有影响金价的因素最终都是经由影响黄金供求的方式来影响金价的走势。

1. 美元价值变化的影响

由于国际黄金市场主要以美元标价，所以美元指数也是影响金价波动的重要因素。一般说来，美元涨则金价跌；美元降则金价扬。

2. 各主要黄金供求国货币政策的影响

当某国实施宽松货币政策的时候，通货膨胀的可能性增加，黄金的开采成本或需求会增加，从而造成黄金价格的上升。

3. 股市、房市行情对金价的影响

股市、房市是黄金市场的主要可替代投资途径。一般来说股市或房市的下挫会拉动金价上升。

第三节 我国的黄金市场

中国是传统的黄金生产与消费大国。自20世纪70年代以来，为解决外汇紧缺的问题，国家加大对黄金行业的投入，黄金产业进入发展的快车道。

2007年，中国的黄金产量为270.491吨，第一次超过南非，成为全球第一大产金国。2009年，中国的黄金产量首次突破300吨，达到313.98吨，比2008年增长11.34%。2009年，中国黄金行业实现工业总产值1 375.32亿元，比2008年增长18.56%。2010年，中国的黄金产量达到340.876吨，比2009年增长8.57%，再创历史新高，并连续4年保持全球第一产金大国的地位。2010年，中国黄金集团公司、紫金矿业股份有限公司、山东黄金集团公司、山东招金集团公司等排名前10位的中国大型黄金企业生产黄金167.686吨，占全国总产量的49.19%。2010年度黄金产量排名前五位的省份依次为山东、河南、江西、云南和福建。这五个省份的黄金产量占全国总产量的 59.82%。

目前，中国的黄金市场以实物现货交易为主，市场封闭。2010 年，中国金条和金币市场的需求量上升 70%，达到 179.9 公吨，超过了美国和德国，成为仅次于印度的第二大黄金投资市场。2010 年，上海黄金交易所各类黄金产品共成交 6 046.064 吨，同比增长 28.48%，成交额共 16 143.262 亿元，同比增长 57.07%。2010 年，上海期货交易所共成交黄金期货合约 679.41 万手，成交额达 18 291.91 亿元，同比增长 19.77%。2010 年，我国的黄金制品市场需求活跃，首饰、工业、投资用金超过 510 吨。

一、中国黄金市场发展简史

1950 年 4 月，中国人民银行制定下发《金银管理办法》（草案），冻结民间金银买卖，国内的金银买卖统一由中国人民银行经营管理。

1982 年 9 月，我国内地恢复出售黄金饰品，从而迈出中国开放金银市场的第一步。1983 年 6 月，国务院发布《中华人民共和国金银管理条例》，规定国家对金银实行统一管理、统购统配的政策；中华人民共和国境内的机关、部队、团体、学校，国营企业、事业单位，城乡集体经济组织的一切金银的收入和支出，都纳入国家金银收支计划；境内机构所持的金银，除经中国人民银行许可留用的原材料、设备、器皿、纪念品外，必须全部交售给中国人民银行，不得自行处理、占有；在中华人民共和国境内，一切单位和个人不得计价使用金银，禁止私相买卖和借贷抵押金银。

到了 20 世纪 90 年代，我国逐步放松对黄金的产销控制。1993 年，国务院 63 号函确立了黄金市场化改革的方向。1999 年 12 月 10 日，中国首次向社会公开发售 1.5 吨“千禧金条”。1999 年 12 月 28 日，我国取消白银的统购统销政策，放开白银的市场交易。上海华通有色金属现货中心批发市场成为中国唯一的白银现货交易市场。白银上市交易品种为白银 1 号、白银 2 号、白银 3 号和粗银。白银的放开被视为黄金市场开放的“预演”。

2000 年，中国政府将建立黄金交易市场列入国民经济和社会发展“十五”（2001 至 2005 年）纲要。

2000 年 8 月，上海老凤祥型材礼品公司获得中国人民银行上海分行批准，开始经营旧金饰品收兑业务，成为国内首家试点黄金自由兑换业务的商业企业。2001 年 1 月，上海公开发行“新世纪平安吉祥金牌”，中国金币总公司作出承诺，在政策许可的条件下，适当时候予以回购，购买者可在指定的商家或商业银行网点自主买卖或选择变现。

2001 年 4 月，中国人民银行宣布取消黄金统购统配的计划管理体制，在上海组建黄金交易所。2001 年 6 月 11 日，央行正式启动黄金价格的周报价制度，根据国际市场价格变动对国内金价进行调整。2001 年 9 月 29 日，中国国家黄金集团公司成立。

2002 年 10 月 30 日，上海黄金交易所正式开业，中国黄金市场走向全面开放。

2003 年 4 月，人民银行取消了黄金生产、加工、流通的审批制，改为工商注册登记制，标志着黄金商品市场的全面开放。2003 年 11 月 18 日，中国银行的“黄金宝”在上海试点，拉开了商业银行参与黄金市场的序幕。2003 年 12 月 2 日，高赛尔公司与招商银行在成都战略合作，在国内首次推出了可用于回购的投资型实物金条“高赛尔金条”。

2004 年 6 月，上海黄金交易所面向普通投资者推出“小金条”业务。2004 年 7 月，中国国家黄金集团公司与其他公司合作分别成立郑州黄金交易中心、大连黄金交易中心。2004 年 8 月 16 日，上海黄金交易所推出 AUT + D 现货延迟交收业务。

2004 年 9 月 6 日，中国人民银行行长周小川在伦敦金银市场协会（LBMA）上海年会上表示，中国黄金市场将从商品交易为主向金融交易为主转变，由现货交易为主向期货交易为主转变，由国内市场向融入国际市场转变。

2004 年 11 月 2 日，由河南省鑫力黄金销售服务有限公司与中国银行河南省分行城东支行共同组建的鑫力黄金交易中心正式成立。2005 年 1 月，山东黄金集团出资 5 000 万元成立山东黄金交易中心。2005 年 8 月，山东招金黄金集团投资设立的山东招金黄金交易中心正式开业。2005 年 7 月 18 日，工商银行与上海黄金交易所联合推出了个人实物黄金投资业务。2006 年 12 月 25 日，上海金交所正式推出面向个人投资者的 AU100g 实物黄金投资品种。

2007 年 9 月，经国务院同意，中国证监会《关于同意上海期货交易所上市黄金期货合约的批复》［证监期货字（2007）158 号］批准上海期货交易所上市黄金期货。2008 年 1 月 9 日，黄金期货在上海黄金期货交易所上市交易。

2008 年 12 月 30 日，天津贵金属交易所注册成立。贵金属交易所作为天津产权中心的创新型交易平台，主要为金银等贵金属的现货及现货延期交收交易提供电子交易平台和相关服务。2009 年 7 月，交易所试运行。

2010 年 8 月，中国人民银行、发展改革委、工业和信息化部、财政部、税务总局和证监会联合出台了《关于促进黄金市场发展的若干意见》，明确了黄金市场未来发展的总体思路和主要任务。鼓励和引导商业银行开展人民币报价的黄金衍生品交易；将允许商业银行在没有真实贸易背景下，在境外对冲境内黄金交易头寸，并研究将开展黄金衍生品人民币报价交易所涉汇率敞口头寸纳入结售汇综合头寸进行境内平补的可行性；将研究推动完善投资性黄金和商业银行黄金业务税收政策；扩大有进出口黄金资格的商业银行数量；推动黄金市场对外开放，稳步增加上海黄金交易所外资类会员数量，研究推动境外机构参与上海黄金交易所进行交易；严禁参与地下炒金活动等。业界认为，在目前只有国内黄金期货交易和国际黄金实盘交易（亦即不可透支的交易）的背景下，央行此举意在为放开国际黄金保证金期货交易作准备。

2010 年 11 月 29 日，中国首只黄金基金“诺安全球黄金 ETF 基金”获得中国证监会批准发行。诺安全球黄金 ETF 基金主要通过投资于全球范围内有实物黄金支持的黄金 ETF 来紧密跟随国际金价的走势，业绩比较基准为伦敦金价格折成人民币后的收益率，由此使得投资诺安全球黄金 ETF 基金的风险和直接投资黄金实物相当。

我国作为全球最大的黄金生产国和第二大消费国，目前的黄金市场仍处于初级发展阶段，黄金投资品种相对单一。目前国内现存投资黄金途径主要有实物黄金、纸黄金和黄金期货三种类型。其中，黄金期货和其他黄金现货递延衍生产品是黄金交易场内市场的主要交易品种，黄金现货场内集中交易、商业银行和黄金生产、流通企业分别推出的纸黄金、黄金现货期权和金条、金币、金制品等投资理财产品也具有一定的市场份额。在黄金期货推出后，民生银行与期货公司曾合作共同研发了黄金期货理财产品，但因政策因素尚未获批上市。据统计，上期所 2008 年黄金期货交易量 7 780.9 吨，交易额 1.50 万亿元，以交易吨数计年交易规模在全球黄金期货市场排名第五。

目前我国四大国有商业银行主要经营三大类黄金业务：黄金信贷类业务，包括黄金项目融资、黄金租赁（拆借）；黄金投资业务，主要是黄金现货买卖、个人黄金投资；黄金中介业务，包括黄金收购、黄金交割等。

目前我国黄金现货市场以金交所的黄金交易品种为主，包括 Au99.99、Au99.95、Au99.5、Au50g、Au100g 五个现货品种。同时参考香港金银贸易场的模式，发展了一种特别的延期交收场内挂牌保证金衍生产品，称为 AuT + D。并在 AuT + D 的基础上发展了 AuT + N。此外还有部分商业银行的纸黄金、涉金企业推出的实物金条和金币品种。比较而言，AuT + D 的交易规模最大，据统计，2008 年金交所总交易额达 8 995 亿元，是 2007 年度的 2.7 倍，其中黄金总交易量 4 463.77 吨，交易额达 8 696.05 亿元。2008 年 AuT + D 交易量达 2 990.95 吨，占当年金交所黄金总交易量的 67%，交易金额达 5 831.04 亿元，占黄金总交易额的 67.05%。

目前我国期货市场的主要交易品种为 1 000 克/手的黄金期货合约。据统计，自黄金期货 2008 年 1 月 9 日上市至 2009 年 5 月 15 日，参与黄金期货交易的会员达 177 家，累计交易 967.05 万手，交易金额 1.87 万亿元，日均交易量 2.94 万手，合 29.4 吨，日均交易金额 56.97 亿元，月均交易量约 650 吨，其中主力合约交易量占总交易量的 90% 以上。不过，虽然 2008 年金交所和上期所上市品种的交易总额已达 2.4 万亿元（双边计），但在当年全球黄金交易总额当中的占比仍然低于 1.7%①。

---

① 中期在线．我国黄金市场与世界成熟市场比较．

二、上海黄金交易所黄金交易市场①

上海黄金交易所是经国务院批准，由中国人民银行组建，在国家工商行政管理局登记注册的，不以营利为目的，实行自律性管理的法人。遵循公开、公平、公正和诚实信用的原则组织黄金、白银、铂等贵金属交易。

上海黄金交易所交易市场是我国主要的黄金场内交易市场。

（一）上海黄金交易所的基本职能

1. 提供黄金、白银、铂等贵金属交易的场所、设施及相关服务
2. 制定并实施黄金交易所的业务规则，规范交易行为
3. 组织、监督黄金、白银、铂等贵金属交易、清算、交割和配送
4. 设计交易合同、保证交易合同的履行
5. 制定并实施风险管理制度，控制市场风险
6. 生成合理价格，发布市场信息
7. 监管会员交易业务，查处会员违反交易所有关规定的行为
8. 监管指定仓库的黄金、白银、铂等贵金属业务
9. 中国人民银行规定的其他职能

（二）上海黄金交易所的组织形式

上海黄金交易所实行会员制组织形式。其会员由在中华人民共和国境内注册登记，从事黄金业务的金融机构，从事黄金、白银、铂等贵金属及其制品的生产、冶炼、加工、批发、进出口贸易的企业法人，并具有良好资信的单位组成。

上海黄金交易所的会员依其业务范围分为金融类会员、综合类会员和自营会员。金融类会员可进行自营和代理业务及批准的其他业务；综合类会员可进行自营和代理业务；自营会员可进行自营业务。

目前上海黄金交易所的会员中金融类20家、综合类119家、自营类10家；据初步统计，会员单位中年产金量约占全国的75%；用金量占全国的80%；冶炼能力占全国的90%。

（三）上海黄金交易所的黄金交易方式

标准黄金、铂金交易通过交易所的集中竞价方式进行。实行价格优先、时间优先撮合成交的原则。

非标准品种通过询价等方式进行。实行自主报价、协商成交的原则。会员可自行选择通过现场或远程方式进行交易。

---

① 和讯黄金网. http://gold. hexun. com/help/default. html.

（四）上海黄金交易所的交易品种

交易所主要实行标准化撮合交易方式。目前，交易的商品有黄金、白银、铂，交易标的必须符合交易所规定的标准。黄金有 Au99.95、Au99.99 和 Au50g 三个现货实盘交易品种，以及 Au（T+5）与延期交收两个现货保证金交易品种；铂金有 Pt99.95 现货实盘交易品种，以及 Pt（T+5）现货保证金交易品种；白银挂牌延期交收合约（见表 10.1）。

表 10.1　　交易品种表

交易品种	黄金（Au）				银（Ag）	铂（Pt）	
合约	Au99.99	Au99.95	Au50g	Au(T+5)、Pt(T+5)	Au(T+D)	Ag(YQ)	Pt99.95
交易保证金		100%			10%		107%
交易单位	0.1千克/手	1千克/手	50克/手		1千克/手		
报价单位			元/克			元/千克	元/克
最小变动价位			0.01元/克			1元/千克	0.01元/克
交易时间	10:00～11:30 13:30～15:30			9:45～11:30 13:30～15:30			10:00～11:30 13:30～15:00
可交割条块	1千克	3千克	50克	1千克、3千克		15千克	0.5、1、3、4、5、6千克
可交割成色	99.99%	99.95%以上	99.99%	99.95以上		99.9以上	99.95%以上
最小提货量	1千克	3千克	50克	1千克、3千克		15千克	3千克
交易方式	自由报价、撮合成交						
提货方式	择库存货、择库取货（任意指定仓库存取）		择库存货、定库取货（指定仓库存取）	择库存货、择库取货（任意指定仓库存取）		择库存货、择库取货（任意指定仓库存取）	定库存货、定库取货（指定仓库）
交割期	成交即时			成交后第5个工作日	交割申请日		成交即时

（五）上海黄金交易所的资金清算

中国银行、中国农业银行、中国工商银行和中国建设银行作为交易所指定的清算银行，实行集中、直接、净额的资金清算原则。

（六）上海黄金交易所的储运交割

交易所实物交割实行“一户一码制”的交割原则，在全国35个城市设立47家指定仓库，金锭和金条由交易所统一调运配送。

交易所对于可提供标准金锭、金条企业的资格进行认定。并指定权威质检机构对交易产品质量进行监督，对质量纠纷进行检测和仲裁。

三、黄金交易的主要形式①

当今全球的黄金市场可分为商品性市场和金融性市场两种类型。其中商品实物黄金交易额不足总交易额的3%，90%以上的市场份额是黄金金融衍生物。但目前中国的黄金市场还停留在以实物商品交易为主的阶段。

（一）黄金现货市场上的实物金交易

实金买卖包括金条、金币和金饰等交易。是支出货币、持有黄金的投资方式。与持有证券资产相比较，持有黄金并不会产生持有期间收益。

金币包括纯金币和纪念性金币两种类型。纯金币的价值基本与黄金含量一致，价格也基本随国际金价波动，具有美观、鉴赏、流通变现能力强和保值功能。纪念性金币具有纪念意义，对于普通投资者来说较难鉴定其价值，主要为集币爱好者收藏。

黄金现货市场上实物黄金的主要形式是金条和金块，也有金币、金质奖章和首饰等。金条有低纯度的砂金和高纯度的条金，条金一般重400盎司。市场参与者主要有黄金生产商、提炼商、中央银行、投资者和其他需求方。其中黄金交易商在市场上买卖，经纪人从中搭桥赚佣金和差价，银行为其融资。黄金现货报盘价差一般为每盎司0.5~1美元。其中盎司（Ounce）为度量单位，1盎司相当于28.35克。

（二）纸黄金交易

“纸黄金”交易是一种由银行提供的无实金介入的黄金投资服务。在“纸黄金”交易方式下，投资者毋须经由实物黄金的买卖及交收的方式来投资黄金，而是经由金融机构采用记账方式投资于黄金。

由于不涉及实金的交收，所以“纸黄金”交易的成本较低。不过，虽然“纸黄金”交易等同于买卖实物黄金，但是通常不能将账户内的“黄金”直接提取为实物。这是因为“纸黄金”交易通常实行的是非百分之百的保证金制度，因此只有补足资金后才

① 和讯黄金网．http：//gold. hexun. com/help/default. html.

能将账面黄金提取。

（三）黄金保证金交易

1. 黄金保证金交易的含义

黄金保证金交易是指在黄金买卖业务中，市场参与者不需对所交易的黄金进行全额资金划拨，只需按照黄金交易总额支付一定比例的价款，作为黄金实物交收时的履约保证。目前既有黄金期货保证金交易，也有黄金现货保证金交易。

黄金保证金交易可用于为现货交易保值。亦即当用金商或产金商需要规避现货市场风险时，黄金保证金交易不需占用大量资金，只需要支付一定比例的保证金，作为实物交割时的担保，从而减轻了市场参与者的资金压力。当然，若投资者套期保值的规模过大，一旦决策失误，则也会招致企业的重大亏损甚至破产。

黄金现货保证金交易以伦敦现货市场为代表。它没有固定的交易场所，伦敦五大国际现货黄金保证金交易金商作为全球市场参与者的交易对手。投资者买进黄金时，由于只支付了一定比例的现货保证金，剩余货款类似于向银行贷款，所以要按日支付一定比例的利息。该利息也可以解释为金商机会成本的损失。

黄金期货保证金交易以美国纽约商品交易所和纽约商业交易所为代表。它有固定的交易场所，其交易标的不是现货黄金本身，而是标准化的黄金买卖合约。该合约约定交易双方在未来某特定时间以约定价格进行黄金实物交割。

2. 上海黄金交易所黄金现货交易的类型

在上海黄金交易所，黄金现货交易方式有 5 种，即全额交易、Au（T+5）交易、延期交收 Au（T+D）交易、3 个月以内中短期现货 Au（T+X，X ≦ 90）合约交易和延期交收交易 Au（T+N）。其中，后 4 种交易方式比较类似，最后一种方式的交易成本最低。Au（T+N）改变了 Au（T+D）交易按日收取 0.2‰递延补偿费的做法，Au（T+N）则是在每月的最后一个交易日一笔支付 1% 递延费即可，同时超期费为 0。改良后的 Au（T+N）按照延期费发生日又可分作 Au（T+N1）交易和 Au（T+N2）交易，其中 N1 指单数月最后一个交易日支付延期费，N2 指双数月最后一个交易日支付递延费。

（1）全额交易

全额交易是指买卖双方在交易前将交易所用的全额资金和实物黄金存放在交易所指定的账户或仓库，一旦交易成交，可立即办理资金清算和实物黄金所有权转移手续。

（2）Au（T+5）交易

Au（T+5）交易品种实行固定交收期的分期付款交易方式，交收期为 5 个工作日。会员（或客户）以一定比例的首付款确立买卖合约，合约不能转让，只能开新仓，到期的合约净头寸必须进行实物交收。会员或客户未在交割日履行实物交收，按违约处理。

Au（T+5）交易品种的首付款以资金方式结算，会员自营交易的首付款比例暂定为合约金额的10%，代理交易的首付款比例暂定为合约金额的15%。合约成交时按成交金额乘以首付款比例冻结首付款，盘后以当日Au99.95品种的加权平均价为基准。Au（T+5）品种设定的涨跌停板为该品种上一交易日收盘价的±5%。

金交所还将实行“集中、净额、直接”的资金清算原则，每日无负债和逐日盯市的资金清算制度。在风险管理方面，金交所对Au（T+5）品种除实行分期付款制度、涨跌停板制度外，还实行强行平仓制度和分级限仓制度。此外，金交所还根据不同会员的资信等级，实行分级限仓制度，会员自营分四个资信等级。会员的代理账户实行持仓总量限制的前提下，根据会员的客户数量确定未到期合约的可持有量。

(3) 延期交收Au（T+D）交易

延期交收Au（T+D）交易以分期付款方式进行买卖，交易者可以选择合约交易日当天交割，也可以延期交割，同时引入延期补偿费机制来平抑供求矛盾的一种期货交易模式。

这种交易模式能够为产金与用金企业提供套期保值功能，还能够满足投资者的投资需求，并且投资成本小，市场流动性高；同时还为投资者提供了卖空机制，为投资者提供了一个交易平台，较宜适合投资理财。

黄金现货延期交收业务与黄金现货业务的主要区别如下：

首先，黄金现货延期交收业务在开盘前引入了集合竞价过程。其开盘集合竞价在每个交易日开市前15分钟内进行。其中前14分钟为买卖指令申报时间，后1分钟为集合竞价撮合时间，开市时产生开盘价。

其次，黄金现货延期交收业务实行首付款制度。亦即在买卖报价过程中，不再冻结全额资金和实物，而是不分买卖方向，全部冻结报价金额7%的资金。且交易过程实行T+0制度，当天买入可以当天卖出。所有交易品种共用一个资金账户与实物账户，从而实现不同交易品种之间资金与实物的共享。

黄金现货延期交收业务的报价操作不仅仅是简单的买报价与卖报价，还有一个开仓与平仓的选择。因此黄金现货延期交收业务的报价操作共有买开仓、卖开仓、买平仓、卖平仓四种类型，对应不同的资金冻结与持仓增减。

第三，在交易环节中，黄金现货延期交收业务引入了持仓的概念。持仓是未来要进行交割的一种权利义务。在现货市场中没有持仓概念，因为一旦成交，马上进行交割，资金与实物的所有权随即转移。而在现货延期交收业务中，不立即进行交割，因此持仓代表对相应资金与实物所有权进行转移的一种权利义务。其中多头持仓表示未来要付出全额资金，得到黄金实物；空头持仓表示表示未来要付出黄金实物，得到资金；开仓意味着持仓的增加，资金的冻结；平仓意味着持仓的减少，资金的冻结。

第四，黄金现货延期交收业务在交割环节引入了中立仓、延期补偿费机制，以满足交割需要，平抑供求矛盾。

现货延期交收业务没有规定具体的交割时间，由买卖双方自由申报。买卖双方申报交割的数量一旦不相等，就要通过中立仓、延期补偿机制来解决这种矛盾，从而顺利实现现货延期业务的交割功能。

根据市场情况，延期补偿费可以为正、负或者为零。当市场出现供不应求（货少了）的情况下，延期补偿费为卖方付给买方。当市场供大于求（货多了）时，延期补偿费为买方付给卖方。当供求平衡时，延期补偿费为零。

第五、黄金现货延期交收业务实行每日无负债制度。

为了有利于风险控制，黄金现货延期交收业务每日进行结算。每日交易结束后，按照全部持仓计算应冻结的首付款。然后根据当日结算价，计算持仓的全部盈亏，并发生实际的资金划转，盈利者可以提取利润，亏损者要在规定时间内，补足资金。

黄金现货延期交收业务的交割程序如下：

第一步：交割申报。每个交易日 15:00 ~ 15:30 为会员或客户申报当日交收时间。申报内容为当日交收合约数量。系统实时公布。

第二步：公布交收数量和延期补偿费方向。15:30 ~ 15:31 系统统计和公布交收双方数量，延期补偿费支付方向。当交收申报数量相等时，不发生延期补偿费的支付。当交收申报数量不相等时，申报数量少的一方支付给申报数量多的一方延期补偿费。对于超期持仓合约加收超期补偿费，超期补偿费不分方向，向买卖双方收取。

第三步：中立仓申报。15:31 ~ 15:40 为中立仓申报时间。没有被交易占用的资金或实物的会员与客户可以参与中立仓申报。中立仓的申报实行部分冻结制度，按照交割方向，冻结 7% 的资金。

第四步：完成交收。当中立仓申报的交收数量小于或等于持有持仓合约或延期合约申报交方和收方数量的差，则全部中立仓都进入最后交收。申报交收合约按时间优先、当日交收最大化原则进行交收配对，完成实际交收。如果中立仓申报的交收数量大于持有持仓合约或延期合约申报交方和收方数量的差，则按照时间优先的原则排队确定进入最后交收阶段的中立仓。申报交收合约按时间优先、当日交收最大化原则进行交收配对，完成实际交收。

第五步：反向中立仓。一旦申报的中立仓进入了交割阶段，中立仓收到系统自动生成反向中立仓，其成交价按当日的结算价计算。反向中立仓生成免收手续费，这个反向中立仓可以选择交割或平仓进行了结，选择平仓收取万分之六手续费。

（4）3个月以内中短期现货Au（T+X，X≦90）合约交易

3个月以内中短期现货Au（T+X，X≦90）合约交易是指买卖双方在交易成交后的T+X日（X为自交易成交后的合约期限值，最长为90天）办理清算与交割的交易。

（5）延期交收Au（T+N）交易

2004年8月，上海黄金交易推出延期交收Au（T+D）品种后，又于2007年11月5日起在交易系统试运行改良后的Au（T+D）品种“现货延期交收Au（T+N）品种”。

Au（T+N）品种是金交所对已有Au（T+D）品种业务的补充和延续，又分为Au（T+N1）和Au（T+N2）两种类型。Au（T+D）、Au（T+N1）、Au（T+N2）三者之间的差异只体现在交易时产生的“递延费”中。由于黄金延期交易以保证金交易方式进行交易，客户可以选择合约交易当天交割，也可以延期交割，这时就引入了延期补偿费机制。“延期费”是客户延期交收发生的资金或黄金实物的融通成本，延期费的支付方向根据交收申报数量对比确定。Au（T+D）的延期费要逐日收付，而Au（T+N1）、Au（T+N2）的延期费则在每两月的最后一个交易日收付。且交割日前平仓不涉及延期费的收付。

可见，Au（T+N）的优势在于客户可以在两个月内频繁交易，而只要到两个月的时候将其斩期或平仓，就不用支付延期费。这样投资者就可以通过T+N来规避资金成本风险，从而大大降低交易费用。

（四）黄金期货交易

由于黄金现货投资须支付储藏和安全费用，且持有期间无利息等收入，于是买卖黄金期货就成为一种替代的选择。

每单位黄金期货合约的交易量通常为100盎司。

一般而言，黄金期货的购买或销售者都在合同到期日前出售和购回与先前合同相同数量的合约，也就是平仓，无需真正交割实金。每笔交易所得利润或亏损，等于两笔相反方向合约买卖差额。

黄金期货合约交易只需10%左右交易额的定金作为投资成本，具有较大的杠杆性，少量资金推动大额交易，所以黄金期货买卖又称“定金交易”。

世界上大部分黄金期货市场交易内容基本相似，主要包括保证金、合同单位、交割月份、最低波动限、期货交割、佣金、日交易量、委托指令。

1. 保证金

交易人在进入黄金期货交易所之前，必须要在经纪人那里开个户头。交易人要与经纪人签订有关合同，承担支付保证金的义务。如果交易失效，经纪人有权立即平仓，交易人

要承担有关损失。当交易人参与黄金期货交易时，无需支付合同的全部金额，而只需支付其中的一定数量（即保证金）作为经纪人操作交易的保障，一般将保证金定在黄金交易总额的10%左右。保证金是对合约持有者信心的保证，合约的最终结果要么以实物交割，要么在合约到期前作相反买卖平仓。保证金一般分为三个层次：

一是初级保证金（Initia Margin）。这是开期货交易时，经纪人要求客户为每份合同缴纳的最低保证金。

二是长期保证金（Maintenance Margin）。这是客户必须始终保有的储备金金额。长期保证金有时需要客户提供追加的保证金。追加的保证金是当市场变化朝交易商头寸相反方向运动时，经纪人要求支付的维持其操作和平衡的保证金。如果市场价格朝交易商头寸有利的方向运动时，超过保证金的部分即权益或收益，交易商也可要求将款项提出，或当作另外黄金期货交易的初始定金。

三是应变和盈亏的保证金（Variation Margin）。清算客户按每个交易日结果向交易所的清算机构所支付的保证金，用来抵偿客户在期货交易中不利的价格走势而造成的损失。

2. 合约单位

黄金期货和其他期货合约一样，由标准合同单位乘合同数量来完成。纽约交易所的每标准合约单位为100盎司金条或3块1公斤的金条。

3. 交割月份

黄金期货合约要求在一定月份提交规定成色的黄金。

4. 最低波幅和最高交易限度

最低波幅是指每次价格变动的最小幅度，如每次价格以10美分的幅度变化；最高交易限度，如同目前证券市场上的涨停和跌停。纽约交易所规定每天的最高波幅为75美分。

5. 期货交付

购入期货合同的交易商，有权在期货合约变现前，在最早交割日以后的任何时间内获得拥有黄金的保证书、运输单或黄金证书。同样，卖出期货合约的交易商在最后交割日之前未做平仓的，必须承担交付黄金的责任。世界各市场的交割日和最后交割日不同，投资者应加以区分。如有的规定最早交割日为合约到期月份的15日，最迟交割月份为该月的25日。一般期货合约买卖都在交割日前平仓。

6. 当日交易

期货交易可按当天的价格变化，进行相反方向的买卖平仓。当日交易对于黄金期货成功运作来说是必须的，因为它为交易商提供了流动性。而且当日交易无需支付保证金，只要在最后向交易所支付未平仓合约时才支付。

7. 指令

指令是顾客给经纪人买卖黄金的命令，目的是为防止顾客与经纪人之间产生误解。指令包括：行为（是买还是卖）、数量、描述（即市场名称、交割日和价格与数量等）及限定（如限价买入、最优价买入）等。

（五）黄金期权交易以及黄金远期类产品的交易

所谓黄金期权，指的是买卖双方在未来约定的价位，具有购买一定数量黄金的权利而非义务。如果价格走势对期权买卖者有利，会行使其权利而获利。如果价格走势对其不利，则放弃购买的权利，损失只有当时购买期权时的费用。

美国的纽约商品交易所（NYMEX）是世界最大的黄金期货和期权的交易场所。NYMEX 的每份黄金期货合约为100 盎司，用美元标价，交易时间是从上午的8:20 到下午1:30，黄金期货的交割期限可以是当月、下两个月、未来23 个月中的2 月份、4 月份、8 月份和10 月份，以及未来60 个月中的6 月份和12 月份。

黄金远期类产品包括黄金远期、黄金掉期（互换）、远期利率协议等等。

黄金远期合约是交易双方约定在未来的某一日期按照约定的价格买卖既定数量的黄金合约。

所谓黄金掉期交易，指的是黄金持有者转让金条换取货币，待互换协议期满则按约定的远期价格购回金条。可见，黄金掉期由一次现货交易和一次反向的远期交易组合而成。掉期完成后，交易者的黄金长短头寸不变，所变化的只是头寸所对应的期限。

黄金远期和掉期在功能上都是锁定未来的价格。

黄金的远期利率协议是参与双方约定在未来的某一个时间以某一约定的利率借贷黄金的协议，以此来锁定未来黄金借贷的成本。

黄金期权以及黄金远期类产品一般通过柜台交易。交易双方多为金融机构、黄金企业和黄金投资人。

（六）黄金股票

所谓黄金股票，就是金矿公司向社会公开发行的上市或不上市的股票，所以又可以称为金矿公司股票。

由于买卖黄金股票不仅是投资金矿公司，而且还间接投资黄金，因此这种投资行为比单纯的黄金买卖或股票买卖更为复杂。投资者不仅要关注金矿公司的经营状况，还要对黄金市场价格走势进行分析。

（七）黄金基金

黄金基金是黄金投资共同基金的简称，所谓黄金投资共同基金，就是由基金发起人组织成立，由投资人出资认购，基金管理公司负责具体的投资操作，专门以黄金或黄金类衍生交易品种作为投资媒体的一种共同基金。由专家组成的投资委员会管理。黄金基金的投资风险较小、收益比较稳定，与我们熟知的证券投资基金有相同特点。

1. 黄金 ETF

黄金 ETF 是最流行的黄金基金形式。

ETF，Exchange Traded Fund，亦即所谓的交易所型开放式指数基金，又称交易所交易基金，是一种在交易所上市交易的开放式基金产品。

黄金 ETF 就是以黄金为基础资产的 ETF。亦即在证券交易所上市交易，以黄金为基础资产，追踪现货黄金价格波动的交易所型开放式指数基金。

2. 黄金 ETF 的组织结构

目前主流的黄金 ETF 都采用信托的模式组建。基金的组织结构主要包括发起人、托管人、保管人以及投资者四方当事人。四方的责权由基金契约约定。

一般而言，由发起人设立信托，并向投资者发售信托受益凭证，该受益凭证即代表该信托的财产权利（扣除相关基金税费后）。黄金 ETF 基金的发起人通常有两种类型。一是专为发行基金而成立的公司；二是大型知名投资机构。

受托人，又叫基金管理人，负责基金的日常运作管理。黄金 ETF 托管人有权出售基金持有的黄金资产以偿付基金管理费用。受托人还负责计算每基金份额的净资产价值等指标。黄金 ETF 的托管人通常由国际知名银行担当。

保管人负责保管黄金金锭或金条。负责保管授权投资人在申购一揽子基金份额时存入的黄金。各黄金 ETF 都选择伦敦当地银行为保管人。

投资者依合法授权参与相关黄金 ETF 一级市场的申购、赎回以及二级市场的买卖交易。

为方便基金运作，黄金 ETF 通常会指定市场代理商为其服务。市场代理商的主要职责包括为基金制定市场开发计划、进行基金战略的研究等。

2003 年，世界上第一只黄金 ETF 基金在悉尼上市。截至 2010 年 9 月 17 日，全球黄金 ETF 共有 29 只，资产管理规模共计 739. 90 亿美元。目前黄金 ETF 市场的巨无霸"StreetTracks Gold Trust 基金"由世界黄金信托服务机构（World Gold Trust Services, LLC，由世界黄金协会全资拥有，注册于美国特拉华州）发起，于 2004 年 11 月 18 日开始在纽约证券交易所（NYSE）交易。这也是美国第一只以商品为基础资产的 ETF。

作为一种在交易所交易的开放式基金，黄金 ETF 的基础资产是黄金现货，投资者购买了基金份额就等于持有了黄金现货。这些黄金现货通常以伦敦金银协会可交割金条为标准交割物，储存在基金保管人的金库中，安全性极高。

根据伦敦金银市场协会（LBMA）颁发的《金银条合格交割条例》（The Good Delivery Rules for Gold and Silver Bars）。金条以金衡制盎司（Troy ounce）为基本单位，伦敦金银市场协会（LBMA）可交割金条标准要求每根金条质量在350至430金衡制盎司之间，一般为400盎司，品质要求最低成色为99.5%。金条上印有LBMA认可的熔炼商标志。

严格的黄金交割标准保障了黄金ETF申购和赎回机制的有效性。也确保了现货金价走势对黄金ETF价格波动的决定性作用。投资者选择投资于黄金ETF，既沿袭了投资于实物黄金的一些特点，同时还具有实物黄金投资所不具备的投资门槛低、交易便捷等优点。

黄金ETF以黄金为基础资产，有多少基金份额被发行在外，就意味着有多少黄金被收入基金在保管人处开立的账户中。在基金发行初期，为了申购基金，投资者必须买入黄金并存入保管人处，黄金现货需求的增加有可能造成现货金价的短期上涨。

3. 黄金ETF的运行原理

一般地，首先由黄金生产商向基金公司寄售实物黄金；随后由基金公司以此实物黄金为依托，在交易所内公开发行基金份额，销售给各类投资者；最后由不同的商业银行分别担任基金托管行和实物保管行；投资者则可在基金存续期间内自由申购、赎回或转让。

黄金ETF通常以1/10盎司为一份基金单位，每份基金单位的净资产价格就是1/10盎司现货黄金价格减去应计的管理费用。

4. 黄金ETF的一级市场和二级市场

与其他类型的ETF类似，黄金ETF也存在一级和二级市场之分。

黄金ETF在一级市场的最小申购和赎回单位通常为10万份基金份额。一般只有符合一定条件的机构才有能力对黄金ETF进行申购和赎回，称之为授权参与机构或者注册参与券商。因此普通投资者通常只能通过经纪公司参与二级市场的交易。具有一级市场参与资格的注册参与券商主要以符合交割标准的黄金办理黄金ETF申购和赎回业务。

黄金ETF基金份额的价值与受托人持有的黄金价格相关。一般以金条价值减去应付款等负债来计算黄金ETF的净值。黄金ETF的托管人通常以伦敦黄金市场下午交易时段的价格或伦敦黄金定盘价为基准来计算净值。由于黄金ETF通常在某一地区交易所上市交易，而其所追踪的基础资产黄金的交易则主要在伦敦和纽约市场交易，各交易所的开盘、收盘时间以及交易活跃时段均不相同，因此基金份额在二级市场的交易价格就很可能会出现偏离其净值的现象。以SPDR为例，该基金在纽约证券交易所上市，收盘时间为纽约当地时间下午4点15分，而当纽约商品交易所的COMEX纽约黄金交易时段在纽约当地时间下午 1 点 30 分结束后，由于届时市场流动性大幅降低，基金份额相对于黄金现货价格出现升贴水的几率将增加。

由此，黄金 ETF 的一、二级市场之间存在套利的可能性。例如，当黄金 ETF 的价格高于其资产净值时，投资者将会在一级市场申购黄金 ETF 份额，然后在二级市场以高于资产净值的价格卖出以赚取价差；反之，当黄金 ETF 的价格低于其资产净值时，投资者则会在二级市场以低于资产净值的价格大量买进黄金 ETF，然后在一级市场赎回黄金资产获利。而市场套利行为最终会促使黄金 ETF 的一级市场价格和二级市场价格之间达到合理的均衡关系。

黄金 ETF 的基金费用主要分为基金日常运营开支和基金管理费。一般地，黄金 ETF 并不产生收益，管理方只靠出售持续黄金资产来冲销基金的运作费用。因此假若黄金价格维持不变，则基金份额的净值和交易价格会因基金持续出售黄金而降低。这就意味着，买入并长期持有黄金 ETF 的投资者只能依靠黄金价格的上涨赚钱，否则即使金价保持稳定，投资者还是要承担亏损。

复习思考题

1. 简述主要国际黄金市场的状况。
2. 简述影响黄金价格的主要因素。
3. 简述黄金交易的主要形式。

第十一章

金融市场的监管

本章摘要

本章首先给出了金融市场监管的含义、基本形式及其相关理论，然后简介了中美两国金融监管体制的基本特征。

关键词

金融监管理论　金融监管机构

第一节　金融市场监管的一般理论

一、金融监管的含义

金融监管乃金融监督与管理的总称。指的是政府通过特定的机构（如中央银行等）对金融市场交易行为进行的限制、规定或规范。可见，在本质上，金融监管是一种具有特定内涵和特征的政府规制行为。

金融监管有广义和狭义之分。狭义的金融监管是指中央银行或其他金融监管当局依据国家法律规定对整个金融业（包括金融机构和金融业务）实施的监督与管理。广义的金融监管则在上述涵义之外，还包括了金融机构的内部控制与稽核、同业自律性组织的监管以及其他相关社会中介组织的监管等内容。

二、国际金融监管制度的演化

（一）1980 年以前国际金融监管的特点

（1）以限制竞争、保障安全为主要指导思想；

（2）监管视野限于国内，对国际金融活动监管不足；

（3）各国监管体制相互分离，监管手段和政策的差异导致导致不同监管环境下的金融竞争力差异。

（二）1980 年，以美国为代表的西方国家普遍放松金融管制

这在提高资源配置效率的同时，也增加了国际金融市场的动荡和风险。

（三）1990 年以后，西方各国又转向严格监管

这一时期强调审慎监管制度，央行的国际合作加强。其突出成果表现为《巴塞尔协议》和《有效银行监管的核心原则》的签署。

（四）近年来国际金融监管的趋势

（1）改善传统的监管手段，加强以促进金融业谨慎经营为目的的风险监管，保证金融业的效率和稳定。

（2）加强对大型金融集团的监督。

（3）要求银行审慎对待与高杠杆机构的关系。

（4）与金融机构的综合经营趋势相适应，国际金融监管机构的合作。更加密切。

可以预见，未来的全球金融监管体制框架将是一个更加灵活的，能充分、准确地反映各类风险及风险管理方法的动态发展变化的体系。监管者与被监管者的关系将由对抗型向协作型转变，内部管理将成为国际银行监管的重要内容。

三、新中国金融监管体系的形成与发展

（1）1950 年 11 月，经政务院批准的《中央人民政府中国人民银行试行组织条例》中规定在总行设立检查处。

（2）1984 年之前的中国人民银行既是金融业的主要金融机构，又是我国金融业的主要监管者。

（3）改革开放后，中国金融业迅猛发展，出现了多元化的金融机构、多种类的金融工具和金融业务，引进了外资金融机构，这迫切需要加强金融监管。为适应这种局面，我国金融监管体制经历了两个阶段的变化：

① 自 1984 年至 1992 年以前，作为中央银行，中国人民银行行使金融监管职能。属单一金融监管机构模式。

② 从 1992 年开始，监管体制开始向分业监管过渡。1992 年，中国证监会成立。1998 年，中国保监会成立。2003 年，中国银监会成立。

我国目前基本上属于分业监管的模式。通过“一行三会”的联席会议制度进行协调。

（4）中国香港的金融监管体制在 1970 年代后进行了重大调整。其现行监管体系主要由政府机构、咨询机构、同业公会三部分组成。以政府机构为主，咨询机构和同业公会配合，各司其职共同担负金融监管工作。

中国澳门还未设立独立的金融监管机构。

中国台湾实行单一的集中监管体制。

四、金融监管理论综述

金融监管理论是在政府管制理论的基础上结合金融业的特殊性逐步发展完善起来的。就金融监管的理论依据而言，主要有所谓的社会利益说、金融风险说、投资者利益保护说、管制供求说和公共选择说等。这些理论在阐述金融监管的合理性方面互有交叉，但各有侧重。

（一）金融监管的社会利益说

社会利益说源于20世纪30年代美国经济危机期间。该理论认为，金融监管的基本目的是维护社会公众的利益。而社会公众利益的高度分散化决定了只能由国家授权的机构来履行这一职责。

该理论的主要观点是：市场缺陷的存在有必要让代表公众利益的政府在一定程度上介入经济生活，通过管制来纠正或消除市场的缺陷，以达到提高社会资源配置效率、降低社会福利损失的目的。适度的监管可以在增加社会公众整体利益的同时，将监管带来的负面影响或社会成本降到最低水平。

可见，市场经济有缺陷，自由竞争和市场机制不仅不能实现资源最优配置，甚至有可能造成社会资源的浪费和损失，从而要求代表全社会利益的政府在一定程度上介入经济生活，通过管制来消除或纠正市场的缺陷。这是金融监管社会利益说的核心所在。

至于为什么说市场机制有缺陷，社会利益说的基本理由如下：

1. 自然垄断的产生

该理论认为，竞争是市场机制有效发挥作用的前提，但竞争的结果很容易形成垄断，出现垄断价格或垄断供给，从而损害公共利益。因此需要政府介入来抑制垄断，消除价格歧视，保护公众利益，促使供给价格维持在社会平均成本的水平。

2. 外部效应的存在

所谓外部效应，指的是特定经济行为所引发的、不能体现为该行为主体自身的收入或成本变化的效应。

外部效应存在正效应和负效应两种类型。如上游环境治理使得下游无偿地得益，上游环境恶化使得下游无辜受损等。

外部效应的存在使得社会利益与私人利益发生背离，这就需要政府介入，以促使社会利益的最大化。

3. 信息的不完全性

信息不完全，又叫信息不对称，指的是市场信息无法做到共享、周知的状况。在市场经济活动中，有些人掌握信息较多、较早、较全面，而有的人所掌握的信息则较少、较慢、较片面。于是前者在市场活动中就能得到较大的利益，而后者的利益则可能相应受损。这显然有失公正。

因此，为纠正信息的不完全或不对称问题，需要政府部门的介入，如对广告内容的制约、对商品说明的制约、对内幕交易的制约等。

（二）金融监管的金融风险说

金融风险说主要从关注金融风险的角度论述了对金融业监管的必要性。

首先，金融业是一个特殊的高风险行业。金融企业的资金主要来源于负债，相当可观的资产负债率决定了金融企业经营的流动性、安全性为先的原则。

其次，在现代市场经济条件下，信用成为联结国民经济各部门的纽带。社会各部门之间相互存在大量的债权债务关系。在了结债权债务关系的过程中，只要有一个环节出现支付困难，就会引起连锁反应，引发全面的金融危机。

另外，金融体系的风险直接影响到货币制度和宏观经济的稳定。信用货币制度的确立一方面极大地提高了经济运行的效率，降低了市场交易的成本；但在另一方面，实业经济对货币供给的约束力也越来越小，不仅货币供给超过实业经济需要从而引发通货膨胀的可能性明显提高，货币供给不足从而引发经济萎缩的可能性也不能排除。

上述金融风险的内在性决定了必须有一个权威的机构来对金融业实施适当的监管。

（三）金融监管的投资者利益保护说

投资者利益保护说认为，在现实的市场经济中大量存在着信息的不对称，从而导致交易的不公平。金融机构的从业人员与一般外部的投资者相比具有明显的信息优势。这种信息优势有可能被用于谋求超额的利润，而将风险转嫁给一般的投资者。因此，保护一般投资者的利益对于整个金融业的健康发展不可或缺。这就有必要建立一套高效的监管制度以便对信息优势方的行为加以规范和约束，从而创造公开公平公正的市场环境。

（四）金融监管的管制供求说

管制供求说将金融监管看作存在供求方的特殊商品。

在管制的需求方面，例如现有的金融机构可能希望通过金融监管来限制潜在的竞争者；消费者需要通过监管促使金融机构提高服务质量、降低服务收费。在管制的供给方面，例如政府官员有提供监管以获得社会认可的动机。

因此，在管制供求说看来，是否提供监管以及监管的方式、范围和力度最终取决于监管供求关系的对比。

监管供求论运用供求分析方法来研究各利益团体在监管制度构建过程中的相互作用。它实质上属于公共选择理论的范畴。

公共选择理论以现代经济学方法分析民主立宪制政府的各种问题。该理论注重考查研究选民、政治人物以及政府官员的行为。并假设他们都是出于私利的动机而采取行动，以此研究他们在民主体制或其他类似的社会体制下的互动。

公共选择说强调“管理寻租”的思想，认为监管者和被监管者都会借由管制来谋求私利。即监管者将管制当作一种“租”，主动向被监管者提供（即所谓的设租）以获利；而被监管者则利用管制来维护自身的既得利益。

所谓寻租，指的是一种企图凭借人为垄断来获取超额收入的行为。寻租活动大多是政治性的秘密交易。它不是一种生产性的努力，而只是一种分配性的努力。也就是说，寻租或设租的人所思考的只是怎么才能比别人分得更多的羹的问题，而不是怎样才能生产更多的羹的问题。

亚当·斯密认为，个人追逐私利的结果，会提高社会整体的福利，因为这中间有市场（价格机制）这只看不见的手在起作用。不过，实际上很多从个人角度来看是合情合理的做法，可能最后对大家都不利。比如，假若只有一位观众踮起脚尖，则能使自己看得更加清楚；但若所有的人都踮起脚尖，也就没有任何人能看得更清楚了。寻租活动本质上就是这么一种“踮起脚尖”的行为，它对个体是最优的，对整体则非最优。

第二节　金融监管的目标与原则

一、金融监管的目标

一般地，金融监管的目标是建立和维护一个稳定、健全和高效的金融体系，推动经济和金融的健康、有序发展。

亦即通过防范和化解金融风险，维护金融体系的稳定与安全，促进公平竞争和金融效率的提高，从而保证中国金融业的稳健运行和货币政策的有效实施，保护金融活动各方当事人的合法利益，促进金融机构和金融市场的健康发展。

具体地说，金融监管的目标应该体现在以下几个方面：

（1）提高全社会资源配置的效率和政府政策目标的实现。

（2）消除诸如金融市场信息不对称、垄断、操纵市场、过分投机等因素的消极影响，维护金融交易的公开、公平和公正，促进金融交易的有序高效竞争，保护广大投资者的利益。

（3）控制金融市场的系统性风险，预防金融危机的爆发。

二、金融监管的原则

（一）依法监管的原则

对金融机构的监管必须做到有法可依，依法办事。

（二）促进适度竞争的原则

金融监管当局应该着力保护、维持、培育、创造一个公平、高效、有序、适度的竞争环境。既要避免高度垄断的低效率，又要防止出现过度竞争，从而危及金融系统稳定的局面。

（三）自我约束与外部监管相结合的原则

基于金融交易的复杂性、专业性，外部监管的作用毕竟有限，金融机构的自我约束必不可少。

（四）社会效益与经济效益相结合的原则

金融监管应该把积极防范风险与提高效率有机地协调起来。一方面通过防范风险稳定金融运行，另一方面通过提高效率以促进社会经济的发展。

三、金融监管的主要内容

金融监管的主要内容包括市场准入的监管、市场运作的监管和市场退出的监管等几个方面。

例如，央行或货币当局对金融业的监督主要包括如下三个方面的内容：

（1）对金融风险的预防性监管。

对金融风险的预防性管理旨在防止或缩小由银行内控不严而引起的各种风险，包括如下措施：市场准入；资本充足性；流动性管制；业务范围的限制；贷款风险的控制；准备金管理；管理评价。

（2）为保护存款者的利益而提供的存款保险制度。

存款保险制度是西方国家在1930年代后普遍推行和采用的防范金融风险的有效办法，它为整个金融体系设置了一道安全防线，从而提高了金融体系的信誉和稳定性，对稳定市场避免金融风潮起着积极作用，是中央银行金融监管的辅助和补充。

不过，存款保险制度也存在局限性。首先，存款人的利益并没有完全得到保障。其次，金融支付危机往往在特定时期集中发生，而非个别现象，此时银行的安全性仍可能失去保障。第三，存款保险机构存在丧失支付能力的可能性。第四，存款保险制度也可能导致道德风险问题。

（3）为避免银行遭遇流动性困难，由货币当局在非常状态下所提供的紧急救助机制。

所谓紧急救援，是指金融监管当局对发生清偿能力困难的银行提供紧急援助的行为。紧急救援的方法主要有：① 由央行提供低息贷款；② 存款保险机构的紧急援助；③ 央行组织下的联合救助；④ 由政府出面援助。

上述三个方面的内容统称为央行或货币当局金融监管的“三道防线”。

四、金融监管的主要手段

金融监管须依据有关法规来进行。在具体的监管过程中，主要运用金融稽查的手段。金融稽查包括全面稽查和专项稽查两大类。具体实施起来又可分为现场稽查、报表稽查和委托稽查等形式。

五、金融监管模式的选择

（一）金融监管模式的分类

（1）按照监管权力集约化的程度，可以把金融监管模式划分为集中统一监管体制和分业监管体制两种类型。

金融业通常划分为货币银行业、证券业、保险业三大行业。或者细化为货币银行业、证券业、保险业、信托业四大行业。所谓分业监管体制，即是分行业分别设立专有的监管机构，由各监管机构践行相应金融行业的监管职责。所谓集中统一监管体制，即是在整个大金融业中建立跨行业的监管机构，由该监管机构集中、统一地依法实施监管整个金融业的职责。

（2）按照监管对象的不同，又可将金融监管机制划分为机构监管型、功能监管型和目标监管型三种类型。

所谓机构监管，是指不同行业类型的金融机构（通常指商业银行、证券公司和基金公司、保险公司）的业务分别由不同的监管机构按照不同的标准和体系进行监管。所谓功能监管，是指各类金融机构的同一种类型的业务统一由相应的同一个监管机构监管，而不同类型的业务则由不同监管机构分别监管。所谓目标监管模式，则是指按照金融监管的不同目标（例如审慎性监管目标和市场行为监管目标）分别设立监管部门，对各种类型金融机构相应目标的实现状况分别进行监管的模式。

（二）影响金融监管模式抉择的因素

金融监管模式的选择取决于许多因素。

首先，各经济体金融监管模式的选择与其金融业发展的具体状况相关。

目前一些经济体的金融业实行分业经营，而另外一些经济体则允许银行、证券、保险业混业经营。如德国长期以来一直实现全能银行制，银行可以兼营证券、保险业务。1999 年，美国国会正式通过《金融服务现代化法案》，宣告历经 60 多年的分业经营模式终结。但与德国不同，美国是通过银行控股公司或金融控股公司拥有分别从事不同业务的子公司的方式来实现混业经营的，各子公司在法律上和经营上是相对独立的公司。

与之相应地，世界各国的金融监管体制分别选择了集中统一监管体制或分业监管体制两种类型。如1986年，挪威建立了世界上第一个对银行、证券、保险统一进行监管的监管机构。英国于1998年10月成立金融服务管理局，将英国原有的八个金融监管机构合为一体，英格兰银行作为中央银行，不再承担对商业银行的监管职责。韩国也于1998年4月成立金融监管委员会，对银行、证券、保险业实施统一监管。中国台湾、香港特区目前都采用该模式。

当然在更多的国家，目前依然实行银行、证券、保险业分业经营，分业监管的体制。亦即将金融业划分为几个具体的行业，然后分设机构分别承担监管的职责。例如美国、加拿大等国均采用这种监管体制。

不过，总的说来，不断涌现的金融创新产品以及新的金融子市场，使得各类金融机构以及金融市场整体所面临的风险更复杂、更难以监管。特别是随着混业经营趋势的强化，证券公司、保险公司、商业银行等金融机构的风险特征日趋相似，使得金融市场的系统性风险已经从早期单一的银行系统逐步扩展到金融系统全部领域。金融集团（最初以金融控股公司的形式）的出现和发展壮大也对现存的分业监管模式提出了有力挑战，使得分业监管更难以操作。因为在分业监管模式下，对金融集团的各类业务分别监管难免出现过度关注某一业务或各子公司的经营状况而忽略金融集团总体经营风险的情况。因此，目前世界各主要经济体的金融业都不同程度地存在逐步向统一监管模式转换的倾向。

其次，金融监管模式的选择应以是否有效为基本依据。而一个监管体制的有效性主要表现为监管效率的提高、监管成本的降低和监管功能的充分发挥。

分业监管主要参照机构监管的思路，对不同金融机构按照所属行业进行划分，由不同的监管部门分别监管，早期的金融市场多采用这一监管模式。

近期，随着混业经营的日益普及，部分国家的分业监管体制逐步由机构监管向功能监管过渡，或两者兼而有之。例如美国，在混业经营的限制取消后，在分业监管总体框架保持不变的情况下，对以金融控股公司为代表的混业经营金融机构主要采取了功能监管的方式，同时赋予中央银行监督金融控股公司整体运行稳定的职责，加强了对混业经营金融机构的监管措施。可见，美国的金融监管正逐步由机构监管过渡为机构监管与功能监管并重的体制。

统一监管则是按照监管目标的不同，将一项或几项监管目标赋予统一监管机构进行监管。统一监管的典型案例是澳大利亚采取的双峰式监管模式。1997年，为了提高澳大利亚金融监管的效率，降低监管成本，提高金融市场的整体竞争力，澳大利亚政府对金融市场的监管体制作了大幅度调整。按照监管目的的不同，分别设立了澳大利亚审慎监管局（The Australian Prudential Regulation Authority）和澳大利亚证券投资委员会(The Australian Securities and Investment Commission)，分别对各类金融机构的审慎经营以及市场行为（包括保护投资者利益）进行监管。

目前，采取统一监管模式的国家和地区越来越多，它们或是建立起了一个监管整个金融领域的统一的监管机构，或者是将三大金融行业中的两个以上的金融行业（比如银行与保险，银行与证券或者是证券与保险）的监管权力集中到一个监管机构。

但基于各国不同的文化背景、金融市场发展路径和阶段，统一监管的方式和程度各不相同（例如有的国家将银行和证券市场的审慎监管统一交给一个监管机构负责，有的国家将证券和保险市场的审慎监管统一交给一个监管机构负责，还有的国家将银行和保险市场的审慎监管统一交给一个监管机构负责）。

还有一些经济体统一监管模式的特征更为明显。即对不同金融机构的所有监管（包括审慎监管和市场行为监管）均交给一个监管机构统一负责。目前英国、新加坡、韩国等少数国家和地区采取这一模式。但在这些经济体中，统一监管的范围并不包括金融市场的系统稳定，该职责通常仍由各国中央银行承担。

以我国香港特区为例，香港于1993年4月1日，由外汇基金管理局与银行业监理处合并成立了香港金融管理局。香港金融监管局的职能目标包括：第一，维持货币稳定；第二，促进银行体系的安全和稳定；第三，促进金融体系的效率、健全与发展。香港金融监管局下设三个机构：香港证券监管委员会、保险业监理处和金融市场的自律机构（香港金融业主要的行业组织有银行公会、香港联交所和期交所、香港保险业联合会）。香港金融监管机构有明确的监管思想，即监管应确保监管手段、监管政策与金融产品的发展相协调，不能抑制金融产品的创新。它强调金融机构应健全内部控制和风险管理，在推出各种金融创新产品时，对其服务的安全性要进行定期独立评估。

当然，目前也存在一些处于集中统一监管体制和分业监管体制两种类型中间地带的监管模式，可称之为不完全统一监管模式。包括牵头监管模式和双峰式监管模式。牵头监管模式以巴西为代表，在分业监管的同时，指定一个监管机构为牵头机构，来负责不同监管主体之间的磋商协调。双峰监管模式以澳大利亚和奥地利为代表，即设置两类监管机构，一类对金融机构进行审慎监管，控制系统性风险；一类对不同金融业务进行监管。

第三节　美国的金融监管体制

一、美国金融监管模式的历史演化

美国一直是“自由市场竞争论”的坚定奉行者。但20世纪30年代发生的经济危机使美国和世界经济一度陷入深渊，促使“强调政府有形之手”的凯恩斯主义成为主流经济思想。反映在金融法领域，强调严厉监管的《格拉斯·斯蒂格尔法》应势而生，该法与《1933 年证券法》、《1934 年证券交易法》等一起被认为是美国加强金融监管的系统性行为，标志着美国金融业全面进入分业经营、分业监管的时代。

但随着 20 世纪 70 年代美国出现经济滞胀，以复兴传统自由主义理想、减少政府对经济社会的干预为主要经济政策目标的新自由主义思潮开始兴起，并逐渐成为主导美国经济政策和金融立法的主流价值取向，其主要内容包括减少政府对金融、劳动力等市场的干预，解除严格的金融管制，推行促进消费、以高消费带动高增长等。

从 20 世纪 80 年代以来，美国通过制定和修改法律，放宽对金融业的限制，推进金融自由化和金融创新。《1999 年金融服务法》出台，更是标志着美国金融管制的进一步放松。该法一改《格拉斯·斯蒂格尔法》的立法理念，淡化政府监管，赋予金融机构以极大的自由。

但 2008 年的金融危机迫使美国政府和监管当局不得不对以新自由主义为价值取向的监管理念进行深刻反思。美国各界普遍认为，美国次贷危机引发的根本原因就是监管失控。由此引发全社会对美国现有金融监管模式的检讨。

美国现行的监管模式被称为双重多头监管，所谓“双重”即指金融监管机构既有基于联邦法设立的监管机构，又有基于各州法设立的监管机构；所谓“多头”即指多个部门负责监管职能，如美联储、财政部、储蓄管理局、证券交易委员会等机构。在双重多头监管模式下，金融监管的机构竟高达 115 个。监管机构数量庞大一方面造成协调性差，影响了监管效率；另一方面，尽管《1999 年金融服务法》自颁布以来，对美国的监管体制进行了调整，但其并没有从根本上动摇银行、保险、证券分业监管的基本格局，各监管机构的监管区域仍然是相对隔离的。因此各监管机构之间对于监管的内容不易实现无缝对接。

于是 2008 年金融危机之后，美国大规模改革其金融监管体制。其主要内容可概况为以下三方面：

一是扩大监管范围。从金融机构、金融活动、金融参与者三方面扩大范围。首先，美联储的监管范围由商业银行外，扩大到投资银行、对冲基金等。其次，新建“商业行为监管局”，规范商业活动和保护消费者利益。第三，新建联邦委员会“抵押贷款创设委员会”，负责把抵押贷款经纪人纳入联邦监管。

二是整合监管机构。新建“金融审慎管理局”负责整合银行监管权；新建“全国保险管理局”整合分散于各州的保险监管权。

三是统一监管体制。“总统金融市场工作小组”权限由管理金融市场扩展到整个金融部门。

二、美国对商业银行的监管

（一）美国商业银行的监管机构

在美国，对商业银行金融机构的监督管理由货币监理署（the Office of the Controller of the Currency，OCC）、联邦储备委员会（Federal Reserve Board，FED）、联邦存款保险机构（Federal Deposit Insurance Corporation，FDIC）、州政府银行局等多家机构分头负责。

美国国内的银行分为联邦法银行（或国民银行）和州法银行。联邦法银行的设立由货币监理署负责认可，其日常运营则受到联邦储备委员会和联邦存款保险机构的监管。州法银行的设立和运营则受到各州政府银行局的监管。

为了适应近年来经济、金融环境的变化，美国政府开始改革这种监督体系，依照新制定的《1999 年金融服务法》，将原来按机构分类分别监管的体制改为按金融服务功能分类分别监管的制度。

1975 年 9 月，由英美等 11 个国家的中央银行组成的"银行管理和监督行动委员会"在瑞士巴塞尔达成《巴塞尔协定》。标志着国际银行业的协调监督管理的正式开始。美国作为《巴塞尔协定》最初的倡导者和积极的执行者，在对商业银行的资本充足性管制上作出了较大的努力，而且取得了较多的成就。

（二）美国银行业监管机构的主要监管内容

1. 市场准入的监管

在美国注册不同性质的银行要由不同管理机构审批。货币管理局管理国民银行注册和颁发执照，并对其营业宗旨、组织章程、资本结构、董事、官员资历、管理业务和风险、获利能力和所有权要求等因素进行考虑和调查。

2. 资本充足率的监管

1981 年，美国联邦储备委员会、货币管理局和联邦存款保险公司共同制定了衡量资本充足率的统一标准。将资本分为一级资本和二级资本。《巴塞尔协议》签订后，美国于 1990 年底开始试用以此评价银行资本的充足性。

3. 对风险损失准备金的监管

美国对坏账的法律定义是指本金或利息逾期 6 个月以上的贷款，以及担保和抵押不落实的催收贷款。按规定，坏账必须在分红前核销。各家银行也可以对其认为必须核销的资产进行主动核销。为防止汇兑风险，联邦储备银行可以根据其对银行国际贷款质量的评价，要求有关银行建立并保持一定数量的专项储备。

4. 对存款保险的监管

联邦储备银行要求其所有成员都必须参加联邦存款保险。大多数州也要求州立银行参加联邦存款保险。联邦存款保险公司一身二任，既是保险公司，又是金融监管机构，将业务职能与监管职能紧密结合，以检查投保银行安全状况的方式，监管美国所有银行。

按1991年《联邦存款保险公司改善法》规定，银行监管者每年至少对所有银行现场检查一次。美国的非现场监督注重于统一性、综合性、比较性和预测性的系统监管。综合每家银行的业务全面情况，通过评级来比较同类银行状况，确定各家银行的业务监管级数，并由此确定现场检查的必要性。

三、美国对证券业的监管

美国证券经营机构、证券交易所、证券业协会的监管由美国证券交易委员会负责。

按照服务对象和市场参与者的不同，美国的资本市场大致划分为证券交易所市场(场内交易市场)、柜台交易市场（又称为场外交易市场）和私募股权交易市场等不同层次。

美国的证券交易所市场又可以划分为全国性市场和地区性市场两种类型。前者包括纽约证券交易所和纳斯达克全国市场；后者包括波士顿证券交易所、费城证券交易所等。没有资格或不希望在全国交易所上市的股票可以在这些地区性的市场进行交易。

美国场外交易市场的特点是交易方式分散、个别定价，而不像证券交易所市场那样连续竞价交易。一个或几个做市商在柜台市场为某只股票报价、形成交易后，再将相关交易信息上传到全国性的报价系统，其报价系统本身并不撮合交易。在场外交易市场交易的证券通常是达不到证券交易所上市标准或达不到维持上市要求而被摘牌退市企业的股票。OTC（Over the Counter）市场是典型的场外交易市场。其又包括OTCBB（场外交易电子报价板）和粉红单（Pink Sheets）市场等类型。

OTCBB是全美证券经纪商协会（NASD）应美国证监会（SEC）要求，为达不到纳斯达克上市标准的其他柜台交易股票开设的电子报价系统，提供场外交易实时报价、最新成交价和成交量信息。1998年以后，经美国证监会注册的所有国外证券和美国存托凭证也被允许在OTCBB挂牌。

粉红单市场是比OTCBB更低一级的报价系统。甚至不需要挂牌公司提供注册会计师的财务审计报告。只要有一家符合NASD要求资质的做市商愿意为某只股票做市报价，其股票就可以挂牌交易。

在美国，具有500个股东以上的公司为公众公司。与之相对应，不超过499个股东的公司的股票就成为私募股票。

全美证券经纪商协会曾经禁止私募股票在交易达成6个月以内再次进行买卖。后来美国证监会对相关条款进行了修改（即144 A条款），允许私募股票在合格机构投资者之间进行买卖，放松了私募股权交易的时间间隔限制。为此，纳斯达克于1990年在144A条款的基础上首先创建了Portal系统，全称为全美证券经纪商协会私募发行、再发行、交易与自动清算、交割系统，专门从事在合格机构投资者之间进行的144A有价证券交易。2007年，高盛公司设立了可交易非注册证券的场外交易平台（GS Tradable Unregistered Equity OTC Market，简称GSTrue），花旗集团、雷曼兄弟、美林证券、摩根斯坦利、纽约银行等五家投行共同设立了OPUS交易平台，贝尔斯登则对外公布了自己的非注册证券私人配售平台Best Market。以上私募股权交易市场的一个共同特点就是可以从事144A条款规定的受限制有价证券的交易。

尽管这些不同层次的市场均有自己明确的定位，但也并不是完全各自封闭的，而是实现了相互间的有效连通。首先，在纽约证券交易所上市的股票可以在其他地区性证券交易市场交易、也可以在场外市场交易；其次，上市公司因各种原因退市后，其股票可以在场外OTC市场进行挂牌交易。挂牌公司达到一定条件，又可以升级到纳斯达克小型资本市场甚至全国市场上市。对于受144A条款限制的非公众公司股票也可以充分利用私募股权交易市场进行交易和融资。

与资本市场的现状相适应，美国对资本市场的监管实行分级分层次的监管。但对于证券交易所内交易活动的监管和场外交易的监管在监管的严厉程度和监管方式等方面均有所区别。

（一）来自政府层面的监管

美国对证券市场承担监管职责的最高权威机构是美国证券交易监督委员会（SEC），它负责对整个市场进行监督，享有法定的最高权威。各州也设有监管机构，在其辖区范围内对证券业进行监督。

在美国，信息公开是证券监管体系的基本原则，对场内交易活动进行监管的核心就是确保信息的公开，重点是针对上市公司。由于上市公司是面向公众投资者的，公司高管、董事、券商、中介机构都要对公司披露文件的内容承担责任，以防止出现虚假信息和内幕交易。如果被发现在信息披露中出现违规行为，相关企业、机构和具体责任人要承担的法律责任。

（二）行业组织的自律监管

美国金融业管理组织（Financial Industry Regulatory Authority，Finra）成立于2007年7月，是将原纽约证券交易所和全美证券经纪商协会（NASD）对证券经纪代理商的监管职能合并后新成立的一个非政府性质的行业自律组织。

全美5 000多家证券公司以及60多万证券经纪从业人员在向美国证监会注册登记的同时，也成为Finra的成员，接受Finra的监管。Finra在相关法规基础上制定的各项监管规则在报经美国证监会审核批准后，成为全体成员必须遵守的行业规则。作为美国证券经纪业的一个行业组织，Finra 在证券市场的自律监管方面发挥着非常重要的作用，实际承担着对证券经纪代理商的监管职责。

Finra 的另外一项重要职责是承担 OTC 场外交易市场和场外交易行为的监管。由于 OTC 市场对于挂牌企业的审核标准较松，主要是为挂牌企业提供相关证券的交易报价，具体交易是在场外进行撮合，因此 Finra 自然就成为场外交易的最直接监管者，对于成交信息的收集和交易规则的制定等 Finra 都要参与和介入。

（三）交易所的自律监管

纽约证券交易所目前下设承担运营和监管任务的两家公司，这是两家各自独立运作的公司，然后由运营公司和监管公司两家签订委托合同，将对运营公司的市场监管业务委托给监管公司。

纳斯达克市场也是采取这种签订合同的方式把监管业务委托出去，这样交易市场自身则专注盈利业务的发展。

总体来讲，美国对不同层级市场的监管方式和严密程度不同。其中对证券交易市场的监管最为严格，包括交易市场本身以及上市公司、证券经纪代理商等的行为都要受到严格的监管，并且这种监管是依靠市场参与者的自我约束来维持交易秩序。在严格而完善的法律，特别是民事责任追究的制度下，市场参与各方的行为均得到有效约束。

对于场外交易市场的监管，来自政府部门的监管力度要小很多，主要由行业自律组织进行监管，由于场外交易市场对于挂牌企业本身的要求并不高，因此监管的重点实际上转移到对证券经纪公司的监管和交易信息的及时披露上来，这些对证券经纪代理商的监管工作本来就是由行业自律组织承担的。而对于私募股权交易市场，由于交易双方都是合格机构投资者，对于相关法律的熟悉程度、信息收集和风险判断能力要明显高于一般投资者，因此来自外部的监管更弱。

四、美国对保险业的监管

（一）美国保险业监管的基本架构

美国拥有世界上规模最大的保险市场，其保险监管体系的运行已有 140 多年的历史。

美国对保险业实行联邦政府和州政府双重监管制度，联邦政府和州政府拥有各自独立的保险立法权和管理权。

联邦保险局负责联邦洪水保险，联邦农作物保险，联邦犯罪保险等特定义务。各州有自己的保险法，各州保险局在州管辖范围内行使保险监管权，以保险公司偿付能力和保护投保人利益为主要监管内容。各州法院通过对保险法的司法审查也发挥着一定的监管作用。

在全美保险监督官协会（NAIC）的努力下，美国各州保险法的内容已无太大差别。近年来，美国联邦政府为适应监管的需要，逐渐加强了对保险业的监管，建立了以全美保险监督官协会和州保险监督机构为主的保险监管体系。

全美保险监督官协会是对美国保险业执行监管职能的部门。它是一个非盈利性组织，由美国 50 个州，哥伦比亚特区以及 4 个美国属地的保险监管官员组成。该协会成立于 1871 年，其目的是协调各州对跨州保险公司的监管，尤其着重于对保险公司财务状况的监管。同时，该协会也提供咨询和其他服务。

联邦政府和州政府双重监管制度有其历史渊源。1869 年美国最高法院对“保罗诉弗吉尼亚州”案件的判决认定了各州享有对保险业进行监管的权力。1944 年最高法院在“联邦政府诉东南保险者协会”一案中在事实上推翻了它先前在 1868 年的判例，意味着联邦权力可以介入对保险业的监管。1945 年的“麦克兰—富格森”法案一方面宣布国会承认各州对保险业监管的现行体制和法律，另一方面宣布某些联邦法律将介入对保险业的监管。

美国各州都设一名保险专员，具体负责对州内经营的保险公司的偿付能力、费率和市场行为进行监管。根据有关规定，所有美国保险公司和再保险公司必须在至少一个州登记注册，并接受所在州和有营销业务的州的监管。

（二）美国保险业监管的主要内容

美国保险监管主要包括偿付能力监管和市场行为监管。

偿付能力监管的目的是确保保险公司有财力兑现自己的保险承诺；而市场行为监管是为了保证价格、产品和交易情况合理公正。

美国主要通过资本充足性监管来间接控制保险公司的最低偿付能力。传统的监管方式是由各州保险法规定设立保险公司的法定最低资本和盈余标准，当保险公司的资本和盈余达不到本州规定的最低标准时，监管机构就会进行干预。

20 世纪 80 年代末、90 年代初，保险公司破产案例的不断增加，使有效预防和及时识别保险公司丧失偿付能力成为保险监管者的首要目标。全美保险监督官协会先后针对人寿/健康保险公司和财产/意外保险公司实施了风险资本标准（Risk-Based Capital Standards），即根据公司规模和风险状况来评估资本和盈余的充足性。

根据风险资本比率，全美保险监督官协会确定了四个不同层次，要求有关监管者采取相应的干预措施。

自 19 世纪以来，某些保险种类的费率或多或少受到政府的管制，成为政府对保险业进行监管的重要领域。1944 年以后到 20 世纪 60 年代以前，保险费率受到普遍的管制，主要的管制方式是事前审查和批准。

从 20 世纪 60 年代开始，特别是 70 年代以后，由于利率的波动，保险人对保险费率的严格监管表示不满。保险业内人士以及部分的保险监管机构认为，保险人应该不用得到监管机构的批准，只需要向监管机构提出报告备案，就可以自行决定保险费率。纽约等州从 20 世纪 60 年代末开始放开管制。

全美保险监督官协会的一个基本功能是建立和维护一个全国范围的、关于保险公司财务状况的数据库，各州的保险监管部门以及其他的数据使用者可以通过计算机网络获取信息。每个州保险监管部门的计算机都与全美保险监督官协会的网络相连。协会的财务数据库在帮助各州对保险业进行监管，对保险公司的偿付能力进行监控和进行其他金融分析方面起到了重要作用。各州保险监管者及协会官员可通过各类应用系统取得数据，并制成规范报告或税务状况报告，以满足特定的要求。此外，协会还拥有一些其他的数据库，其中包括监管信息追溯系统（Regulatory Information Retrieval System，RIRS）和特别行动数据库（Special Activities Database，SAD），这两个数据库使监管者掌握个人或保险公司因涉嫌违法或违规交易而受到检查的信息。作为监管信息追溯系统和特别行动数据库的补充，协会还开发了全国客户投诉数据库、关于保险公司职员及经理的数据库以及一个总系统。

全美保险监督官协会的监管目的是尽早发现出现财务问题的保险公司，并及时采取措施，将其迅速地从财务困境中解救出来，以保证投保人和股东的权益。统一财务报告制度、审计制度和制订财务标准是协会执行监管的前提。

各州的保险监管机关在全美保险监督官协会的指导下，通过一系列的工具对保险公司的财务状况进行评析，以避免公司偿付能力不足的情况发生。这些工具主要包括：保险监管信息系统、财务分析与偿付能力跟踪系统、基于风险的资本监控系统以及各种常规、非常规的现场稽核。

每年，全美保险监督官协会用保险公司提供的法定年度财务报表计算保险监管信息系统（IRIS）指标，应用 IRIS 指标体系的目的是使监管者从被监管对象中发现需要重点监控的目标。如果对某一特定的保险公司，其 IRIS 结果显示极为异常，全美保险监督官协会首先会将此结果通报该公司注册地所在州的主管机关，以及该公司开展业务活动的其他各州。

美国各大保险公司都实行严格的内部控制制度。由美国几家大的保险公司首先接受的组织控制委员会（Committee of Sponsoring Organizations，COSO）模型已成为美国保险业进行内部控制的基准。COSO 模型植根于企业控制的经营管理过程，描述了环境控制、风险估计、控制活动、信息与交流以及监控等五种相互关联的控制因素。

美国的保险评级机构在为保险客户和保险公司提供信息服务以及完善保险市场和监管，促进保险业的公平竞争等方面也发挥了重大的作用。

保险评级机构把保险公司的财务信息转换成易于理解的各种等级以反映保险公司的

实力。对于保险消费者来说，保险评级机构为他们选择保险公司时提供了重要的信息服务。企业和政府机构决定与哪家保险公司签订保险合同时，也同样要参照和使用这些评级结果。

保险评级机构除了评级之外，还对保险业的一些相关问题（如保险公司偿付能力不足的原因，保险欺诈行为的表现形式等）进行调查研究，为保险监管机构提供相关资料和政策建议，为其客户提供相关的保险咨询和顾问服务。

1999 年美国颁布了 Gramm-Leach-Bliley Act（GLB）法案，其核心内容就是取消银行业与保险业、证券业之间的壁垒，允许组建金融控股公司，通过控股公司内部的银行、证券、保险等子公司向客户提供全方位金融服务。相应地，美联储被赋予伞型监管者（Umbrella Supervisor）的职能，成为金融控股公司的基本监管者。在伞型监管模式下，金融控股公司的银行类分支机构和非银行分支机构仍分别保持原有的监管模式，即前者仍接受原有银行监管者的监管，而后者中的证券部分仍由证券交易委员会（SEC）监管，保险部分仍由州保险监管署（SIC）监管，SEC 和 SIC 被统称为功能监管者。

法案的这一规定冲击了美国长期实行的分业监管体制，使联邦银行体系监管机构介入到保险和证券监管当中，从而使监管冲突成为可能。为了避免重复监管，减轻被监管者负担，美联储的部分大区行开始加强与功能监管者之间的信息共享和合作，如成立论坛、签订合作备忘录等，保险监管部门与银行监管部门加强了沟通，以强化对控股公司和关联交易的监管。

第四节 中国的金融监管体制

一、我国金融监管体制的历史变迁

20 世纪 90 年代初期，我国实行“银证不分”的混业经营制度，大多数商业银行都不同程度地通过全资或参股证券公司、信托投资公司参与了证券和投资业务，尤其是 1992 年之后，不仅各专业银行，甚至人民银行各级分行都开始介入证券、投资、房地产、保险等金融业务。

1993 年，针对混业经营引发了金融秩序混乱和金融系统的一系列腐败行为，管理层提出了分业经营、分业管理的要求，但在实践中并没有得到很好的贯彻。

从 1997 开始，我国对全国证券管理体制进行改革，将原由中国人民银行监管的证券经营机构划归中国证监会统一监管。国务院证券委与中国证监会合并。强化中国证监会的职能，基本形成了集中统一的全国证券监管体制。

1998 年中国保监会成立，对全国保险市场实行统一监管。

2003 年中国银监会成立。

与此同时，相继出台和修改的《中国人民银行法》、《证券法》、《保险法》和《银行业监督管理法》正式确立了“一行三会”的“分业经营、分业监管”的金融监管体制。即由中央银行负责制定和执行货币政策、银监会负责监管银行业、证监会负责监管证券业、保监会负责监管保险业的分业监管体制。在制定货币政策职能与金融监管职能分离基础上，银监会与证监会、保监会一起，构成了我国金融监管体系，全方位地覆盖了银行、证券、保险三大市场。

二、中国人民银行的金融监管

1983 年，中国人民银行与国有专业银行分立，中国人民银行成为真正意义上的中央银行。之后，中国人民银行又经历了三次职责上的分离：1992 年证监会成立，将对证券市场的监管职责从人民银行中剥离；1998 年保监会成立，将对保险市场的监管职责从人民银行中剥离；及至 2003 年银监会成立，其对银行业的监管职责再次被剥离。

与此同时，中国人民银行在自身机构设置上也不断地进行优化调整。1995 年通过的《人民银行法》，赋予了人民银行广泛的职责，其基本职能可以归纳为金融调控、金融监管和金融服务。1997 年，经国务院批准，人民银行设立了货币政策委员会，强化了其金融调控的能力。1998 年，央行对分支机构进行重大调整，跨区域设置了九大分行和 21 个地方监管办，使货币政策由计划经济时代的直接计划管理向借助市场工具的间接调控方式转变。2003 年 12 月 27 日，经过修订的《人民银行法》于十届全国人大常委会六次会议正式表决通过，强化了人民银行在制定和执行货币政策、进行宏观调控方面的职能，明确地规定了其“防范和化解金融风险，维护金融稳定”的职责。

根据 2003 年修改通过的《中华人民共和国中国人民银行法》，中国人民银行是中华人民共和国的中央银行，在国务院领导下，制定和执行货币政策，防范和化解金融风险，维护金融稳定。

中国人民银行制定和执行货币政策的目标是保持货币币值的稳定，并以此促进经济增长。

中国人民银行应当向全国人民代表大会常务委员会提出有关货币政策情况和金融业运行情况的工作报告。

中国人民银行在国务院领导下依法独立执行货币政策，履行职责，开展业务，不受地方政府、各级政府部门、社会团体和个人的干涉。

中国人民银行履行下列职责：

（一）发布与履行其职责有关的命令和规章

（二）依法制定和执行货币政策

（三）发行人民币，管理人民币流通

（四）监督管理银行间同业拆借市场和银行间债券市场

（五）实施外汇管理，监督管理银行间外汇市场

（六）监督管理黄金市场

（七）持有、管理、经营国家外汇储备、黄金储备

（八）经理国库

（九）维护支付、清算系统的正常运行

（十）指导、部署金融业反洗钱工作，负责反洗钱的资金监测

（十一）负责金融业的统计、调查、分析和预测

（十二）作为国家的中央银行，从事有关的国际金融活动

（十三）国务院规定的其他职责

中国人民银行有权对金融机构以及其他单位和个人的下列行为进行检查监督：

（一）执行有关存款准备金管理规定的行为

（二）与中国人民银行特种贷款有关的行为

（三）执行有关人民币管理规定的行为

（四）执行有关银行间同业拆借市场、银行间债券市场管理规定的行为

（五）执行有关外汇管理规定的行为

（六）执行有关黄金管理规定的行为

（七）代理中国人民银行经理国库的行为

（八）执行有关清算管理规定的行为

（九）执行有关反洗钱规定的行为

中国人民银行根据执行货币政策和维护金融稳定的需要，可以建议国务院银行业监督管理机构对银行业金融机构进行检查监督。国务院银行业监督管理机构应当自收到建议之日起30日内予以回复。

当银行业金融机构出现支付困难，可能引发金融风险时，为了维护金融稳定，中国人民银行经国务院批准，有权对银行业金融机构进行检查监督。

中国人民银行根据履行职责的需要，有权要求银行业金融机构报送必要的资产负债表、利润表以及其他财务会计、统计报表和资料。

中国人民银行应当和国务院银行业监督管理机构、国务院其他金融监督管理机构建立监督管理信息共享机制。

三、中国银监会的金融监管职责

根据全国人大2003年通过、2006年修改的《中华人民共和国银行业监督管理法》，

国务院银行业监督管理机构负责对全国银行业金融机构及其业务活动监督管理的工作。

银行业监督管理的目标是促进银行业的合法、稳健运行，维护公众对银行业的信心。银行业监督管理应当保护银行业公平竞争，提高银行业竞争能力。

银行业监督管理机构对银行业实施监督管理，应当遵循依法、公开、公正和效率的原则。

银行业监督管理机构及其从事监督管理工作的人员依法履行监督管理职责，受法律保护。地方政府、各级政府部门、社会团体和个人不得干涉。

国务院银行业监督管理机构应当和中国人民银行、国务院其他金融监督管理机构建立监督管理信息共享机制。

国务院银行业监督管理机构可以和其他国家或者地区的银行业监督管理机构建立监督管理合作机制，实施跨境监督管理。

国务院银行业监督管理机构依照法律、行政法规制定并发布对银行业金融机构及其业务活动监督管理的规章、规则。

国务院银行业监督管理机构依照法律、行政法规规定的条件和程序，审查批准银行业金融机构的设立、变更、终止以及业务范围。

申请设立银行业金融机构，或者银行业金融机构变更持有资本总额或者股份总额达到规定比例以上的股东的，国务院银行业监督管理机构应当对股东的资金来源、财务状况、资本补充能力和诚信状况进行审查。

银行业金融机构业务范围内的业务品种，应当按照规定经国务院银行业监督管理机构审查批准或者备案。需要审查批准或者备案的业务品种，由国务院银行业监督管理机构依照法律、行政法规作出规定并公布。

未经国务院银行业监督管理机构批准，任何单位或者个人不得设立银行业金融机构或者从事银行业金融机构的业务活动。

国务院银行业监督管理机构对银行业金融机构的董事和高级管理人员实行任职资格管理。具体办法由国务院银行业监督管理机构制定。

银行业金融机构的审慎经营规则，由法律、行政法规规定，也可以由国务院银行业监督管理机构依照法律、行政法规制定。所谓审慎经营规则，包括风险管理、内部控制、资本充足率、资产质量、损失准备金、风险集中、关联交易、资产流动性等内容。银行业金融机构应当严格遵守审慎经营规则。

国务院银行业监督管理机构应当在规定的期限，对下列申请事项作出批准或者不批准的书面决定；决定不批准的，应当说明理由：

（1）银行业金融机构的设立，自收到申请文件之日起6个月内；

（2）银行业金融机构的变更、终止，以及业务范围和增加业务范围内的业务品种，自收到申请文件之日起 3 个月内；

（3）审查董事和高级管理人员的任职资格，自收到申请文件之日起30 日内。

银行业监督管理机构应当对银行业金融机构的业务活动及其风险状况进行非现场监管，建立银行业金融机构监督管理信息系统，分析、评价银行业金融机构的风险状况。

银行业监督管理机构应当对银行业金融机构的业务活动及其风险状况进行现场检查。

国务院银行业监督管理机构应当制定现场检查程序，规范现场检查行为。

国务院银行业监督管理机构应当对银行业金融机构实行并表监督管理。

国务院银行业监督管理机构对中国人民银行提出的检查银行业金融机构的建议，应当自收到建议之日起30 日内予以回复。

国务院银行业监督管理机构应当建立银行业金融机构监督管理评级体系和风险预警机制，根据银行业金融机构的评级情况和风险状况，确定对其现场检查的频率、范围和需要采取的其他措施。

国务院银行业监督管理机构应当建立银行业突发事件的发现、报告岗位责任制度。

银行业监督管理机构发现可能引发系统性银行业风险、严重影响社会稳定的突发事件的，应当立即向国务院银行业监督管理机构负责人报告；国务院银行业监督管理机构负责人认为需要向国务院报告的，应当立即向国务院报告，并告知中国人民银行、国务院财政部门等有关部门。

国务院银行业监督管理机构应当会同中国人民银行、国务院财政部门等有关部门建立银行业突发事件处置制度，制定银行业突发事件处置预案，明确处置机构和人员及其职责、处置措施和处置程序，及时、有效地处置银行业突发事件。

国务院银行业监督管理机构负责统一编制全国银行业金融机构的统计数据、报表，并按照国家有关规定予以公布。

国务院银行业监督管理机构对银行业自律组织的活动进行指导和监督。

银行业自律组织的章程应当报国务院银行业监督管理机构备案。

银行业监督管理机构根据履行职责的需要，有权要求银行业金融机构按照规定报送资产负债表、利润表和其他财务会计、统计报表、经营管理资料以及注册会计师出具的审计报告。

银行业监督管理机构根据审慎监管的要求，可以采取下列措施进行现场检查：

（1）进入银行业金融机构进行检查；

（2）询问银行业金融机构的工作人员，要求其对有关检查事项作出说明；

（3）查阅、复制银行业金融机构与检查事项有关的文件、资料，对可能被转移、隐匿或者毁损的文件、资料予以封存；

（4）检查银行业金融机构运用电子计算机管理业务数据的系统。

进行现场检查，应当经银行业监督管理机构负责人批准。现场检查时，检查人员不得少于二人，并应当出示合法证件和检查通知书；检查人员少于二人或者未出示合法证件和检查通知书的，银行业金融机构有权拒绝检查。

银行业监督管理机构根据履行职责的需要，可以与银行业金融机构董事、高级管理人员进行监督管理谈话，要求银行业金融机构董事、高级管理人员就银行业金融机构的业务活动和风险管理的重大事项作出说明。

银行业监督管理机构应当责令银行业金融机构按照规定，如实向社会公众披露财务会计报告、风险管理状况、董事和高级管理人员变更以及其他重大事项等信息。

银行业金融机构违反审慎经营规则的，国务院银行业监督管理机构或者其省一级派出机构应当责令限期改正；逾期未改正的，或者其行为严重危及该银行业金融机构的稳健运行、损害存款人和其他客户合法权益的，经国务院银行业监督管理机构或者其省一级派出机构负责人批准，可以区别情形，采取下列措施：

（1）责令暂停部分业务、停止批准开办新业务；

（2）限制分配红利和其他收入；

（3）限制资产转让；

（4）责令控股股东转让股权或者限制有关股东的权利；

（5）责令调整董事、高级管理人员或者限制其权利；

（6）停止批准增设分支机构。

银行业金融机构整改后，应当向国务院银行业监督管理机构或者其省一级派出机构提交报告。国务院银行业监督管理机构或者其省一级派出机构经验收，符合有关审慎经营规则的，应当自验收完毕之日起三日内解除对其采取的前款规定的有关措施。

银行业金融机构已经或者可能发生信用危机，严重影响存款人和其他客户合法权益的，国务院银行业监督管理机构可以依法对该银行业金融机构实行接管或者促成机构重组，接管和机构重组依照有关法律和国务院的规定执行。

银行业金融机构有违法经营、经营管理不善等情形，不予撤销将严重危害金融秩序、损害公众利益的，国务院银行业监督管理机构有权予以撤销。

银行业金融机构被接管、重组或者被撤销的，国务院银行业监督管理机构有权要求该银行业金融机构的董事、高级管理人员和其他工作人员，按照国务院银行业监督管理机构的要求履行职责。

在接管、机构重组或者撤销清算期间，经国务院银行业监督管理机构负责人批准，对直接负责的董事、高级管理人员和其他直接责任人员，可以采取下列措施：

（1）直接负责的董事、高级管理人员和其他直接责任人员出境将对国家利益造成重大损失的，通知出境管理机关依法阻止其出境；

(2) 申请司法机关禁止其转移、转让财产或者对其财产设定其他权利。

经国务院银行业监督管理机构或者其省一级派出机构负责人批准，银行业监督管理机构有权查询涉嫌金融违法的银行业金融机构及其工作人员以及关联行为人的账户；对涉嫌转移或者隐匿违法资金的，经银行业监督管理机构负责人批准，可以申请司法机关予以冻结。

银行业监督管理机构依法对银行业金融机构进行检查时，经设区的市一级以上银行业监督管理机构负责人批准，可以对与涉嫌违法事项有关的单位和个人采取下列措施：

(1) 询问有关单位或者个人，要求其对有关情况作出说明；

(2) 查阅、复制有关财务会计、财产权登记等文件、资料；

(3) 对可能被转移、隐匿、毁损或者伪造的文件、资料，予以先行登记保存。

银行业监督管理机构采取前款规定措施，调查人员不得少于二人，并应当出示合法证件和调查通知书；调查人员少于二人或者未出示合法证件和调查通知书的，有关单位或者个人有权拒绝。对依法采取的措施，有关单位和个人应当配合，如实说明有关情况并提供有关文件、资料，不得拒绝、阻碍和隐瞒。

擅自设立银行业金融机构或者非法从事银行业金融机构的业务活动的，由国务院银行业监督管理机构予以取缔；构成犯罪的，依法追究刑事责任；尚不构成犯罪的，由国务院银行业监督管理机构没收违法所得，违法所得50万元以上的，并处违法所得一倍以上五倍以下罚款；没有违法所得或者违法所得不足50万元的，处50万元以上200万元以下罚款。

银行业金融机构有下列情形之一，由国务院银行业监督管理机构责令改正，有违法所得的，没收违法所得，违法所得50万元以上的，并处违法所得一倍以上五倍以下罚款；没有违法所得或者违法所得不足50万元的，处50万元以上200万元以下罚款；情节特别严重或者逾期不改正的，可以责令停业整顿或者吊销其经营许可证；构成犯罪的，依法追究刑事责任：

(1) 未经批准设立分支机构的；

(2) 未经批准变更、终止的；

(3) 违反规定从事未经批准或者未备案的业务活动的；

(4) 违反规定提高或者降低存款利率、贷款利率的。

银行业金融机构有下列情形之一，由国务院银行业监督管理机构责令改正，并处二十万元以上五十万元以下罚款；情节特别严重或者逾期不改正的，可以责令停业整顿或者吊销其经营许可证；构成犯罪的，依法追究刑事责任：

(1) 未经任职资格审查任命董事、高级管理人员的；

（2）拒绝或者阻碍非现场监管或者现场检查的；

（3）提供虚假的或者隐瞒重要事实的报表、报告等文件、资料的；

（4）未按照规定进行信息披露的；

（5）严重违反审慎经营规则的；

（6）拒绝执行本法第三十七条规定的措施的。

银行业金融机构不按照规定提供报表、报告等文件、资料的，由银行业监督管理机构责令改正，逾期不改正的，处10万元以上30万元以下罚款。

银行业金融机构违反法律、行政法规以及国家有关银行业监督管理规定的，银行业监督管理机构除依照本法第四十四条至第四十七条规定处罚外，还可以区别不同情形，采取下列措施：

（1）责令银行业金融机构对直接负责的董事、高级管理人员和其他直接责任人员给予纪律处分；

（2）银行业金融机构的行为尚不构成犯罪的，对直接负责的董事、高级管理人员和其他直接责任人员给予警告，处5万元以上50万元以下罚款；

（3）取消直接负责的董事、高级管理人员一定期限直至终身的任职资格，禁止直接负责的董事、高级管理人员和其他直接责任人员一定期限直至终身从事银行业工作。

阻碍银行业监督管理机构工作人员依法执行检查、调查职务的，由公安机关依法给予治安管理处罚；构成犯罪的，依法追究刑事责任。

四、中国证监会对证券业的监管

中国证券监督管理委员会根据《证券法》，按照“法制、监管、自律、规范”的八字方针对证券期货市场实行集中统一监管。监管的内容主要有证券发行监管、上市公司监管、证券经营机构和专业服务机构的监管、对证券交易的监管、对证券交易所的监管等。

（一）证券发行监管

按照《证券法》规定，现行的股票发行方式取消了额度和家数指标分配办法，实行由证券公司推荐、发行审核委员会审核、市场确定发行价格、证监会核准的办法。股票发行不再规定市盈率上限，发行价格由发行人与承销商协商确定。

（二）上市公司监管

其重点是贯彻执行国家证券法律法规，规范上市公司及其关联人在股票发行与交易中的行为，督促其按照法律法规要求，及时、准确、完整地履行信息披露义务。此外，还要依据法律法规规定，对上市公司的配股、重大变更事项进行审核。

（三）证券经营机构和专业服务机构的监管

证券经营机构监管主要是对机构的设立进行审批，对机构高级经营管理人员的任职资格进行审查，对机构的经营业务进行日常监督、监察，对机构及其从业人员的违法违规行为进行查处等。对证券中介服务机构的监管主要包括对从事证券业务的律师事务所、会计师事务所、资产评估机构、证券投资咨询机构、证券市场信息传播机构的资格管理和日常业务管理。

（四）对证券交易的监管

主要是监督证券市场的投资者依照法律法规和市场规则公平进行投资活动，禁止内幕交易、操纵市场等证券欺诈活动，维护市场的正常交易秩序，保护全体投资者的利益。

（五）对证券交易所的监管

主要是对证券交易场所的监督管理。目前，世界各国都在加强对证券交易所的监管，将其作为证券业监管的重要环节。在我国，中国证监会对证券交易所进行直接管理。中国证监会任命证券交易所的总经理和副总经理，委派证券交易所非会员理事，提出证券交易所理事长、副理事长人选，对证券交易所章程、业务规则的修改进行审批等。

五、中国保监会对保险业的监管

中国保险监督管理委员会根据《保险法》对我国保险业进行监管。

（一）市场准入的监管

保险机构市场准入监管的目标是在审批环节上对整个保险体系实施有效的控制，确保保险机构的数量、结构、规模和分布符合国家经济金融发展规划和市场需要，并与当局的监管能力相适应。

设立保险机构、从事保险业务必须有符合法律规定的公司章程，并达到符合规定的注册资本最低限额，有具备任职资格的高级管理人员，有健全的组织机构和管理制度，有符合要求的营业场所，其中资本金、高级管理人员任职资格和保险公司业务范围是核心内容。

未经国家保险监管机关批准擅自设立保险公司或者非法从事商业保险业务活动的，依法追究刑事责任并由保险监管机关予以取缔。对于超出核定的业务范围从事保险业务活动的由保险监管机关责令改正，责令退还收取的保险费并给予相应的经济处罚。

（二）保险业务运营的监管

对保险机构市场营运监管的具体内容在各国之间并不完全相同，但一般都将监督检查的重点放在偿付能力和市场行为两个方面。

保险公司的偿付能力是指其赔偿或给付的能力。保险公司具有足够的偿付能力才能保障被保险人的利益，增进投保人的信心。偿付能力监管是保险风险监管的核心内容。《保险法》对保险公司偿付能力作了原则规定，如保险公司资本金的要求、保证金的提取、各项责任准备金的提取、实际资产与实际负债的认定、最低偿付能力的确定、法定再保险的安排等。

根据《保险公司管理规定》，保险公司应具有与其业务规模相适应的最低偿付能力。保险公司实际偿付能力额度为其会计年度末实际资产价值减去实际负债价值的差额。

如果保险公司实际偿付能力额度达不到要求，实际偿付能力额度低于最低偿付能力额度的，保险公司应当采取有效措施，使其偿付能力达到最低偿付能力标准。实际偿付能力额度低于最低偿付能力额度的50%或实际偿付能力额度连续3年低于最低偿付能力额度的，中国保监会可将其列为重点监督检查对象，并对其机构设立和业务范围等加以限制，必要时中国保监会可以对其实行接管。

市场行为监管的核心是要求保险机构严格依法合规经营，共同遵守法定的竞争规则，维护良好的市场秩序和环境，维护被保险人的利益。对保险机构业务运营的监管，也是通过非现场监控和现场稽核检查方式实现的。

（三）对有问题保险机构的处理

各国对保险机构问题的处理有所不同，但对保险机构的一般性问题，经常是要求被监管机构按照监管当局的要求采取某些措施。当出现比较大的问题时，保险监管当局有权采取纠正措施或给予紧急救助。如果保险机构仍然无法恢复生存能力，监管当局应尽力促成有实力的保险机构对其进行兼并。当所有努力都无法奏效时，监管当局必须采取依法关闭的断然措施，以维护保险体系的安全、完整与稳定，减少市场和社会震动。

在我国，对日常保险监管中发现的保险企业存在的各种违法违规问题和不审慎行为，保监会视情节轻重依法进行处理和处罚。保险公司如不能在限期内执行保险监管机关提出的纠正其违法违规的措施，由保险监管机关监督保险机构进行清理整顿。《保险法》及有关法律法规对保险机构的处罚作出了具体规定，有警告、通报批评、罚款、没收非法所得、责令停止经营部分业务、整顿、实施接管、责令撤换责任人、吊销经营保险业务许可证等处罚。

对违反《保险法》及其他法律规定的行为等情节严重者，保险监管机关有权对保险机构实施接管。保险机构违反法律、行政法规，被保险监管部门吊销经营保险业务许可证的，依法撤销，由保险监管部门组织清算组进行清算。保险公司不能支付到期债务，经保险监管部门同意，由人民法院依法宣告破产，并由法院组织保险监管部门等有关部门和人员成立清算组进行清算。

六、金融企业的内部控制

金融企业的内部控制是金融企业的一种自律行为，指的是金融企业为完成既定的工作目标和防范风险，对内部各职能部门及其工作人员从事的业务活动进行风险控制、制度管理和相互制约的方法、措施和程序的总称。

金融企业内部控制主要包含一级法人体制下的法人治理结构、内部授权、人事管理和内部稽核审计等四个方面的内容。

（一）一级法人体制下的治理结构

金融企业的一级法人体制，是指由金融企业的总行（总公司）对全系统的业务经营活动进行集中统一管理，金融企业分支机构的所有业务经营活动都在其总行（总公司）的授权范围内进行，由总行（总公司）以法人名义统一对外享有民事权力并承担民事义务。

作为现代企业制度的重要特征之一，所谓法人治理结构，指的是按照所有权、经营权和监督权“三权分立”的原则，在企业内部设立股东会或股东大会、董事会或执行董事会、行长（总经理）和监事会或监事，其各自独立，权责分明，同时又互相制约，构成较为科学合理的企业内部管理控制体系。

一级法人体制下的治理结构是金融企业内部控制的基础，是整个内部控制系统的最基本构成要素。内部控制的其他内容都是在此基础上发挥作用的。因此在法人治理结构的基础上，必须建立一套包括系统授权、人事管理、稽核审计在内的完善的系统管理制度，确保总部对分支机构的人事、资金和重要业务活动能够实施有效的监督管理和控制。

（二）内部授权

所谓内部授权，是指金融企业对其所属业务职能部门、分支机构和关键业务岗位正常开展业务所必须权限的授予及其相关具体规定。

金融企业的各项业务是由各级管理人员和在岗人员完成的，赋予各级人员合理的权限是完成任务的基础和保证，因此金融企业应当按照各自经营活动的性质和功能，建立符合国家有关法律法规的内部“分级分口”管理和“授权有限”的管理制度，针对部门的工作性质、人员的岗位职责，赋予相应的工作任务和职责权限。各级管理操作人员要在各自岗位上按所授予的权限开展工作，并对各自职责范围的工作负责，严禁越权从事业务活动。

各金融企业的总行（总公司）应建立对业务职能部门、分支机构授权的综合考核指标体系，根据有关指标考核情况，及时调整、取消或终止授权。

金融企业内部的法规部门，应负责本企业授权方面的法律事务。稽核监察部门要把检查监督业务职能部门和分支机构执行授权情况作为一项重要职责，并有权对调整授权提出意见。

（三）人事管理

所谓金融企业的人事管理，包括编制、岗位、职能三定方案的制定，一般员工的录用、考核、培养、选拔、聘任、交流、福利等方面的内容。

人事管理是金融企业内部控制的一个重要组成部分。通过有效的人事管理，一方面可以使金融企业部门、岗位、职能的设置更加科学合理，克服机构重叠、职责不清、人浮于事的现象；另一方面可以把每个员工安排到他最合适的岗位上去，同时确保同事之间、上级与下属之间保持和谐融洽的工作关系，以充分调动每个员工的积极性，使金融企业的人力资源最有效地发挥作用，实现金融企业的经营目标。

（四）稽核审计

所谓金融企业的稽核审计，是指金融企业的各级稽核审计部门，以国家的法律、政策，金融监管当局及本企业制定的规章制度为依据，按照一定的程序和步骤，对同级其他职能部门及下级分支机构的业务经营情况、计划执行情况、制度落实情况等进行检查、考核、评价的过程，并将结果反馈给本企业的上级机构，以确保上级机构能够对被查机构情况做出正确的判断，从而为调整经营方针策略或对有关计划、制度进行修改提供依据。

金融企业的稽核审计部门应具备必要的独立性、权威性，并根据业务发展配备足够的、称职的人员，以充分发挥稽核审计在内部控制中的综合性再监督职能。

七、金融企业的行业自律

所谓金融企业行业自律，指的是金融企业自愿地组织起来，设立行业自律组织，通过制定同业公约，约束行业行为，加强同业间的相互监督等方式，以实现金融行业的自我约束、自我管理、自我规范，进而保护行业的共同利益，督促各家会员企业按照国家金融、经济政策的要求努力提高管理水平、优化业务品种、完善金融服务。

金融企业的行业自律，是对监管当局金融监管的有益补充。

金融企业的行业自律组织，一般采用同业协会（公会）的组织形式。同业协会（公会）通常为独立的社团法人。一般实行会员制，由会员企业组成会员大会。

会员大会是协会的最高权力机构。理事会是会员大会的执行机构。理事会在会员大会闭会期间领导协会开展日常工作，对会员大会负责。理事由会员大会选举产生，理事长由理事会选举产生。

在理事会下面还可以设立各种专门的委员会，以专门负责某一项具体工作。

目前，我国的金融行业自律组织主要有中国银行业协会（2000）、中国证券业协会

（1991）、中国保险业协会（2000）、中国财务公司协会（1988）及一些地方性的证券业、银行业、保险业自律组织。

当前我国各金融行业协会的主要职能包括制定同业公约及其他自律规章；对会员进行监督检查；提供行业服务；发挥同业协会的桥梁与纽带作用，加强会员与政府有关部门间、会员与监管当局间的沟通与联系，及时反映会员在经营中所遇到的各种困难、问题和要求，争取社会各界对金融企业的支持与理解，在不违反监管原则的前提下，代表同业向政府有关部门及监管当局提出制定或修改相关法规制度的建议等。

复习思考题

1. 什么叫金融监管？
2. 简述金融监管的相关理论。
3. 简述当前各国金融监管的基本模式及其发展趋势。
4. 简述中国的金融监管模式及其各监管机构的主要职责。

参考文献

1. 110 法律咨询网．浅析中美商业银行监管法律制度研究．http：//www. 110. com/ziliao/article－194840. html.
2. 233 考试大网．证券基础知识：我国的企业债券发展史．http：//www. examda. com/zq/jichu/Instructs/20090216/105721554. html.
3. 360doc. 黄金市场基础知识．http：//www. 360doc. com/content/11/0217/11/1675945_93758537. shtml.
4. CTA 网．黄金期货合约交易操作手册－2008 版．http：//ctawang. com/redirect. php? tid＝127&goto＝lastpost.
5. 百度百科．黄金市场．http：//baike. baidu. com/view/145175. htm.
6. 北青网．各国黄金储备藏在哪？http：//zxss. ynet. com/article. jsp？oid＝75277030.
7. 曹凤岐，等．证券投资学．北京：北京大学出版社，2000.
8. 陈宝华．证券投资原理（第二版）．上海：上海财经大学出版社，2003.
9. 陈信华．金融衍生工具．上海：上海财经大学出版社，2004.
10. 杜金富，等．金融市场学．大连：东北财经大学出版社，2001.
11. 法律快车．人寿保险的被保险人的范围．http：//www. lawtime. cn/info/baoxian/lbrenshou/2010050643733. html.
12. 法律快车．人寿险性质与社会保险的区别．http：//www. lawtime. cn/info/baoxian/lbrenshou/2010050643732. html.
13. 泛联网．我国债券市场的改革与发展．http：//www. interscm. com/financial/200806/07－18935. html.
14. 凤凰卫视网．亚洲和中国保险市场概况．http：//finance. ifeng. com/roll/20110228/3516267. shtml.
15. 弗兰克·J·法博齐，弗朗哥·莫迪利亚尼．资本市场：机构与工具．经济科学出版社，1998.
16. 光大证券股份有限公司网．市场化与中国保险产业运行效率．http：//www. ebscn. com/businessinfoContent. html？msgId＝1313267.
17. 郭玲，张志超．荷兰式招标与美国式招标一个概念的误用．经济论坛，2004（9）.

18. 好买网．我国央行票据的演变及其特点．http：//www. howbuy. com/news/462374. html.
19. 和讯股票网．我国期货市场现状与建议．http：//data. stock. hexun. com/3176_1557517C. shtml.
20. 和讯期货．股指期货入门系列：交易与出入金．http：//futures. hexun. com/2007－02－15/101235039. html.
21. 河北省国资委网站．美国资本市场及其监管考察报告．http：//www. hbsa. gov. cn/zh/html/article/141_33582. html.
22. 胡海鸥，宣羽畅．证券投资学．上海：复旦大学出版社，2000.
23. 金融界．黄金的自然属性．http：//bbs. jrj. com. cn/msg，69463473. html.
24. 金融界网．黄金期货结算方式．http：//futures1. jrj. com. cn/finance/news/2008－05－13/000003638469. html.
25. 金融联考命题研究组编．金融学基础联考辅导讲义．北京：中央民族大学出版社，2005.
26. 金融之星网．国际主要黄金市场．http：//www. cnfstar. com/gold/2006/20060524/2006052468407. shtml.
27. 金羊网．伦敦黄金市场上的黄金定价．http：//www. ycwb. com/gb/content/2005－12/03/content_1031144. htm.
28. 静凡．世界黄金市场分布．http：//www. gold118. com/transation/market/ 41. html.
29. 刘红忠，朱叶．金融市场学．北京：高等教育出版社，上海：上海社会科学院出版社，2000.
30. 全国金融联考命题研究中心编．金融学基础辅导．上海：复旦大学出版社，2005.
31. 韶关金融信息网．金融监管详解．http：//www. sgjr. gov. cn/show. aspx？ id＝708&cid＝82.
32. 搜狐证券．金融监管：从主体监管到产品监管．http：//stock. sohu. com/20100412/n271451799. shtml.
33. 苏埃德·B·托马斯．货币、银行与金融市场．北京：机械工业出版社，1999.
34. 谭跃，等．金融互换．广东经济出版社，1999.
35. 外汇通网．伦敦黄金市场有哪些特点？http：//book. forex. com. cn/HTML/362/ 9186. html.
36. 外汇通网．世界各国黄金储备情况如何？http：//book. forex. com. cn/html/362/ 9177. html.

37. 无忧论文网．中国保险市场现状及存在的主要问题．http：//www. 51lunwen. com/insuranceothers/2007/0112/lw20070112134655 8209 – 5. html.
38. 现货黄金网．黄金投资基础知识．www. xianhuohuangjin. com.
39. 新华网．央行负责人就《短期融资券管理办法》答记者问．http：//news. xinhuanet. com/stock/2005 – 05/25/content_2998464. htm.
40. 新浪财经．国际金融监管体制的演变及发展趋势．http：//finance. sina. com. cn/stock/t/20070212/03341212964. shtml.
41. 新浪读书．黄金的自然属性．http：//book. sina. com. cn/new/nzt/vip/59951/39337. html.
42. 邢莹莹．伦敦黄金市场的运行与监管模式．http：//www. huanbohai. gov. cn/article. asp？id = 185542.
43. 叶永刚．金融工程学．大连：东北财经大学出版社，2002.
44. 约翰·赫尔．期权、期货和衍生证券．北京：华夏出版社，1997.
45. 张亦春，郑振龙．金融市场学（第二版）．北京：高等教育出版社，2003.
46. 张亦春．现代金融市场学．北京：中国金融出版社，2002.
47. 张志强．期权理论与公司理财．北京：华夏出版社，1998.
48. 找法网．什么是人寿保险及分类．http：//china. findlaw. cn/info/minshang/baoxian/43303. html.
49. 证券业从业人员资格考试用书．北京：中国财政经济出版社，1999.
50. 郑振龙．金融工程．北京：高等教育出版社，2003.
51. 中国黄金网．解密黄金 ETF – 黄金交易型开放式基金．http：//www. cngold. org/c/2010 – 11 – 03/c67423. html.
52. 中国教育在线．财产保险的概念．http：//jinrong. eol. cn/shicao_zhishi_8521/20100625/t20100625_489718. shtml.
53. 中国教育在线．人身保险百科知识：人寿险性质与财产保险的区别．http：//www. eol. cn/renshou_baoxian_8295/20090818/t20090818_400197. shtml.
54. 中国债券信息网．http：//www. chinabond. com. cn/Info/10016774.
55. 中华会计网校．美国的保险监管及其借鉴意义．http：//www. chinaacc. com/new/287% 2F293% 2F343% 2F2006% 2F9% 2Fsh78912030261496002122 70 – 0. htm.
56. 中华会计网校．人身保险的概念种类及作用．http：//www. chinaacc. com/new/207% 2F213% 2F229% 2F2006% 2F1% 2Fad9015235735171600217331. htm.

57. 中华金融学习网．黄金交易所现货延期交收 Au（T+D）交易规则．http：//www.100jrxx.com/HP/20100608/DetailD1125663.shtml.

58. 中华金融学习网．金融监管的主要内容．http：//www.100jrxx.com/HP/20100623/DetailD1169765.shtml.

59. 中期在线网．我国黄金市场和世界成熟市场比较．http：//www.cifco.com.cn/cifco_show.shtml？newsId=263336&infoId=224598.

60. 周友苏，廖笑非．金融危机背景下中国金融监管模式的选择与完善．http：//www.financialservicelaw.com.cn/article/default.asp？id=139.

61. 朱元，等．金融市场学．成都：西南财经大学出版社，1997.

62. 兹维·博迪，罗伯特·C·莫顿．金融学．北京：中国人民大学出版社，2000.